한뉘 길라잡이

〈상권〉

한뉘 길라잡이 〈상권〉

초판 1쇄 인쇄 2022년 11월 15일
초판 1쇄 발행 2022년 11월 20일

편저자 공영호
펴낸이 金泰奉
펴낸곳 한솜미디어
등 록 제5-213호

편 집 김태일, 김수정
마케팅 김명준

주 소 (우 05044) 서울시 광진구 아차산로 413(구의동 243-22)
전 화 (02)454-0492(代)
팩 스 (02)454-0493
이메일 hansom@hansom.co.kr
홈페이지 www.hansom.co.kr

ISBN 978-89-5959-567 9 (04320)
ISBN 978-89-5959-566 2 (04320) (세트 2권)

*책값은 표지에 표시되어 있습니다.
*잘못 만들어진 책은 구입하신 서점에서 친절하게 바꿔드립니다.

동서고금 명언명문 초록(東西古今 名言銘文 抄錄)

한뉘 길라잡이

<상권>

A guidebook of one's whole life.

孔英浩 編著

한솜미디어

| 출간(出刊)에 즈음하여 |

　평생에 걸쳐서 소손(小孫)에게 경모(敬慕)의 표상(表象)이 되어주신 조부모(祖父母)님과 소자(小子)를 낳으시고 훈육(訓育)하여 주신 부모(父母)님의 하해(河海)와 같은 은덕(恩德)에 진심으로 감사(感謝)드리며, 반백년(半百年) 정성을 다해서 내조(內助)해 준 아내와 많은 힘이 되어준 두 딸에게 사랑하는 마음으로 이 책을 펴낸 공(功)을 돌리는 바이다.

　또한 본인의 인생과정에서 세대(世代)와 항렬(行列)을 이어가며 뒤서거니 앞서거니 인연을 맺어온 친가(親家)를 비롯한 외가(外家)와 처가(妻家) 모든 친인척(親姻戚)의 온정(溫情)에 감사드리며, 초등·중고등·대학에 걸쳐 배움의 고비마다 자상(仔詳)하게 가르쳐주시고 올바르게 이끌어주셨던 은사(恩師)님들의 고마움을 높이 기리며, 40여 년에 걸친 직장생활(職場生活)의 기반(基盤)을 마련해 주신 창업(創業) 어르신네의 은공(恩功)과 더불어 국가변혁기(國家變革期)에 숱한 어려움을 극복하며 발전의 일익(一翼)을 함께 이룩코자 최선을 다한 선후배 동료(同僚)들의 헌신과 동료애에 감사드리고, 학창시절(學窓時節)을 함께 보내고 65년 내외에 걸쳐 우정을 나눈 친구들의 변함없는 친교(親交)와 우애(友愛)에 고마움을 전하는 바이다.

　끝으로
　일상(日常)에서 훌륭한 인성(人性)과 따뜻한 친절을 베풀어주신 많은 분들과 온갖 문명과 문화와 사회를 다양하게 향상 발전시켜서 수많은 혜택(惠澤)을 입게 해주신 여러분들에게 감사드림과 동시에 우주대자연(宇宙大自然)의 기적적인 섭리(攝理)와 신묘(神妙)한 은총(恩寵)들에 경탄(敬歎)의 마음으로 찬사(讚辭)를 올려드리며 『한뉘 길라잡이』 출간에 임하고자 한다.

| 머리글 |

　일생 동안 나이를 불문하고 늘 곁에 두고 반복하여 읽으면서 참고(參考)하면 좋았을 만한 책을 하나 만들어 내 스스로에게 권(勸)해 주고 싶은 마음과 더불어 지금까지 인연(因緣)이 이어지는 분들과의 이승에서의 머지않은 이별을 앞두고 그동안 맺어온 정의(情誼)와 고마운 은의(恩誼)를 갈음하고자 하는 뜻과 함께 이웃에게도 도움이 되기를 바라면서 정성을 다해 엮은 명언 모음집이다.

　대부분 독자들이 익히 듣거나 보아온 말들이라 여겨지나 더러는 생소한 말과 함께 마음속에 깊이 와 닿는 글들이 많으므로 남녀노소 누구에게나 한번쯤 읽어보기를 추천해 보는 바이다.

　책 제목(題目)을 '인생 안내서(人生 案內書)'로 할까 하다가 전권(全卷)에 걸쳐 문맥상(文脈上) 이해를 돕고자 한자(漢字)를 많이 담은 것을 조화(調和)시키는 취지에서 같은 뜻을 지닌 순 한글『한뉘 길라잡이』로 지은 것이다.

　2012년도에 본인이 발간(發刊)한 명언 모음집『명언산책』은 평소 틈틈이 독서하면서 다시 읽고 싶은 명언문구 등을 메모하여 모아놓은 분량이 꽤 되어, 은퇴와 더불어 고희(古稀)에 맞추어 가까이 지냈던 분들에게 인사(人事)하는 뜻에서 서둘러 발간하느라 미흡함을 느꼈던 차 백수생활(白手生活)의 여유시간에 독서를 지속하는 동안 마음에 와 닿는 내용이 재차 쌓여가던 어느 날『명언산책』을 대폭 보완해야겠다는 상념(想念)이 불현듯 떠올라 누구에게라도 인생전반(人生全般)에 걸친 충실한 안내자가 될 수 있도록 수년간 열심히 편집을 지속해 온 것으로 그 증보판(增補版)으로 삼고자 한다.

동서고금(東西古今)을 막론하고 국내외적(國內外的)으로 수많은 분들의 식견(識見)과 경륜(經綸)이 담긴 가치관과 인생관 중에서 독자(讀者) 자신에게 필요한 것들을 선별(選別) 취합(聚合)하면서

- 청운(靑雲)의 뜻을 세우며 펼쳐나가는 청년대에는 인격을 도야(陶冶)하고 가정과 일터에서 생활기반(生活基盤)을 견실(堅實)히 닦아나가는 데 길잡이로 활용하기 바라고,
- 각종 사회분야에서 응분(應分)의 성과를 이루어나가는 중장년대에는 내실(內實)을 더욱 다지고 가일층 도약하는 데 든든한 동반자(同伴者)가 되어주기를 바라며,
- 인간관계가 점차 소원(疏遠)해지고 무료하기 쉬운 노년에는 나름대로의 경험을 통한 공감(共感)과 더불어 느긋한 마음으로 소회(所懷)를 반추(反芻)하는 심심풀이 말벗으로 삼을 수 있기를 기대해 본다.

이 책을 읽는 학생들이 있다면 항목(項目)별로 이해가 되고 필요로 하는 내용들을 반복하여 해득하다 보면 어휘력(御諱力)이 향상되어 사유능력(思惟能力) 신장(伸張)에도 도움이 되고 인성계발(人性啓發)이나 장래의 성공(成功)에도 유익하리라 믿는바 누대(累代)의 아날로그(analogue) 세대(世代)가 디지털(digital) 세대에게 남겨주는 귀중한 정신적 자산(資産)으로 삼아주기를 바라는 바이다.

평소에 독서를 좋아하시는 분들은 동호인(同好人) 입장에서 친숙한 내용들을 다시 한 번 접해 보는 기회로 삼으시기 바라며, 독서를 별로 안 하시는 분들은 수백 권(卷)을 한두 권으로 요약(要約)하여 읽는 셈 치시고 두루

두루 읽어가면서 인생의 길벗으로 삼아보시기를 권(勸)해 보는 바이다.

다년간 편집하는 과정에서 느낀 바로는 『한뉘 길라잡이』를 한꺼번에 많이 읽지 않고 고전음악 감상하듯이 느긋하게 찬찬히 읽어가면서 말과 글 속에 담긴 참맛을 음미(吟味)하노라면 언제 어디서나 몇 페이지를 읽더라도 마음을 평정하게 다스려주고 무언가 기분을 새롭게 북돋아주는 정신적 영양제가 되어주리라 기대해 본다. 때로는 스스로에게 말해 주듯이 소리 내어 읽다 보면 더 깊은 느낌으로 다가올 수도 있을 것이다.

소제목(小題目)을 발췌(拔萃)하면서 새삼 깨달은 것은 한글과 한자가 복합(複合)된 우리나라 어원(語源)의 특성상(特性上) 표현력(表現力)이 뛰어난 표음문자(表音文字)와 식별력(識別力)이 우수한 표의문자(表意文字)가 두루 섞여 있어서 유사(類似)한 의미를 지닌 유의어(類義語)가 다양하여 문해(文解)에 도움이 되기를 바라는 뜻에서 한자(漢字)를 고루 표기(表記)한바 학생 독자(讀者)의 학습(學習)에도 보탬이 되기를 바라는 바이다.

끝으로 귀중한 명언명문(名言銘文)을 남겨주시고 전해 주신 국내외 모든 분들에게 감사드리며,
『한뉘 길라잡이』와 인연이 닿은 독자(讀者) 여러분에게 다소라도 유익한 도움이 되기를 기원 드리는 한편, 그동안 편찬(編纂) 출간에 정성을 기울여 주신 한솜미디어 김태봉(金泰奉) 대표님과 관계자 여러분의 노고에 감사드리는 바이다.

편저자(編著者) 공영호(孔英浩)

차 례 〈상권〉

출간(出刊)에 즈음하여/ 4
머리글/ 5

[ㄱ]

가능, 불가능, 할 수 없다, 할 수 있다 · 14 ▮ 가정, 가족, 식구, 집 · 17 ▮ 가치, 가치관, 값지다, 고귀, 보잘것없다, 부질없다, 시시하다, 진가 · 21 ▮ 각오 · 27 ▮ 간부, 부하, 상사, 아랫사람 · 28 ▮ 갈등, 논쟁, 다툼, 분쟁, 싸움, 시비, 충돌, 투쟁 · 31 ▮ 감사, 고마움 · 34 ▮ 감정, 공감, 반감 · 38 ▮ 강자, 약자, 강함, 약함 · 42 ▮ 개선, 고치다, 교정, 번복, 수정 · 45 ▮ 개척, 개혁, 혁명, 혁신 · 48 ▮ 거리, 가깝다, 멀다 · 51 ▮ 거절 · 53 ▮ 거짓, 거짓말, 기만, 속다, 속이다, 감추다, 숨기다 · 54 ▮ 걱정, 고뇌, 고민, 근심, 번민, 속앓이, 염려 · 56 ▮ 건강, 걷기, 스트레칭, 운동, 움직임 · 62 ▮ 검소, 소박 · 69 ▮ 결과, 결말, 결실, 성과, 열매 · 70 ▮ 결단, 결론, 결심, 결의, 결정 · 75 ▮ 결혼, 궁합, 남편, 아내, 배우자, 부부, 상대방 · 81 ▮ 겸손, 겸양, 겸허, 공손, 불손, 점잖음 · 86 ▮ 경영, 경영자, 경제, 기업, 비즈니스, 사업, 사장, 장사, 회사 · 89 ▮ 경쟁, 경주 · 95 ▮ 경청, 귀 기울임, 듣기 · 98 ▮ 경험, 체험 · 99 ▮ 계속, 꾸준히, 끊임없이, 변함없이, 불변, 유지, 지속 · 107 ▮ 계획, 계책, 설계 · 109 ▮ 고객, 서비스, 소비자, 손님 · 111 ▮ 고난, 고달픔, 고됨, 고생, 고초, 곤란, 시련, 어려움, 역경, 풍파, 힘겹다, 힘들다 · 112 ▮ 고독, 고적, 외로움 · 123 ▮ 고요, 담담, 조용 · 126 ▮ 고집, 아집 · 127 ▮ 고통, 괴로움, 상처, 아픔 · 128 ▮ 공부, 배움, 알다, 익히다, 터득, 학습·135 ▮ 공짜, 거저·140 ▮ 공평, 균등, 균형, 평등, 불공평, 불평등·142 ▮ 공허, 덧없음, 무, 무상, 허구, 허망, 허무, 허상, 허탈, 헛됨·144 ▮ 과거, 어제·147 ▮ 과오, 실수, 오류, 잘못, 허물·152 ▮ 과정, 여정, 행로·156 ▮ 과하다, 과대, 과도, 과잉, 넘치다, 지나치다·157 ▮ 관대, 관용, 너그러움, 대범, 도량, 용서·159 ▮ 관리, 다스리다, 조치, 처리, 해치우다·162 ▮ 관심, 호기심·164 ▮ 교만, 거만, 독선, 비굴, 열등의식, 오만, 우월감, 자만·166 ▮ 교육, 가르침, 학교·167 ▮ 교제, 사교, 사귐, 아우름, 어울림, 유대, 인간관계, 절교, 친교·170 ▮ 교훈·182 ▮ 국가, 나라, 애국, 조국·183 ▮ 국민, 민족, 백성, 시민, 대중·187 ▮ 국방, 군(軍), 군인, 전쟁·190 ▮ 군자·194 ▮ 권력, 세력, 정권, 정부, 정치, 통치·195 ▮ 권리·200 ▮ 권태, 따분함, 지루함·201 ▮ 그리움, 동경·202 ▮ 극락, 지옥, 천국·203 ▮ 근면, 게으름, 나태, 바쁨, 부지런함·204 ▮ 근본, 근간, 기본, 기초, 바탕, 본질, 원천·205 ▮ 글, 글쓰기, 기록, 문장·207 ▮ 긍정(肯定), 긍정적, 부정(否定), 부정적·209 ▮ 기다림·214 ▮ 기대·215 ▮ 기도·217 ▮ 기분, 비위·219 ▮ 기쁨, 낙, 신나다, 즐거움, 즐기다, 쾌락, 환희·222 ▮ 기억·232 ▮ 기적, 불가사의, 신비, 신성·234 ▮ 기회, 때, 찬스, 타이밍·236 ▮ 길(路)·245 ▮ 길흉, 나쁨, 좋음, 해로움·248 ▮ 깨달음, 깨닫다, 깨치다, 각성·252 ▮ 꿈, 갈망, 바라다, 비전, 소망, 소원, 야심, 열망, 염원, 원하다, 이상, 희망·258 ▮ 끌어당김·267 ▮ 끝, 결국, 극(極), 나중, 마무리, 마지막, 최후·268 ▮

[ㄴ]

나이·272 ▮ 낙관, 낙천, 비관, 염세·275 ▮ 남, 다른 사람, 상대, 타인·277 ▮ 남녀, 남성, 여성, 남자, 여자·288 ▮ 낭비, 사치, 소비, 허비, 허송·290 ▮ 내일, 나중, 미래, 장래·293 ▮ 냉정, 냉철·299 ▮ 냉혹함, 비정, 악독, 잔인·300 ▮ 노고, 노동, 노력, 땀, 수고, 애씀·301 ▮ 노년, 노인, 노화, 노후, 늙음, 만년 · 307 ▮ 뇌, 두뇌 · 313 ▮ 느낌 · 315 ▮ 느리다, 늦다, 늦추다, 뒤떨어지다, 뒤지다, 지체 · 317 ▮ 능동, 수동 · 319 ▮ 능력, 기량, 실력 · 320 ▮

[ㄷ]

단계, 절차, 점진적, 차곡차곡, 하나씩 · 324 ▮ 단념, 그만두다, 멈추다, 체념, 포기 · 325 ▮ 단순, 간단 · 329 ▮ 당황, 어지러움, 혼돈, 혼란 · 331 ▮ 대가, 반작용, 보복, 복수 · 332 ▮ 대비, 대응, 대책, 대처, 방지, 예방, 저장, 준비, 챙기다 · 334 ▮ 대신 · 340 ▮ 대통령, 군주, 임금, 정상, 재상, 제왕 · 341 ▮ 대화, 의사소통 · 348 ▮ 덕, 덕목, 덕행, 미덕, 음덕, 인덕, 후덕 · 352 ▮ 도덕, 도리, 윤리 · 355 ▮ 도움, 구원, 위하다, 유용, 유익 · 357 ▮ 도전, 모험, 감행, 부딪치다, 시도 · 361 ▮ 독서, 책 · 367 ▮ 돈, 부(富), 부귀, 부자, 재물, 재산 · 373 ▮ 동정심, 연민, 측은지심 · 380 ▮ 두려움, 공포, 무서움 · 382 ▮ 따듯함, 온화 · 386 ▮ 똑똑함, 뛰어남, 비범함, 영리함, 우수함, 유능함 · 388 ▮ 뜻, 의미, 무의미 · 390 ▮

[ㄹ]

리더, 리더십, 영도력, 주도, 지도력, 지도자, 지휘관 · 393 ▮

[ㅁ]

마음, 마음가짐, 마음먹기, 마음 챙김, 명심, 심리 · 402 ▮ 만남, 대면, 모임, 안녕, 이별, 작별, 접촉, 헤어짐 · 413 ▮ 만족, 자족, 충분, 풍족 · 417 ▮ 말, 발설, 스피치, 어휘, 언급, 언어, 언행, 이야기 · 422 ▮ 맑음, 깨끗함, 결벽, 청결, 청아, 투명, 흐림 · 433 ▮ 맛, 미(味) · 434 ▮ 망설임, 머뭇거림, 우유부단, 주저 · 436 ▮ 매일, 나날, 일상, 하루 · 437 ▮ 먼저, 미리, 우선 · 441 ▮ 멋 · 443 ▮ 명랑함, 쾌활함 · 444 ▮ 명상, 묵상, 선, 참선 · 445 ▮ 명성, 명예, 스타, 유명, 이름, 익명, 인기, 체면 · 451 ▮ 모범, 모델, 본보기, 솔선수범 · 453 ▮ 모습 · 455 ▮ 모욕, 모멸, 멸시, 경멸, 굴욕, 업신여김, 욕 · 456 ▮ 목적, 목표 · 458 ▮ 몰두, 몰입, 열중, 전념, 집중 · 466 ▮ 몸, 신체, 심신, 육체 · 471 ▮ 무관심, 무시, 내버려두다, 소홀 · 473 ▮ 무리, 무모, 무의미, 과격 · 475 ▮ 무의식, 잠재의식 · 477 ▮ 문제, 난제 · 478 ▮ 물 · 485 ▮ 미련, 연연 · 486 ▮ 미루다 · 487 ▮ 미움, 시기, 원한, 저주, 증오, 질투, 혐오 · 488 ▮ 민감, 둔감, 예민함 · 490 ▮ 민주사회, 민주제도, 민주주의 · 492 ▮ 믿음, 신뢰, 신용, 신의, 확신 · 494 ▮

[ㅂ]

바보, 멍청이, 무식, 무지, 미련, 어리석음, 어수룩함, 우매, 우직 · 500 ▮ 반대, 반발, 반작용 · 503 ▮ 반복, 되풀이 · 504 ▮ 반성, 뉘우침, 돌아보다, 사과, 성찰, 자책, 참회, 후회, 회개, 회한 · 507 ▮ 받아들임, 감수, 수용, 포용 · 512 ▮ 발견, 찾아내다 · 516 ▮ 발달, 발전, 번영, 비약, 고양, 나아지다, 성장, 융성, 진보, 진전, 진화, 향상, 흥하다 · 517 ▮ 밝다, 밝아지다, 찬란하다, 트이다, 환하다 · 521 ▮ 방법, 방식, 방안, 길, 답, 도구, 무기, 수단 · 523 ▮ 방향 · 529 ▮ 배려, 베풀다, 보살핌, 보시, 나눔, 대접, 박대, 선행, 자선, 적선 · 530 ▮ 버릇, 습관, 습성, 관성, 타성 · 536 ▮ 버리다, 내버려두다, 놓아버리다, 비우다, 제거, 치워버리다 · 539 ▮ 벌, 법, 죄 · 542 ▮ 법칙, 룰(rule), 물리, 섭리, 원리, 이치 · 544 ▮ 벗, 우정, 친구 · 547 ▮ 변명, 자기 정당화, 탓, 핑계 · 550 ▮ 변화, 바꾸다, 바뀌다, 뒤바뀌다, 달라지다, 반전, 변전, 변질, 변환, 전환 · 552 ▮ 보답, 보상 · 561 ▮ 보람, 영광 · 563 ▮ 보물, 보배, 희귀재, 재물 · 565 ▮ 복, 축복, 행복 · 566 ▮ 본능, 본성, 내면, 충동 · 587 ▮ 봉사, 헌신, 희생 · 590 ▮ 부끄러움, 수줍음, 수치심, 창피 · 593 ▮ 부드러움, 유순, 유연 · 594 ▮ 부러움 · 595 ▮ 부모, 아버지, 어머니, 자녀, 자식, 효도 · 596 ▮ 부정, 부패, 불의 · 600 ▮ 부정확, 불분명, 불확실, 두루

뭉술하다, 막연, 맹목, 모호, 어설프다 · 602 ┃ 분노, 분개, 노여움, 성냄, 화(火) · 604 ┃ 분수, 한계 · 610 ┃ 불가피, 기왕에, 마땅히, 어쩔 수 없이, 어차피, 이왕에 · 612 ┃ 불만, 불평, 비난, 비판, 욕하다, 원망, 탓하다, 푸념, 한탄, 험담 · 614 ┃ 불안, 안절부절못하다 · 618 ┃ 불운, 불행, 나쁜 일, 재앙, 화(禍), 화근 · 620 ┃ 불쾌, 유쾌 · 624 ┃ 비결, 비밀, 비법 · 625 ┃ 비교, 다름, 차이 · 628 ┃ 비극, 희극 · 634 ┃ 빈곤, 가난, 결핍 · 635 ┃

참고 말씀(일러두기) · 12 ┃
부록-1 [음미용 글귀 및 글월] · 638 ┃

┃ 참고 말씀(일러두기) ┃

1. 화자(話者)나 필자(筆者)의 존칭이나 직업, 직위 등은 대부분 생략함.
2. 유사한 뜻을 담은 소제목(小題目) 단어(單語)들을 가급적 한 단위로 묶음.
3. 소제목 단위별로 함축된 의미를 보존키 위해 동일(同一)한 글을 반복 수록(收錄)함으로써 이 책을 한 번 읽더라도 내용에 따라서는 복습하듯 두세 번 이상 접하게 됨.
4. 명의(名義)가 확실한 저서(著書)나 기고문(寄稿文)이 아닌 번역물(翻譯物)이나 인용문(引用文)에 따라 동일한 화자(話者)의 이름이 다소 다르게 명기된 경우 그대로 옮김.
5. 원문에서 일부 삭제하거나 통합 정리한 내용도 있음.
6. 한글, 한문, 영어 문장 중 뜻이 흡사(恰似)한 내용은 같이 묶어 수록함.

한뉘 길라잡이

<상권>

ㄱ
(기역)

【가능, 불가능, 할 수 없다, 할 수 있다】

모든 일은 가능(可能)하다고 생각하는 사람만이 해낼 수가 있다.
정주영(鄭周永)

우리가 할 수 있다는 것을 믿는 순간, 우리는 정말로 할 수 있다.
조 비테일

당신이 할 수 없는 것보다 할 수 있는 것을 생각하라. **지니 르메어 칼라바**

모든 것을 할 수는 없어도, 무언가는 할 수 있다. **헬렌 켈러**

성공하는 사람은 노력하면 실현할 수 있는 일에 모든 정성과 관심을 쏟지만 아무리 노력해도 절대 변하지 않는 일에는 절대 관심을 두지 않는다.
미야자키 신지

기준(基準)과 표준(標準)은 항상 높은 수준(水準)으로 세워져야 하며, 달성(達成) 가능한 것이어야 한다. **피터 드러커**

어떤 것이 가능하다고 믿지 않으면 그것을 실현할 수 없다. **사나야 로만**

할 수 있는 것은 밀고 나가고 더 이상 할 수 없다고 느낄 때는 후퇴(後退)하라.
데브라 벤튼

막연하게 먼 꿈만 꾸지 말고, 지금 할 수 있는 일부터 시작해 보라.
김인호(지체장애인)

시도(試圖)하지 않으면 아무것도 할 수 없다.
지그 지글러

모든 것을 '어떻게 하면?' 하고 생각해 본다.
노가미 히로유키

인생은 아무리 어려운 여건에 처해도 포기(抛棄)하지만 않는다면 할 수 있는 일이 있고, 성공할 수 있는 가능성이 있다. 무슨 어려움이 있든 포기하지 마라.
스티븐 호킹

신앙(信仰)은 보이지 않는 것에 대한 사랑이요, 불가능한 것, 있을 법하지 않는 것에 대한 신뢰(信賴)이다.
괴테

실현가능성이 0%가 아니라면, 현재로는 아무리 불가능해 보이는 일이라도 커다란 꿈을 가지는 것이 좋다.
사토 도미오

무슨 일이든지 일어날 가능성을 안고 있다면 그 일은 실제 일어날 수도 있다.
랜덜 피츠제럴드

끝나버리기 전에는 무슨 일이든 불가능하다고 생각하지 말라.
키케로

모험(冒險)은 누가 봐도 잘 안 될 것 같은 일에 도전하는 것이다.
양상훈

가능성을 믿어야 노력할 수 있고 진보할 수 있다.
이나모리 가즈오

젊음이 귀하다고 하는 것은 무한한 가능성을 지니고 있기 때문이다.

서경보

'누군가'가 할 수 있는 일은 대부분 '누구나'가 할 수 있다.

무라카미 가즈오

우리가 생각하는 것은 가능성만 있으면 현실(現實)이 된다. 계속해서 바른 방향(方向)으로 생각만 하면 말이다.

에밀 쿠에

모든 일은 사람이 하는 것이나, 누구든 아무 일이나 할 수 있는 것은 아니다.

이병철(李秉喆)

자신이 할 수 있는 일과 할 수 없는 일이 무엇인지 알아야만 최선의 능력을 발휘할 수 있다.

윌리엄 J. 오닐

일단 불가능하다고 판단되면 손을 대지 않는다. **중앙일보 경제문제 연구소**

막연해지기 쉬운 최종목표(最終目標)가 아니라 달성(達成) 가능한 현실적인 작은 목표들을 가져야 구체적인 행동이 일어난다.

이영직

사람은 나중에 물러설 수 없는 일은 시작하지 말아야 한다. 즉 퇴로가 막힌 길은 가지 말아야 하며, 끝낼 수 있거나 적어도 그렇게 할 수 있는 희망이 있는 일에만 손을 대야 한다. '가능성은 높지만 퇴로가 막힌 대안보다는 가능성은 조금 낮아도 물러설 길이 있는 대안을 선택할 것을 권한다.' 유필화

될 수 없는 것은 시도하지 말아야 한다.

쿠르트 테퍼바인

같은 것을 하면서 다른 결과를 바라는 것은 미친 짓이다. 안 되는 것은 더 이상 하지 말고 새로운 것을 찾아라.

샤론 레흐트

常想一二 不思八九(상상일이 불사팔구)
〈행복한 인생을 살고 싶다면 80~90%의 마음대로 되지 않는 일들은 빼고,
10~20%의 좋은 일들을 항상 생각하라는 뜻〉　　　　　　**장쭝머우(張忠謨)**

우리들의 인생에는 아직 더 행복해질 수 있는 큰 가능성이 남아 있다.
　　　　　　　　　　　　　　　　　　　　　　　　　　　구사나기 류슌

'무엇을 할 수 있느냐'가 아니라 '실제로 무엇을 하느냐'가 중요하다.
　　　　　　　　　　　　　　　　　　　　　　　　　　　로버트 링거

당신이 할 수 있는 일을 하면 된다.　　　　　　　　　　**아트 윌리암스**

할 수 있는 일을 하라.　　　　　　　　　　　　　　　　**웨인 다이어**

【가정, 가족, 식구, 집】

집이 가정(家庭)이 되려면 많은 생활이 그곳에서 이루어져야 한다.
　　　　　　　　　　　　　　　　　　　　　　　　　　　E A 게스트

가족(家族)의 참된 가치는 화려한 성공의 나눔에 있지 않고, 어려움을 함께
이겨내는 사랑과 격려에 있다.　　　　　　　　　　　　**권태현**

가정은 잘잘못을 따지는 곳이 아니라, 사랑하는 곳이다.

집은 밝아야 한다.　　　　　　　　　　　　　　　　　　**정현우**

가족관계를 개선하기 위해서 지금 당장 내가 할 수 있는 것은 무엇인지,
그것만을 생각하라.　　　　　　　　　　　　　　　　　**J. B. W.**

식구(食口)들의 행동과 말이 자기 마음에 들지 않더라도 식구들을 있는 그대로의 모습으로 받아들이려고 애를 쓰라. 그들이 어떤 행동을 하는가에 신경을 쓸 것이 아니라 자기가 어떤 반응(反應)을 보이는가를 더욱 세심히 생각하여야 한다. 무엇보다도 참을성을 가져야 한다. 그들에 대해서뿐만 아니라 자기 자신에 대해서까지도. J. B. W.

가까운 인연일수록 소홀하기가 쉽지만 가까운 만큼 더 소중히 대하는 것이 지혜다. 월호

누구보다 가까이 있고 누구보다 나를 잘 아는 가족이니까 나를 십분 이해해 주리라는 믿음은 혼자만의 오해이다. 오히려 가족일수록 더 섬세한 보살핌과 자상한 배려가 필요하다. 최일도

가족끼리라면 무슨 말을 해도 좋다고 생각해서는 안 된다. 소노 아야코

가장 큰 형벌(刑罰)은 이웃과 세상과 가족들에 의해서 멸시(蔑視)받는 것이다.
  E W 하우

열두 가지 설움 중에서도 집 없는 설움이 제일 크다. 한국 속담

예의(禮儀)를 가르치는 최초의 학교(學校)이자 최고의 학교는 인격의 경우와 마찬가지로 가정(家庭)이다. 새무얼 스마일즈

행복한 가정은 노력으로 이루어진다. 피천득(皮千得)

집안을 다스리는 기본원칙은 성실이며 부모 자신이 모범을 보여야 한다.
  역경(易經)

家有一老 世有一寶 (가유일노 세유일보)

〈가정에 노인 한 사람이 있으면, 보물 하나 있는 것이나 다름없다.〉
가족의 사생활(私生活)도 존중해야 한다.　　　　　　　　조셉 텔루슈킨

남편이 부인에게 잘해 주면 그 가정(家庭)은 편안(便安)한 가정이 된다.

가정이 화목하면 모든 일이 뜻대로 이루어진다. 家和萬事成(가화만사성)

백 번 참으면 집 안에 큰 평화가 깃든다. 百忍堂中有泰和(백인당중유태화)
　　　　　　　　　　　　　　　　　　　　　　　　　장공예(張公藝)

가정의 평화는 그냥 주어지는 것이 아니라 고통을 극복하고 획득한 인간의 위대한 성취이다.　　　　　　　　　　　　　　　　　　장영동

어진 사람이 사는 곳이 바로 명당이다. 吉人住處是明堂(길인주처시명당)

이 세상에는 여러 종류의 기쁨이 있지만, 그중에서도 가장 빛나는 기쁨은 가정의 웃음이다.　　　　　　　　　　　　　　　　　　　페스탈로치

유머는 일을 유쾌하게, 교제(交際)를 명랑하게, 가정을 밝게 만든다. 카네기

웃는 집안에 복이 들어온다. 笑門萬福來(소문만복래)

미소(微笑)는 밑천이 하나도 들지 않지만 소득은 크고, 미소는 아무리 주어도 절대로 줄지 않고, 받는 사람은 더욱 풍성해진다. 미소는 가정을 행복하게 만들고, 친구들에게 우정을 심어준다.　　　　　　　　　윤종모

기도는 자신이 직접 할 때 가장 효과적이지만, 가족을 비롯한 가까운 사람들뿐 아니라 전혀 모르는 낯선 사람이 대신 해주는 기도도 나름대로 효과가 있다.　　　　　　　　　　　　　　　　　　　　　　무라카미 가즈오

잠시 눈을 감고, 나 자신 혹은 내가 사랑하는 사람이 죽었다가 다시 잠깐 살아났다고 생각해 보자. 얼마나 소중하고 행복한 시간이겠는가? 이제 그러한 마음으로 주변 사람들을 대해 보라.
마이클 린버그

나이가 들수록 가족 간에 서로 친밀하게 지내는 것 이상 좋은 게 없으며, 나이가 들수록 돈보다는 곁에 함께 있어 줄 사람이 필요하다.
조지 베일런트

나이 들수록 더불어 살 자가 있어야 한다.
주역(周易)

자녀가 없는 가족이라 해도 가족 간에 따뜻한 마음을 갖고 있으면 평화로운 분위기가 넘쳐날 것이다.
달라이 라마

모든 인간관계 가운데 가장 지속적이고 만족스런 관계는 가족이다.
벤저민 플랭클린

가족에게 친절하지 않으면 떨어진 뒤에 후회한다.
不親家族疎後悔(불친가족소후회)
주자(朱子)

시험(試驗)에 합격하지 못했거나 거래(去來) 한 건을 성사시키지 못했다고 인생의 마지막 순간에 후회하진 않을 것이다. 그러나 부모, 배우자, 자녀, 친구와 더 많은 시간을 갖지 못했다면 반드시 후회할 것이다.
바버라 부시

가족들과 함께했던 시간들에 감사해야 한다.
엘리자베스 퀴블러 로스

세상에서 가장 소중한 것은 언제나 가족뿐이다.
김종필(金鍾泌)

가족, 그것은 삶에서 누릴 수 있는 가장 큰 축복(祝福)이다.

행복은 남의 집 정원에서 줍는 것이 아니라, 내 집 난롯가에서 얻는 것이다.
더글러스 제럴드

가족과 책이 있으면 그것만으로도 충분하게 행복할 수 있다.   한수산

노년(老年)에 접어들면 사망한 가족과 사랑하는 사람들에 대한 추억과 꿈들이 더욱 자주 생생히 나타난다. 또한 그들을 떠올림으로써 우리들 또한 죽음을 편안히 준비할 수 있게 된다.   안젤레스 에리엔

국가(國家)의 참된 영광(榮光)은 사람들이 조그만 가정에서 얼마나 행복을 누리고 있는가로 측정(測定)되어야 한다고 생각한다.   윈스턴 처칠

【가치, 가치관, 값지다, 고귀, 보잘것없다, 부질없다, 시시하다, 진가】

〈1〉

가치(價値)는 그것을 통해 무엇을 얻느냐가 아니라, 그것을 위해 어떤 대가(代價)를 치러야 하는가에 달려 있다.   니체

마음은 스스로가 가치 부여(賦與)한 것을 욕망한다.   데이비드 호킨스

대부분의 가치 있는 것들은 위험을 무릅써야 한다.   잭 캔필드

가치 있는 일에 도전하라. 바로 지금! 인생은 내가 원하는 것을 하지 않기엔 너무 짧다. (Aude aliquid dignum. : Dare Something Worthy.)

값진 인생을 살려거든 외길 인생을 걸어라.   유달영(柳達永)

굳은 신념(信念)은 인간의 가치를 결정한다.　　　　　　　　토마스 모어

살아가는데 아무 쓸모도 없는 것을 쫓느라 우리에게 주어진 짧은 시간을 낭비할 이유가 없다. 남의 평판(評判)을 의식하거나, 사회적 분위기에 휩쓸리거나, 순간적인 울분(鬱憤)을 해소하기 위해 가치가 없음을 알면서도 추구하기를 그치지 못하는 일이 과연 없다고 할 수 있나 돌아보라.　　위단(于丹)

내가 지금 행복한 건 고생을 해봤기 때문이다. 고생은 가치를 알게 해준다. 어디를 가나 불평이 많은 사람은 고생을 모르고 자란 사람들이더라.
　　　　　　　　　　　　　　　　　　　　　　　　　　　　강수진

성공한 리더와 실패한 리더의 차이는 '미래를 위한 새로운 가치'를 창출(創出)했는지에 따라 구분된다.　　　　　　　　　　　　　　권오현

중요가치가 명확해야 우선순위(優先順位)도 명확해진다.　　브라이언 트레이시

건강(健康)은 가장 큰 가치(價値)다.

이성적(理性的)으로 판단하여 나온 결론이라면 결국 자신에게 즐거움을 주는 것이 가장 가치 있는 것이다. 그러나 단순히 동물적인 감정으로 내린 것이라면 잘못된 것이다.　　　　　　　　　　　　마르크스 아우렐리우스

교육의 가장 가치 있는 성과는 바로 자제력(自制力)을 키우는 것이다.
　　　　　　　　　　　　　　　　　　　　　　　　　　　토머스 헉슬리

결단(決斷)은 행동(行動)으로 옮겨졌을 때만 가치가 있다.　　토니 로빈스

불과 5원의 불만에 대해 만 원의 가치가 있는 감정(感情)을 소비한다는 것은 쓸데없는 일이다.

진정한 자기 수행 없이, 이웃에 봉사하는 희생 없이, 그저 무위도식(無爲徒食)하며 살아가는 수행자(修行者)는 아무런 가치가 없다.   달라이 라마

행(行)이다. 오직 행만이 값이 있는 것이다.   원효

서로 상반(相反)되는 가치를 모두 가지려고 하지 마라. (지도자가 돈을 탐내는 것 등)   윤석철

돈은 인생의 편리한 도구 가운데 하나이지만, 돈에 휘둘려 삶의 중심 - 가치 있는 성숙한 인생 - 을 잃지 말라.   리 아이젠버그

사람이 모든 것을 갖게 되면 갑자기 모든 것이 부질없다는 어렴풋한 각성이 찾아온다.   바그완 슈리 라즈니시

황금이 귀한 것이 아니라, 편안하고 즐거운 삶이 값진 것이다.   명심보감

일단 가치가 있다고 생각했을 경우엔 희생(犧牲)도 꺼리지 않는 마음가짐이 바람직하다.   아놀드 J. 토인비

어떤 것이라도 삶을 희생시킬 정도로 가치 있는 것은 없다. 삶은 그 자체가 목적이다.   오쇼 라즈니쉬

절대로 무의미(無意味)한 모험을 해서는 안 된다.   유태 격언

사람들은 무슨 일이든지 쉬운 것은 가치 있는 목표로서 받아들이지 않는다. 목표는 매우 어렵고 힘든 것이어야 한다고 생각한다.   오쇼 라즈니쉬

당신이 대중을 구원(救援)하려고 노력하는 것보다는 문제가 있는 한 사람에게 전념하는 것이 보다 더 고귀(高貴)한 일이다.   함마슐트

인류를 사랑하는 것보다는 바로 당신 곁에 있는 사람을 사랑하는 것이 더 고귀하다.
지그 지글러

가족의 참된 가치는 화려한 성공의 나눔에 있지 않고, 어려움을 함께 이겨내는 사랑과 격려에 있다.
권태현

무언가를 사랑하는 것은 그것이 없어질지도 모른다는 걸 깨달았기 때문이다.
G. K. 체스터틴

부부는 상대를 변화시키려고 엄청난 에너지를 쏟아붓지만, 각자 가진 가치관과 세계관은 쉽게 변하지 않는다. 이 점을 인정(認定)하고 상대를 '있는 그대로' 받아들이는 것이 성공적인 결혼 생활의 첫걸음이다.
카를 융

자기가 옳다고 생각하는 가치관으로 세상을 단정(斷定)하지 말라.
위단

사람은 저마다 가치관과 사고방식이 다르므로 그 차이를 인정하고 너그럽게 받아들이는 것이 좋은 인간관계를 가지기 위해 지녀야 할 기본적인 자세이다.
마스노 슌묘

책이라고 하는 것은 불과 몇 줄만이라도 배울 점이 있으면 그것만으로도 충분한 가치가 있다.
쓰다 자유기찌

두 번 읽을 가치가 없는 책은 한 번 읽을 가치도 없다.

읽기 시작한 모든 책을 끝까지 읽으려 애쓰지 마라. 모든 책이 다 끝까지 읽을 만한 가치가 있는 것은 아니다.
로빈 S. 샤르마

〈2〉

인생은 짧은 순간들이 모여서 만들어지는 긴 여정(旅程)이다. 인생은 살아 볼 만한 것이다.　　　　　　　　　　　　　　　　　　　진 고든

인생의 가치는 운(運)을 스스로 만들어내는 데 있다.　　　　쩡스창

부정적(否定的)인 일이 생겼을 경우 그 이면(裏面)에 있는 가치를 발견한다면, 오히려 좋은 기회로 탈바꿈시킬 수 있다.　　　　로버트 링거

싫어하는 일을 수행하려면 분명한 목적과 사명이 필요하다. 나아가 가치관에 입각해서 행동하도록 하는 독립의지와 자신이 하고 싶지 않을 때도 필요한 것이라면 그 일을 해내는 강한 의지가 필요하다.　　　스티븐 코비

성공하는 사람이 되려 하지 말고 가치 있는 사람이 되려고 노력하라.
(Try not to become a man of success, but rather try to become a man of value.)　　　　　　　　　　　　　　　　　　아인슈타인

남 보기에는 초라한 인생이라도 한 사람의 삶은 그에게는 세상에서 단 한 권뿐인 역사책만큼이나 귀중한 가치를 지닌다.　　　파울로 코엘료

인간의 가치는 그 소유물에 있는 것이 아니라 인격에 있다. 오스카 와일드

민주주의는 지성(知性)과 교양(敎養)에 최대의 가치를 두고 있다.
　　　　　　　　　　　　　　　　　　　　로버어트 J. 해비거어스트

영혼의 진화(進化)라는 목적이 있기 때문에 고통을 감수할 가치가 있다.
　　　　　　　　　　　　　　　　　　　　　　　　게리 주커브

상대의 약점을 감싸고 보완해 줄 때 인간의 가치가 빛난다. **사이토 히토리**

태어났을 때의 영혼보다 막을 내릴 때의 영혼이 더욱 높아질 수 있다면 그 자체만으로도 우리의 인생은 충분히 가치가 있다. **이나모리 가즈오**

우리의 친절을 받을 가치가 없는 사람에게도 친절하라. **조엘 오스틴**

인생의 가치란 시간의 길이에 있는 것이 아니라, 그 시간을 얼마나 잘 활용하느냐에 달려 있다. **몽테뉴**

삶은 불확실하다. 앞으로 무슨 일이 일어날지 아무도 알 수 없다. 그리고 앞일을 알 수 없다는 것은 아름다운 일이다. 만약 삶을 예측할 수 있다면 삶은 가치가 없을 것이다. **B. S. 라즈니쉬**

자기가 영원히 죽지 않을 것처럼 사는 사람은 보잘것없는 삶을 살 수밖에 없다. **리처드 바크**

인생을 시시하게 살기에는 너무나 짧다. **벤자민 디즈레일리**

인간의 가치(價値)는 얼마나 사랑을 받았느냐가 아니라, 얼마나 주위 사람들에게 사랑을 베풀었느냐에 달려 있다. **에픽테토스**

행복은 자기만족에서 얻어지는 것이 아니라, 가치 있는 일에 충실할 때 얻어지는 것이다. **헬렌 켈러**

감사(感謝)하는 마음은 가장 고귀(高貴)한 미덕(美德)일 뿐 아니라 모든 미덕의 아버지이다. **키케로**

당신의 가치와 행복을 확인시켜 주는 작은 일을 매일매일 찾아서 하라.

마이클 린버그

70세든, 80세든, 90세든, 100세든 각 나이를 인생의 다른 맛을 음미할 기회로 여긴다면 나이 먹는다는 사실이 다른 가치로 다가올 것이다.
놀르 C. 넬슨

일과 가치 있는 것들에 대한 관심이 늙음을 막는 가장 훌륭한 처방이다.
스코트 니어링

몰입(沒入)할 수 있는 것이 있어야 삶의 가치를 느끼게 된다. 조금이라도 거기에 재미와 만족을 느낄 수 있다면 행복한 일이다. 사이토 시케타

【각오】

의사결정(意思決定)이라는 것은 행동으로 옮기겠다는 결심과 각오(覺悟)다.
피터 드러커

사람은 예상하고 각오한 일이 아니면 감당하는 것이 쉽지 않다. **양상훈**

긴급(緊急)한 상황(狀況)에 처하게 되면 생각을 극단(極端)까지 몰고 가라. 일어날 수 있는 가장 나쁜 결과를 생각한 뒤, 그래봤자 그 정도일 뿐이라고 생각하고 각오를 다져라.
리허

참다운 마음의 평화는 최악의 사태를 감수(甘受)하는 데서 얻어지며, 이는 또 심리학적으로 에네르기(energy)의 해방을 의미한다. 임어당(林語堂)

어떤 문제(問題)가 생겼을 때 이를 위기라고 생각하지 않고 인생경험(人生經驗)이라고 보기 시작하면 문제는 사라진다.
존 고든

피할 수 없는 것은 견딜 줄 알아야 한다.   몽테뉴

최악(最惡)의 상황을 미리 예상하고 이를 받아들인다면, 설령 그 최악의 결과가 현실이 되더라도 결과에 초연해질 수 있다.   윌리엄 제임스

최악의 시나리오를 받아들였을 때 마음의 평화가 찾아온다.
                                              데이비드 케슬러

一夫出死千乘不輕(일부출사천승불경) : 한 사람이 죽음을 각오하고 나서면 수많은 군대라도 이를 가벼이 여기지 못한다는 뜻으로, 절박하게 결사적으로 대항하는 상대는 아무리 강한 적이라도 두려워할 수밖에 없음을 비유하는 말.   회남자(淮南子)

결단하여 감행(敢行)하면, 귀신(鬼神)도 이를 피한다.   사기(史記)

무슨 일이 일어날 것인가가 두려워 비겁하게 냉담한 상태로 있는 것보다는 대담하게 예상되는 불운(不運)의 노예가 되는 위험을 감수(甘受)하는 편이 낫다.   헤로도투스

결과는 어떻게 되든 일단은 해보자는 정신이 중요하다. 크고 작은 난제(難題)들을 하나씩 해결하며 극복해 가는 데서 향상이 보장된다.
                                            이소사끼 시로

【간부, 부하, 상사, 아랫사람】

간부(幹部)의 존재가치(存在價値)는 간부가 아니면 절대로 해결(解決)할 수가 없는 문제를 해결하는 데 있다. 그런 일을 수행함으로써 신뢰감(信賴感)이 생기며, 이러한 신뢰감 없이는 조직은 움직이지 않는다.

간부는 자신에게 완전한 권한(權限)이 없는 일에 대해서는 절대로 약속하지 말아야 한다.　　　　　　　　　　　　　　　　　　　　　메리 케이 애시

반대하고 비판하는 부하(部下)를 두어라.　　　　　　　　　　한비자(韓非子)

아랫사람 노릇을 잘하지 못하면 아랫사람을 잘 부리지 못한다.
　　　　　　　　　　　　　　　　　　　　　　　　근사록(近思錄)

실무능력(實務能力)이 없는 자에게는 성공(成功)도 없다.　사무엘 스마일즈

상급자(上級者)의 의심(疑心)을 받지 말라.　　　　　　　　　한신(韓信)

그 사람의 강한 면을 보고 인사문제(人事問題)를 결정하라.　　죠지 C 마샬

상부(上部)가 자기를 절대 신뢰(信賴)할 만한 인물로 예상하고 있다고 깨닫는 사람은 대개 그 신뢰를 배반(背反)하려고 하지 않는다.　　C. A. 세라미

칭찬은 비난(非難)보다 일에 대한 욕구를 더 강하게 촉진시킨다.
　　　　　　　　　　　　　　　　　　　　　　　　　도리스 매틴

칭찬을 섞어 넣은 샌드위치(sandwich)식 질책(叱責)은 문제점(問題點)을 알게 하고 더 좋은 결과를 가져온다.　　　　　　　　　　　　댄 아모스

부하직원은 내가 생각한 것의 60~70% 정도만 할 수 있으면 잘하는 것이 라고 생각하는 것이 중요하다.　　　　　　　　타나베 쇼이치(田邊昇一)

상사(上司)라고 해서 부하들의 의견이나 건의를 경시(輕視)한다든지 무조건 따라보라는 식의 헤드십(headship)으로 이끌 것이 아니라, 부하의 능력과 장점을 키워주고 권한을 적절하게 배분해 줌으로써 일에 대한 보람과 상사

에 대한 존경심이 생기도록 리더십(leadership)을 발휘해야 한다.   **이건희**

권한(權限)은 위임하되 선두(先頭)에서 이끌도록 하라.   **로버트 헬러**

지휘관은 자신이 할 수 없는 일을 부하에게 강요(强要)해선 안 된다.
    백선엽(白善燁)

윗물이 흐리면 아랫물도 흐리다. 上濁(상탁)이면 下不淨(하부정)이다.
    논어(論語)

부하, 더구나 특별히 총명(聰明)하고 젊고 야심적(野心的)인 부하는 권력 있는 상사를 거울삼아 그들 자신의 인격을 형성하는 경향이 있다. 그러므로 권력은 있으나 도덕적으로 부패한 상사의 존재만큼 조직에 있어서 성원(成員)을 타락시키고 조직 그 자체를 파괴로 유인하는 요인은 없다고 해도 좋다.

리더는 중요한 일과 급한 일을 구분하여 권한을 이양할 필요가 있다.
    스티븐 코비

윗자리에 있는 사람은 어느 한구석에 매력적(魅力的)인 면이 없어서는 안 된다.   **중앙일보 경제문제연구소**

인간의 품성(品性)에는 속임수가 통하지 않는다. 동료나 부하직원들은 고결(高潔)한 품성의 유무를 대번에 알아버린다.   **피터 드러커**

리더십의 첫째는 실력(實力)이 있어야 하고, 둘째는 사심(私心)이 없어야 하며, 셋째는 솔선수범(率先垂範)해야 한다.   **사공일(司空壹)**

상사(上司)에 대한 존경하는 마음을 잃지 않게 하면서 부하들에게 친근감과 사랑을 보이는 것, 이것이 상사의 지도자다운 인격을 재는 척도(尺度)라고 할 수 있다.   C. A. 세라미

【갈등, 논쟁, 다툼, 분쟁, 싸움, 시비, 충돌, 투쟁】

다툼은 언제나 자기가 옳고 남이 그르다고 여기는 데서부터 시작된다.
순자(荀子)

다투면 늘 모자라고, 양보하면 언제나 남는다.
爭則不足 讓則有餘(쟁즉부족 양즉유여)

화합(和合)을 꾀하면서 다투지 않는 것이야말로 모든 책략(策略)에서 가장 먼저 고려해야 할 요소이다.

소인(小人)에게 당했다고 함께 악인(惡人)이 되어 싸우는 것보다 거리를 두면서 자신을 지키는 편이 훨씬 현명(賢明)하다.
주역(周易)

싸워서 이기지 못하는 것은 싸우지 않느니만 못 하다. 포기해야 할 때 포기할 줄 알아야 한다.
리허

결혼 생활에서 싸움은 피할 수 없다. 어떻게 싸우는지가 중요하다.
칼 필레머

궁합(宮合)이 맞는다는 것은 두 당사자 간에 기(氣)가 맞는다는 것이고, 서로 대화할 때 기분이 좋다는 이야기다. 기가 맞는다고 해서 일생 싸우지 않고 사이가 계속 좋다고는 보지 않는다. 때로는 싸우고 때로는 화해(和解)하면서 일생 해로(偕老)할 수 있다는 이야기다.
남덕

외로움보다는 싸움이 낫다.
아일랜드 속담

결혼 생활을 잘 유지하고 싶다면 싸워도 그게 뭐 대수냐는 식으로 넘어가야 한다. 부부는 싸움에 익숙해져야 한다. 말다툼, 논쟁, 의견차이가 생길 때 어떻게 소통하는가에 바로 백년해로(百年偕老)의 비밀이 있다. **칼 필레머**

가정은 잘잘못을 따지는 곳이 아니라, 사랑하는 곳이다.

다름을 지적하면 전쟁이 시작되고, 다름을 인정하면 평화가 온다.

남자나 여자나 교양(敎養)의 시금석(試金石)은 싸울 때 어떻게 행동하는가이다.
조지 버나드쇼

여성과 논쟁해서 이길 수 있는 남성은 아무도 없다. 오쇼 라즈니쉬

다른 사람과 싸울 때 마지막에 상대방이 한 행동과 말에 반응한다.
타카다 아키가즈

대부분의 다툼이 사소한 오해 때문에 벌어진다는 사실을 명심하라.
골던 딘

인간관계의 많은 갈등은 상대방(相對方)의 관점(觀點)에서 바라보지 못하기 때문에 발생한다. 상대방의 입장에서 상황을 보라. 존 맥스웰

갈등을 통해서 얻을 수 있는 것은 별로 없다. 정면충돌(正面衝突)은 어리석은 일이다. 톰 피터스

사람은 어떤 상황(狀況)에 대한 적응(適應)을 하게 될 때 반드시 어느 정도의 갈등을 경험하게 된다. 허버트 A. 캐롤

갈등관계(葛藤關係)는 피할 수 없다. 갈등을 어떻게 처리하느냐에 따라 성공

여부가 결정된다. 　　　　　　　　　　　　　　　　　　　존 맥스웰

아무 갈등이 없는 사회보다는 오히려 그 갈등들을 잘 관리하고 통합해 내는 역량을 갖춘 사회가 훨씬 더 건강하고 좋은 사회라고 할 수 있다.
　　　　　　　　　　　　　　　　　　　　　　　　　　　　이재열

모든 불행과 갈등의 씨앗은 이왕 받아들여야 할 것을 빨리 받아들이지 못하는 데서 온다. 　　　　　　　　　　　　　　　　　　　　우종민

시초에 남과의 트러블(trouble)을 피하는 것처럼 지성(知性)이 증명되는 것은 없다. 　　　　　　　　　　　　　　　　　　　　　　　　V. 하워드

이 세상에서 가장 훌륭한 언쟁(言爭)을 할 수 있는 단 한가지의 방법은 언쟁을 회피(回避)하는 것이다. 　　　　　　　　　　　　　　　　디일 카네기

대화(對話)도 중요하지만 열린 마음의 자세가 있어야 한다. 그런 자세가 없으면 대화가 주장(主張)만 앞세우는 토론이 되고, 토론에서 해답을 얻지 못하면 마침내는 투쟁(鬪爭)으로 번지기도 한다. 　　　　　　　김형석(金亨錫)

말다툼에서 이긴다 해도 아무 소득이 없다. 　　　　　　　　앤드류 카네기

논쟁(論爭)하지 말고 대화(對話)하라. 　　　　　　　　　　　　쉬브 케라

불가피(不可避)한 것에 논쟁을 해봤자 아무 소용이 없다. 북풍(北風)과 맞서는 가장 좋은 방법은 오버 코트(over coat)를 입는 것이다. 　　　J R 로얼

모르는 것에 대해 논쟁하지 말라. 스스로 우스워질 뿐이다. 　에밀 쿠에

논쟁에서 이기는 것보다 친구를 얻는 편이 더 낫다. 　　　　　　조 오웬

충돌하지 않는 유일한 길은 거기에 내가 없는 것이다.   **B. S. 라즈니쉬**

다투지 않으면 실수도 잘못도 범하지 않게 되니 근심이 없어진다.   **노자**

【감사, 고마움】

감사(感謝)하는 마음은 생활 만족도를 높여준다.   **마틴 셀리그만**

감사하는 마음을 더 자주 가지면 가질수록 더 많은 감사할 거리들을 가지게 될 것이다.   **잭 캔필드**

감사의 태도는 나와 만물(萬物)을 이어주는 연결고리이다. 더 많이 감사할수록 더 풍요로운 삶을 사는 비밀이 있다.   **M. J. 라이언**

내가 지금 이 순간 가지고 있는 긍정적인 면에 초점을 맞추어 감사하면서 "나는 운(運)이 좋은 사람이며 세상이 나를 보살펴준다"고 믿고, 편안한 마음으로 운의 흐름에 나를 맡겼을 때 좋은 운이 온다.   **이서윤**

감사는 마음속으로 느끼는 것과 동시에 분명하게 표현될 때 가장 큰 힘을 발휘한다.   **놸르 C. 넬슨**

고맙다는 말을 최대한 자주하라.   **M. J. 라이언**

범사(凡事)에 감사하라.   **바울**

결과에 따라서만 감사하던 자세를 미리 무조건 감사하는 자세로 바꾸면 그 에너지는 감사할 수 있는 상황을 강력하게 끌어들이므로, 당신은 이제까지 경험하지 못했던 많은 변화들을 체험하게 될 것이다.   **놸르 C. 넬슨**

소망(所望)하는 것을 열망(熱望)하기보다 감사하는 쪽을 택하라. 그러면 보다 쉽게 그것을 끌어들일 수 있다.   지니 르메어 칼라바

감사하는 습관은 부(富)가 흘러갈 통로로 작용한다.   월러스 워틀스

감사도 일종의 '에너지'로서 삶의 환경을 유익하게 변화시키는 힘의 원천이 될 수 있다.   지니 르메어 칼라바

만족이라는 말은 곧 감사의 마음을 가지라는 것이다. 우리는 허전한 마음을 채우기 위해 항상 무언가를 더 가지려고 하지만, 감사의 마음을 가질 때라야 허전했던 마음이 충만(充滿)해지는 것을 느낄 수 있다.
                                                                              M. J. 라이언

하루하루 주어진 일, 일상에서 일어나는 일, 지금 하는 일에 성심을 다해보라. 습관을 들이면 모든 일에 감사할 수 있게 된다. 어렵고 힘든 일이 생기거나, 몸이 아플 때가 아니면 평범(平凡)한 것에 감사하기란 쉽지 않다.
                                                                              M. J. 라이언

행복은 감사하는 마음과 공존하는 것이 역사의 교훈이다.   김형석(金亨錫)

화가 날 때마다 남편은 아내에게 아내는 남편에게 감사한 일을 떠올리자.
                                                                              M. J. 라이언

사소하거나 대수롭지 않은 일에 사로잡히지 마라. 보다 넓은 안목에서 현재의 삶에 감사하라.   마르쿠스 아우렐리우스

몸은 우리로 하여금 인생을 경험할 수 있게 해주는 도구이므로 몸에 대해 감사하라. 운동과 휴식, 영양섭취, 기분전환과 같이 특별한 방법으로 몸을 존중하고 보살피라.   안젤레스 에리엔

낙천적이고 긍정적이고 감사하는 마음을 가진 사람은 모든 일에 부정적이고 불만이 많은 사람보다 삶에 대한 만족도와 성취도가 높다.

눌르 C. 넬슨

내 삶에 주어진 모든 것에 감사하면서 사는 것이 행복이다.

남선미

이미 가진 것에 감사하라.

마이클 린버그

무엇보다 우리는 주어진 환경에 감사해야 한다. 풍요로운 자연이 있는 지구에 태어난 것을 감사하고 우리를 길러준 물에 감사해야 한다. 가슴 가득 맛있는 공기를 들이켤 수 있다는 것이 얼마나 대단한 일인가. 눈을 떠보면 세계는 감사해야 할 대상으로 가득하다. 같은 물을 마셔도 감사하는 마음으로 마시는 것과 짜증난 상태로 마시는 것은 전혀 다르다. 물 자체가 달라지기 때문이다.

에모토 마사루

감사할 줄 아는 마음은 정성들인 수양(修養)의 열매이다. 천한 사람들한테서는 이것을 찾아볼 수 없다.

새뮤얼 존슨

삶에 대해 감사할 줄 모르는 사람은 정서적으로나 영적으로 성장하지 못한다.

M. J. 라이언

진정으로 감사하는 마음은 인간의 영성(靈性)을 한 단계 더 성숙시킨다.

윤종모

가족들과 함께했던 시간들에 감사해야 한다.

엘리자베스 퀴블러 로스

소금의 고마움은 떨어졌을 때, 아버지의 고마움은 돌아가신 뒤에 안다.

인도 속담

과거에 대한 정서(情緖)들을 안정과 만족으로 바꿀 수 있는 것은 감사하는 마음과 용서하는 마음이다.   **마틴 셀리그만**

감사하는 마음은 가장 고귀한 미덕(美德)일 뿐 아니라 모든 미덕의 아버지이다.   **키케로**

누구나에게, 모든 것에 대해 다 감사하려고 애쓰지 말라. 감사가 진심에서 우러난 것이라면 어떤 사람이나 상황에 대해 일부만 감사를 해도 충분한 효과가 있다.   **뇔르 C. 넬슨**

우리의 삶은 신으로부터 받은 것이기에 감사한 마음으로 돌려주어야만 한다. 진정한 자유는 죽음에 대한 불안으로부터 자유로워질 때이다.
    안젤름 그륀

오늘이 인생의 마지막 날인 것처럼 살자. 지금 이 순간에 존재한다는 사실에 감사하고, 현재에 최대한 충실하자.   **M. J. 라이언**

공짜로 받은 삶에 감사(感謝)하라.   **M. J. 라이언**

조상(祖上)에게 감사하라.   **M. J. 라이언**

감사는 보다 많은 감사할 일을 끌어들이는 힘이 있다.   **뇔르 C. 넬슨**

삶은 끊임없이 우리를 힘들고 고달프게 하지만, '그럼에도 불구하고' 감사할 수 있어야 한다.   **M. J. 라이언**

올바른 기도는 간청의 기도가 아니라 감사의 기도다.   **닐 도날드 월쉬**

단 하나의 완전한 기도(祈禱)는 '하늘에 고마워하는 마음'뿐이다.   **레싱**

살아 있음에 감사할 때 기분이 최고로 좋아진다는 것을 깨달았다.
　　　　　　　　　　　　　　　　　루이스 스미디스(죽음의 고비를 넘긴 후)

살아 있음에 감사하고, 소소한 일상의 기쁨에 감사하라.　　칼 필레머

자기 자신에 대해 감사하고, 자신의 삶에 대해 감사하라.　닐르 C. 넬슨

현재(現在)의 순간에 대해 감사하면서 지금 충만(充滿)한 삶을 사는 것이야말로 더없는 행복(幸福)이다.　　　　　　　　　　　　　에크하르트 톨레

【감정, 공감, 반감】

우리는 자신의 행위를 이성(理性)과 사고(思考)를 통해 다스린다고 믿고 싶어 하지만, 실제로는 그때그때 느끼는 감정(感情; emotion)이 우리 행동을 좌지우지(左之右之)하는 경우가 많다.　　　　　　　　　　　로버트 그린

아이는 자신과 감정적으로 좋은 관계를 맺고 있는 사람을 특히 강하게 모방한다. 그러니 그 첫 번째가 당연히 부모일 수밖에 없다. 그러므로 부모는 자신들이 바라는 바대로 모범을 보이는 것이 중요하다.　　카린 뵉

훌륭한 부모가 되려면 순간적인 감정에 휩쓸리지 않고 침착한 자세로 그때그때의 어려움에 대처해 나갈 줄 알아야 한다.　　　　조셉 베일리

우리의 감정은 아무리 억누르려고 해도 억양(抑揚)과 몸동작, 표정의 변화 등으로 어떻게든 겉으로 표출(表出)된다.　　　　　　더글러스 스톤

진정으로 아이를 위한다면 화가 나는 바로 그 순간 감정(憾情)을 절제하고 아이에게 필요한 적절한 표현을 찾아야 한다.　　　　　　달라이 라마

대부분의 여성들은 신뢰하는 사람에게는 자신의 감정을 스스럼없이 토로한다. 이에 반해 남성들은 자신의 감정을 쉽게 열어 보이지 않는다.
도리스 매틴

배우자에게 감정(憾情; resentment)을 폭발시키지 말라.   조셉 텔루슈킨

아내는 남편과의 대화 부족을 1년 내내 불평하지만, 남성의 뇌는 마음속 감정을 말하는 것이 어렵도록 조직되어 있다.   앤 모아, 데이비드 야셀

충동적인 감정을 피하라. 감정을 다른 사람에게 쏟아내는 태도는 아무런 도움도 되지 않는다.
개리 D. 맥케이

분노를 표출하기보다는 오히려 평온한 것처럼 행동함으로써 분노의 감정을 신속하게 누그러뜨릴 수 있다.
브래드 부시먼

불쾌한 감정은 단지 당신이 무언가를 부정적으로 생각하고 있다는 걸 말해 줄 뿐이다.
데이비드 D. 번즈

사람들은 매우 상처받기 쉽고 내적(內的)으로 민감(敏感)하다. 이 점은 나이나 경험에 별 상관이 없는 것 같다.
스티븐 코비

인간은 걸으면서 자신의 실존(實存)에 대한 행복한 감정(感情)을 되찾는다.
다비드 르 브르통

머릿속에 생각이 떠오르는 순간 감정도 생긴다.   조셉 베일리

느낌(감정)은 사실(事實)이 아니다.

〈훌륭한 리더(leader)가 때로 잘못된 결정을 하게 되는 이유〉

⑴ 리더가 감정을 바탕으로 잘못된 판단을 하기 때문이다.
⑵ 조직 내부에 리더의 잘못된 판단을 견제하고 바로 잡을 수 있는 의사결정 시스템(system)이 없기 때문이다.   시드니 핀켈스타인

감정이 공격적(攻擊的)인 동안은 의사결정을 내려서는 안 된다.   A. 미어즈

자신을 대단한 존재로 여기며 살면 명예나 체면이 상실되는 시기에 쉽게 감정이 상하여 나약해진다.   리처드 바크

불같은 격정(激情)을 제멋대로 내버려두어서는 안 된다. 여유를 갖고 마음을 진정시켜야 한다. 성급(性急)하게 굴면 만사가 뒤틀리고 만다.
    푸블리우스 스타티우스

'옳은 것'에 대한 속 좁은 견해에 집착하면 대가를 치르게 된다. 주의하여 스스로를 살피지 않으면 속 좁은 감정상태가 순간을 지배할 수 있다.
    존 카바트 진

걱정과 안달과 짜증은 목적 달성에 이바지하지 못하는 감정이다.
    버트런드 러셀

불과 5원의 불만에 대해 만 원의 가치가 있는 감정을 소비한다는 것은 쓸데없는 일이다.

다른 이에게 친근하고 따뜻한 감정을 갖게 되면 저절로 마음이 느긋해진다.
    달라이 라마

직접 만나서 이야기하는 것이 악감정을 해소하는 최상의 방법이다.   링컨

진실을 깨닫고 잘못을 인식(認識)하는 능력이 부족한 것은 감정적인 결함(缺

陷) 때문일 경우가 많다. 벤저민 프랭클린

기뻐할 때나 노했을 때나 일체 감정을 얼굴에 나타내지 않고 언제나 태연한 표정을 하고 있는 것이 바람직한 지도자상(指導者像)이다. 뜻밖의 재난을 당했거나 역경에 몰렸을 때 당황해 한다든지 이성(理性)을 잃는다든지 해서는 지도자로서 실격(失格)인 것이다. 위정삼부서(爲政三部書)

지도자(指導者)란 내면에 있는 생각과 본능과 감정 사이에서 균형(均衡)을 유지할 수 있어야 한다. G. I. 구르디예프

공동체가 힘을 모아 계속해서 일을 해나갈 수 있으려면 모든 구성원들의 정신적 공감대(共感帶)가 이루어져야 한다. 헬렌 니어링, 스코트 니어링

배고픔, 목마름, 불안, 분노, 성욕과 같은 기본적인 감정들은 우리의 내부에서 저절로 움직이고 있다. 그러한 타고난 감정들을 얼마나 세련되게 다듬는가는 우리의 손에 달려 있다. 감정을 조절하고 통제하라. 도리스 매틴

충동(衝動)을 조절(調節)히는 것은 '의지와 인격의 기본'이다. 대니언 골먼

무슨 일이든지 가장 좋은 뜻으로 해석하고, 반감(反感)을 극복하는 것이 정신적인 건강에 도움이 된다. 노먼 V. 피일

일생을 통해 하등 도움이 안 되는 감정이 두 가지가 있다. 이미 일어난 일에 대한 자책감과 아직 일어나지 않은 일에 대한 섣부른 걱정이 바로 그것이다. 웨인 다이어

인격(人格)은 감정과 태도(態度)에서 드러난다. 단 카스터

당장 해결해야 할 일들이 좋건 나쁘건, 크든 작든 중요하게 생각하지 않고

편안한 마음으로 대하며, 감정이 요동치지 않게 냉정한 머리로 분석하고 생각하라.   위동회이(于東輝)

평소 행복한 감정을 가지고 있을 때 덤으로 딸려오는 부산물(副産物) 중 하나는 골치 아픈 문제들이 저절로 해결된다는 것이다.   리처드 칼슨

하루를 좋게 시작하고 그 좋은 감정을 느끼고 있으면, 끌어당김의 법칙에 따라 계속해서 기분이 좋아질 상황과 사람들을 끌어당기게 된다. **밥 도일**

진정한 행복이란 그 어떤 감정(感情)이 일어나든 언제나 편안(便安)할 수 있는 능력이다.   앤디 퍼디컴

【강자, 약자, 강함, 약함】

장수(將帥)가 된 자는 강함과 유연함을 다 갖추어야 한다.
凡爲將者 當以 剛柔相濟(범위장자 당이 강유상제)   조조(曹操)

잘나가는 사람은 자기관리와 인간관계에 강하고, 변화와 위기에도 강하다.
  시라이시 다카시

남들이 볼 때 강(强)한 사람은 악(惡)해 보이는 법이다. '악독(惡毒)하다'는 말은 아주 강한 사람을 일컫는 말이다. 강함은 스스로 나아갈 수 있는 힘이다.
  김승호

경쟁사회(競爭社會)에서는 악한 사람이 강자(强者)가 되고, 선(善)한 사람이 약자(弱子)가 되는 경우가 많다.   김영길

"이 길 외에는 길이 없다"고 마음먹은 사람은 강하다.

착한 것이 좋은 운(運)의 필요조건이 될 수는 있으나, 충분조건(充分條件)은 아니다. 강함을 갖춰야 좋은 운을 끌어들일 수 있다.   김승호

약한 점을 보완(補完)할 수 있는 유일한 길은 강한 점을 계발(啓發) 발전시킴으로써만 가능하다.   피터 드러커

약점(弱點)을 고치려 부단히 노력하느니, 자신이 가진 강점(强點)을 더 잘 활용하는 쪽에 초점을 맞추라.   티모시 페리스

자기 약점을 개선하면 중간 정도는 될 수 있는 반면에 자기 장점을 더 강화시키면 최고(最高)가 될 수도 있을 것이다.   에카르트 폰 히르슈하우젠

그 사람의 강한 면을 보고 인사문제(人事問題)를 결정하라.   죠지 C. 마샬

약(弱)한 자는 절대 누군가를 용서(容恕)할 수 없다. 용서는 강한 자만의 특권이다.   마하트마 간디

화를 벌컥 내는 것은 자기가 약하다는 것을 단적으로 보여주는 것이다.   달라이 라마

모자란 사람은 겸손(謙遜)한 사람을 경멸(輕蔑)한다. 진정으로 겸손한 사람은 그 부드러움만큼이나 강한 사람이다.   고철종

부드러움이 능히 강함을 이긴다. 柔能制剛(유능제강) : *以柔制强*(이유제강)   삼략(三略)

끝까지 살아남는 종(種)은 강한 놈도, 큰놈도 아니다. 잘 적응(適應)하는 놈이다.

여자는 약(弱)하다. 그러나 어머니는 강(强)하다.   빅톨 유고

나이가 들수록 남성은 남성호르몬 분비가 감소하면서 유순(柔順)해지고, 여성은 여성호르몬 분비가 줄면서 자기주장(自己主張)이 강해지는 경향이 있다.
   앤 모아, 데이비드 야셀

펜은 칼보다 강하다. (The pen is mightier than the sword.)
   에드워드 브루워 리튼

바른 마음이 가장 강한 무기(武器)다.   미야모토 무사시

인격(人格)의 힘은 지식(知識)의 힘보다 강하다.   새뮤얼 스마일즈

아무리 친해도 남의 약점은 농담으로라도 들추어서는 안 된다. 이정숙

상대의 약점을 감싸고 보완해 줄 때 인간의 가치가 빛난다.
   사이토 히토리

사람들은 칭찬에 약하다.   조 비테일

만물은 강대하고 성장(盛壯)하면 반드시 노쇠하게 마련이다. 노자(老子)

강한 화살도 기운이 다했을 땐 엷은 비단을 뚫지 못한다. 한장유(韓張維)

신뢰(信賴)를 동반한 암시(暗示)는 강인한 힘을 지닌다.   A. L. 패리스

부정적인 생각보다 긍정적인 생각이 백배는 강력하다는 것이 과학적으로 입증됐다.   마이클 버나드 백위스

때가 오면 원숙(圓熟)한 생각만큼 강한 것은 세계 어느 곳에도 없다.
빅톨 유고

【개선, 고치다, 교정, 번복, 수정】

사람들은 시행착오(試行錯誤)의 과정을 거쳐 행로(行路)를 수정(修正)할 수 있다.
안젤레스 에리엔

당신이 뭔가를 하면, 제대로 된 것과 그렇지 못한 것에 대한 피드백(feed back)을 얻게 된다.
잭 캔필드

인간이므로 헛디디는 일도 있다. 그럼 다시 고쳐서 잘 디디면 일은 반드시 성취된다.
야마모도 겐뽀

과오(過誤)는 대현(大賢)이라도 면할 수 없는 것이다. 과오가 없음을 존중할 것이 아니라, 과오를 잘 고치는 것을 존중해야 한다.
왕양명(王陽明)

실수(失手)에 대한 주도적(主導的)인 해결방법은 그것을 즉시 인정하고 수정해서 그로부터 교훈(敎訓)을 얻는 것이다. 그러나 실수를 인정하지 않고, 그것을 고치지 않고, 또 그것으로부터 교훈을 얻으려 하지 않으면 이것은 또 하나의 큰 실수이다.
스티븐 코비

잘못이 있으면 즉시 고치기를 꺼리지 마라. 過則勿憚改(과즉물탄개)
논어(論語)

성공한 사람들은 일들이 잘못되어 가면 자기 입장을 변명(辨明)하거나 자신의 무지(無知)함을 유지하려 하기보다는 그 이유를 찾아내고, 고치려고 하는 일에 더 열심이다.
잭 캔필드

만일 어떠한 역경(逆境)이나 어려움에 처해 있는 경우라 하더라도 상황은 결국 희망적인 것으로 전환(轉換)되기 마련이지만, 이때 주의할 일은 모든 상황이 희망적으로 전개(展開)될 것이라는 막연한 환상(幻想)을 가져서는 안 된다. 스스로 역경을 뚫고 개선(改善)해 나가려는 의지(意志)가 반드시 있어야 한다. 이것이 삶의 이치(理致)이다.
정현우

성공한 사람들은 자신의 약점(弱點)을 개선하는 데 시간을 보내기보다는 장점(長點)을 활성화(活性化)하는 데 더 많은 에너지를 집중한다.

자기 약점을 개선하면 중간 정도는 될 수 있는 반면에 자기 장점을 더 강화시키면 최고(最高)가 될 수도 있을 것이다.
에카르트 폰 히르슈하우젠

어떤 대상을 진전(進展)시키는 데는 그것을 직접 개선하는 방법과 그것을 저해(沮害)하고 있는 원인을 제거하는 방법 두 가지가 있다.
E. 레보노

우리가 끈기 있게 노력할 때 일이 더욱 쉬워지는 것은 일의 성격이 변화해서 그런 것이 아니고, 우리의 능력이 개선되었기 때문이다.
에머슨

가족관계를 개선하기 위해서 지금 당장 내가 할 수 있는 것은 무엇인지, 그것만을 생각하라.
J. B. W.

자기(自己)를 안다는 것은 자기를 교정(矯正)하는 시작이다.
N. V. 피일

자신(自身)을 개선(改善)하기 이전에 다른 사람과의 관계(關係)를 개선하려는 것은 결국 쓸데없는 일이다.
스티븐 코비

모든 것을 남의 탓으로 돌리고 사는 한 잘못은 개선되지 않고 계속 반복(反復)된다.
지광

결점(缺點)을 인정한 후에야 비로소 그것을 없앨 수 있다. 프리츠 펄스

말하지 않은 것은 번복(翻覆)할 수 있지만, 이미 말해 버린 것은 번복할 수 없다. 솔로몬 이븐 가비롤

그에게 도움이 될 거라는 걸 안다 해도 다른 사람을 개선하려 하지 말라. 로저 로젠블라드

고칠 수 없는 것은 참아야 한다. (What can't be cured must be endured.) 서양 격언

받기보다는 주는 데에 더욱 마음을 기울임으로써 모든 인간관계들을 개선할 수 있다. J. B. W.

남의 책을 읽는데 시간을 보내라. 남이 고생한 것에 의해 쉽게 자기를 개선할 수가 있다. 소크라테스

운(運)을 개선한다는 것은 바로 성격(性格)을 개선하는 것이다. 김승호

건강한 아이를 낳든, 한 떼기의 정원을 가꾸든, 사회적 환경을 개선하든, 자신이 태어나기 전보다 세상을 조금이라도 나은 곳으로 만들어놓고 떠나는 것, 우리가 한때 이곳에 살았음으로 인해 단 한 생명이라도 더 쉽게 숨 쉬게 하는 것, 그것이 바로 진정한 성공이다. 에머슨

노인(老人)들의 경우 고독(孤獨)과 면역력(免疫力)이 밀접한 상관성(相關性)을 보여주고 있다. 상황에 따라서는 사회적 접촉(接觸)이 고독한 사람들의 건강상태를 개선하는 데 긍정적으로 작용할 수 있다. 도리스 매틴

【개척, 개혁, 혁명, 혁신】

어떠한 일을 새로운 차원(次元)의 경지(境地)로 발전시키기 위해서는 혼신(渾身)의 힘을 다하지 않으면 안 된다.   **피터 드러커**

양심(良心)의 혁명 없이 정치혁명(政治革命) 없다.   **함석헌(咸錫憲)**

우리의 후손(後孫)들이 오늘에 사는 우리 세대(世代)가 무엇을 했고 또 조국을 위해 어떠한 일을 했느냐고 물을 때 우리는 서슴없이 조국근대화(祖國近代化)의 신앙(信仰)을 가지고 일하고 또 일했다고 떳떳하게 대답할 수 있게 합시다.   **박정희(朴正熙)**

그동안 개인적 좌절(挫折)과 무력(無力)만을 경험했던 사람들이 혁명적인 대중운동(大衆運動)의 대의(大義)에서 새로운 자긍심(自矜心)과 목표, 확신(確信), 희망을 얻는다.   **에릭 호퍼**

역사를 바꾸는 사람은 무언가 결단(決斷)을 하는 사람이다.   **정현민**

결단하여 감행(敢行)하면, 귀신(鬼神)도 이를 피한다.   **사기(史記)**

모험(冒險) 없는 발전과 비약(飛躍)은 있을 수가 없다.   **정주영(鄭周永)**

문제의식(問題意識)을 갖고 치열(熾烈)하게 일하는 사람들의 노력이 합쳐져 역사(歷史)가 만들어지고 나라의 운명(運命)이 바뀐다.   **김태효**

역사적인 순간은 초개인적(超個人的)인 불가사의(不可思議)한 힘에 의해 조형(造形)되는 현장이다.   **김상환**

결코 포기(抛棄)하지 않는 불굴(不屈)의 정신을 추구하라.   **밴 크로치**

기술혁신이 성공을 거두려면 실험적 실패가 있어야 한다.   앨빈 토플러

디지털(digital) 혁명, 인공지능, 생명공학 등 첨단기술(尖端技術)의 발전이 우리 삶에 근본적(根本的)인 변화를 가져오고 있지만, 사람들이 옛날 사고방식에 갇혀 변화를 제대로 읽어내지 못하고 있다.   요게슈바어

실패를 두려워하지 마라. 시도해 보지도 않고 기회를 놓쳐버리는 걸 두려워하라.   미국 유나이드 테크롤로지

시도(試圖)하지 않으면 아무것도 할 수 없다.   지그 지글러

아무도 가지 않는 길을 가라.   장쓰안

벤처(venture)기업에서 필수적인 요소는 도전정신(挑戰精神)이다.   정문술

결과는 어떻게 되든 일단은 해보자는 정신이 중요하다. 크고 작은 난제들을 하나씩 해결하며 극복해 가는 데서 향상이 보장된다.   이소사끼 시로

한번 혁신(革新)의 속도에서 뒤떨어지게 되면 결코 이전(以前)의 위치(位置)로 회복할 수가 없다.   로버트 헬러

설사 몇 번의 시도(試圖)를 해야 할지라도, 용기만은 잃지 말라.
   알베르트 슈바이처

이것저것 두드려 보다 보면 달라질 수 있다. 가만히 있으면 그냥 그대로다.
   김승호

창의적(創意的)인 사람 한 명보다는 체계(體系)를 갖춘 훌륭한 기업(企業)이 더 커다란 혁신을 일궈낼 수 있다.   스티브 잡스

기회(機會)가 오면 놓치지 말라. 기회는 잡는 자의 것이다. 　　　　리허

현재의 상황에서 몹시도 벗어나고 싶은 많은 사람들이 정작 자기 자신을 달라지게 하는 데에는 소홀하며, 그 때문에 결국 제자리에서 벗어나지 못한다. 　　　　제임스 앨런

성공은 개인(個人)의 자각(自覺)과 노력으로 이뤄진다. 　　　　맥스웰 몰츠

깊이 생각한 후에 결정하고 과감(果敢)하게 시행하라. 　　　　이병철(李秉喆)

대담성(大膽性)은 진정한 창조적 힘이다. 　　　　로버트 그린

단 한 사람의 위대한 변화가 한 사회의 운명, 더 나아가 인류의 운명을 바꿔놓을 것이다. 　　　　이케다 다이사쿠

미래란 미리 정해져 있는 것이 아니라, 변화시킬 수 있는 것이다.
　　　　마이클 탤보트

어떤 일이 일어나기를 바란다면, 그 일이 일어나게 만들어라. 　　　　로버트 링거

모든 개혁(改革)은 그것이 아무리 필요한 개혁이라도 신중히 생각해서 하지 않으면 도(度)를 지나쳐서 다시 개혁하지 않으면 안 되게 된다. ＳＴ 콜리지

혁명적 폭력(暴力)은 폭력적 반동(反動)을 초래한다. 　　　　아놀드 토인비

자신이 감당(堪當)할 수 없는 리스크가 있는 일에 모험하지 마라. 　　　　장쓰안

준비단계에서 신중함은 중요한 덕목(德目)이다. 　　　　로버트 그린

결정된 의사결정은 항상 대체안(代替安: 구제책)을 미리 마련해 두어야 한다.
　　　　　　　　　　　　　　　　　　　　　　　　피터 드러커

자신의 인생을 개척할 수 있는 것은 자기 자신뿐이다.　　오모테 사부로

기회(機會)란 스스로 개척하려고 노력할 때 만들어진다.　　조중훈(趙重勳)

운명(運命)은 자기 자신이 개척(開拓)하는 것이다.　　　　탄허(呑虛)

【거리, 가깝다, 멀다】

눈에서 멀어지면 마음도 멀어진다. (Out of sight, out of mind.)　**속담**

사람과 사람 사이 중요한 것은 거리가 아니라 마음이다. 아무리 멀리 있어도 마음이 함께하면 그 거리는 상관없다.　　　　헨리 데이비드 소로

한 다리가 천 리다. 〈촌수(寸數)가 밀수록 소원(疏遠)해진다는 뜻〉
　　　　　　　　　　　　　　　　　　　　　　　　　　한국 속담

그대가 누구와 너무 가까워지면 그대는 곧 적(敵)을 만들게 될 것이다. 너무 가까이 가지 말라. 항상 약간의 거리를 유지하라. 그대의 사랑이 영원하기를 바란다면 너무 가까이 가지 말라. 사랑은 서로의 공간(空間)을 유지할 때 아름답다.　　　　　　　　　　　　　　　　B. S. 라즈니쉬

사람들은 서로 가까운 사이일수록 더 미워하기 쉽다.　　오츠 슈이치

가까운 사람이 준 상처는 더 깊다.　　　　　　　　　　　　고철종

조금 친절히 대해 주니까 기어오른다.
(Give him an inch and he will take a mile.)   **서양 속담**

가까운 사이에도 격(格) 없는 행동은 불쾌감을 낳는다.   **고철종**

누구보다 가까이 있고 누구보다 나를 잘 아는 가족(家族)이니까 나를 십분 이해해 주리라는 믿음은 혼자만의 오해이다. 오히려 가족일수록 더 섬세한 보살핌과 자상한 배려가 필요하다.   **최일도**

가까운 인연일수록 소홀하기가 쉽지만 가까운 만큼 더 소중히 대하는 것이 지혜다.   **월호**

행복은 남의 집 정원에서 줍는 것이 아니라, 내 집 난롯가에서 얻는 것이다.   **더글러스 제럴드**

나이가 들수록 가족 간에 서로 친밀하게 지내는 것 이상 좋은 게 없으며, 나이가 들수록 돈보다는 곁에 함께 있어줄 사람이 필요하다.   **조지 베일런트**

개인(個人)의 행복은 가족, 친구, 이웃을 비롯해 주변(周邊)에 행복한 사람이 많고 가까울수록 더 커진다. (태도가 상냥하고, 기분 좋은 감정을 전해 주고, 주위 사람들의 어려움을 흔쾌히 도와주기 때문이다.)   **하버드대 연구팀**

인류를 사랑하는 것보다는 바로 당신 곁에 있는 사람을 사랑하는 것이 더 고귀하다.   **지그 지글러**

가장 힘겨워할 때 곁에서 격려(激勵)해 주어야 한다.   **톰 피터스**

힘들면 떠나가는 사람이 있고, 힘들어할 때 다가와 위로해 주는 사람이 있다.   **주역(周易)**

사람은 함께 웃을 때 서로 가까워지는 것을 느낀다.　　레오 버스카글리아

웃음은 두 사람 사이의 가장 짧은 거리이다.　　빅터 보즈

인생은 가까이서 보면 비극(悲劇)이지만 멀리서 보면 희극(喜劇)이다.
　　　　　　　　　　　　　　　　　　　　찰리 채플린

【거절】

진상(進上) 퇴 물림 없다. - 갖다 바쳐서 싫어하는 사람은 없다. **한국 속담**

법(法)을 다루는 사람이 뇌물(賂物)을 먹는다면 공정(公正)한 법집행이 불가능하다.　　**최대교(崔大敎)**

거절(拒絶)하려면 될 수 있는 대로 빨리하라. 그래야만 그 문제에 매달려 고심하는 괴로움을 빨리 벗어나게 되며, 또 상대에게도 미련을 갖지 않게 해준다.　　**아트 링클레터**

권위자(權威者)의 명령이 지닌 정당성(正當性)이 매우 의심(疑心)스러운 상황에서도 권위를 존중하는 인간의 성향(性向)이 있다.　　**로버트 치알디니**

내키지 않는 일을 계속해서 하지 말고, 딱 한번만 거절하는 용기를 내서 악순환(惡循環)의 고리에서 벗어나야 행복해질 수 있다.　　**고코로야 진노스케**

단호한 거절은 상대의 상처를 두 배로 키운다. 가능하면 점잖게 상대가 알아듣게 하는 것이 좋다.　　**고철종**

더블바인드(double bind) 질문법(質問法) : 대화의 초점(焦點)을 양자택일(兩者擇

㈠)로 몰아감으로써 거절하는 대신 선택하도록 유도(誘導)하는 방법.

당신을 우울(憂鬱)하게 만드는 사람들과는 백날 만나봐야 아무런 도움이 되지 않는다. 긍정적이지 않은 사람과는 절교(絶交)하라.　　　　리처드 템플러

모임, 거절할 수 없으면 즐겨라.　　　　호사이 아리나

누가 당신에게 도움을 주거든 기꺼이 받아라. 받는 것을 자꾸 거절하면 복이 달아난다. 기꺼이 받고 받은 그 이상으로 되돌려주도록 하라.
　　　　김영식

【거짓, 거짓말, 기만, 속다, 속이다, 감추다, 숨기다】

거짓말하지 않는 것이 성실(誠實)의 근본(根本)이다.　　　　사마광(司馬光)

모든 사람을 잠시 속일 수 있고 일부 사람을 늘 속일 수 있지만, 모든 사람을 늘 속일 수는 없다.　　　　아브라함 링컨

인간은 세 가지 것을 숨길 수가 없다. 〈기침과 가난과 사랑〉

자기 병(病)을 숨기는 자는 낫기를 기대할 수 없다.　　　　에티오피아 격언

전쟁(戰爭)은 속임수다. 兵以詐立(병이사립)　　　　리링, 로버트 그린(孫子)

'속았다'라는 말은 바로 스스로 '잘못 판단했다'라는 말에 지나지 않는다.
　　　　쿠르트 테퍼바인

진정(眞正)한 자기(true self)로 살아가지 않고 거짓된 자기(false self)로 살아가

면, 인생이 공허(空虛)하고, 무엇인가 자기 자신에게 맞지 않는 삶을 살아가고 있는 것처럼 느껴질 수 있다. 거짓된 자기를 버리고 진정한 자기로 살아가려면 용기(勇氣)와 인내 그리고 결단력이 필요하다.   **장경준**

스스로를 기만(欺瞞)하지 마라. 스스로에게 무자비할 정도로 정직(正直)하라. 변명과 자기정당화(自己正當化)는 그만두어야 한다.   **잭 캔필드**

약속을 안 지키는 것은 사람을 속이는 것뿐 아니라, 하늘을 속이는 것과 같다.   **김승호**

그대가 진정으로 위대한 사람에게 가면 그대는 그와 같이 있음으로써 편안해지지만, 거짓된 위대한 사람에게 가면 그는 그대 내부에 긴장감을 조성할 것이다.   **중국 속담**

리더(Leader)가 갖춰야 할 진실성이란 단순히 거짓말하지 않는 정직이 아니라, 말과 행동이 일치하고, 도덕적으로도 흠이 없어, 조직원(組織員)들이 마음으로 우러러볼 수 있는 인품(人品)을 말한다.   **조엘 피터슨**

인간의 품성(品性)에는 속임수가 통하지 않는다. 동료나 부하직원들은 고결(高潔)한 품성의 유무(有無)를 대번에 알아버린다.   **피터 드러커**

무슨 일이든지 올바르게 처리하고 성실하면 간단해진다. 속이면 일이 복잡하고 어려워진다. 성실하고 정직하게 살면 그 자리가 바로 극락이다.
   법전

마음에 거리낌이 없으면 심신(心身)이 모두 편안하다.   **대학(大學)**

우리는 죽더라도 거짓말은 하지 말자.   **안창호(安昌浩)**

결코 거짓말을 하지 말고, 네가 누구에게 들은 말은 다른 사람에게 전하지 말라.
헨리 데이비드 소로

거짓말을 해서도 안 되지만 진실이라고 해서 모두 다 말해서도 안 된다.
쩡스창

때로는 알면서도 속아주어라.
이정숙

자식은 힘들 때 부모님을 찾지만, 부모는 힘들 때 자식에게 그걸 감춘다.
김영식

【걱정, 고뇌, 고민, 근심, 번민, 속앓이, 염려】

〈1〉

내일 일은 걱정하지 말라. 내일 걱정은 내일에 맡겨라. 그날의 괴로움은 그날에 겪는 것만으로 족하다. (Therefore do not worry about tomorrow, for tomorrow will worry about itself. Each day has enough trouble of its own.)
성경(聖經)

미래의 일로 걱정하고 마음을 어지럽히지 말라. 미래가 현재가 될 때, 당신이 지금 눈앞에 닥친 일을 처리하는 바로 그 이성(理性)으로써 미래의 일도 훌륭하게 처리해 낼 수 있다.
마르크스 아우렐리우스

손쓸 수 없는 문제로 고민(苦悶)하지 말라.
사이토 히토리

일어나지 않을 일을 걱정하지 마라. 또한 어차피 일어나는 일이라면 걱정해도 소용없다.
청샤오거

아무리 고민해도 해결할 수 없는 일은 잘 잊으라.   **우에니시 아키라**

과거(過去)를 두고 고민하는 것은 전혀 불필요하다.   **마하 고사난다**

우리의 생각이 과거에 머물고 부정적(否定的)일 때 후회(後悔)라 하고, 긍정적(肯定的)일 때 추억(追憶)이라고 한다. 우리의 생각이 미래에 머물고 부정적일 때를 걱정이라 하고, 긍정적일 때를 희망이라고 한다.

사람들은 더 이상 바꿀 수 없는 일이나 절대로 일어나지 않을 일을 고민하느라 얼마나 많은 시간을 허비하는지 모른다. 하지만 우리를 진짜 힘들게 하는 일들은 대부분 미처 예상하지 못했던 것들이다.
      에카르트 폰 히르슈하우젠

최선을 다하고 걱정 따위는 하지 말아라.   **니미츠의 할아버지**

청렴한 사람은 구하는 것이 없으므로 항상 즐겁고, 탐욕스런 사람은 늘 부족해 근심 속에서 산다.
廉者常樂無求, 貪者常憂不足(염자상락무구, 탐자상우부족)   **왕통(王通)**

말이 적으면 근심이 없고, 말을 삼가면 허물이 없다.
寡言無患, 愼言無尤(과언무환, 신언무우)

근심 걱정은 소홀히 여긴 데서 생긴다.   **설원(說苑)**

한때의 화를 참으면 오랜 근심을 면할 수 있다.
忍日時之忿 免百日之憂(인일시지분 면백일지우)   **중국 속담**

다투지 않으면 실수도 잘못도 범하지 않게 되니 근심이 없어진다.   **노자**

소망이 이루어진다는 사실을 의심하지 말고 '걱정 없이 바란다면' 원하는 것이 재빨리 이루어질 것이다. 걱정은 '죄악'이며 자연에 거스르는 것이다.
플로렌스 스코벨 쉰

고민에 대한 최대의 양약(良藥)은 종교적인 신앙(信仰)이다.   윌리엄 제임스

"신(神)은 내게 모든 걸 주신다."라는 말을 명심하여 걱정과 안달을 멈추라.
플로렌스 스코벨 쉰

다른 사람들이 어떻게 생각할까 따위의 걱정에서 벗어나라. 사람들은 남의 일에 대해 그다지 관심이 없다.
티모시 페리스

행복한 삶을 살고 싶다면 근거 없이 추측하여 속앓이를 하지 말고 사실에만 충실 하라. 전후 사정을 정확히 알 때까지 섣불리 판단하지 마라.
바바라 버거

걱정은 원하지 않는 것이 일어나게 해달라고 비는 기도(祈禱)다.
존 아사라프, 머레이 스미스

우연히 떠오르는 부정적(否定的)인 생각 때문에 고민하거나 너무 심각하게 받아들일 필요가 없다.
리처드 칼슨

욕망이 같으면 서로 미워하게 되고, 근심하는 바가 같으면 서로 가까워진다.
同欲者相憎, 同憂者相親(동욕자상증, 동우자상친)   전국책(戰國策)

인간의 고민은 대개가 돈이 모자란다고 하는 데서 일어난다.
C. M. 브리스톨

재산이 있으면 걱정거리가 많지만, 재산이 없으면 걱정거리가 더 많다.

탈무드

심원(深遠)한 사려(思慮)가 없으면 반드시 가까운 근심이 있다.　　공자(孔子)

부모가 자식의 문제를 진심으로 함께 걱정하고, 또 자녀를 한 사람의 인격체로 대한다는 사실을 자녀가 알게 되면, 부모 자식 간에는 강력한 사랑과 신뢰가 형성된다.　　스티븐 코비

〈2〉

살다 보면 혼란스러울 때가 있다. 괜찮다. 걱정하지 마라. 혼란스러움은 명쾌함이 찾아오기 바로 전의 상태이니까.　　조 비테일

잘못될까 봐 걱정만 하는 사람은 아무것도 할 수 없다. **로타어 데메지에르**

걱정에 대처하는 유일한 자세는 '쓸데없는' 걱정을 하지 않는 것이다.
　　보도 새퍼

사소한 것에 골치 썩이지 말자.　　리처드 칼슨

걱정과 안달과 짜증은 목적 달성에 이바지하지 못하는 감정이다.
　　버트런드 러셀

걱정은 미래를 변화시킬 힘이 전혀 없다.　　웨인 다이어

일생을 통해 하등 도움이 안 되는 감정이 두 가지가 있다. 이미 일어난 일에 대한 자책감과 아직 일어나지 않은 일에 대한 섣부른 걱정이 바로 그것이다.　　웨인 다이어

우리는 근심과 걱정에 마음을 빼앗긴 채 언젠가는 사정이 나아지기를 바라면서 만족을 뒤로 미룬다. 그러나 그러는 동안 삶은 우리 손에서 스르르 빠져나가고 있다.　　　　　　　　　　　　　　　　　리처드 칼슨

걱정이 많으면 빨리 늙는다.　　　　　　　　　　　　　　　　속담

자꾸만 생각하면 걱정이 된다. 멈추는 방법은 생각하지 않는 것뿐이다.
　　　　　　　　　　　　　　　　　　　　　　　호사이 아리나

집착(執着)을 없애면 모든 고민도 사라진다.　　　　　　구사나기 류순

선택의 전(前)이 번민(煩悶)이라면 선택의 후(後)는 돌파(突破)다.　　김진애

걱정의 원인이 되고 있는 일 이외의 것에 흥미를 가질 수 있는 능력은 실로 큰 은혜이다. 그러나 다른 문제에 마음을 돌리지 못하고 걱정거리가 자기 자신을 완전히 지배하게 만드는 사람은 현명하지 못한 행동을 하는 것이며, 따라서 행동이 필요한 순간이 닥쳤을 때 문제를 제대로 처리하지 못한다.
　　　　　　　　　　　　　　　　　　　　　　　　버트런드 러셀

괴로움이나 즐거움이라 하는 것은 모두 연(緣)에서 나오기 때문에 마음속에 기쁨과 근심을 품지 말고 태연자약(泰然自若)하게 있으면 된다.　달마

고뇌(苦惱)를 경험하는 것은 수행에 많은 도움이 된다.　　　달라이 라마

책(冊)을 읽는 동안 만큼은 현실을 잠시 잊을 수 있고, 답(答)이 나오지 않는 고민을 하며 시간을 보내는 것보다 그래도 뭔가를 배울 수 있으니 더 낫다.
　　　　　　　　　　　　　　　　　　　　　　　　사이토 다카시

규칙적으로 명상(瞑想)을 하면 마음이 가라앉고 머릿속에 끊임없이 떠오르

는 잡념에서 벗어나게 되며, 세상을 있는 그대로 보게 한다. 또 우리가 살면서 느끼는 걱정과 다급함이 사실은 그리 중요하지 않다는 사실을 깨닫는다.
댄 뷰트너

우리들이 하는 일은 우리가 흔히 생각하는 것만큼 그렇게 중요한 것은 아니며, 우리가 성공하느냐 실패하느냐 하는 것 또한 그다지 중요한 일이 아니다. 인간은 커다란 슬픔이라 할지라도 이겨낼 수 있다. 마치 인생의 행복을 끝장나게 할 것처럼 보이던 심각한 고민도 시간이 지남에 따라 점차로 사그라져 언젠가는 그 고민의 매운맛을 거의 기억할 수 없게 된다.
버트런드 러셀

인간관계는 고민의 원천도 되지만 살아가는 기쁨이나 행복 또한 준다.
기시미 이치로

인생을 가장 그럴듯하게 즐길 수 있는 이상적인 성격은 마음에 따뜻한 정이 있고, 근심이 없으며, 또한 용기가 있는 성격이다.
임어당(林語堂)

행복은 걱정과 문제에 관심을 쏟지 않고, 마음을 편히 쉬게 할 때 자연스럽게 형성되는 것이다. (정보를 흡수하되 거기에 매달리지 않고 흘려보낸다는 의미이다.)
리처드 칼슨

사람이 가질 수 있는 즐거움 중에 몸에 병이 없는 것과 마음에 근심이 없는 것이 최고인 것 같다.
왕적(王績)

걱정해도 소용없는 걱정으로부터 자기를 해방시켜라. 그것이 마음의 평화를 얻는 가장 가까운 길이다.
D. 카네기

그대의 마음이 불필요한 걱정들 때문에 흐려지지 않는다면, 지금이 그대의 삶에서 가장 좋은 때이다.
존 카바트 진

【건강, 걷기, 스트레칭, 운동, 움직임】

〈1〉

최고의 부(富)는 건강(健康)이다. 웨일즈 속담

행복을 위한 조건으로 가장 중요한 것은 건강과 돈이다. 백운산(白雲山)

건강은 행복의 한 조건일 뿐 전부는 아니지만, 건강을 잃으면 순수하고 지속적인 행복을 누리기는 어렵다. 벤저민 프랭클린

몸은 우리로 하여금 인생(人生)을 경험(經驗)할 수 있게 해주는 도구(道具)이므로 몸에 대해 감사하라. 운동(運動)과 휴식, 영양섭취, 기분전환과 같이 특별한 방법으로 몸을 존중(尊重)하고 보살피라. 안젤레스 에리엔

산다는 것은 움직인다는 것이다. 근육과 뼈는 반드시 사용(使用)하여야 한다. 신체의 각 부분은 언제나 현재진행형으로 움직여야 한다. 박상철

규칙적(規則的)인 운동은 삶과 일에 대한 의욕(意慾)을 만들어주는 중요한 원동력(原動力)이다. 황농문

규칙적인 신체활동은 장수(長壽)에 매우 중요하다. 댄 뷰트너

일주일에 적어도 2회씩 핵심적인 근육부위(筋肉部位)들을 운동하라. 댄 뷰트너

건강은 건강할 때 지켜야 한다. 속담

건강은 어디까지나 멋진 인생을 보내기 위한 수단일 뿐 그 자체가 목적은

아니다. 오츠 슈이치

아무리 건강한 사람일지라도 자랑은 금물(禁物)이다.

사람이 건강한지 허약한지에 따라 그 사람이 세워놓은 미래의 모든 계획이 성공할지 실패할지가 갈라진다. 헬렌 니어링, 스코트 니어링

건강하지 않으면 인생에서 어떤 도전(挑戰)도 불가능하다. 오츠 슈이치

정신적으로 건강하지 않은 상태(너무 피곤하거나 우울한 상태)에서 중요한 결정을 내리면 안 된다. 잭 그린버그

화(火)를 너무 오래 품고 있는 것은 건강에 아주 해롭다. 화를 하루 이상 품고 있어서는 안 된다. 틱낫한

부정적(否定的) 사고(思考)는 신체기관에 공해(公害)와 같은 존재다.
다니엘 G. 에이멘

젊어서부터 비관적(悲觀的) 내용보다 낙관적(樂觀的) 긍정적 단어를 많이 사용하고 어휘력(語彙力)이 유창(流暢)한 사람이 장수하고 치매도 적게 걸린다.
미네소타대학 데이비드 스노던 박사 연구팀

삶에 대한 내적통제(內的統制)가 높은 사람들이 그렇지 못한 사람들보다 성공하는 경향이 있다. 자신이 속한 공동체에서 적극적인 역할을 하고, 건강관리도 잘한다. 게르트 기거렌처

변화의 시기에는 냉정함을 잃지 말아야 한다. 정신적 건강을 유지하고 있는 사람은 아무리 어려운 상황에서도 자신이 나아갈 길을 더 쉽게 발견할 수 있다. 조셉 베일리

나의 사는 모습이 남에게 귀감(龜鑑)은 못 되지만 건강하게 살고 있다는 것 그 자체만으로도 나는 행복하다.   어느 산속의 자연인

신념(信念)도 상상력과 마찬가지로 건강에 매우 중요한 역할을 한다.
        액터버그

행복의 90%는 오직 건강에 달려 있다. 따라서 수입, 지식, 명예, 승진 등 다른 것을 위해 건강을 희생하는 것은 가장 바보스러운 짓이다. 이 모든 것은 항상 건강 뒤에 놓여야 한다.   쇼펜하우어

身外無物(신외무물) 〈몸 이외에는 다른 것이 없다는 말로, 육체가 망가지면 인생은 아무것도 아니니 평소에 건강을 잘 돌보라는 뜻〉

지구(地球)의 건강이 인간(人間)의 건강이라는 상호의존성(相互依存性)을 인식하고 인간이 더 겸손한 자세로 미래를 대비해야 한다.   마크 스티븐슨

인간이 살아 있다는 것은 단순히 목숨이 붙어 있는 것이 아니라 건강하고 즐겁게 사는 것을 말한다.   김영길

돈을 잃는 것은 조금 잃는 것이고, 명예를 잃는 것은 많이 잃는 것이며, 건강을 잃는 것은 전부를 잃는 것이다.   금언(金言)

우리는 건강하고 신나게 살아야 한다.   M. H. 테스터

〈2〉

젊을 때 100년 쓸 몸을 만들어라. 더 오래 살기 위해서가 아니라 지금 몸으로 100년을 살기 위해서다. 젊은 나이에 삶의 방식(方式)을 바꾸어야 한다.
        칼 필레머

세상에 공짜는 없다. 건강도 노력한 대가로 지켜지는 것이지 결코 저절로는 안 된다.   정비석(鄭飛石)

건강을 위해서 밤 11시에서 새벽 3시 사이(子時와 丑時)에는 가급적 수면(睡眠)하라.(현대 의학적으로 멜라토닌 분비가 가장 왕성한 시간대라 함)

생체리듬에 맞춰 '해 뜨면 일어나고, 해 지면 자는' 사람이 좀 더 건강하고 빛나는 피부를 가꿀 수 있다.   세계피부과학회

아침에 일어나서 얼굴을 문지르는 것이 건강에 좋다.(나이에 맞는 횟수로 마찰한다.)   정현우

스트레칭(Stretching)은 무병장수(無病長壽)의 필수요소다. 스트레칭을 통해 혈액순환도 향상되고, 자세도 교정된다. 자기 몸에 맞는 스트레칭을 찾아서 매일 조금씩이라도 해보자.   마이클 포셀

서 있는 것이 앉아 있는 것보다 낫고, 움직이는 것이 서 있는 것보다 낫다.   스티븐 블래어

면역력(免疫力)은 몸이 따듯할수록 활성화되므로 적당한 운동을 습관화하면 도움이 된다.   아보 도오루, 오니키 유타카

스트레스를 조금이라도 완화하려면 꾸준한 운동이 필요하다.   박수현

운동도 되고, 스트레스(Stress)도 해소되며, 신선(新鮮)한 식품(食品)까지 생기는 텃밭을 가꾸자. 그야말로 1석 3조(一石三鳥)다.   댄 뷰트너

꾸준한 운동은 재테크(財Tech; Financial Technology)보다 중요한 노후대비(老後對備)의 일환이다.   마이클 포셀

보약 세 첩 먹는 것보다 가을날에 등산하는 것이 낫다.
補藥三貼(보약삼첩)이 不如(불여) 秋日登山(추일등산)이라.

조금이라도 불쾌(不快)한 망상(妄想)을 느낀다면 즉시 탈출(脫出)하라. 가장 빠른 방법은 일어서서 걷기 시작하는 것이다. **구사나기 류슌**

생각이 복잡할 때는 걷는 것이 보약(補藥)이다. **이승헌**

노화 및 심장(혈관)질환에 가장 좋은 치료제는 하루 30분에서 1시간씩 걷는 것이다. **베르나르 올리비에**

우유를 마시는 사람보다 우유를 배달하는 사람이 더 건강하다. **영국 속담**

걷기에는 전신의 근육(400개) 중 3분의 2가 균형 있게 사용됨으로써 에너지를 적게 소비하여 쉽게 지치지 않는 효율적인 운동이다. **다니카 나오키**

걸으면 병이 낫는다. **스위스 속담**

걷지 않고 건강하기를 바라는 건 말이 안 된다. 걷기야말로 건강을 지키는 가장 확실한 길이다. **다나카 나오키**

누우면 죽고 걸으면 산다. **김영길**

건강하게 사는 모든 노인들이 공통적으로 하는 활동은 걷기다. 그것도 날마다. **댄 뷰트너**

인간은 걸으면서 자신의 실존(實存)에 대한 행복한 감정(感情)을 되찾는다. **다비드 르 브르통**

⟨3⟩

자기 병(病)을 숨기는 자는 낫기를 기대할 수 없다.　　　　　에티오피아 격언

돈 자랑은 하지 말고, 병자랑은 하랬다.　　　　　　　　　　한국 속담

병(病)은 의사(醫師)에게, 약(藥)은 약사(藥師)에게

이상증상(異狀症狀)이 없다면 건강진단은 받지 마라.
　　　　　　　　　　　　　　　　　　　　　아보 도오루, 오니키 유타카

지나친 청결은 면역체계(免疫體系)의 균형을 무너뜨린다.
　　　　　　　　　　　　　　　　　　　　　아보 도오루, 오니키 유타카

허약한 아이들이 장수(長壽)한다. 〈골골 팔십〉　아보 도오루, 오니키 유타카

약보다 음식 잘 먹는 것이 건강에 중요하고, 음식보다 마음을 편히 잘 먹는 것이 건강에 더 중요하다.
藥補不如食補, 食補不如心補(약보불여식보, 식보불여심보)　　　장자(莊子)

짐승들은 건강하고 먹을 것이 충분하기만 하면 행복하다. 그러나 대부분의 인간은 그렇지 못하다.　　　　　　　　　　　　　　　　버트런드 러셀

행복은 대체로 장(腸)의 운동이 어떠냐에 달려 있다.　　　임어당(林語堂)

이미 병들고 나서 치료하지 말고 병이 들기 전에 다스려라.
不治已病治未病(불치이병치미병)　　　　　　　　　황제내경(皇帝內徑)

건강을 위해서 절제 있게 음식을 섭취하라. 食飮有節(식음유절) 황제내경

절제(節制)는 최선의 의술(醫術)이다.(Temperance is the best physic.)
영국 속담

사람은 동물처럼 간단하게 먹고서도 얼마든지 건강과 힘을 지킬 수 있다.
헨리 소로

신체기관이 쇠약해지면 가장 먼저 나타나는 증상이 바로 만성 피로다.
아보 도오루

항상 건강이 최고라는 것을 믿고 너무 피로하지 않게 살아야 한다.
정도령(正道靈)

노래를 부르면 행복해지고 건강해진다.   에카르트 폰 히르슈하우젠

유머가 없는 생활은 건강과 행복에 전혀 도움이 되지 않는다.
데이비드 호킨스

웃음이란 건강으로부터 나오며 흘러넘치는 에너지다. 나이든 사람이 웃는다는 것은 그가 아직 젊다는 것을 의미한다.   B. S. 라즈니쉬

나의 장수(長壽)의 비결은 웃는 것이다.   일본 112세 와타나베 지테쓰

노인(老人)들의 경우 고독(孤獨)과 면역력이 밀접한 상관성(相關性)을 보여주고 있다. 상황에 따라서는 사회적 접촉(接觸)이 고독한 사람들의 건강상태를 개선(改善)하는데 긍정적으로 작용할 수 있다.   도리스 매틴

다른 사람을 도울 때 느끼는 만족감(helper's high)은 마음의 건강을 넘어 심장(心臟)까지 튼튼하게 지켜준다고 한다.
윤대현

노인에게 건강보다 더 큰 행운은 계획을 세워 바쁘고 유용하게 살면서 권태와 쇠퇴에 사로잡히지 않는 것이다.   시몬 드 보부아르

건강은 바로 만사(萬事)의 즐거움과 기쁨의 원천이 된다.   쇼펜하우어

행복이란 건강은 좋고, 기억력은 나쁜 것을 말한다.   잉그리드 버그만

몸은 쓰지 않으면 금세 좋지 않아지므로 건강에는 조금 무리(無理)하는 게 좋다.   다카하시 사치에

늙은이 건강은 믿을 수 없다. 老健不信(노건불신)

무리하지 말라. 노년에는 무엇보다 건강이 중요하니까.   조지 베일런트

나이가 들수록 과격(過激)한 운동은 피하라.   하루야마 시게오

늙어서 건강을 즐기는 일-즉 노익장(老益壯)한 것-은 인생 최대의 행복이다.
                            임어당(林語堂)

유쾌하게 나이 들어갈 수 있고, 건강하게 살아갈 수만 있다면 - 그 모든 것들은 정말 중요한 문제가 되지 못한다. 그것이 무엇이든.
                            로저 로젠블라드

복(福) 중에는 건강 복이 제일(第一)이다.   한국 속담

【검소, 소박】

내일이 없는 것처럼 돈을 쓰지 말고, 돈이 없는 것처럼 돈을 써라. 오루크

진정한 검소(儉素)란 없어서 적게 쓰는 것이 아니라 있어도 적게 쓰는 자세이다.   박제가(朴齊家)

사치스러운 자는 부유해도 늘 부족함을 느끼고, 검소한 자는 가난한 가운데서도 늘 여유가 있다. 사치스러운 자는 마음이 항상 가난하고 검소한 자는 마음이 항상 부자다.   신자(愼子)

검소하다가 사치하기는 쉬워도, 사치하다가 검소해지기는 어렵다.   속담

진짜 부자들은 모두들 '짜다' 싶을 정도로 검소하다.   데이브 램지

검소하나 누추하지 않고, 화려하나 사치하지 않다.
儉而不陋 華而不侈(검이불누 화이불치)   삼국사기(三國史記)

부지런함은 행운(幸運)의 오른팔, 검소함은 행운의 왼팔이다.   영국 속담

장수(長壽)를 위해선 소박(素朴)한 생활과 평정심을 유지해야 한다.
                              허정(許政)

【결과, 결말, 결실, 성과, 열매】

일을 시작하기 전에 앞서 결과(結果)를 고려하라.   필립 체스터필드

늘 하던 대로 한다면 계속 같은 결과를 얻게 될 것이다.   잭 캔필드

같은 원인은 항상 같은 결과를 생산하는 게 자연법칙이다.
                          월러스 D. 워틀스

자신이 잘하는 일에 집중해야 성공적인 결과를 낼 수 있다. **요르마 올릴라**

결과가 마음에 들지 않는다면 다시 한 번 방법을 바꾸면 된다. 그렇게 하는 동안에 정말로 올바른 길을 찾아낼 수 있을 것이다.　　**마쓰시다 고노스케**

좋든 싫든 지금 우리에게 일어나고 있는 모든 일은 과거에 우리가 한 선택의 결과다.
디팩 초프라

제가 뿌린 씨는 제가 거둔다. (As a man sows, so he shall reap.)
동(서)양 속담

자신이 바라는 결과를 이루기 위해서 자기가 할 수 있는 모든 것을 다하고, 그런 다음에는 그것이 되어가는 대로 내버려둬라. 그것이 인생이다.
잭 캔필드

최선을 다하고 결과는 우주의 섭리에 맡기는 게 현명하다. 당신이 어떤 생각을 하고 어떤 노력을 하더라도 결과는 당신의 지배권을 벗어난다. 세상사란 원래 그렇다. 전력을 다해 일하고 결과는 잊어라.　**바바라 버거**

기적(奇蹟)을 위해서는 기도(祈禱)를 하고, 결과를 위해서는 일을 해야 한다.
피터 드러커

결과를 바꿀 수 있는 유일한 방법은 행동을 바꾸는 것뿐이다. **잭 캔필드**

도덕적(道德的) 영역에서는 결과가 언제나 즉각 우리에게 돌아오지는 않으나, 그 결과는 반드시 돌아온다.　　**조 살리스**

지금 당신의 삶은 지난날 당신이 한 생각들이 현실에 반영되어 나타난 결과물(結果物)이다.
론다 번

어떤 결과가 갑자기 일어나는 것은 아니다. '그렇게 되고 싶다. 그렇게 하고 싶다.'고 계속 생각하는 것이 중요하다. 생각하기 때문에 그것이 행동으로 나오고, 그것이 시작이 돼 결과로 연결된다. **오니시 마사루**

아무리 작은 노력이라도 그것이 하나의 방향으로 오랫동안 누적(累積)되면 큰 결과를 낳을 수 있다. **루돌프 줄리아니**

그 어느 누구도 어떤 형태든 역경에 부딪히지 않고 끝에 이르는 사람은 없다. 그러니 그 역경을 그냥 인생행로의 일부로 받아들여라. 결과에 대해서는 초연해지고, 그냥 삶 속으로 들어오는 모든 상황을 최대한 경험하라. 고통을 느끼고, 행복을 맛보라. **로빈 S. 샤르마**

인내(忍耐)는 쓰나 그 열매는 달다. **장자크 루소**

원칙을 따르는 행동은 긍정적인 결과를 초래한다. **스티븐 코비**

작은 일을 훌륭히 해내면 큰일은 자연히 결말이 나는 법이다. **데일 카네기**

원인이 되는 것을 준비하면 결과는 따라 나오기 마련이다. 인과법칙(因果法則)이야말로 과학에 있어서 가장 기본적인 법칙이다. **B. S. 라즈니쉬**

악인(惡因)을 이미 만들어놓고 선과(善果)를 기대할 수 없다. **조용헌**

결과는 어떻게 되든 일단은 해보자는 정신이 중요하다. 크고 작은 난제들을 하나씩 해결하며 극복해 가는데서 향상이 보장된다. **이소사끼 시로**

일이란 결과로 얘기해야지 과정으로 얘기하는 것이 아니다. 그 결과를 만들어내는 것이 맺고 끊는 마무리 습관이며, 오늘 할 일을 내일로 미루지 않는 마음가짐이다. **전옥표**

결과에 따라서만 감사하던 자세를 미리 무조건 감사하는 자세로 바꾸면 그 에너지는 감사할 수 있는 상황을 강력하게 끌어들이므로, 당신은 이제까지 경험하지 못했던 많은 변화들을 체험하게 될 것이다.
놀르 C. 넬슨, 지니 르메어 칼라바

비즈니스(business) 세계에서는 결과로 판단하는 수밖에 없다.   빌 게이츠

리더에 대한 신뢰는 '결과가 있는 결정'에서 나온다.   서광원

장고(長考) 끝에 악수(惡手) 난다.   속담

미래는 늘 예정보다 일찍 들이닥친다. 뒤로 물러나 미래가 다가오는 것을 한가하게 지켜볼 여유가 없다. 오늘의 행동이 미래의 결과로 이어지리라는 생각으로 미래에 적절히 대처할 준비를 꾸준히 해나가야 한다.
로버트 링거

무작정(無酌定) 열심히 노력한다고 해서 좋은 결실을 얻을 수 있는 것은 아니다.   리처드 코치

목적의식이 있는 목표(目標)는 성과를 더 높이도록 도와준다.   존 고든

같은 것을 하면서 다른 결과를 바라는 것은 미친 짓이다. 안 되는 것은 더 이상 하지 말고 새로운 것을 찾아라.   샤론 레흐트

인생이란 우리의 선택(選擇)과 그에 따른 행동(行動)의 결과다.   존 고든

사람으로서 할 수 있는 일을 다하고 하늘의 뜻을 기다린다.
盡人事待天命(진인사대천명) : 修人事待天命(수인사대천명)

원하는 결과가 나타나지 않았다는 것은 더 많은 노력을 기울여야 한다는 것이다.
피터 드러커

사람의 운명이란 생각하고 기(氣)를 쓰는 데로 가게 된다. 기를 쓰고 하는 사람과 그럭저럭 하는 사람과 결과가 같을 수 없다.
정현우

누구나 단순한 반복 작업을 싫어하여 안 하게 되지만, 쌓이면서 성과가 보이는 일은 계속하게 된다.
오오하시 에츠오

대부분의 위대(偉大)한 성과는 한 가지에 대한 지속적(持續的)인 몰두(沒頭)와 갑작스런 통찰력(洞察力)이 결합되었을 때 이루어진다.
리처드 코치

내가 인생을 알게 된 것은 사람과 접촉한 결과가 아니라, 책을 많이 읽은 결과이다.
아나톨 프랑스

어떤 생각이나 행동이 결과로 나타나기 위해서는 그에 상응하는 시간이 필요하다. 30년이나 40년이라는 기간으로 놓고 보면 대부분의 사람들이 평소에 한 행동이나 삶의 방식에 걸맞은 결과를 각각의 인생에서 얻고 있다는 것을 깨닫게 된다.
이나모리 가즈오

모든 것은 열매가 열릴 때까지 시간이 필요한 법이다.
지광

눈에 보이는 결과에만 빠져들어서는 행복해질 수 없다. 자신이 지금 하고 있는 일에 의미(意味)를 부여하면서 정신적, 육체적으로 건강해지는 것이 행복이다.
에밀리 에스파하니 스미스

인간은 결과가 아닌 스토리(story)다.
토머스 무어

인생이란 과정을 향유하는 것이지 결과를 따지는 것이 아니다.
쩡스창

결과에 대해 초연(超然)함을 유지하는 일은 진정한 만족과 수용의 핵심이다.
안젤레스 에리엔

현명(賢明)한 행동(行動)이 결국 행복을 가져다준다. 즉 행복은 '바르게 산' 결과다.
로버트 링거

【결단, 결론, 결심, 결의, 결정】

〈1〉

당신의 운명을 좌우하는 것은 당신의 결정이다.
(Decisions determine destiny.)
토머스 S. 몬슨

성공을 위해 가장 중요한 것은 꼭 성공하고 말겠다는 확고한 결심이다.
에이브러햄 링컨

역사를 바꾸는 사람은 무언가 결단(決斷)을 하는 사람이다.
정현민

결단은 행동(行動)으로 옮겨졌을 때만 가치가 있다.
토니 로빈스

인생에서 위대한 일은 '내가 전 인생을 걸고 이 일을 꼭 이루고야 말겠다.'라고 결심할 때 시작된다.
밴 크로치

결정이라는 것은 모두 어느 정도의 불확실성을 지니고 있는 것이다.
E. 레보노

결단력(決斷力)이란 불확실한 상황에서 의사(意思)를 결정하는 힘이다.

진심으로 바라는 것이 무엇인지 결정(決定)하라.　　　　C. M. 브리스톨

결정을 내리기 전에 가능한 한 많은 정보를 모으는 것은 확실히 좋은 방법이다.　　　　리처드 칼슨

명확한 장기적(長期的) 목표는 크건 작건 모든 행동의 방향(方向)을 제시해 주므로 중요한 결정을 내리기가 한결 쉬워질 것이다.　　　　로버트 그린

원하는 것을 결정하고 글로 적은 뒤, 반복해서 계속 보라. 그러고는 매일 매일 그 목표들을 향해 더 가까이 나아가게 해줄 무언가를 해라.
　　　　잭 캔필드

의사결정이라는 것은 행동으로 옮기겠다는 결심과 각오다.　　　　피터 드러커

결심은 늦어도 실행(實行)은 빨라야 한다.　　　　J. 드라이든

결단했을 때가 시작할 때다.　　　　노가미 히로유키

결심(決心)을 했을 때 그냥 첫발을 내딛어라.

리더는 내적으로는 사리사욕(私利私慾)이 없고 진솔함과 겸손을 갖춰야 하며, 외적으로는 통찰력·결단력·실행력·지속력을 가져야 한다.　　　　권오현

이 세상에서 얻을 수 있는 성공의 대부분은 망설이고, 머뭇거리고, 주저하고, 동요(動搖)하는 가운데 놓치고 만다.　　　　윌리엄 베넷

우유부단(優柔不斷)은 악(惡) 중의 악이다.　　　　타나베 쇼이치(田邊昇一)

문제에 당면했을 때 신속한 의사결정을 주저하는 사람은 기업 내에서 결

코 높은 지위에 승진할 수 없는 사람이다.   H. B. 메이나아드

결단했어도 실행하지 않으면 의미가 없다.   고모리 시게타가(古森重隆)

일단 시작(始作)하면 단호한 결단력을 지녀야 한다.   지그 지글러

야심(野心)과 결의(決意)가 당신을 비범한 사람으로 만든다.   J. V. 서어니

결단하여 감행(敢行)하면, 귀신(鬼神)도 이를 피한다.   사기(史記)

때로 삶과 죽음의 갈림길에서 번개 같은 결정을 내려야 할 때가 있다.
    빅터 프랭클

결단이야말로 운명(運命)을 좌우한다.   이소사끼 시로

길이 아니면 가지 않는다. 非道不行(비도불행)   효경(孝經)

자기절제(自己節制)가 결국 승부를 결정짓는다.   존 템플턴

감정이 공격적인 동안은 의사결정을 내려서는 안 된다.   A. 미어즈

혼란(混亂)을 통해서는 어떠한 결정도 하지 말라.   B. S. 라즈니쉬

인사문제(人事問題)에 관한 결정이란 대체로 성급히 처리되는 경우에 잘못된 결정이 내려지기 쉬운 법이다.   피터 드러커

스피드(speed) 경영이 의사결정을 빨리하는 것을 의미하는 게 아니다. 찬찬히 잘 생각한 뒤 적절한 시기에 정확한 판단을 내리는 것이 스피드 경영이다. 잘못된 판단을 반복하면 경영속도는 늦어질 뿐이다.   이데이 노부유키

중요한 의사결정에 소수(少數)의 반대의사를 배제(排除)해서는 안 된다. 항상 건설적(建設的)으로 수용(受容)할 줄도 알아야 한다. 피터 드러커

자기 입장에서 일방적(一方的)으로 판단하고 결론을 내리면 문제가 발생할 수 있다.

불확실한 세상에서 최선의 결정을 내리려면 훌륭한 어림셈법이 꼭 필요하다. 게르트 기거렌처

결정된 의사결정은 항상 대체안(代替安; 구제책)을 미리 마련해 두어야 한다. 피터 드러커

〈2〉

탁월한 의사결정은 직감(直感)에서 온다. 잭 웰치

차분하고 맑은 정신으로 확신을 느낄 수 있는 결정이 좋은 것이다. 조셉 베일리

최고 의사결정권자는 언제나 외롭다. 그러나 결단은 늘 필요하다. 정주영

결단(決斷)을 내릴 때는 남과 의논하지 말라. 카미코 타다시(神子侃)

좋은 리더라면 어려운 순간에도 올바른 결정을 한다. 밴 크로치

깊이 생각한 후에 결정하고 과감(果敢)하게 시행하라. 이병철(李秉喆)

결정은 신속히 내리되 절대로 이유(理由)는 말하지 말라. 결정이 옳을지 몰라도 이유는 그렇지 못하다. 로드 맨스필드

힘찬 의사결정을 할 수 있는 것도 건강과 기력(氣力)의 충실이 바탕이 된다. 정신적으로 건강하지 않은 상태(너무 피곤하거나, 우울한 상태)에서 중요한 결정을 내리면 안 된다.
　　　　　　　　　　　　　　　　　　　　　　　　　잭 그린버그

실생활에서 중대한 결정을 내릴 때는 불행한 사람보다 행복한 사람이 더 현명하게 판단한다.
　　　　　　　　　　　　　　　　　　　　　　　　　마틴 셀리그만

결심하라. 그러면 홀가분하다.　　　　　　　　　　　　　H W 롱펠로

편안한 마음과 냉정한 머리로 결정을 내린 다음에는 과거의 일이 된 만큼 더 이상 생각하지 마라. 그래야 마음의 평화와 여유를 유지할 수가 있다.
　　　　　　　　　　　　　　　　　　　　　　　　　위동휘(于東輝)

명상(瞑想)은 옳은 선택과 결단을 위한 수련이기도하다.　　　윤종모

명상하는 중에 옳다고 느껴지는 결론일 때 그렇게 하라.　오쇼 라즈니쉬

회의에서 의장(議長)에 결재권자(決裁權者)가 앉지 않으면 모여서 의논이 되지 않고, 의논하여도 결정되지 않고, 결정되어도 실행되지 않는 괴상한 회의가 되고 만다.

올바른 결정을 대담하게 내리기는 쉬우나 그 실행은 어렵다.
　　　　　　　　　　　　　　　　　　　　　　　　　벤저민 프랭클린

리더에 대한 신뢰는 '결과가 있는 결정'에서 나온다.　　　　　서광원

기회는 왔다가 간다. 제때 결정을 내리는 것도 중요한 기술이다.
　　　　　　　　　　　　　　　　　　　　　　　　　로버트 기요사키

사장 이외의 사람이 결정을 하지 못하는 회사는 쇠퇴한다.　　E. 호오네트

자기 자신의 경험을 통한 결론일 때는 남들이 그렇게 했든 하지 않았든 상관하지 말고 모든 수단을 동원해서 그렇게 하라.　　하그완 쉬리 라즈니쉬

자신이 결정한 일이라면 어떤 일이 있더라도 불평하지 말라.　　밴 크로치

살면서 실수를 범했거나 잘못된 결정을 내렸다 하더라도 자신을 너무 탓하지는 말라.　　칼 필레머

결정을 내리는데 도움이 되는 한 가지 방법은, 임종(臨終)을 맞이해서 자리에 누운 자기 자신을 그리면서 그 순간에 내가 어떤 결정을 내리고 싶어 할지 스스로에게 물어보는 것이다.　　데이비드 호킨스

내가 곧 죽는다는 것을 기억하는 것은 내 인생에 있어 큰 결정을 내리는데 가장 중요한 수단이다. 거의 모든 것은 죽음 앞에서 떨어져 나가고, 정말로 중요한 것만 남을 뿐이다.　　스티브 잡스

아무것도 소유하지 않기로 결심하는 순간 자유로워져서 정말로 중요한 것을 볼 수 있게 된다.　　지오반니 베르나도네

행복해지기 위해 필요하다고 생각했던 것 없이도 우리는 행복해지기로 결정할 수 있다. 그러면 행복해질 것이다. 행복은 체험이 아니라 결정이다.　　닐 도널드 월시

결국 인간은 자신의 결정에 의하여 자신을 만드는 것이다.　　아더 쉴레징거

지금 당장 행복(幸福)해질 수 있다. 행복하기로 결정(決定)만 하면 된다. 웃어라, 그리고 행복하다고 느껴라.　　조 비데일

【결혼, 궁합, 남편, 아내, 배우자, 부부, 상대방】

"결혼을 하는 편이 좋은가, 하지 않는 편이 좋은가" 묻는다면 나는 어느 편이나 후회할 것이라고 대답하겠다.   소크라테스

결혼(結婚) 그 자체는 좋다 나쁘다고 말할 수 없다. 결혼의 성공과 실패는 우리 자신에게 달려 있기 때문이다.   모로아

기혼자가 미혼 남녀보다 더 행복하다고 단정 짓기에는 무리가 있는 듯하나, 폭넓은 사회생활과 결혼이 행복을 증진시켜 줄 가능성이 큰 것은 사실이다.   마틴 셀리그만

결혼의 약속(約束)은 이 세상에서 가장 신성(神聖)한 약속의 하나로서 경솔히 맺을 것이 아니다.   해리 트루만

인생에서 가장 중요한 선택 세 가지는 : (1)학교 (2)직업 (3)배우자이다.
    타나베 쇼이치(田邊昇一)

배우자 선택, 신중(愼重)에 신중을 더하라.   새무얼 스마일즈

행복한 삶을 누리려면 남녀의 질적(質的) 수준(水準)이 균형(均衡)이 이뤄져야 한다.   조용욱(趙容郁)

인생에 있어서 늦어도 상관없는 것이 두 가지가 있다. 결혼과 죽음.

대사(大事; 결혼)는 때의 놀음이다. 때를 기다리면 좋은 인연(因緣)을 만날 것이다.   주역(周易)

세상에서 가장 중요한 인간관계는 배우자(配偶者)와의 관계다.   존 맥스웰

배우자를 만나는 일이야말로 팔자고 운명이라고 생각한다. '순간의 선택이 평생을 좌우한다.' 선택했으면 맘에 안 들고 힘들어도 이해하고 참는 것이 순리이다. 내가 누구를 선택해 사는 것은 상대방 때문이 아니라, 나 때문인 경우가 더 많다. '딴 남자를 또는 딴 여자를 만나면 모든 것이 달라질 것이다.'라는 생각은 분명히 꼭 그렇지만은 않다. 내 팔자(八字)나 취향(趣向)이 그래서 지금과 같은 배우자를 만나는 경우가 많다. **백운산(白雲山)**

완전한 사람은 아무도 없다. 배우자를 현실적으로 바라보아야 한다.
존 맥스웰

하고많은 수행 중 가장 큰 수행(修行)은 바로 '사람은 상대방을 억지로 변화시킬 수 없다'는 것을 깨닫는 '결혼'이라는 수행이다. **사이토 히토리**

부부(夫婦) 사이에 일어날 수 있는 최대비극(最大悲劇)은 상대에게 자신의 삶의 방식을 강요하는 일이다. **데이비드 시버리**

부부생활이라는 수행을 잘 해나가려면 상대방에게 절대 기대(期待)를 걸지 말아야 하고, 상대방을 변화(變化)시키려고도 하지 마라. **사이토 히토리**

부부는 상대를 변화시키려고 엄청난 에너지를 쏟아붓지만, 각자 가진 가치관과 세계관은 쉽게 변하지 않는다. 이 점을 인정(認定)하고 상대를 '있는 그대로' 받아들이는 것이 성공적인 결혼 생활의 첫걸음이다. **카를 융**

고칠 수 없는 것은 참아야 한다.
(What can't be cured must be endured.) **서양 격언**

다름은 틀림이 아니라 특별함이다. (부부간에도 마찬가지다.)

상대방을 바꾸려고 하기보다는 상대방의 개성(個性)을 서로 인정하고 사는 편이 얼마나 좋은지 모른다.   E. 휠러

무슨 일이든 처리할 때는 상대방의 입장에 서서 한번 생각해 보라.
易地思之(역지사지)

상대의 마음을 추측(推測)만으로는 알 수 없으므로 너무 깊이 생각해서 부정적(否定的)으로 단정(斷定) 짓지 않는 것이 좋다.   우에니시 아키라

아내는 남편과의 대화 부족을 1년 내내 불평하지만, 남성의 뇌(腦)는 마음속 감정을 말하는 것이 어렵도록 조직되어 있다.   앤 모아, 데이비드 야셀

궁합은 사장과 종업원, 부모와 자식 간, 형제 사이 등 모든 관계에 적용된다.
                                                              남덕

궁합(宮合)이 맞는다는 것은 두 당사자 간에 기(氣)가 맞는다는 것이고, 서로 대화할 때 기분이 좋다는 이야기다. 기가 맞는다고 해서 일생 싸우지 않고 사이가 계속 좋다고는 보지 않는다. 때로는 싸우고 때로는 화해하면서 일생 해로(偕老)할 수 있다는 이야기다.   남덕

외로움보다는 싸움이 낫다.

결혼 생활에서 싸움은 피할 수 없다. 어떻게 싸우는지가 중요하다.
                                                           칼 필레머

결혼 생활을 잘 유지하고 싶다면 싸워도 그게 뭐 대수냐는 식으로 넘어가야 한다. 부부는 싸움에 익숙해져야 한다. 말다툼, 논쟁, 의견 차이가 생길 때 어떻게 소통하는가에 바로 백년해로(百年偕老)의 비밀이 있다.   칼 필레머

배우자(配偶者)를 모욕(侮辱)하지 말라.   조셉 텔루슈킨

배우자에게 감정(憾情)을 폭발시키지 말라.   조셉 텔루슈킨

부부 서로가 필요한 존재임을 인정하여 존중하고, 상처를 주는 언행을 삼가면서 모든 감정을 공유하는 것, 그것이 바로 사랑이다.   장쓰안

상대의 약점을 감싸고 보완해 줄 때 인간의 가치가 빛난다.   사이토 히토리

사랑이란 서로 마주 보고 있는 게 아니라, 함께 같은 곳을 바라보는 것이다.   생텍쥐페리

가장 좋은 부부관계는 두 사람 모두 자신에게는 관심(觀心)이 없는 것이라 해도 상대방이 관심을 갖는 것에 함께 관심을 기울여주고 지지해 주는 관계다.   리처드 템플러

화가 날 때마다 남편은 아내에게 아내는 남편에게 감사한 일을 떠올리자.   M. J. 라이언

결정적 순간에 서로 양보(讓步)하고 물러서는 것, 바로 그게 결혼 생활의 지혜다.   와타나베 준이치

사랑은 한 사람에게 헌신하고, 다른 사람이 와도 흔들리지 않는 힘이다.   게르트 기거렌처

부부의 사랑은 단순한 습관(習慣)이다.   헨리크 입센

인류를 사랑하는 것보다는 바로 당신 곁에 있는 사람을 사랑하는 것이 더 고귀하다.   지그 지글러

糟糠之妻(조강지처) 不下堂(불하당) ; 가난할 때에 술지게미를 먹어가며 고

생을 같이하던 아내는 존중하고 대우해 주어야 한다는 말. 후한서(後漢書)

남편이 부인에게 잘해 주면 그 가정(家庭)은 편안(便安)한 가정이 된다.

어진 아내는 남편을 귀(貴)하게 만들고, 모진 아내는 남편을 천(賤)하게 만든다.

남편이 화목하고 부인이 순량하면 만복이 더욱 불어난다.
夫和婦順(부화부순) 萬福滋生(만복자생)

나를 대하는 상대방의 태도가 곧 나의 거울이다. 그렇기에 남을 탓할 것이 아니라 자기를 돌볼 줄 아는 지혜가 필요하다. 지광

사랑받고 싶다면 먼저 사랑하라. 이나모리 가즈오

아내에게 왕비(王妃) 대접(待接)을 하면 당신은 아내로부터 왕(王) 대접을 받을 것이다. 탈무드

사랑으로 아내를 대하고 있다는 당신 느낌이 아니라, 사랑을 받고 있다는 당신 아내의 느낌이 중요하다. 조셉 텔루슈킨

어떤 상황에서든 정보(情報)를 많이 가진 쪽이 권력(權力)을 쥔다. 결혼 생활에서는 여성이 더 많은 정보를 가지고 있다. 앤 모아, 데이비드 야셀

아내의 조언(助言)에 귀를 기울여라. 김영식

아내 말을 잘 들으면 자다가도 떡이 생긴다. 한국 속담

당신의 가장 친한 친구는 당신의 배우자(配偶者)여야 한다. 지그 지글러

행복한 결혼 생활을 결정하는 가장 큰 요인은 부부간의 '우정의 깊이'이다.
존 고트먼

결혼 생활은 재미있기도 해야 한다. 조셉 텔루슈킨

아내가 아양을 떨 때는 필시 무슨 곡절(曲折)이 있다. 러시아 속담

열 나라를 아는 일이 자기의 아내를 아는 것보다 쉽다. 유태 격언

아들은 그가 부인을 얻기 전까지만 아들이고, 딸은 평생 딸이다. 속담

행복한 부부의 상당수는 많은 문제를 '옷장 속'에 감춰둔다. 존 고트먼

결혼은 남녀 모두에게 자기희생(自己犧牲)을 요구한다. 윤석철

행복한 결혼은 누구에게나 아무런 노력도 없이 저절로 이루어지는 것은 아니다.
노만 V. 피일

【겸손, 겸양, 겸허, 공손, 불손, 점잖음】

인류(人類)의 역사는 공간상(空間上)의 덧없는 반점(斑點)에 불과하다. 따라서 그 첫째 교훈은 겸양이다.
W. J. 듀란트

약간의 친절과 공손(恭遜)함은 대단히 중요하다. 이와 반대로 작은 불손(不遜), 작은 불친절, 하찮은 무례(無禮) 등은 커다란 인출(引出)을 가져온다. 인간관계에서의 커다란 손실은 사소한 것으로부터 비롯된다. 스티븐 코비

지구의 건강(健康)이 인간의 건강이라는 상호의존성(相互依存性)을 인식하고

인간이 더 겸손(謙遜)한 자세로 미래를 대비해야 한다.　　　마크 스티븐슨

덕(德)은 겸양(謙讓)에서 생긴다.　　　숫타니파타

운이 나쁠 때는 모든 상황이 역행(逆行)하므로 마음을 비워서 쓸데없는 고집을 버리고, 인내와 겸손의 자세로 임해야 어려운 고비를 무난히 넘길 수 있다.　　　남덕

마음가짐이 공손하고 몸가짐이 유순하니 반드시 대인(大人)의 도움을 받는다.
　　　장영동

자만하고 교만하면 수호신(守護神)이 우리를 지켜주지 않는다. 항상 배우는 자세, 겸손한 태도, 무슨 이야기든지 긍정적으로 생각하고, 열 마디 이야기를 들었으면 한마디라도 발상의 전환에 도움이 되었다고 생각하라.
　　　정현우

리더는 내적으로는 사리사욕(私利私慾)이 없고 진솔함과 겸손을 갖춰야 하며, 외적으로는 통찰력・결단력・실행력・지속력을 가져야 한다.　　　권오현

욕심이 너무 많으면 손해가 오고, 겸양하고 양보하면 이득이 된다.
滿招損(만초손)이요, 謙受益(겸수익)이라.

일생의 가장 커다란 만족감과 행복은 재물(財物)을 통해서가 아니라 사람을 통해 찾아온다. 깨끗하고 겸허한 마음으로 사람들을 사랑하라.　　　임선영

모자란 사람은 겸손한 사람을 경멸한다. 진정으로 겸손한 사람은 그 부드러움만큼이나 강한 사람이다.　　　고철종

세상에서 가장 보기 싫은 것이 겸손(謙遜)을 모르는 행위이다.　　　김승호

진정한 겸손은 깊은 자신감(自信感)에서 나오는 법으로, 겸손의 핵심(核心)은 나를 낮추기보다는 상대(相對)를 높이는 데에 있다. 　　　　　　이동규

물은 깊을수록 소리가 없다. 　　　　　　속담

성숙(成熟)한 인간에게서 볼 수 있는 중요한 태도(態度) 가운데 하나가 '겸손'이다. 　　　　　　카를 구스타프 융

알아도 모르는 척하는 것이 가장 좋다. 모르면서 아는 척하는 것이 흠이다. 　　　　　　노자(老子)

내가 알고 있는 오직 한 가지는 내가 아무것도 모른다는 것이다. 　　　　　　소크라테스

죽음을 기억하라. (Memento mori ; Remember that you must die.) 〈사람은 누구나 반드시 죽는다는 것을 명심하여 교만하지 말고 겸손할 줄 알라는 뜻〉

명성(名聲)이란 결국 잠시 왔다가 사라지는 풀잎과 같은 것일 뿐이니 겸손해야 한다. 　　　　　　단테

기도(祈禱)는 신(神)을 변화시키는 것이 아니라, '그대'를 변하게 만든다. 기도를 하게 되면 겸손해진다. 　　　　　　오쇼 라즈니쉬

겸허한 정신이나 태도가 없으면 도(道)를 터득할 수가 없다. 　　　　　　노자(老子)

겸허(謙虛)한 마음을 가지면 세상이 전혀 다르게 보인다. 　　　　　　가야노 다케시

점잖게 나이를 먹는 것이 좋은 것이다. 　　　　　　임어당(林語堂)

【경영, 경영자, 경제, 기업, 비즈니스, 사업, 사장, 장사, 회사】

〈1〉

기업의 성과는 문제(問題)를 해결함으로써 얻어지는 것이 아니라, 기회(機會)를 개발함으로써 얻어지는 것이다.　　　　　　　　　　　　피터 드러커

많은 사업(事業)이 최초엔 손더듬이 하는 가운데에서 돈벌이의 재료(材料)를 발견하고 그것을 키워 성공시킨 것이다.

어떤 사업에서나 핵심은 '배움'에 있다. 초기의 작은 실수와 시행착오를 통해 새로운 것을 배우고 끊임없는 조정을 거듭하면서 사업을 성장시켰던 것이다. 즉 대부분은 직접 부딪치면서 배워야 하는 것이다.　　월마트

기업 전략의 핵심은 제품전략(製品戰略)이다. 제품전략의 당부(當否)가 회사의 명운(命運)을 좌우한다는 사실을 사장(社長)은 한시라도 잊어서는 안 된다.
　　　　　　　　　　　　　　　　　　　　　　　　　　타나베 쇼이치

기업전략(企業戰略)의 기본개념은 선택(選擇)과 집중(集中)에 달려 있다.

깊이 생각한 후에 결정하고 과감(果敢)하게 시행하라.　　이병철(李秉喆)

악(惡)으로 불릴 만큼 집요하고 강한 개성과 실행력이 없으면 대사업(大事業)은 기대하기 힘들다고 볼 수 있다.　　　　　　　중앙일보 경제문제연구소

필요한 때는 모험(冒險)도 하라. 위험이 전혀 없는 사업은 없다. 많은 이익을 올리는 만큼 반대로 위험 부담도 크다.　　　　　　　J. V. 서어니

모험 없는 발전과 비약(飛躍)은 있을 수가 없다.　　　　　정주영(鄭周永)

89

인생도 경영(經營)도 단순명료한 원리 원칙이 좋다.　　　　이나모리 가즈오

기업경쟁에서 이기려면 경쟁우위(競爭優位)를 확보할 **核心力量**(핵심역량; Core competence)을 명쾌하게 설정하고 이를 지속적으로 통합 관리해야 한다.
　　　　　　　　　　　　　　　　　　　　　　　　프라할라드 게리멀

인생에서도 경영에서도 성공하는 비밀(秘密)은 지금까지 구축해 놓은 모든 조건을 완전히 활용(活用)하는 것이다.

전쟁도 사업(事業)도 이기지 못하면 큰 의미가 없다.　　　　이소사끼 시로

최고경영자가 되려면 진퇴양난(進退兩難)의 위기를 신속하게 극복할 수 있는 냉철한 정신이 필요하다.　　　　　　　　　　　　　　마틴 셀리그만

최고의 업적을 달성하는 사람들은 언제고 보다 더 곤란(困難)한 목표를 스스로 설정(設定)한다.　　　　　　　　　　　　　　　　필립 마아빈

무한(無限) 경쟁에서 살아남는 길은 무엇이든 최고의 수준을 목표로 설정하고 부단히 도전하는 것이다.　　　　　　　　　　　　최종현(崔鍾賢)

목표 위주의 경영관리 방법으로서만 우리가 어느 정도로 발전하고 있는가를 좀 더 구체적으로 알 수 있는 것이다.　　　　　　럭샌 스피처 리만

회사는 최고경영자(最高經營者)의 집념(執念)의 결과다.　　함태호(咸泰浩)

기업가(企業家)가 가져야 할 태도 중 가장 중요한 것은 "쉼 없이 계속 뛰는 것"이다.　　　　　　　　　　　　　　　　　　　　　　　　빌 게이츠

경영자는 항상 꿈을 가지고 '이런 일을 해보고 싶다. 이런 회사로 만들고

싶다.'는 이상(理想)을 늘 그려보고 있어야 된다고 본다. 그러고는 그런 이상을 목표(目標)로서 차례로 발표토록 하는 것이다. 그래야만 기업은 젊음을 유지할 수 있게 된다.
마쓰시다 고노스케

벤처(venture)기업에서 필수적인 요소는 도전정신(挑戰精神)이다.　　정문술

한번 혁신(革新)의 속도에서 뒤떨어지게 되면 결코 이전의 위치로 회복할 수가 없다.
로버트 헬러

성공한 리더와 실패한 리더의 차이는 '미래를 위한 새로운 가치'를 창출했는지에 따라 구분된다.
권오현

최고경영자가 해야 할 일은 두 가지다. 첫째는 그를 도와서 조직을 운영해 갈 훌륭한 인재(人材)를 찾아내는 일이다. 두 번째는 이익(利益)을 얻는 일이다.
리 아이아코카

조직이나 기업의 성과달성과 미래가치 창출에 중요한 역할을 하는 결정적 2%의 핵심인재를 집중 관리해야 한다.
토미닉 바튼

인재(人材)의 격차(隔差)가 기업의 격차를 가져온다.　　박내회(朴乃會)

자기 성미에 알맞은 사람을 구하여서는 안 된다. 일에 알맞은 사람을 구하여야 한다.
C. A. 세라미

뛰어난 사람을 고용하라. 그러면 다른 문제는 아무것도 없다. 하지만 뛰어난 사람을 뽑지 못하면 그보다 더 큰 문제는 없다.
딕 몰리

그 사람의 강한 면을 보고 인사문제(人事問題)를 결정하라.　　죠지 C 마샬

자기보다 뛰어난 사람을 잘 부리는 것이 사업성공의 비결이다.

고지마 게이다

적재(適材)의 인물(人物)을 적소(適所)에 보임(補任)하는 것이 조직(組織)의 힘을 강화시키는 결과를 가져온다.

체스터 니미츠

여기에 자신보다 현명(賢明)한 사람들을 주위에 모으는 기술을 알고 있었던 한 인간이 잠들고 있다.

앤드류 카네기의 묘비명(墓碑銘)

사람을 선발(選拔)하는데 무엇보다도 요구되는 것은 '톱(top)'이 되고 싶다는 야심(野心)이 있는 인간이어야만 한다. 이런 사람들이란 그 지위(地位)에 도달키 위해서는 기꺼이 희생(犧牲)을 치르게 마련이기 때문이다.

로버트 R. 브레이크, 제인 S. 모우톤

인재(人材)는 저절로 자라지 않는다. 키워야 한다.

리 아이아코카

인재의 양성은 유능한 인재를 모으는 데에만 있지 않고 이들을 묶어주는 구심점(求心點), 즉 기업인의 인격과 영도력(領導力)이 있어야 한다.

이병철

〈2〉

자유경제에서의 성공은 누릴 자격이 있는 사람에게 반드시 가는 것이 아니고, 우연히 적시(適時)에 맞는 장소에 있던 사람에게 성공은 주어진다.

하이에크

사업은 반드시 시기(時機)와 정세(情勢)에 맞춰야 한다.

이병철(李秉喆)

사업의 기본은 정확한 판단과 타이밍(timing)이다.

조중훈(趙重勳)

모든 일은 가능하다고 생각하는 사람만이 해낼 수가 있다. **정주영**(鄭周永)

안 되는 이유보다 될 수 있는 방안(方案)을 찾자. **구자경**(具滋暻)

스피드(speed) 경영이 의사결정을 빨리하는 것을 의미하는 게 아니다. 찬찬히 잘 생각한 뒤 적절한 시기에 정확한 판단을 내리는 것이 스피드 경영이다. 잘못된 판단을 반복하면 경영속도는 늦어질 뿐이다. **데이 노부유키**

기업경영에 있어 중요한 것은 기회선점(機會先占)이다. **이건희**(李健熙)

조직은 언제나 환경의 변화(變化)에 맞추어 바뀌어야 한다. **로버트 헬러**

어제와 같은 상품(商品)을 판매하는 기업에 내일은 없다. **마이클 블름버그**

최고(最高)가 아니면 만들지 않는다. (Das Beste, Oder Nichts.)
다임러 벤츠(Daimler Benz AG)

'고객신뢰'가 기업의 가장 큰 자산(資産)이다. **거스너**

어떤 기술보다 세일즈와 마케팅 기술이 더 중요하다. **로버트 기요사키**

사람에게도 생사가 있듯이 장사에도 영고성쇠(榮枯盛衰)가 있다. **구영한**

일반적으로 장사가 성공하느냐, 실패로 끝나느냐 하는 열쇠는 7할 정도가 입지조건(立地條件)에 달려 있다고 해도 과언이 아니다. **구영한**(邱永漢)

창을 잘 쓰는 명인(名人)은 찌를 때보다도 뺄 때가 더 빠른 법이다. 장사도 그렇다. 안 된다고 생각하면 빨리 그만둬야 한다. **마쓰시다 고노스케**

손님을 어떻게 대접하는지 보면 주인의 수준을 알 수 있다. **윌리엄 J. 오닐**

무슨 일을 하든지 간에 최고의 프로페셔널리즘(Professionalism; 전문적인 자질)이 그 일의 구석구석에 적용되고 있는지의 여부를 분명히 하라.
로버트 헬러

경영자가 되었다 해서 상대의 인격을 손상(損傷)시키고 모욕(侮辱)할 권리는 없다. 경영자가 반드시 지녀야 할 자질의 하나는 품성이다. **피터 드러커**

고용주는 피고용인이 어떻게 살고 있는지 알아야 한다. **조셉 텔루슈킨**

좋은 경영자(經營者)란 명령도 잘하지만 듣는 것도 잘하는 사람이다.

경영자가 갖추어야 할 주요자질 : (1) 행동력 (2) 인망(人望) (3) 건강
일본 경단련(經團連) 앙케트(enquete) 조사결과

기업이 장수(長壽)하려면 재주보다는 인격을 갖춘 덕장(德長)이 필요하다.
이나모리 가즈오

후계자(後繼者)를 키우는 것은 최고경영자(最高經營者)가 해야 할 가장 중요한 일 중 하나다. **비즈니스 위크(Business Week)**

회사 전체(全體)를 생각하지 못하는 사람은 전체적인 지위(地位)에는 적당하지 못하다. **C. A. 세라미**

사람 문제는 10년 이상을 내다보고 미리 준비해야 한다. **구본무(具本茂)**

사업이 아무리 잘 돌아가더라도 항상 주의 깊게 감시(監視)하고, 어떤 것도 당연하게 생각하지 말라. **아서 블랭크, 버니 마커스**

거대(巨大)한 기업발전은 적자생존(適者生存)을 의미한다.   록 펠러

사장(社長) 이외(以外)의 사람이 결정을 하지 못하는 회사는 쇠퇴한다.
                      E. 호오네트

시장경제(市場經濟)는 떠들썩한 선전(宣傳)으로 소비자를 꼬드겨 필요하지도, 원하지도 않는 물건을 사도록 만든다.   헬렌 니어링

사회(社會)에 필요한 기업(企業)은 절대 남게 되는 법이다.   앨빈 토플러

경영자가 회사를 위해 가져야 할 세 가지 분명한 목표는 지속성(持續性), 이윤(利潤) 그리고 성장(成長)이다.   로버트 헬러

비즈니스(business) 세계에서는 결과로 판단하는 수밖에 없다.   빌 게이츠

사장(社長)이 정치(政治)를 직접 하거나 휩싸이게 되면 기업은 바람을 맞게 된다.   쓰보우찌 히사오

기업의 운명(運命)은 기업인의 운명에 따라 달라진다.   백운산(白雲山)

【경쟁, 경주】

우리가 경쟁(競爭)하는 것, 남보다 나아지려고 노력하는 것은 나쁜 것은 아니다.   로버트 모리슨 마키버

남보다 앞서갈 수 있는 비결은 지금 당장 시작하는 것이다.   지그 지글러

남보다 뛰어나기보다는 남과 다르게 하라.   탈무드

우리는 다른 사람을 부러워하는 대신 다른 누구도 대신할 수 없고 남이 모방할 수 없는 '나만의 핵심 경쟁력은 무엇인가?'라고 스스로에게 끊임없이 물어보아야 한다.
위단(于丹)

기업경쟁에서 이기려면 경쟁우위(競爭優位)를 확보할 核心力量(핵심역량; Core competence)을 명쾌하게 설정하고 이를 지속적으로 통합 관리해야 한다.
프라할라드 게리멀

한번 혁신의 속도에서 뒤떨어지게 되면 결코 이전의 위치로 회복할 수가 없다.
로버트 헬러

앞지르면 남을 누르지만, 뒤지면 남에게 제압을 당한다.
先則制人(선즉제인) 後則爲人所制(후즉위인소제)
사기(史記)

복잡한 것을 단순화(單純化)하는 능력이 경쟁에서 이겨나가는 비결이다. 주제(主題)를 단순하게 정리하고 우선순위(優先順位)를 정해 행동으로 실천(實踐)하는 능력이 남보다 나아야 한다.

경쟁사회에서는 악(惡)한 사람이 강자가 되고, 선(善)한 사람이 약자가 되는 경우가 많다.
김영길

승리(勝利)란 최선을 다하는 것이다. 그래야만 설령 패배한다고 해도 배우는 것이 있게 마련이다.
윌리엄 J. 오닐

나를 잘 아는 상대(相對)보다 무서운 적(敵)은 없다.
남정욱

싸워서 이기지 못하는 것은 싸우지 않느니만 못하다. 포기해야 할 때 포기할 줄 알아야 한다.
리허

경쟁관계라도 유대(紐帶)는 돈독히 해야 한다.   데브라 벤튼

과거에 당신을 성공으로 이끌었던 그 비결(秘訣)은 이제 새로운 세계에서는 먹히지 않을 것이다. 새로운 방식을 찾아라.   류 플랫(휴렛 팩커드)

인간관계(人間關係)가 최고의 경쟁력이다.   켄 블랜차드

성공을 위한 최대의 추진력은 열정(熱情)이다.   청샤오거

조금이라도 자신(自信)이 없으면 이길 수 없다.   C. M. 브리스톨

끝까지 해내는 힘을 기르면 성공습관이 생긴다.   노가미 히로유키

'과감한 대시(dash)'로 도전해 가는 행동력이야말로 소기의 목적을 달성(達成)할 수 있는 핵심요소이다.   이소사끼 시로

억지가 사촌보다 낫다.   한국 속담

스스로 포기 않는 이상, 길은 있기 마련이다.   정주영(鄭周永)

다른 사람보다 뛰어나고 싶으면 남보다 더 많은 고난(苦難)을 견뎌라.

묵묵하게 그리고 꾸준히! 이것이 경주에서 이기는 비결이다.
           로저 로젠블라드

인생은 장거리 경주(競走), 쉬지 말고 도전하라.

자기절제(自己節制)가 결국 승부(勝負)를 결정짓는다.   존 템플턴

늙어가는 과정은 경쟁에서 벗어나 부귀(富貴)와 빈천(貧賤)에 흔들리지 않고, 어떤 부당한 힘에도 굴복하지 않는 자유로운 사람이 되어가는 과정이 되어야 한다.
　　　　　　　　　　　　　　　　　　　　　　　　　　　김문준

【경청, 귀 기울임, 듣기】

대화할 때는 절대 딴 데를 쳐다보지 말라. 몸가짐과 시선, 동작 등 '온몸으로 상대의 말을 경청(傾聽)하고 있음'을 보여줘야 한다.　　**톰 버틀러 보던**

그저 아무렇게나 듣는 것(hearing)은 주의해서 듣는 것(listening)과는 전혀 다르다.

상대방이 진정으로 내가 하는 말에 귀 기울이지 않으면, 대화(對話)를 통해 할 수 있는 일은 거의 없다.　　**리처드 칼슨**

우매(愚昧)한 자의 귀에는 현인의 말도 어리석게 들린다.　　**에우리피데스**

상대방의 말에 반드시 반응(끄덕임, 미소, 맞장구 등)하라.　　**공문선**

다른 사람의 말에 귀 기울이지 않는 태도는 스스로 마음을 빈곤하게 만드는 것이다.　　**마쓰시다 고노스케**

지도자가 큰 공적(功績)을 세우려면 첫째는 우수한 인재(人材)를 확보하는 것이고, 둘째는 그들의 의견에 귀를 기울이는 것이다.　　**한비자(韓非子)**

상대방(相對方)이 많이 말하도록 기회를 줘라.　　**데일 카네기**

남의 말에 끼어들거나 가로막지 말라.　　**리처드 칼슨**

좋은 친구란 진지하게 이야기를 들어주는 사람이다.   **쿠보 도시로**

말을 하기 쉽게 하지 말고, 알아듣기 쉽게 하라.   **이정숙**

아내의 조언(助言)에 귀를 기울여라.   **김영식**

아내 말을 잘 들으면 자다가도 떡이 생긴다.   **한국 속담**

당신이 동의(同意)하지 않는 견해(見解)에도 귀 기울여라.   **조셉 텔루슈킨**

진짜 말 잘하는 사람은 잘 듣는 사람이다.   **공문선**

귀는 항상 듣던 소리를 즐거워하고, 눈은 새로운 것을 보고자 한다.

우리의 진화(進化)는 우리가 영혼(靈魂)에 귀 기울이고 거기에 따라 행동하는 것에 달렸음을 잊지 말아야 한다.   **개리 주커브**

【경험, 체험】

〈1〉

사람은 경험(經驗)에서 교훈(敎訓)을 얻는다.   **리 아이아코카**

새로운 경험은 항상 약간 두려움을 느끼게 만든다. 하지만 당신이 두려움에 맞서서 그것을 해낸다면 당신은 자신의 능력에 대한 더 많은 자신감(自信感)을 쌓을 수 있게 된다.   **잭 캔필드**

우리는 우리의 가장 힘든 경험에서 가장 많은 것을 배운다.   **로빈 S. 샤르마**

해보지 않으면 알 수 없다. 마츠우라 에이코

지혜(智慧)는 스스로의 경험을 통해서만 얻어진다.
(No man's knowledge here can go beyond his experience.) 존 로크

우리가 다음 세대(世代)에게 물려줄 가장 위대한 선물 중 하나는 경험에서 배운 우리의 지혜다. 데즈먼드 투투

아이들이 자기 삶에 대한 내적통제(內的統制)를 거의 경험하지 못하면 불확실성(不確實性) 앞에서 "절망이다. 노력해 봐야 소용없다."며 불안해한다.
게르트 기거렌처

아이들은 자신의 곤란한 경험을 통해서 처음부터 공부를 다시 하지 않으면 안 된다. 아놀드 J. 토인비

아이들에게 최대한 많은 체험(體驗)을 제공하지 않고 쓰고, 외우고, 셈하는 교육만 지속하면 미래에는 모두 일자리를 잃을 것이다. 마윈(馬雲)

수줍음은 불안의 한 형태이다. 불안을 없애기 위해서는 그 두려워하는 상황을 극복하는 체험을 해야만 한다. 아이가 극복할 수 있으리라 예상되는 상황을 찾거나 만드는 것이 필요하다. 카린 복

사람은 누구나 창피한 경험을 하면서 성장한다. 사이토 히토리

사람들은 매우 상처받기 쉽고 내적으로 민감(敏感)하다. 이 점은 나이나 경험에 별 상관이 없는 것 같다. 스티븐 코비

어제 옳다고 느껴졌던 일이 오늘도 반드시 옳다고 느껴지는 건 아니므로, 나는 딸들에게 자신이 옳다고 생각하는 것을 발견할 때까지 계속해서 새

로운 경험을 하라고 말한다.   미셸 오바마

행복한 사람이 불행한 사람과 다른 점은 그들이 자신의 경험을 삶을 풍요
롭게 만드는 방식(方式)으로 다룰 줄 아는 양식(良識)을 지녔다는 것이다.
                                                로빈 S. 샤르마

경험으로 체득한 지혜는 결코 잊히지 않는 법이다.
(Wisdom thoroughly learned, will never be forgotten.)   피다고라스

시련을 많이 겪는다고 해서 기쁨의 양이 그만큼 줄어들지는 않는다.
                                                마틴 셀리그만

어떤 문제가 생겼을 때 이를 위기(危機)라고 생각하지 않고 인생경험이라고
보기 시작하면 문제는 사라진다.   존 고든

그 어느 누구도 어떤 형태든 역경(逆境)에 부딪히지 않고 끝에 이르는 사람
은 없다. 그러니 그 역경을 그냥 인생행로의 일부로 받아들여라. 결과에
대해서는 초연해지고, 그냥 삶 속으로 들어오는 모든 상황을 최대한 경험
하라. 고통을 느끼고, 행복을 맛보라.   로빈 S. 샤르마

우리들이 가깝게 지내는 사람들에게서 고통이나 기쁨을 체험하는 것은 업
보적(業報的)인 이유 때문에 그렇다.   마이클 뉴턴

모든 경험은 다음번에 당신이 적용(適用)할 수 있는 좀 더 유용(有用)한 정보
를 산출해 낼 것이다.   잭 캔필드

경험이 많을수록 더 진실에 가깝게 상상할 수 있다.   어니스트 헤밍웨이

행복에 대한 동화적(童話的)인 개념, 즉 어떤 일이 일어나면 영원히 행복해

질 것이라는 믿음은 불가피하게 실망(失望)으로 이어진다. 행복한 삶은 어떤 일생일대(一生一大)의 사건으로 만들어지는 것이 아니다. 그보다는 꾸준히 경험이 쌓이면서 조금씩 더 행복해지는 것이다. **탈벤 샤하르**

지혜(智慧)는 반드시 높은 인격과 풍부한 경험이 기초가 되어야 한다.

오랜 세월의 경험으로 누적된 능력은 개인의 특성(特性)을 강화시킨다.
린다 그랜튼

모든 것을 직접 겪으면서 배우기엔 삶이 너무 짧다. 때로는 다른 사람의 실수에서 배우는 것도 필요하다. **밴 크로치**

큰일을 치러본 경험에 의하면 만사(萬事)를 일시에 처리하려는 것은 실패하기 쉬운 근본이 된다. **윈스턴 처칠**

경험을 당하고 나면 사람은 유식해지는 것이 아니라 노련해진다.
알베르 카뮈

말은 타봐야 알고, 사람은 사귀어봐야 안다. **속담**

삶에서 인간의 근본적인 마음, 인간성(人間性)을 경험하는 것보다 더 중요한 것은 없다. **레베카 팅클**

〈2〉

순간 판단을 잘하기 위해서 첫째는 판단에 필요한 경험을 쌓는 것이다. 경험 없이 순간 판단에 기대는 건 조심해야 할 사항이다. **말콤 글래드웰**

그대가 매우 신중하다면 어떤 작은 경험이라도 그대에게 많은 것을 준다.

그대가 신중하지 않다면 그대는 계속해서 같은 경험을 되풀이하면서도 아무것도 얻지 못할 것이다.   B. S. 라즈니쉬

방 안에서 수영 연습을 하지 말라. 바다에 뛰어들어 소금물을 마셔라.   타나베 쇼이치

체험이 담기지 않은 말은 모두 공허(空虛)하다.   오쇼 라즈니쉬

자신이 체험하지 못한 일에 대해 이야기한다면, 다른 사람들의 시간만 낭비하는 것이다.   틱낫한

당해 보지 않으면 모른다.   서광원

고생도 해봐야 한다.   파커 J. 파머

여러 가지 상반(相反)된 경험을 거치며 삶을 살아보지 못한 사람은 삶을 별로 깊이 이해하지 못한다.   바그완 슈리 라즈니시

뼈아픈 체험과 단련을 통하여 진정한 지도자가 될 수 있다.   이양구(李洋球)

거의 죽었다 살아나는 경험을 겪게 되면 순탄한 길만 걸을 때보다 더 많은 것을 배울 수 있다.   린다 샌포드

자신감(自信感)을 기르는 방법은 당신이 두려워하는 일을 하고, 그 일에 성공하는 경험을 계속 쌓아 나가는 것이다.   데일 카네기

용기(勇氣)는 대부분 한번 실천해 본 일에 대해 생긴다.   랠프 월도 에머슨

실패(失敗)는 무엇을 해야 하는지 뿐만 아니라, 무엇을 하지 말아야 하는지를 경험을 통해 가르친다.　　　　　　　　　　　　　　　새무얼 스마일즈

현명한 사람은 경험을 통해서 미래를 예측할 수 있다.
(Experience is the only prophecy of wise men.)　　　　쇼펜하우어

절대 후회하지 마라. 좋았다면 추억이고 나빴다면 경험이다.　캐롤 터킹턴

'이런 일도 경험하고 싶지 않았었나?'라고 바꿔 생각하면 그때부터는 모든 상황이 한층 더 재미있어질 것이다.　　　　　　　　　마츠우라 에이코

괴로운 경험을 겪는 것은 사물을 바로 볼 수 있는 가장 빠른 길이다.
　　　　　　　　　　　　　　　　　　　　　　　　구영한(邱永漢)

과거를 지나치게 곱씹다 보면 '현재'를 살 수 없게 된다. 과거에 일어났던 일을 후회하고, 창피해하고, 죄책감을 느끼거나 화를 내는 시간만큼 현재를 경험할 수 없다.　　　　　　　　　　　　　　　　　　　리처드 칼슨

몰입(沒入)을 더 많이 경험하는 사람일수록 행복감도 크다.
　　　　　　　　　　　　　　　　　　　　　　미하이 칙센트미하이

만족을 자아내는 몰입을 많이 경험하는 사람일수록 덜 우울해진다.
　　　　　　　　　　　　　　　　　　　　　　　　　마틴 셀리그만

어떤 경험이 즐겁게 느껴지는 것은 그 경험 자체가 즐거워서가 아니라, 우리가 그 경험을 즐겁다고 '생각'하기 때문이다.　　　　　　리처드 칼슨

새로운 경험에 가슴을 열어라.　　　　　　　　　　　　　웨인 다이어

현재의 됨됨이는 대개 과거의 경험에 의해 결정된다.　　새무얼 스마일즈

자기 자신의 경험을 통한 결론일 때는 남들이 그렇게 했든 하지 않았든 상관하지 말고 모든 수단을 동원해서 그렇게 하라.　　브하그완 쉬리 라즈니쉬

결과에 따라서만 감사(感謝)하던 자세를 미리 무조건 감사하는 자세로 바꾸면 그 에너지는 감사할 수 있는 상황을 강력하게 끌어들이므로, 당신은 이제까지 경험하지 못했던 많은 변화들을 체험하게 될 것이다.
　　　　　　　　　　　　　　놀르 C. 넬슨, 지니 르메어 칼라바

인간은 오래 살면 살수록 보다 많은 고뇌를 경험한다.　　아놀드 J. 토인비

고뇌(苦惱)를 경험하는 것은 수행에 많은 도움이 된다.　　달라이 라마

고통 역시 우리가 경험해야 할 인생의 일부이다. 괴로워하며 견디기보다는 담담하게 즐기는 편이 낫다.　　탈 벤 샤하르

마음의 평정(平靜)을 지키는 유일한 길은 경험을 쌓는 것뿐이다.
　　　　　　　　　　　　　　　　　　　　　　　브라우니 와이즈

인생 경험의 축적(蓄積)은 사람을 바꿔놓는다.　　이언 매큐언

삶이란 해결해야 할 문제가 아니다. 삶은 단지 경험되어야 할 신비(神祕)일 뿐이다.　　B. S. 라즈니쉬

고요하고 평화롭게 영원히 그대로 있는 유일한 무형(無形)의 실체인 절대존재 순수의식(純粹意識)을 사람이 지속적인 자기탐구(自己探究)를 통해 자각 체험한 상태를 '깨달음' 또는 '참된 앎'이라고 부른다.　　라마나 마하리시

오직 자기 자신이 직접 경험하는 것만이 깨달음이 될 수 있다. 언어(言語)란 깨달음이 아니다.   B. S. 라즈니쉬

신(神)의 사랑의 현존(現存)을 체험하는 정도는 각자의 의식수준에 따라 현저히 다르다.   데이비드 호킨스

에고(Ego)로서는 신(神)을 체험하는 일이 불가능하다.   데이비드 호킨스

정신(精神)이 풍부한 경험으로 쌓여 있으면, 인생 경험이 얕을 때에는 생각조차도 못 하던 개념(槪念)이 생겨난다.   해리 헤프너

우리는 임종(臨終)의 순간에 무슨 말을 할 것인가? "좀 더 안정되고 돈 많이 버는 삶을 살았으면 좋았을 걸!"이라고 하지 않고, "더 많은 걸 경험하며 살았으면 좋았을 걸!" 하고 말할 것이다.   프리츠 펄스

죽음에 선행(先行)되는 상태를 체험할 수는 있으나, 그 누구도 자신의 죽음을 체험하지 못한다.   데이비드 호킨스

임사체험(臨死體驗)은 누구에게나 권할 만하다. 그것은 인격을 길러준다. 삶에서 무엇이 중요하고 중요하지 않은지를, 그리고 삶의 아름다움과 소중함을 당신은 더 명료하게 인식하게 될 것이다.
                    칼 세이건(치명적인 병을 앓고 나서)

죽음은 광대한 경험의 영역(領域)이다. 나는 힘이 닿는 한 열심히, 충만하게 살아왔으므로 기쁘고 희망에 차서 간다. 죽음은 옮겨감이거나 깨어남이다. 모든 삶의 다른 국면에서처럼 어느 경우든 환영해야 한다.
                    스코트 니어링

【계속, 꾸준히, 끊임없이, 변함없이, 불변, 유지, 지속】

인생은 어느 누구에게나 쉽거나 호락호락한 게임이 아니다. 끊임없이 노력해야 하며, 잘할 수 있는 무언가를 찾으면 성공할 때까지 노력해야 한다.
마리 퀴리

위대(偉大)한 일들은 일시적 충동(衝動)에 의해 이룩되는 것이 아니라, 계속적인 작은 일들이 모여 가능한 것이다.
빈센트 반 고흐

인생에는 공짜가 없다. 강자(强者)가 되고 싶다면 강인한 투지로 꾸준히 노력하는 끈기를 체득하라. 땀과 노력, 심지어 피를 흘리는 대가를 치르면서 목표를 실현할 수 있다는 것은 인간(人間)만이 누릴 수 있는 영광(榮光)이요, 희망(希望)이다.
케임브리지 대학 교수들

사람에게는 지금의 상태를 유지(維持)하려는 심리가 있다.
이케가야 유지

성공한 사람은 보통 사람들 중에서 끊임없이 자신을 고쳐나갔던 사람이다. 처음에는 남들과 비슷했지만, 서서히 자신을 변화시켜 앞서간 것이다.
김승호

성공의 계단은 느리지만 차곡차곡 쌓는 게 포인트다.
무라카미 가즈오

어쨌든 노력을 계속하는 가운데 언젠가는 자신과 용기가 솟아나게 될 것이다.
다란벨

목적의 불변성은 성공의 비결이다.
(The secret of success is constancy to purpose.)
벤자민 디즈렐리

계속(繼續)은 힘이다.
타나베 쇼이치(田邊昇一)

지속적인 생각으로 끌어당기지 않는 한 무엇도 당신 인생에 나타날 수 없다.

론다 번

인생은 얼마나 센 펀치를 날릴 수 있느냐가 아니다. 얻어맞고도 계속 움직이며 나아갈 수 있느냐다.

실베스터 스탤론 (록키)

열 번 찍어 안 넘어가는 나무 없다. (Little strokes fell great oaks.)

한국(서양) 속담

성공하려면 어떤 일이든 계속 부딪쳐야 한다.

미야자키 신지

천천히 가도 쉬지 않고 착실하게 가는 자가 승리한다.
(Slow and stead wins the race.)

서양 속담

계속 반복해서 끈질기게 노력하라.

밴 크로치

'계속'이 '재산(財産)'이 된다.

노가미 히로유키

水滴石穿(수적석천) : 물방울도 오래 떨어지면 돌을 뚫는다.

묵묵하게 그리고 꾸준히! 이것이 경주(競走)에서 이기는 비결이다.

로저 로젠블라드

누구나 단순한 반복(反復) 작업을 싫어하여 안 하게 되지만, 쌓이면서 성과(成果)가 보이는 일은 계속하게 된다.

오오하시 에츠오

고달픈 시간이 한없이 지속(持續)되지는 않는 법이다. 견디고 이겨내면 좋은 시절이 오기 마련이다.

기적(奇蹟)이란 언제나 잇달아 일어난다. 　　　　　　　　　조 비테일

삶의 영원한 진실을 깨달았으면, 하던 일을 계속하는 것밖에 할 일이 무엇이 있겠는가? 　　　　　　　　　잭 콘필드

아무도 알아주지 않아도 계속 덕(德)을 쌓아라. 　　　　타카다 아키가즈

성품(性品)은 지속적이고 장기적인 과정 없이는 결코 형성될 수 없다.
　　　　　　　　　스티븐 코비

누가 무슨 말을 하든, 또는 무엇을 하든지 나는 변함없이 올바른 태도를 유지(維持)해야 한다. 　　　　　　　　　마르크스 아우렐리우스

【계획, 계책, 설계】

미래(未來)에 대한 설계(設計)는 빠를수록 좋다. 　　　　　　문용린

이 세상의 모든 성공은 치밀한 사고(思考), 완벽한 계획, 시기적절한 행동력, 그리고 여러 차례 실패를 거듭하면서도 끝까지 굽히지 않는 불굴(不屈)의 정신으로 만들어졌다. 　　　　　　　　　칼뱅 모니크

세세한 부분까지 명료하게 그릴 수 있다면 틀림없이 성취하게 되어 있다. 즉 보이는 것은 이룰 수 있으며, 보이지 않는 것은 이룰 수 없다.
　　　　　　　　　이나모리 가즈오

전쟁(戰爭) 계획을 세울 때는 대담하고 영리하게, 행동에 옮길 때는 단호하고 확고하게 하라. 　　　　　　　　　클라우제비츠

모험은 경솔(輕率)함과는 무관한 것이다. 모험은 늘 양질의 정보와 신중한 전략(戰略), 그리고 명료한 인식에 근거를 두어야 한다. 계획을 세워 모험을 하라.
밴 크로치

사람이 건강한지 허약한지에 따라 그 사람이 세워놓은 미래의 모든 계획이 성공할지 실패할지가 갈라진다.
헬렌 니어링, 스코트 니어링

100번의 계획(計劃)보다 한 번의 실천(實踐)이 중요하다.

하나님을 웃게 만들려면 당신의 계획을 말해 보라.
유태인 농담

마음속에 큰일을 계획하고 있더라도 우선은 현실에 닥친 문제를 해결하는 데 충실하라.
주역(周易)

결정된 의사결정은 항상 대체안(代替安: 구제책)을 미리 마련해 두어야 한다.
피터 드러커

차선책(次善策)이 무대책(無對策)보다 나을 때가 많다.
에카르트 폰 히르슈하우젠

계획을 세우고서 일을 하는 사람은 오직 근면하기만한 사람보다는 훌륭한 일을 한다.
D. A. 레아드

일에 임할 때는 반드시 계책(計策)이 있어야 한다.
송명신언행록(宋名臣言行錄)

계획이 없는 사람은 이미 죽은 것이다. 비록 그가 모든 계획을 실현하지는 못할지라도.
베르나르 올리비에

아무리 일상적인 삶을 살아가는 사람이라 하더라도 최소한 10년은 내다보며 살아야 한다.
정현우

당신이 은퇴하고 그다지 일할 필요가 없게 된 다음 자기가 무엇을 해야 할지 생각해 두자.
M. 말쯔

노인에게 건강보다 더 큰 행운은 계획을 세워 바쁘고 유용하게 살면서 권태와 쇠퇴에 사로잡히지 않는 것이다.
시몬 드 보부아르

매일 매일이 마지막 날인 것처럼 살되, 내 삶이 백 년 동안 계속될 것처럼 계획을 세우는 것이다.
C. S. 루이스

【고객, 서비스, 소비자, 손님】

무엇이 우수(優秀)한 품질의 제품인지 결정하는 것은 오로지 고객(顧客)뿐이다.
윌리엄 J. 오닐

아무리 내가 좋다 하여도 손님이 좋아하지 않으면 그것은 단순한 독선(獨善)이다.
사이토 히도리

'고객신뢰'가 기업(企業)의 가장 큰 자산(資産)이다.
거스너

무슨 일이든 처리할 때는 상대방(相對方)의 입장에 서서 한번 생각해 보라. 易地思之(역지사지)

누가 보든지 안 보든지 자신만 열심히 정성(精誠)을 다해 일하면 반드시 그 보답(報答)이 자신에게 돌아온다.

서비스(Service)의 질(質)은 큰 것보다는 디테일(detail; 細目)에서 갈린다.

권문현

'차이(정보, 품질, 서비스, 인지도, 편리성, 신뢰감 등)'가 돈 번다.

손님을 어떻게 대접하는지 보면 주인의 수준을 알 수 있다.

윌리엄 J. 오닐

시장경제(市場經濟)는 떠들썩한 선전(宣傳)으로 소비자(消費者)를 꼬드겨 필요하지도, 원(願)하지도 않는 물건을 사도록 만든다.

헬렌 니어링

좋은 생선도 사흘이면 냄새난다. (The best fish smell when they are three days old. 귀한 손님도 사흘이면 귀찮다는 뜻)

서양 속담

손님을 집 밖까지 배웅하라.

조셉 텔루슈킨

인간은 영원히 흐르는 시간의 손님에 지나지 않는다.

임어당(林語堂)

무엇을 하든 대담하게 행해야 한다. 이방인(異邦人)처럼 살지 말고, 손님처럼 머물지 말라. 그대가 곧 주인이다. 두려움 없이 살아가라.

오쇼 라즈니쉬

【고난, 고달픔, 고됨, 고생, 고초, 곤란, 시련, 어려움, 역경, 풍파, 힘겹다, 힘들다】

〈1〉

산다는 게 세상에서 가장 힘든 일이다.

밥 겔도프

우리에게 일어나는 일은 보다 인간다운 생활을 영위하도록 자연(自然)이 주는 적당한 시련(試鍊)이다. 그 일이 당신에게 일어난 것은 바로 당신을 위한 처방이기 때문이며, 태초에 그렇게 되도록 운명 지워져 있었기 때문이다.
마르크스 아우렐리우스

당신이 살면서 억울할 정도로 많은 시련을 겪었다면, 어쩌면 그 시련을 통해 습득한 지혜가 꼭 필요한 훌륭한 목적에 봉사할 수 있는 준비를 한 것인지도 모른다.
로빈 S. 샤르마

삶은 끊임없이 우리를 힘들고 고달프게 하지만, '그럼에도 불구하고' 감사(感謝)할 수 있어야 한다.
M. J. 라이언

지혜로운 자는 순조로울 때 결코 득의양양(得意揚揚)하거나 자만하지 않으며, 역경(逆境)에 처해서도 결코 비관하거나 절망(絶望)하지 않는다.

실패는 시련과 실수를 통해서 배움을 얻는 방법일 뿐이다.   잭 캔필드

비탈 없는 평지(平地)는 없다.   역경(易經)

수고하지 않는 한가한 인생보다 고된 노동이 훨씬 만족스럽다.
존 매캐인

인생이 견디기 어려운 건 환경(環境) 때문만이 아니다. 의미(意味)와 목적(目的)을 상실했을 때 역시 인생은 견디기 어려워진다.   빅토르 E. 프랑클

최고의 업적을 달성하는 사람들은 언제고 보다 더 곤란(困難)한 목표를 스스로 설정(設定)한다.   필립 마이빈

유별나게 큰 목표를 갖게 되면 아드레날린(Adrenalin)이 생성된다. 이 아드

레날린은 목표를 이루는데 동반되는 피할 수 없는 고난이나 시련을 극복할 수 있도록 인내할 힘을 준다. 티모시 페리스

우리는 우리의 가장 힘든 경험에서 가장 많은 것을 배운다.
로빈 S. 샤르마

크고 어려운 시련을 이긴 사람만이 확실한 인간이 되며, 젊었을 때의 고생은 미래를 행복하게 해주는 기초가 된다. 정주영(鄭周永)

그 어느 누구도 어떤 형태든 역경에 부딪히지 않고 끝에 이르는 사람은 없다. 그러니 그 역경을 그냥 인생행로의 일부로 받아들여라. 결과에 대해서는 초연해지고, 그냥 삶 속으로 들어오는 모든 상황을 최대한 경험하라. 고통을 느끼고, 행복을 맛보라. 로빈 S. 샤르마

자연적인 역경(逆境)은 천명(天命)이니 어찌할 도리가 없다고 체념하면 마음은 평정심을 유지할 수 있다. 시부사와 에이치

인위적(人爲的)인 역경은 대다수가 자신이 조장(助長)한 것이기 때문에 우선 자신을 반성하고 잘못을 철저하게 고치면서 남의 탓을 하지 않는 게 가장 중요하다. 시부사와 에이치

지능지수(IQ)나 감성지수(EQ)보다 역경극복지수(AQ)가 높은 사람이 성공하는 시대가 될 것이다. 폴 스톨츠
— 'AQ(Adversity Quotient)'란 수많은 역경에도 굴복하지 않고 냉철한 현실인식과 합리적인 판단을 바탕으로 끝까지 도전하여 목표를 성취하는 능력을 말함.

쉽고 편안한 환경에선 강한 인간이 만들어지지 않는다. 시련과 고통의 경험을 통해서만 강한 영혼이 탄생하고, 통찰력이 생기고, 일에 대한 영감(靈

感)이 떠오르며, 마침내 성공할 수 있다. 헬렌 켈러

역경(逆境)이 바로 힘이다.

시련은 나를 성장시키기 위해 하늘이 준 기회다. 사이토 히토리

시련(試鍊)이 없는 사람은 절대로 성공할 수 없다.

큰 나무는 바람을 모질게 받는다. 앤드류 카네기

정상(頂上)으로 가는 길은 거칠고 험하다. 세네카

시련은 평범한 사람을 특별한 사람으로 만든다. 폴 제퍼스

아무리 어려운 시기에도 낙관적(樂觀的)인 가정(假定)에 서서 난관(難關)을 헤쳐 나갈 예지(叡智)와 용기를 발휘해야 한다. 케인즈

세상일에 어렵고 쉬운 것이 있는가, 하면 어려운 것도 쉬워지지만, 하지 않으면 쉬운 것도 어려워진다. 팽당수(彭端叔)

좋은 일은 늘 힘들다. 정민

한결같이 부지런하면 천하에 어려움이 없다.
一勤天下無難事(일근천하무난사) 장공예(張公藝)

신뢰(信賴)는 그것이 만들어지기까지는 매우 어려운 고난(苦難)을 겪어야 하지만 사라질 때는 너무도 쉽게 허물어진다. 브하그완 쉬리 라즈니쉬

어려운 때일수록 원칙(原則)을 지켜라. 고형곤(高亨坤)

115

어떤 일이 어려워서 우리가 과감히 시도(試圖)하지 못하는 것이 아니라, 우리가 과감히 시도하지 않기 때문에 그것이 어려운 것이다.　　루시우스 세네카

고생(苦生)이 꼭 '약(藥)'이 되는 것은 아니다.　　고철종

마땅히 해야만 한다면 아무리 큰 어려움이 있어도 해결할 방법을 찾아야 한다.　　쩡스창

문(門)을 나서면 여행의 가장 어려운 관문은 지난 셈이다.　　네덜란드 속담

〈2〉

가족의 참된 가치는 화려한 성공의 나눔에 있지 않고, 어려움을 함께 이겨내는 사랑과 격려에 있다.　　권태현

적당한 애정을 받지 못하고 자란 아이들은 나중에 다른 사람을 사랑하는 데 어려움을 느끼게 된다.　　달라이 라마

자식은 힘들 때 부모님을 찾지만, 부모는 힘들 때 자식에게 그걸 감춘다.　　김영식

어려움에 처했을 때 진실 된 정이 나타난다.　患亂中見眞情(환란중견진정)
　　중국 속담

젊은 시절에 시행착오를 많이 겪고 그걸 극복했다면, 후에 고생할 가능성은 더 적을 것이다. 젊음이란 온갖 실수를 저지를 수 있는 기회인 동시에 그 실수를 극복할 기회이기도 하다.　　리처드 템플러

젊은 날의 고생을 통해서 자기 절제력(節制力)을 배우고, 비바람을 견뎌내

야 열매가 익는 법이다. 　　　　　　　　　　　　　　　　　　　　법전

고생도 해봐야 한다. 　　　　　　　　　　　　　　　　　　　　파커 J. 파머

다른 사람보다 뛰어나고 싶으면 남보다 더 많은 고난(苦難)을 견뎌라.

인생의 모든 고난은 동굴이 아니라 터널이다. 언젠가는 끝이 있고 나가는 출구가 있다. 그 고행(苦行)을 이기면 예전보다 더 행복한 삶이 기다리고 있다. 　　　　　　　　　　　　　　　　　　　　　　　　이의대(李義大)

온갖 고생(苦生)을 다해야 큰 사람이 될 수 있다.

당신에게 다가온 시련을 견디어낸다면 그 시련은 당신의 버팀목이 되리라.
　　　　　　　　　　　　　　　　　　　　　　　　　　　　던(Donne)

가장 힘겨워할 때 곁에서 격려해 주어야 한다. 　　　　　　　톰 피터스

자신감(自信感)이 마음의 여유를 갖게 하고, 그것이 곤란(困難)을 해결한다.
　　　　　　　　　　　　　　　　　　　　　　　　　　　가야노 다케시

힘들면 떠나가는 사람이 있고, 힘들어할 때 다가와 위로해 주는 사람이 있다. 　　　　　　　　　　　　　　　　　　　　　　　　　주역(周易)

언젠가 누구나 어려움에 처할 때가 있다. 그때를 대비해서 상대방에게 잘해 주며 살아야 한다.

糟糠之妻 不下堂(조강지처 불하당) 〈가난할 때에 술지게미를 먹어가며 고생을 같이하던 아내는 존중하고 대우해 주어야 한다는 말〉　　　후한서(後漢書)

인생이란 힘겹고 어두운 것이 아니며, 밝고 즐거운 것이다. 이시이 카다오

힘들 때는 자기 자신을 조금 떨어져서 바라보며 한바탕 웃어버려라.
호사이 아리나

인생 뭐 있나요. 힘들어도 항상 웃고 지내야지요.　　어느 아프리카 토착민

힘든 현실에 부딪힐 때라도 계속 유쾌한 표정을 지으며 웃을 수 있어야 한다.　　데브라 벤튼

고생을 겪고 나면 즐거움이 오고, 즐거운 일이 다하면 슬픈 일이 온다.
苦盡甘來 興盡悲來(고진감래 흥진비례)

사람은 미래에 대한 기대가 있어야만 세상을 살아갈 수 있다. 인간의 존재가 가장 어려운 순간에 있을 때, 그를 구원해 주는 것이 바로 미래에 대한 기대이다.　　빅터 프랭클

인생은 고달프다. 멍청하면 인생은 더 고달파진다.　　속담

무지(無知)하면 당한다.　　리 아이젠버그

참아야 할 일은 처음부터 참아라. 나중에 참기란 더 어려운 일이다.
레오날드 다 빈치

自繩自縛(자승자박) 〈'자기의 줄로 자기를 묶는다.'는 말로 자기 자신의 언행이나 생각 때문에 스스로 얽매여 곤란을 겪는 것을 뜻함.〉

살아가면서 가장 어려운 일의 하나는 생각에 매이지 않는다는 것이다.
크리슈나 무르티

어려운 상황에 분노를 일으킨다고 나아지는 건 없다. 오히려 그 상황을 더 어렵게만 만들고, 자꾸만 망가지는 자신을 보게 될 것이다. **잭 콘필드**

운이 나쁠 때는 모든 상황이 역행(逆行)하므로 마음을 비워서 쓸데없는 고집을 버리고, 인내와 겸손의 자세로 임해야 어려운 고비를 무난히 넘길 수 있다. **남덕**

여러 가지 어려운 일을 이겨나감으로써 우리들의 영혼은 더욱 단련된 본질을 갖게 된다. **마이클 뉴턴**

〈3〉

인격(人格)은 세상의 황량한 풍파(風波) 가운데서 이루어진다. **괴테**

아름다운 매화도 엄동설한 속에서 고초(苦楚)를 겪은 연후에야 비로소 그윽한 향기를 사방에 풍긴다. 梅經寒苦發淸香(매경한고발청향) **시경(詩經)**

고통스러운 때일수록 그 고통은 영혼을 닦기 위한 시련이라고 생각해야 한다. 고통이란 자기 자신의 인간성을 단련하기 위한 절호의 기회이기 때문이다. **이나모리 가즈오**

우리는 고난을 통해 정신적, 영적으로 성숙할 수 있다. **마이클 린버그**

어려움 속에서도 행복할 수 없다면 영혼을 수련하는 일에 무슨 의미가 있겠는가? **마하 소사난다**

만일 어떠한 역경(逆境)이나 어려움에 처해 있는 경우라 하더라도 상황은 결국 희망적인 것으로 전환(轉換)되기 마련이지만, 이때 주의할 일은 모든 상황이 희망적으로 전개(展開)될 것이라는 막연한 환상(幻想)을 가져서는 안 된다. 스스로 역경을 뚫고 개선해 나가려는 의지가 반드시 있어야 한다. 이것이 삶의 이치(理致)이다. 정현우

역경에 처한 때는 침착하게 힘을 모으면서 기회를 기다리는 것이 중요하다.
채근담(菜根譚)

자신에게 닥친 역경이나 실패에 굴하지 않고 능동적으로 새로운 의미를 부여해서 오히려 기회로 삼아 다시 도전하는 회복탄력성(回復彈力性)이 높은 능력이 성공하는 사람들의 공통점이다. 김주환, 김재열

위대(偉大)한 삶은 수많은 시련(試鍊)으로 만들어진다.

시련(試鍊)은 있어도 실패(失敗)는 없다. 정주영(鄭周永)

좋은 리더라면 어려운 순간에도 올바른 결정(決定)을 한다. 밴 크로치

인생은 아무리 어려운 여건에 처해도 포기하지만 않는다면 할 수 있는 일이 있고, 성공할 수 있는 가능성이 있다. 무슨 어려움이 있든 포기하지 마라.
스티븐 호킹

상황이 어려울 때는 인내(忍耐)가 최선이다. 윌리엄 J. 오닐

거의 죽었다 살아나는 경험을 겪게 되면 순탄한 길만 걸을 때보다 더 많은 것을 배울 수 있다. 린다 샌포드

막다른 길은 절망(絶望)의 신호가 아니라, 새로운 창조(創造)를 위한 시련일 따름이다. 고광직(高光植)

못 견딜 가혹한 시련도 어떤 사람에게는 그저 좌절(挫折)과 절망의 시간이

아닌 창조와 향상(向上)의 시간이 된다. 정민

시련 속에 무엇인가 성취할 수 있는 기회가 숨어 있다. 따라서 남몰래 눈물 흘리는 일을 최대한 자제하면서 있는 그대로의 고통과 대면(對面)해야 할 필요가 있다. 빅터 프랭클

스트레스는 처해 있는 상황 자체가 어렵기 때문이 아니라, 그 상황을 어렵다고 인식(認識)하기 때문에 생긴다. 리처드 칼슨

성공한 사람들은 어려운 문제에 부딪히면 온갖 방법을 가리지 않고 신속하게 대처(對處)하는 자들이다. 리허

어려운 환경을 이겨내려면 항상 노력(努力)하는 수밖에 없다. 정홍원

피할 수 있는 시련이라면 그 원인을 제거하는 것이 현명하지만, 변화시킬 수 없는 상황이라면 그에 대한 자신의 태도를 선택할 수는 있다.
빅터 프랭클

인간에게 가장 힘든 일은 자신(自身)을 알고 자신을 변화(變化)시키는 일이다.
알프레드 아들러

시련을 많이 겪는다고 해서 기쁨의 양이 그만큼 줄어들지는 않는다.
마틴 셀리그만

참된 행복은 시련과 고통 끝에만 온다. 김수환(金壽煥)

어두운 면 없이 행복한 삶은 절대 존재할 수 없다. 칼융

어두운 골짜기를 지나가는 고난이 없다면 산(山) 정상에 서는 기쁨도 사라

진다.   헬렌 켈러

은퇴 이후의 시간은 갖은 고난과 시련을 지나 마침내 맞은 인생의 골든타임(Golden time)이라고 할 수 있다.   사이토 다카시

내가 지금 행복한 건 고생을 해봤기 때문이다. 고생은 가치(價値)를 알게 해준다. 어디를 가나 불평(不平)이 많은 사람은 고생을 모르고 자란 사람들이더라.   강수진

먼 훗날 인생의 힘든 순간들을 돌이켜보면 그런 시련의 순간을 통해 우리를 복받기에 합당한 사람으로 단련시켰음을 깨닫게 될 것이다.
                                                   조엘 오스틴

아무 의미가 없어 보이는 삶일지라도 반드시 나름의 의미가 있다. 어렵거나 고통스런 상황도 나중에 돌이켜보면 그러한 고통을 통해 성숙했음을 깨닫게 된다.   빅토르 프랑클

사랑이 있는 고생(苦生)이 가장 값진 행복한 인생이다.   김형석(金亨錫)

이 세상의 풍파를 다 겪은 사람답게 부드러운 말로 인생에 대해서 이야기하는 건강하고 지혜가 많은 늙은이처럼 훌륭한 것은 없다.   임어당(林語堂)

힘든 일이 생겨도 삶에 내재(內在)한 기쁨을 절대 잃지 말고, 힘든 상황에 적응하라.   칼 필레머

세상은 어려울 때도 있지만 좋을 때도 있다는 것을 항상 잊지 말아야 한다.
                                                   로버트 루카스

어떤 어려운 처지(處地)에 있더라도 삶이란 중요한 의미가 있는 것이다.

김수환(金壽煥)

역경을 겪어본 사람만이 진정으로 기쁨을 향유할 수 있다. 리처드 셰퍼드

【고독, 고적, 외로움】

사람은 어울림 속에서도 고독감, 공허감, 무력감을 느낀다.   에리히 프롬

외로움은 자기 주위에 사람이 없어서가 아니라, 중요한 문제를 두고 누군가와 소통할 수 없을 때 생기는 것이다. (Loneliness does not come from having no people around you, but from being unable to communicate the things that are important to you.)   카를 융

인간에게 가장 위험한 질병은 외로움이다.
(The biggest disease known to mankind is loneliness.)

최고 의사결정권자는 언제나 외롭다. 그러나 결단은 늘 필요하다.
정주영(鄭周永)

외로움은 리더(Leader)가 앓아야 할 병(病)이다.   서광원

학문(學文)하는 사람에게는 고적(孤寂)이 따를 수밖에 없다.   피천득(皮千得)

재능(才能)은 고독 속에서 이루어지며, 인격(人格)은 세상의 거친 파도에서 이루어진다.   하인리히 하이네

고독(孤獨)은 모든 뛰어난 인물의 운명(運命)이다.   쇼펜하우어

세상에서 제일 무서운 것은 외로움이다.   정도령(正道靈)

자기 고집, 자기주장만 너무 내세우고 성격이 불같으면 결과적으로 고독한 팔자(八字)가 되고 만다.   정현우

다른 사람을 너그럽게 수용하면 평생 외롭지 않다.   주역(周易)

덕은 외롭지 않고 반드시 이웃이 있게 마련이다.
德不孤 必有鄰(덕불고 필유린)   논어(論語)

인생을 혼자 살아가려고 하지 말라.   밴 크로치

외로움보다는 싸움이 낫다.   아일랜드 속담

그대의 자기 확인은 타인(他人)을 통해서이다. 바로 거기에 장애가 있고 문제가 있다. 그대 고독 속으로 들어가라. 타인과 함께 살지만 타인 속에서 그대의 삶을 소모하지 말라.   B. S. 라즈니쉬

당신이 뼈에 사무치도록 외로운 이유는 곁에 아무도 없어서가 아니라, 당신이 함께하기를 바라는 사람이 곁에 없기 때문이다.   쑤쑤

사람들은 누구든지 다 어리광을 피우고 싶어 한다. 누구나 다 외롭기 때문이다.   초의

가장 지독한 고독은 진정한 친구가 없는 것이다.   프랜시스 베이컨

스스로 자기 자신의 친구가 될 수 없을 때 고독이 찾아온다.
     바바 하리 다스

친하지도 않은 사람들을 만나는 것보다는 외로움이 낫다. **로저 로젠블라드**

고독은 나 자신과 친해질 가장 좋은 기회다. **장사오형**

나는 고독만큼이나 친해지기 쉬운 벗을 찾아내지 못했다.
헨리 데이비드 소로

고독이란 정말 자유(自由)로운 것이다. **법정**

외로움이 곧 고뇌를 의미하지는 않는다. 옛사람들은 삶을 위해 외로움을 남겨둘 줄 알았다. 홀로 외로움과 마주하고 있을 때 뜻하지 않은 경지(境地)를 발견할 수도 있다. **위단(于丹)**

독서와 고독과 명상이 내게 평화를 가져다준다. **알프레도 게바라**

고독은 장수(長壽)하면서 치러야 하는 대가(代價)이다. **차윤근**

노인(老人)들의 경우 고독과 면역력(免疫力)이 밀접한 상관성(相關性)을 보여주고 있다. 상황에 따라서는 사회적 접촉(接觸)이 고독한 사람들의 건강상태를 개선(改善)하는데 긍정적으로 작용할 수 있다. **도리스 매틴**

몸이 아플수록 외로움을 많이 타고, 불안과 우울감이 더 잘 찾아오기 때문에 간호(看護)를 해줄 수 있는 주변 사람이 있다는 것 자체는 큰 행운이다.
다비드 세르방 슈레베르

외로움을 느끼는 정도는 나이나 성별과 관계가 없으며, 감정조절능력 등 지혜 수준이 높을수록 외로움을 덜 느낀다. **美 UC샌디에이고 연구팀**

현명(賢明)한 사람은 혼자 있을 때 오히려 가장 고독하지 않다. **스위프트**

인생은 어차피 혼자가 아닌가! 인생의 먼 여정(旅程)을 끝까지 함께할 사람은 아무도 없다.   헨리 데이비드 소로

모든 존재(存在)는 필연적(必然的)으로 영원히 혼자다. 그것을 인정하고 살아가는 것이 최대의 행복(幸福)이다.   D. H. 로렌스

【고요, 담담, 조용】

마음이 안정되고 고요해지는 것이 행복의 주요 원천이다.   틱낫한

진정한 내면(內面)을 발견하고 싶다면, 고요하고 편안한 시간을 만들려고 노력해야 한다.   달라이 라마

마음을 지배하는 한 가지 길은 마음을 고요하게 하는 법을 배우는 것이다.   린다번

조용한 마음은 영감(靈感)과 직관(直觀)을 많이 경험하게 되고, 오랫동안 씨름해 오던 중요한 문제에 대한 해답을 발견할 수 있다.   조셉 베일리

인생의 봄날에는 마음껏 자기 기량(器量)을 펼치고, 인생의 겨울날에는 그때를 잘 알아 근신(謹愼)하고 덕을 쌓고 조용히 지내는 것이 지혜로운 일이다.   백운산(白雲山)

마음 가운데 집착이 있는 한 고통은 필연적이다. 고요한 마음에 자유와 평화가 깃든다.   마하 고사난다

인간 불행의 유일한 원인은 자신의 방에 고요히 머무는 방법을 모른다는 것이다.   파스칼

그대가 놓아버리기 시작할 때 거대한 에너지의 해방이 그대 속에서 일어날 것이다. 모든 것들이 사라질 때 본래(本來)의 자신(自身)이 얼마나 고요하고 평화로우며 미묘한 기쁨 속에 있는지를 알게 될 것이다. **달마**

마음이 산란해지면 온갖 것들이 생겨나고, 마음이 고요해지면 온갖 것들이 사라진다. **우파니샤드**

마음공부는 나쁜 생각이 나려고 하는 마음을 좋은 마음으로 바꾸어 나를 고요하게 만들어주는 일이다. **장응철**

독서는 고요하고, 여유 있으며, 자세하게 해야 마음이 그 가운데 들어가 독서의 묘미를 얻을 수 있다. **독서록(讀書錄)**

평상심은 세상사를 담담(淡淡)하게 받아들일 수 있게 만든다. **장쓰안**

마음이 고요해지면, 어떤 처지(處地)에서나 편안하다. **대학(大學)**

받아들인다는 것은 상황(狀況)을 있는 그대로 인정하고 그 안에서 마음을 고요하게 하는 것이다. **스베인 마이렝**

평온하고 고요한 마음 상태로 지낸다면, 외부의 환경요인은 큰 영향을 미치지 못할 것이다. **달라이 라마**

【고집, 아집】

옳은 것에 대한 속 좁은 견해에 집착하면 대가(代價)를 치르게 된다. 주의하여 스스로를 살피지 않으면 속 좁은 감정상태가 순간을 지배할 수 있다. **존 카바트 진**

자기 고집, 자기주장만 너무 내세우고 성격이 불같으면 결과적으로 고독한 팔자(八字)가 되고 만다. 정현우

운(運)이 나쁠 때는 모든 상황이 역행(逆行)하므로 마음을 비워서 쓸데없는 고집을 버리고, 인내와 겸손의 자세로 임해야 어려운 고비를 무난히 넘길 수 있다. 남덕

자수성가(自手成家)는 때로 아집(我執)과 편견(偏見)을 만든다. 고철종

내가 기어코 퇴직한 것은 노년(老年)에 오류(誤謬)를 범하지 않으려 했기 때문이다. 노인들에게는 장점도 있지만 매우 큰 약점도 있다. 그것은 노인들이 고집(固執)을 잘 부린다는 것이다. 등소평(鄧小平)

역사는 하나의 방향으로 고집스럽게 흘러간다. 세기(世紀)를 거듭하면서 인류는 개인의 자유(自由)를 다른 어떤 가치보다도 최우선에 놓는 흐름을 만들어냈다. 자크 아탈리

노화(老化)가 진행되면 호르몬의 변화로 감정적 안정성이 줄어 쉽게 분노하게 되고, 고집이 세지게 된다.

편한 사이라도 고집스러운 발언은 조심해라. 고철종

【고통, 괴로움, 상처, 아픔】

⟨1⟩

우리가 현재 고통(苦痛)을 겪고 있을지라도, 그것이 우리가 불행(不幸)해야 할 이유는 아니다. 고통과 불행은 다른 것이다. 달라이 라마

적자생존(適者生存)이라는 자연의 기본원리(基本原理)에서 고통은 필연적으로 따라 나온다.

세상은 원래 괴롭고 무상(無常)하고 실체가 없음을 정확히 인식하는 게 진리(眞理)다. 전재성

지금 당신이 외부적인 어떤 것으로 인해 고통을 받는다면 당신은 자신을 괴롭히는 것이 외부적인 것이 아니라 그것에 대한 당신의 판단이라는 사실을 깨달아야 한다. 모든 것은 마음가짐에 달려 있다.
마르크스 아우렐리우스

고통(pain)을 있는 그대로 받아들이지 않아서 일어나는 여분의 고통스러운 감정은 괴로움(suffering)이다. 리네한

수용(受容; acceptance)을 하면 고통만 느끼고 괴로움을 멈추거나 감소시킬 수 있다. 수용은 상황을 찬성하거나 변화를 원하지 않는다는 것이 아니고 현실(現實)을 인정(認定)하는 것만을 의미한다. 쉐리 반 디크

배움의 고통은 잠깐이지만 배우지 못한 고통은 평생이다.　하버드대 격언

모든 인간(人間)에게는 인간으로서 짊어져야 하는 자신만의 책임과 고통이 있다. 새무얼 스마일즈

고통 역시 우리가 경험해야 할 인생의 일부이다. 괴로워하며 견디기보다는 담담하게 즐기는 편이 낫다. 탈 벤 샤하르

어떤 문제에 부닥쳐 괴롭더라도 꿋꿋이 참고 견디어내는 것이 바로 행복(幸福)이다. 마르크스 아우렐리우스

즐겁든 괴롭든 이 순간 역시 지나간다. 이 순간에 충실하라. 이 순간이 괴롭다면 기다려라. 곧 지나가버릴 테니까.   조 비테일

이 또한 지나가리라. (This too shall pass.)

괴로움이나 즐거움이라 하는 것은 모두 연(緣)에서 나오기 때문에 마음속에 기쁨과 근심을 품지 말고 태연자약(泰然自若)하게 있으면 된다.   달마

괴로워지는 비결은 자신이 행복한가 불행한가 따위를 생각하는 여유를 갖는 데 있다.   조지 버나드 쇼

괴로운 삶이라면 죽음은 그 모든 것을 벗어나는 길이니 고통을 견디는 것 자체가 기쁠 것이요, 즐거운 삶이거든 죽음을 맞이할 때까지 즐거워하라.

안 좋은 기억으로 스스로를 괴롭히지 말아야 한다. 좋지 않은 일들을 기억해서 자책(自責)하지 말아야 한다.   장쓰안

가까운 사람이 준 상처(傷處)는 더 깊다.   고철종

가슴 아픈 이야기는 끝까지 가시로 남는다.   고철종

우리들이 가깝게 지내는 사람들에게서 고통이나 기쁨을 체험하는 것은 업보적(業報的)인 이유 때문에 그렇다.   마이클 뉴턴

아무리 현실이 괴롭더라도 '기꺼이 받겠다.'는 마음가짐으로 참고 견디면 나쁜 업(業)은 더 빨리 소멸되기 마련이다.   월호

고통 없이 타인과 함께하기를 바란다면 그것은 비현실적인 것이다.   잭 콘필드

가정(家庭)의 평화는 그냥 주어지는 것이 아니라 고통을 극복하고 획득한 인간의 위대한 성취이다.   장영동

고통에는 한계가 있으며 제멋대로 과대평가하지 않는다면 고통은 참을 수 없는 것도 아니며, 영원히 계속되는 것도 아니다.   에피쿠로스

어둠(슬픔과 고통)이 아무리 길어도 반드시 태양(희망과 환희)은 떠오르기 마련이다.   오프라 윈프리

세상은 비정(非情)하고 삶은 고통스런 것일지라도 삼가고 또 힘쓰며 살아가다 보면 누구에게도 좋은 한 철이 있기 마련이다.   이문열

평정심(平靜心)은 매정함이나 무심함과는 다르다. 따뜻하게 세상을 바라보지만, 세상에 의해 고통 받지 않는다는 것이다.   리처드 멘디우스

인생이란 치과의사 앞에 있는 것과 같다. 그 앞에 앉을 때마다 최악의 통증이 곧 찾아올 것이라고 생각하지만 그러다 보면 어느새 통증이 끝나 있는 것이다.   비스마르크

우리가 어찌지 못하는 일이 있다는 진실(眞實)을 받아들이지 못하기에 인간은 늘 고통을 만들어낸다.   아잔차

괴로움은 애착(愛着)과 집착(執着)에서 생긴다.   김정휴

구함에 집착하면 고통이 따르고, 구함을 버리면 즐거움이 온다.
有求皆苦 無求皆樂(유구개고 무구개락)

마음 가운데 집착이 있는 한 고통은 필연적이다. 고요한 마음에 자유와 평화가 깃든다.   마하 고사난다

우리는 어떤 욕망을 내려놓을 때 순간적으로 고통이 사라지는 것을 경험할 수 있다.   현각

다른 사람을 부러워하면 자기만 괴로워진다.   우에니시 아키라

고통이란 삶을 있는 그대로 받아들이려 하지 않기 때문이다.   바바 하리 다스

삶의 의미를 발견하는 데에 시련이 '반드시 필요한' 것은 아니다. 불필요하게 고통을 감수하는 것은 영웅적인 행동이 아니라 자기 학대에 불과하기 때문이다.   빅터 프랭클

내일 일은 걱정하지 말라. 내일 걱정은 내일에 맡겨라. 그날의 괴로움은 그날에 겪는 것만으로 족하다.   성경(聖經)

〈2〉

괴로운 경험을 겪는 것은 사물을 바로 볼 수 있는 가장 빠른 길이다.   구영한(邱永漢)

사람은 고통을 겪지 않고서는 언제까지나 평범(平凡)함과 천박(淺薄)함에서 벗어나지 못한다. 모든 고통은 차라리 인생의 벗이다.

오랜 세월이 지난 후에야 세상의 괴로움들이 내 수행(修行)의 일부라는 사실을 깨달았다.   잭 콘필드

고통을 맛보지 않으면 우리는 연민(憐憫)의 정(情)을 기를 수가 없고, 고통이 무엇인지 모르는 사람은 진정한 행복이 무엇인지도 알 수 없다.   틱낫한

살면서 아픔을 많이 겪은 사람들 중에 친절한 사람들이 많이 있다. 그들은 고통이 무엇인지 알기 때문에 다른 사람들에게 고통을 주려고 하지 않는다.
게리 주커브

당신이 다른 사람의 고통을 덜어줄 수 있는 한, 삶은 헛되지 않다.
헬렌 켈러

고통스러운 때일수록 그 고통은 영혼을 닦기 위한 시련이라고 생각해야 한다. 고통이란 자기 자신의 인간성을 단련하기 위한 절호의 기회이기 때문이다.
이나모리 가즈오

쉽고 편안한 환경에선 강한 인간이 만들어지지 않는다. 시련과 고통의 경험을 통해서만 강한 영혼이 탄생하고, 통찰력이 생기고, 일에 대한 영감이 떠오르며, 마침내 성공할 수 있다.
헬렌 켈러

의식이 향상됨에 따라 자신감이 두려움을 대신하고, 정서적인 만족감이 고통을 대신하며, 삶의 질이 높아지고 안정감이 더해진다.
데이비드 호킨스

영혼(靈魂)의 진화(進化)라는 목적이 있기 때문에 고통을 감수할 가치가 있다.
게리 주커브

깨달은 사람은 고통을 인정(認定)하면서도, 괴로움 한가운데서 깊은 마음의 평화를 경험할 수 있다.

인간이 겪는 불행 중 가장 괴로운 것은 ; 상황이 어떻게 돌아가는지 매우 잘 아는데도 불구하고 그 상황을 바꿀 힘이 전혀 없다는 것이다. (Of all men's miseries the bitterest is this; to know so much and to have control over nothing.)
헤로도토스

고통이나 운명을 의식적(意識的)으로 받아들이는 것은 인간의 가장 큰 능력 중 하나가 될 수 있다.
빅토르 프랑클

세상은 고통으로 가득 차 있지만, 또한 고통을 극복하는 사람들로 가득 차 있기도 하다.
헬렌 켈러

고통을 겪는 것만이 고통에서 벗어날 수 있는 유일한 길이다.
데이비드 케슬러

고통 없이 어찌 행복의 기쁨을 알겠는가?
망고수투 부텔레지

인생의 매운맛과 고통을 충분히 경험해 본 늙은이가 젊은이에게 해줄 수 있는 충고는 "희망을 갖고 자신(自信)있게 전진하라."는 것이다.
새무얼 스마일즈

어떠한 괴로움이나 쓰라림도 극복(克服)하고 나아갈 수 있는 힘, 그것이 결국 커다란 성공을 이루는 비결(秘訣)이다.
지광

참된 행복은 시련과 고통 끝에만 온다.
김수환(金壽煥)

사람은 언제나 낙관적(樂觀的)으로 살아야 즐겁다. 비관적(悲觀的)으로 살면 한도 끝도 없이 괴롭다.
강원도 어느 산골 도인

화(火)를 처리(處理)하는 방법을 모르는 사람은 어쩔 수 없이 고통을 당하게 된다. 그는 또 주위 사람들마저도 고통스럽게 만든다.
틱낫한

사소한 문제로 괴로워하는 것은 그 사소한 문제를 자신의 내부에서 키우기 때문이다.
리처드 칼슨

같은 고통도 사람마다 느끼는 무게는 전혀 다르다. 내 기준(基準)에서 남의 유약(柔弱)함을 비판하지 말라.　　　　　　　　　　　　　　고철종

'스타(star)'로 불리는 사람들이 자신의 삶을 힘들고 고통스럽게 여기는 것은 대중이 심어준 자아(自我) 이미지가 환상이라서 당연하다.　제임스 힐먼

고통에서 벗어나기 위해서는 있는 그대로를 받아들이고, 과거에 집착하지 말고, 마음이 만든 허구(虛構)에서 벗어나라.　　　　　　에크하르트 톨레

어려움을 극복하고 고통을 잊어버리고 항상 새롭고 밝게 살아가는 태도가 장수(長壽)의 첩경이다.　　　　　　　　　　　　　　　　　박상철

죽음의 고통 앞에 선 순간이야말로 평범했던 시간들이 행복했던 때였음을 깨닫게 된다.

생의 마지막 시간을 고통에만 매달려 보낼 필요는 없다. 통증완화(痛症緩和) 간호(看護)와 호스피스(hospice)의 도움을 받도록 하라.　　매기 캘러넌

노년의 삶을 힘들게 만드는 고통과 괴로움과 비참함에 종지부(終止符)를 찍어주는 죽음은 축복(祝福)이다.　　　　　　　　　　　　　몽테뉴

지난날의 고통을 회상(回想)하면서 느끼는 즐거움은 그 고통을 체험한 사람만의 독점물(獨占物)이다.　　　　　　　　　　　　　　유리피데스

【공부, 배움, 알다, 익히다, 터득, 학습】

배움은 무엇이든 결국 도움이 된다.　　　　　　　　　　　　로버트 링거

알고 싶거나 알아야 할 필요가 있는 것은 뭐든지 실제로 배워라.
잭 캔필드

어설프게 아는 것은 위험한 일이다.
(Little learning is dangerous thing.)

배우기 위해서 반복(反復)은 필수적이다. 브라이언 트레이시

최고의 즐거움은 배우는 기쁨이다. 레오나르도 다빈치

아이들은 자신의 곤란한 경험을 통해서 처음부터 공부를 다시 하지 않으면 안 된다.
아놀드 J. 토인비

배움의 고통은 잠깐이지만 배우지 못한 고통은 평생(平生)이다.
하버드대 격언

우리는 우리의 가장 힘든 경험에서 가장 많은 것을 배운다.
로빈 S. 샤르마

기초(基礎)를 골고루 배우고 익혀야 쓸모 있는 인재(人材)가 될 수 있다.
盤錯利器(반착이기)

사람은 익힌 대로 풀리기 마련이다. 헤거

우리 모두 생계(生計)를 꾸려나가는 방법도 배워야 하겠지만 동시에 인생(人生)을 살아가는 방법도 배워야 한다.
윈스턴 처칠

삶은 배우면서 시작하고 배우면서 끝난다. 스튜어트 크레이너

삶에는 끝이 있지만 앎에는 끝이 없다.   장자(莊子)

일이 터진 뒤에야 깨닫는 것은 아주 나쁜 학습방법이다.   아모스 지타이

문제를 경고(警告)해 주는 신호(信號)에서 무언가를 배우지 못한다면, 결국에는 문제가 초래한 결과를 통해 배울 수밖에 없다.   제이 세티

무언가를 하기 위해서 모든 것을 다 알아야만 하는 것은 아니다. 그냥 행동을 취하고 시작하라. 하면서 배우게 될 것이다.   잭 캔필드

어떤 사업에서나 핵심은 '배움'에 있다. 초기의 작은 실수와 시행착오를 통해 새로운 것을 배우고 끊임없는 조정(調整)을 거듭하면서 사업을 성장시켰던 것이다. 즉 대부분은 직접 부딪치면서 배워야 하는 것이다.   월마트

실패(失敗)는 시련과 실수를 통해서 배움을 얻는 방법일 뿐이다.   잭 캔필드

진정한 지혜는 실수를 하지 않는 것이 아니라, 같은 실수를 되풀이하지 않는 방법을 터득하는 것이다.   리처드 템플러

무슨 일인가를 배워야 한다면, 그 일을 직접 해보면서 배우는 것이 최선의 방법이다.   아리스토텔레스

방 안에서 수영 연습을 하지 말라. 바다에 뛰어들어 소금물을 마셔라.
                                                                                             타나베 쇼이치

해보지 않으면 알 수 없다.   마츠우라 에이코

제대로 알지 못한 것들은 꼭 후회(後悔)로 돌아온다.   이종선

과거(過去)는 학습(學習)의 재료가 된다. 과거를 토대로 미래를 얼마든지 다시 창조할 수 있다.
노가미 히로유키

지난 일에 대한 후회와 자책(自責), 분노(憤怒)와 증오(憎惡)는 해로울 뿐만 아니라 사람을 한없이 파괴시킨다. 우리에게 남겨진 과거의 유일한 용도는 그것을 통해서 무언가를 배울 수 있다는 것이다.
M. H. 테스터

승리(勝利)란 최선(最善)을 다하는 것이다. 그래야만 설령 패배(敗北)한다고 해도 배우는 것이 있게 마련이다.
윌리엄 J. 오닐

누구에게나 배울 점은 있다. 남의 장점을 취해 나의 단점을 보완하는 것, 진리(眞理)는 취하는 자의 몫이다.

세상의 인연이란 묘한 것이다. 언제 다시 만나게 될지 모르는 게 사람의 인연이다. 그러니 사람은 후덕하게 대하는 법을 배울 필요가 있다.
리허

모든 것을 직접 겪으면서 배우기엔 삶이 너무 짧다. 때로는 다른 사람의 실수(失手)에서 배우는 것도 필요하다.
밴 크로치

책을 읽는 동안 만큼은 현실을 잠시 잊을 수 있고, 답이 나오지 않는 고민을 하며 시간을 보내는 것보다 그래도 뭔가를 배울 수 있으니 더 낫다.
사이토 다카시

파도를 멈출 수 없다면 파도 타는 법을 배워라.
조셉 패런트

책이라고 하는 것은 불과 몇 줄만이라도 배울 점이 있으면 그것만으로도 충분한 가치가 있다.
쓰다 자유기찌

옛것을 익히고 새것을 알면 능히 남의 스승이 될 수 있느니라.

溫故而知新(온고이지신)이면 可以爲師矣(가이위사의)니라.　　　논어(論語)

아무리 훌륭한 사람도 하지 않아야 할 일을 더러 할 수 있다. 그러므로 누구에게든 좋은 점만 배우는 것이지 전체를 다 배울 필요는 없다. **법전**

관련 없거나, 중요하지 않거나, 실행에 옮길 수 없는 모든 정보와 장애물들을 무시하는 법을 터득하는 건 꼭 필요하다.　　　티모시 페리스

상황을 무시(無視)하는 법을 터득하는 것은 내적(內的) 평화(平和)에 이르는 탁월한 길 중 하나이다.　　　로버트 소여

문제(問題)들을 '그냥 지나가도록' 하는 법을 터득하기만 하면 삶은 순조로워진다.　　　리처드 칼슨

마음공부는 나쁜 생각이 나려고 하는 마음을 좋은 마음으로 바꾸어 나를 고요하게 만들어주는 일이다.　　　장응철

거의 죽었다 살아나는 경험을 겪게 되면 순탄한 길만 걸을 때보다 더 많은 것을 배울 수 있다.　　　린다 샌포드

평정심이 두드러졌던 역사적 위인(偉人)들은 곤경과 시행착오를 통해 그것을 획득했다.　　　로버트 그린

역사(歷史)는 우리가 기댈 수 있는 '든든한 언덕'이다. 역사에서 배우지 못하면 아무것도 배우지 못한다.　　　한영우

삶의 가장 큰 비밀(祕密)은 기다리는 법을 배우는 것이다.

인생의 후반부에는 중용(中庸)의 덕을 지표(指標)로 사는 법을 배워야 한다.

안젤레스 에리엔

겸허한 정신이나 태도가 없으면 도(道)를 터득할 수가 없다.　　**노자(老子)**

현명한 이들은 점점 삶에서 많은 것을 기대하지 않는 법을 터득한다.
　　　　　　　　　　　　　　　　　　　　　　　새무얼 스마일즈

우리는 인생이 다 흘러가버린 다음에야 인생을 어떻게 살아야 하는가를 배운다.　　**미셀 에켐드 몽테뉴**

행복을 원한다면 만족(滿足)하는 법을 배워라.　　**페르시아 금언**

만족하는 법을 배우는 것은 수많은 선택의 연속인 우리의 삶을 즐겁게 살아가는 중요한 요인이다.　　**베리 슈워츠**

상황(狀況)에 상관없이 자족(自足)하는 법을 배워서 행복을 누려야 한다.

배우는 데 너무 늦는다는 법은 없다. (It is never too late to learn.)
　　　　　　　　　　　　　　　　　　　　　　　서양 속담

어떻게 사는가를 배우는 데는 자신의 전(全) 생활을 필요로 한다.
　　　　　　　　　　　　　　　　　　　　루시우스 아나에우스 세네카

【공짜, 거저】

인생에는 공짜가 없다. 강자(强者)가 되고 싶다면 강인한 투지로 꾸준히 노력하는 끈기를 체득하라. 땀과 노력, 심지어 피를 흘리는 대가를 치르면서 목표를 실현할 수 있다는 것은 인간만이 누릴 수 있는 영광이요, 희망이다.

케임브리지 대학 교수들

세상에 공짜 점심은 없다. (There's no such thing as a free lunch.)
밀턴 프리드먼

세상 모든 일에는 대가가 있다. "세상에 공짜란 없다."　　로버트 링거

얻기 위해서는 주어야 한다는 것이 우주의 법칙이다. 당신이 원하는 것이 있다면 "내가 이것을 얻기 위해서 주어야 하는 것은 무엇일까?"를 자신에게 물어보라. 모든 것은 대가(代價)가 있다.　　**사나야 로만, 듀엔 패커**

무슨 일이든 성공하기 위해서는 먼저 대가를 치러야 한다는, 대가 선지불(代價 先支佛)의 법칙이 있다.

자유(自由)는 거저 주어지는 것이 아니다. (Freedom is not Free.)
미국 워싱턴 한국전쟁 참전용사 기념공원 기념비문구

인생은 공짜인 것이 틀림없다. 따라서 언제 죽어도 손실이 없다. 인생에게는 적자가 없다. 하루를 살더라도 그만큼 흑자(黑字)인 것이다.

이효상(李孝祥)

주어진 삶을 살아라. 삶은 멋진 선물(膳物)이다. 거기에 사소한 것은 아무것도 없다.　　플로렌스 나이팅게일

공짜로 받은 삶에 감사하라.　　M. J. 라이언

무엇보다 우리는 주어진 환경에 감사해야 한다. 풍요로운 자연이 있는 지구에 태어난 것을 감사하고 우리를 길러준 물에 감사해야 한다. 가슴 가득 맛있는 공기를 들이켤 수 있다는 것이 얼마나 대단한 일인가. 눈을 떠보면

세계는 감사해야 할 대상으로 가득하다. 같은 물을 마셔도 감사하는 마음으로 마시는 것과 짜증난 상태로 마시는 것은 전혀 다르다. 물 자체가 달라지기 때문이다. **에모토 마사루**

시간은 인간이 소비(消費)할 수 있는 것 중에서 가장 소중(所重)한 것이다. **데오프라스토스**

오늘은 오늘로써 족하다. 오늘은 그토록 풍요(豊饒)롭다. 그대가 할 수 있는 것만큼 노래하고, 춤추고, 사랑하며 넘쳐흘러 살라. **오쇼 라즈니쉬**

세상에서 제일 맛있는 술은 공짜 술이다. **이해랑(李海浪)**

세상에 공짜는 없다. 건강도 노력한 대가로 지켜지는 것이지 결코 저절로는 안 된다. **정비석(鄭飛石)**

【공평, 균등, 균형, 평등, 불공평, 불평등】

적자생존의 법칙은 잔인한 약육강식에 근거를 둔 것이 아니라, 자연 전체를 다스리는 신선하고 공평(公平)한 법칙에 근거를 두고 있다. **제임스 앨런**

자연(自然)은 언제나 적절하게 균형(均衡)을 잡는다.

지나친 청결은 면역체계의 균형을 무너뜨린다. **아보 도오루, 오니키 유타카**

행복한 삶을 누리려면 남녀의 질적 수준이 균형이 이뤄져야 한다. **조용욱**

행복해지기 위해서 행복에 그렇게 많이 집착할 필요는 없다. 어떤 때는 그것에 대해서 아주 잊어버려야 한다. 어떤 때는 불행을 즐겨야 한다. 불행 또한 삶의 일부이며 그것은 아름다운 것이다. 행복과 불행을 같이 즐김으로써 균형이 유지되는 것이다.
B. S. 라즈니쉬

유기체(有機體)의 한 부분이 발전하려면 그 발전의 결과가 다른 부분에도 이익을 주어야 발전이 허락된다. 자연은 총체적(總體的)인 균형을 최우선적으로 생각하기 때문이다. 세상은 주거니 받거니 하면서 전체적으로 진화하는 법이다. (이를 생물학에서는 '동반진화(同伴進化)'라고 한다.)
김승호

빈부(貧富)의 격차(格差)가 지나친 것은 문제가 되지만 어느 정도의 불평등(不平等)은 성장의 동력(動力)이 된다.
앵거스 디턴

세상(世上)은 어차피 불공평(不公平)하다는 사실을 받아들이고 일상(日常)에 집중할 때 더 나은 삶을 살 수 있다.
롤프 도벨리

자본주의에 대한 두려움은 사회주의로 하여금 자유(自由)의 영역을 확충하도록 만들고 있으며, 사회주의에 대한 두려움은 자본주의로 하여금 평등(平等)의 조건들을 확대시키도록 만들고 있다.
W. J. 듀란트

민주주의(民主主義)는 기회(機會)의 균등(均等)으로 실현된다.

인간은 모두 사람 취급 받기를 바라고 있는 것이다.
디일 카네기

不平則鳴(불평즉명) : 만물은 기울어지면 운다는 뜻이다. 도처(到處)의 원망이라는 게 결국 균형을 잃는 데서 나온다는 뜻으로 세상에 자비와 사랑이 필요한 이유가 여기에 있다.

평등하지 않은 것을 평등하게 대우하는 것만큼 불평등한 것은 없다.
에머슨

리더십(leadership)의 가장 중요한 덕목은 어떻게 균형 있게 판단하는가의 능력이다.
노나카 이쿠지로

지도자(指導者)란 내면(內面)에 있는 생각과 본능(本能)과 감정(感情) 사이에서 균형을 유지할 수 있어야 한다.
G. I. 구르디예프

원래(元來)의 목적(目的)에 초점을 맞추면 하찮은 것에 의해 균형감각을 잃게 되는 일은 없다.
로저 로젠블라드

평정심(Serenity)이라 일컬어지는 완벽하게 균형 잡힌 성품(性品)은 인격수양의 마지막 단계이다. 그것은 삶의 개화(開花)이며, 영혼의 결실(結實)이다. 그것은 지혜만큼 귀중하며, 황금보다 더 탐나는 것이다.
제임스 앨런

너무 빨리 죽는다는 사실에 슬퍼하면서도, 한편으로는 삶의 기회(機會)를 부여(賦與)받은 게 얼마나 놀라운 행운(幸運)인지 이해함으로써 우리는 인생의 균형을 잡을 수 있다.
셸리 케이건

【공허, 덧없음, 무, 무상, 허구, 허망, 허무, 허상, 허탈, 헛됨】

인간만사(人間萬事)는 속절없는 허상(虛像)이다.
W. Y. 에반스 웬츠

생사유무(生死有無)가 모두 무상(無常)한 공(空)이다.
원효대사

우리에게 닥치는 사건은 언제나 일시적인 현상일 뿐이다. 한마디로 덧없는 것이다. 모든 것은 변하기 마련이다.
조셉 패런트

과거에 아무리 견고하게 보였던 것들이라도 사실은 한낱 흘러가는 구름일 뿐이다.
스티븐 레빈

끊임없이 앞만 보고 달려온 사람일수록 갑자기 허탈감에 빠질 위험이 있다.
우종민

空手來 空手去(공수래 공수거) : 인간은 원래 빈손으로 왔다가 빈손으로 돌아가는 헛된 존재라는 말로 지나친 욕심을 삼가라는 뜻.

세상 모든 것은 이미 분수(分數)가 정해져 있거늘 덧없는 인생이 저 혼자만 헛되이 애를 태운다. 萬事分已定 浮生空自忙(만사분이정 부생공자망)
명심보감(明心寶鑑)

고통에서 벗어나기 위해서는 있는 그대로를 받아들이고, 과거에 집착하지 말고, 마음이 만든 허구(虛構)에서 벗어나라.   에크 하르트 톨레

우리는 단지 이 우주의 모든 현상 중 한 부분에 불과할 뿐 아무것도 아니며, 다시 무(無)로 돌아간다는 사실을 깨닫는 것, 이것이 바로 지혜(智慧)이다. 느긋하고 차분해져라. 그리고 무언가에 침잠(沈潛)하라.   해리 딘 스탠턴

인류의 역사는 공간상(空間上)의 덧없는 반점(斑點)에 불과하다. 따라서 그 첫째 교훈은 겸양(謙讓)이다.   W. J. 듀란트

세상은 원래 괴롭고 무상하고 실체가 없음을 정확히 인식하는 게 진리다.
전재성

기억하는 사람이든, 기억되는 사람이든 모두가 덧없기는 마찬가지다.
마르크스 아우렐리우스

사람은 어울림 속에서도 고독감, 공허감, 무력감을 느낀다.   에리히 프롬

시(詩)도 철학(哲學)도 생자필멸(生者必滅)이라는 인생의 무상함을 아는 데서

부터 시작되는 것이다. 　　　　　　　　　　　　　　　임어당(林語堂)

우리 안에 평화가 없다고 다른 것에서 평화를 찾는다는 건 공허한 일이다.
　　　　　　　　　　　　　　　　　　　　　　　　　　라로슈푸코

죽음의 두려움과 허망(虛妄)함은 우리에게 삶이 얼마나 찬란(燦爛)한 것인지를 깨닫게 해준다.

네가 헛되이 보낸 오늘은 어제 죽은 자가 그토록 갈망하던 내일이다.
　　　　　　　　　　　　　　　　　　　　　　　　　　소포클래스

존재에 대한 공허감(空虛感)은 주로 지루한 상태에서 모습을 드러낸다.
　　　　　　　　　　　　　　　　　　　　　　　　　　빅터 프랭클

빈 시간을 메우는 데 충분히 공을 들이지 않는다면, 날마다 흐리고 공허하고 슬플 것이다. 　　　　　　　　　　　　　　　베르나르 올리비에

인생이 무상하다고 한탄할 필요는 없다. 무상한 것이 당연하다고 여기며 거기에서 출발하면 된다. 　　　　　　　　　　　　　사이토 시게타

본질적인 면에서 삶을 관찰해 보면 명성도 명예도 모두 헛된 것이다. 진짜 중요한 것은 '매 순간을 기쁨으로 채웠는가?' 그것이 중요하다. '목욕을 하고, 차를 마시고, 청소를 하고, 산책을 하고, 나무를 심고, 친구와 이야기를 나누고, 사랑하는 이와 조용히 앉아 있고, 달을 바라보고, 새소리를 들으면서 그대는 행복했는가?'가 중요하다. 　　　　　　　　오쇼 라즈니쉬

잡스러움을 허용하지 않는 삶은 공허하다. 　　　　　　　　쓰지 신이치

체험(體驗)이 담기지 않은 말은 모두 공허하다. 　　　　　　오쇼 라즈니쉬

본성(本性)을 깨친 사람에게는 인생이 허망(虛妄)하지 않다.　　　　　정탁

온화한 성격의 사람은 허무감(虛無感)을 모른다.　　로버트 모리슨 마키버

모든 일이 거기 사랑이 있을 때를 제외하고는 공허하다.　　K. 주브란

인생무상(人生無常)이란 남에게 도움이 되고, 영혼(靈魂)의 성장에 보탬이 되도록 뜻있게 살라는 의미(意味)이다.

당신이 다른 사람의 고통을 덜어줄 수 있는 한, 삶은 헛되지 않다.
　　　　　　　　　　　　　　　　　　　　　　　　　헬렌 켈러

공허(空虛)함을 반겨라.　　　　　　　　　　　　윌리엄 브리지스

【과거, 어제】

〈1〉

우리 인생 여정에는 영광스러운 길이든 가시밭길이든 언젠가는 모두 지나간 과거가 된다. 그 모든 것은 반드시 지나간다. 영광도 치욕도, 휘황찬란함도 고통스러움도 지나간다. 우리 삶에서 일어나는 모든 일들은 그저 왔다가 갈 뿐이다.　　　　　　　　　　　　　　　　　　　위단(于丹)

현재 우리의 모습은 과거에 우리가 했던 생각의 결과다.　　　붓다

어제의 꿈이 오늘의 현실이 된다.　　　　　　　　　　시몬 페레스

좋든 싫든 지금 우리에게 일어나고 있는 모든 일은 과거에 우리가 한 선택

의 결과다. 디팩 초프라

우리 중 누구도 자신의 어제를 바꿀 수는 없다. 하지만 우리 모두 자신의 내일은 바꿀 수 있다. 잭 캔필드

과거만 보고 머뭇거리기에 우리의 인생은 너무나 짧다. 현재를 열심히 살면서 희망에 찬 시선으로 미래를 보라. 마이클 린버그

과거는 히스토리(hystory)이고, 미래는 미스터리(mystery)이다. 당신에게 주어진 시간은 현재뿐이다. 그래서 지금 이 순간을 뜻하는 현재(present)와 선물(present)이 같은 단어인 것이다.

이미 일어난 일은 생각지 말고, 아직 일어나지 않은 일이라면 그냥 내버려 두라. 임제

지나간 일을 후회하면서 괴로워하는 사람은 어제를 잃어버리는 동시에 오늘도 잃어버리는 어리석음을 범하는 것이다.

나는 과거를 돌이켜보며 슬퍼하지 않고, 미래를 생각해서 두려워하지 않는다. 몽테뉴

과거의 상처는 잊어라. 아무것도 바꿀 수 없기 때문이다. 무언가 다른 일에 집중하라. 개리 D. 맥케이

우리는 오늘에 살고 있는 것이므로 과거에서 살지 마라. C. M. 브리스톨

인간은 그 누구도 과거를 되돌릴 수 없다. 지난 일은 지나가게 두라. 지난일은 훌훌 털어버리고 새로운 마음으로 살아나가야 한다.

리처드 템플러

과거를 두고 고민(苦悶)하는 것은 전혀 불필요하다.   마하 고사난다

지난 일에 대한 후회와 자책(自責), 분노(憤怒)와 증오(憎惡)는 해로울 뿐만 아니라 사람을 한없이 파괴시킨다. 우리에게 남겨진 과거의 유일한 용도는 그것을 통해서 무언가를 배울 수 있다는 것이다.   M. H. 테스터

과거를 고치기보다는 미래를 내 뜻대로 만드는 편이 훨씬 현실적이다.
      주역

미래에 사는 사람들은 확실히 과거에 사는 사람들보다 생활수준이 높다.
      B. S. 라즈니쉬

일생을 통해 하등 도움이 안 되는 감정이 두 가지가 있다. 이미 일어난 일에 대한 자책감과 아직 일어나지 않은 일에 대한 섣부른 걱정이 바로 그것이다.   웨인 다이어

살아가면서 자꾸 과거를 돌아보지 마라. 그게 후회로 가득해서는 더더욱 안 된다.   청샤오거

이루어진 일을 말하여 무엇 하며, 다된 일을 간(諫)하여 무엇 하며, 지나간 일을 탓하여 무엇 하랴.   논어(論語)

과거를 반성하는 것은 바람직하지만, 지금 존재하지 않는 과거의 회한(悔恨) 때문에 오늘까지 불행하게 느낄 필요는 없다.   윤종모

〈2〉

가장 훌륭한 예언자(豫言者)는 과거다.   바이론

과거는 다 지나갔다. 과거는 잊어버려라. 그러나 과거가 당신에게 준 교훈(教訓)만은 잊지 마라.
M. H. 테스터

옛것을 익히고 새것을 알면 능히 남의 스승이 될 수 있느니라. 논어(論語)

"옛것을 익히고 그것을 미루어서 새것을 안다."는 온고지신(溫故知新)은 동서양을 막론하고 만고의 진리다.
미하이 칙센트미하이

뛰어난 인간은 평소에는 아무것도 생각하고 있지 않아도 일이 생기면 필요한 생각이 떠오른다. 또 일이 끝나면 과거의 행위에 사로잡히지 않고 잊어버릴 수 있다.
채근담

과거란 끌어내지 않으면 존재하지 않는다.
타카다 아키가즈

과거를 지나치게 곱씹다 보면 '현재'를 살 수 없게 된다. 과거에 일어났던 일을 후회하고, 창피해하고, 죄책감을 느끼거나 화를 내는 시간만큼 현재를 경험할 수 없다.
리처드 칼슨

과거를 물리치지 않고서는 현재를 변화시킬 수 없다.
고든 리빙스턴

어제의 나는 바보였다. 중요한 것은 오늘이다.
오마타 간타

과거에 연연하지 않는다. 과거는 바꿀 수 없기 때문이다. 대신 매일(每日)을 최고의 작품(作品)으로 만든다.
조슈아 우든

엎질러진 물은 거두어 담을 수 없고, 흘러간 구름은 되찾기 어렵다.
覆水不可收, 行雲難重尋 (복수불가수, 행운난중심)
이백(李白)

지나간 이야기는 정도껏 한다.
소노 아야코

과거를 자유롭게 놓아주십시오. 과거를 놓아준 만큼 미래가 열린다.

안젤름 그륀

과거를 잊지는 말고, 놓아버려라. 과거를 놓아버리는 것은 과거를 잊는 것이 아니라, 집착을 그만둔다는 것이다. 그 대신 미래를 바꾸고자 노력하라.

닐 도날드 월쉬

우리는 직장에서 물러나 잃어버린 과거에 대한 회한(悔恨)과 실망(失望)으로 길고도 쓸쓸한 노년을 보내다가 어느덧 문득 생의 마지막 날에 다다르게 된다.

황경식

과거에 아무리 견고하게 보였던 것들이라도 사실은 한낱 흘러가는 구름일 뿐이다.

스티븐 레빈

할일이 남아 있는 동안에는 이미 해놓은 일은 아무것도 생각하지 말라.

S 로저스

지난날의 고통을 회상(回想)하면서 느끼는 즐거움은 그 고통을 체험한 사람만의 독점물(獨占物)이다.

유리피데스

사람은 기분 좋은 과거를 추억할 때 심리적으로 편안해진다. **팀 와일드처트**

과거에 대한 정서(情緖)들을 안정과 만족으로 바꿀 수 있는 것은 감사하는 마음과 용서하는 마음이다.

마틴 셀리그만

과거에 어떤 일이 일어났을지라도 우리는 우리가 있는 여기서, 지금 다시 시작할 수 있다.

잭 콘필드

아무도 지나간 인생을 다시 살지 못한다. 지금까지 무슨 일을 했느냐는

중요하지 않다. 지금부터 무엇을 할 것인지가 중요하다.   밴 크로치

우리가 과거에 어떤 경험을 했든 간에 현재의 삶을 즐기지 못하게 막을 수는 없다.   리처드 칼슨

【과오, 실수, 오류, 잘못, 허물】

수많은 엄청난 실수 없이 훌륭해진 사람은 아무도 없다.
    윌리엄 E. 글래드스턴

진정한 지혜는 실수(失手)를 하지 않는 것이 아니라, 같은 실수를 되풀이하지 않는 방법을 터득하는 것이다.   리처드 템플러

성공한 사람들은 일들이 잘못되어 가면 자기 입장을 변명(辨明)하거나 자신의 무지(無知)함을 유지하려 하기보다는 그 이유를 찾아내고, 고치려고 하는 일에 더 열심이다.   잭 캔필드

실패는 시련과 실수를 통해서 배움을 얻는 방법일 뿐이다.   잭 캔필드

과오(過誤)는 대현(大賢)이라도 면할 수 없는 것이다. 과오가 없음을 존중할 것이 아니라, 과오를 잘 고치는 것을 존중해야 한다.   왕양명(王陽明)

자신의 잘못을 인정하고 참회(懺悔)하는 길은 진리(眞理)로 나아가는 위대한 길이다. 통절(痛切)한 참회는 업장(業障)을 녹여준다. 업장이 녹아질 때 영혼은 맑아진다.   W.Y. 에반스 웬츠

신(神)은 실수하지 않는다.   닐 도날드 월쉬

실수하는 게 인간이다. 그러나 실수를 인정하지 않으면 바보다.　　**키케로**

잘못이 있으면 즉시 고치기를 꺼리지 마라.　　**논어(論語)**

실수(失手)한 뒤 다음부터 잘해 보겠다는 말을 할 수 없는 것이 건설공사(建設工事)이다. 공사마다 설계에서 마무리까지 철저하게 이루어져야 한다. 단 1퍼센트의 실수만으로도 100퍼센트의 실패를 불러올 수 있다.　　**쑤린**

실수(失手)에 대한 주도적(主導的)인 해결방법은 그것을 즉시 인정하고 수정해서 그로부터 교훈(敎訓)을 얻는 것이다. 그러나 실수를 인정하지 않고, 그것을 고치지 않고, 또 그것으로부터 교훈을 얻으려 하지 않으면 이것은 또 하나의 큰 실수이다.　　**스티븐 코비**

지도자가 범하는 가장 큰 실수는 뭔가 필요하다는 것은 알지만 그것을 실행하기까지 너무 오랫동안 지체(遲滯)하는 것이다.　　**빌 스텐 슬러드**

자신이 옳을 경우에는 결코 뜻을 굽히지 말되, 자신이 잘못되었을 경우에는 언제든지 주장을 굽히도록 하라.　　**로버트 헬러**

실수나 잘못을 사과(謝過)하는 리더는 잃는 것보다 얻는 것이 더 많다.
　　하버드대학

어떤 사업에서나 핵심은 '배움'에 있다. 초기의 작은 실수와 시행착오를 통해 새로운 것을 배우고 끊임없는 조정을 거듭하면서 사업을 성장시켰던 것이다. 즉 대부분은 직접 부딪치면서 배워야 하는 것이다.　　**월마트**

인간이므로 헛디디는 일도 있다. 그럼 다시 고쳐서 잘 디디면 일은 반드시 성취된다.　　**야마모도 겐뽀**

잘못될까 봐 걱정만 하는 사람은 아무것도 할 수 없다. **로타어 데메지에르**

살면서 실수를 범했거나 잘못된 결정을 내렸다 하더라도 자신을 너무 탓하지는 말라.
칼 필레머

날려버린 돈과 어제의 실수는 잊어버려라. **스티븐 샘플**

잘못에 연연하는 대신 훌훌 털어버리고 나서 새로운 도전을 찾는다.
윌리엄 J. 오닐

가정(家庭)은 잘잘못을 따지는 곳이 아니라, 사랑하는 곳이다.

다른 사람의 단점이나 허물을 비난하고 싶더라도 참아보자. **조셉 텔루슈킨**

자기에게 잘못이 없는 연후에 남의 잘못을 나무란다. **대학(大學)**

모든 것을 남의 탓으로 돌리고 사는 한 잘못은 개선되지 않고 계속 반복된다.
지광

모든 것은 나의 탓이라고 돌릴 때 마음에 쌓인 앙금이 녹아내려 얼굴이 밝아진다.
지광

남들과 더불어 살아가려면 내게 잘하는 사람은 말할 것도 없고 잘못하는 사람에게도 잘해야 한다.
법전

진실을 깨닫고 잘못을 인식하는 능력이 부족한 것은 감정적인 결함(缺陷) 때문일 경우가 많다.
벤저민 프랭클린

절제 있는 생활을 하면서 잘못되는 경우는 드물다. **공자(孔子)**

말이 적으면 근심이 없고, 말을 삼가면 허물이 없다.
寡言無患, 愼言無尤(과언무환, 신언무우)

다투지 않으면 실수도 잘못도 범하지 않게 되니 근심이 없어진다.　노자

쉬운 일만 골라 하는 잘못을 범하지 않으려면 항상 우선순위 목록을 작성해 놓아야 한다.　앨프레드 웨스트 2세

잘못된 일을 완벽하게 하는 것보다, 바른 일을 평균 이하로 하는 것이 더 낫다.　로버트 링거

잘못된 방향으로 힘차게 나아가는 것은 전혀 가지 않는 것보다 나쁘다. 잘못된 것을 알면서 그 길을 가는 대신 문제의 주변을 탐색하는 일에 똑같은 노력을 기울여야만 한다.　E. 레보노

잘못된 합의(合意)보다는 합의가 없는 것이 더 낫다.　외교 격언

이 세상에서 대단히 타산적(打算的)인 사람이 때때로 현저한 오류(誤謬)를 범한다는 사실이 입증됨은 그저 놀라울 뿐이다.　윈스턴 처칠

모든 것을 직접 겪으면서 배우기엔 삶이 너무 짧다. 때로는 다른 사람의 실수에서 배우는 것도 필요하다.　밴 크로치

사람이 핑계를 찾기 시작하면 일생 단 한 번도 남에게 베풀 여유는 생겨나지 않을 것이고, 사람이 늙어 한 시대의 어른이 되었는데도 아랫사람에게 베풀 아무것도 없다면 그 사람은 잘못 살아도 크게 잘못 산 사람이다.　이문열

사람들이 저지르는 가장 흔한 실수는 삶의 즐거움들, 살아 있다는 그 자체의 기쁨을 누리지 않는 것이다.

죽음의 순간에 우리를 후회하게 만드는 것은 우리가 잘못한 일이 아니라 우리가 하지 못한 일이다.
랜디 포시

【과정, 여정, 행로】

모든 일을 다 마칠 때까지 삶을 즐기는 것을 미루는 대신 살아가는 과정(過程) 그 자체(自體)를 즐겨라.
리처드 칼슨

인생이란 과정을 향유하는 것이지 결과를 따지는 것이 아니다.
쩡스창

인생이라는 페어웨이(Fairway)를 걸어가는 동안에 장미 향기를 맡아야 한다. 왜냐하면 시합(試合)은 1라운드만 하게 될 것이기 때문이다.
벤 호건

우리 인생 여정에는 영광스러운 길이든 가시밭길이든 언젠가는 모두 지나간 과거가 된다. 그 모든 것은 반드시 지나간다. 영광도 치욕도, 휘황찬란함도 고통스러움도 지나간다. 우리 삶에서 일어나는 모든 일들은 그저 왔다가 갈 뿐이다.
위단(于丹)

인생길에서 어떤 처지에 놓여 있든지 간에, 먼저 침착함과 평온을 길러둠으로써 생각의 힘을 집중시키는 방법을 터득해야 한다.
제임스 앨런

인생의 여정에서 내가 던진 부메랑(Boomerang)은 언젠가 반드시 돌아오기 마련이다.
이호준

그 어느 누구도 어떤 형태든 역경에 부딪히지 않고 끝에 이르는 사람은 없다. 그러니 그 역경을 그냥 인생행로의 일부로 받아들여라. 결과에 대해서는 초연해지고, 그냥 삶 속으로 들어오는 모든 상황을 최대한 경험하라. 고통을 느끼고, 행복을 맛보라.
로빈 S. 샤르마

사람들은 시행착오의 과정을 거쳐 행로를 수정할 수 있다. **안젤레스 에리엔**

인생은 짧은 순간들이 모여서 만들어지는 긴 여정(旅程)이다. 인생은 살아 볼 만한 것이다.
진 고든

당신의 여행길이 어디로 향하든, 그것을 즐겨라.
조 오웰

완벽하려고 애쓰지 마라. 최선을 다했다면 그대로 놔두어라. 인생의 여정을 즐기자.
조 비테일

우리가 살아 있는 한 사랑하는 사람이 삶의 여정을 잘 갈 수 있도록 도와야 한다.
틱낫한

늙어가는 과정은 경쟁에서 벗어나 부귀(富貴)와 빈천(貧賤)에 흔들리지 않고, 어떤 부당한 힘에도 굴복하지 않는 자유로운 사람이 되어가는 과정이 되어야 한다.
김문준

인생은 어차피 혼자가 아닌가! 인생의 먼 여정을 끝까지 함께할 사람은 아무도 없다.
헨리 데이비드 소로

자신의 인생행로(人生行路)에서 변화하는 현실 그 자체를 외면해서는 안 된다.
로버트 버포드

【과하다, 과대, 과도, 과잉, 넘치다, 지나치다】

인생의 문제(問題)들에 과도(過度)하게 집착(執着)할 필요가 없다. 주어진 대로 살면 되는 것이다.
김승호

빈부(貧富)의 격차(隔差)가 지나친 것은 문제가 되지만 어느 정도의 불평등(不平等)은 성장(成長)의 동력(動力)이 된다.　　　　　　　　　　　**앵거스 디턴**

지나친 욕심(慾心)과 분수(分數)에 넘치는 일을 하게 되면 반드시 화근(禍根)이 오게 됨을 잊지 말라.　　　　　　　　　　　　　　　　**김정휴**

최종목표(最終目標)에 지나치게 집착(執着)하다 보면 오히려 실력 발휘에 방해가 된다.　　　　　　　　　　　　　　　　**미하이 칙센트미하이**

너무 지나치면 문제가 될 수 있겠으나, 대체로 세세한 일에 집착하는 것은 중요한 일이다.　　　　　　　　　　　　　　　　　　　　**톰 피터스**

과거를 지나치게 곱씹다 보면 '현재'를 살 수 없게 된다. 과거에 일어났던 일을 후회하고, 창피해하고, 죄책감을 느끼거나 화를 내는 시간만큼 현재를 경험할 수 없다.　　　　　　　　　　　　　　　　　**리처드 칼슨**

세상을 사는 데에 지나치게 결벽(潔癖)해서는 안 된다.　　**채근담(菜根譚)**

지나친 청결(淸潔)은 면역체계의 균형을 무너뜨린다.
　　　　　　　　　　　　　　　　　　　　아보 도오루, 오니키 유타카

과도한 음주(飮酒)는 끝내 문제를 일으킨다.　　　　　　　　　　**정민**

자랑 끝에 불붙는다. (자랑이 지나치면 화(禍)가 생기기 쉽다.)　　**한국 속담**

지나간 이야기는 정도껏 한다.　　　　　　　　　　　　**소노 아야코**

하고 싶은 말을 다할 필요는 없다. 상대(相對)에 따라 헤아려가며 하라.

사람을 책(責)함에 지나치게 엄(嚴)해서는 안 된다. 책함을 받은 자가 가히 받아들일 만해야 한다.   채근담(菜根譚)

어느 한 부분이 지나치게 과대(過大)해지면 그 반대편에서 반발(反撥)이 생겨나기 마련이다.   W. J. 듀란트

과잉의료(過剩醫療)가 죽음의 존엄성을 훼손한다.   아보 도오루, 오니키 유타카

아무리 옳은 일이라도 지나치면 안 된다.   주역(周易)

정도(程度)를 지나침은 미치지 못함과 같다. 過猶不及(과유불급)   논어

지나친 자의식(自意識)은 머릿속에서 지워라! 조금쯤 우스꽝스럽게 보인다고 큰일이 나겠는가? 인생을 즐겨라!   돈 딩크마이어

행복해지려면 다른 사람을 지나치게 의식(意識)하지 말라.   알베르 카뮈

【관대, 관용, 너그러움, 대범, 도량, 용서】

이해(理解)하면 용서(容恕)하는 마음이 저절로 일어난다.   데이비드 호킨스

약(弱)한 자는 절대 누군가를 용서할 수 없다. 용서는 강(强)한 자만의 특권이다.   마하트마 간디

용서하고 화해하면 둘의 인간관계가 좋아질 가능성이 아주 크다.   마틴 셀리그만

관대(寬大)함이란 자신(自信)의 반영이다.　　　　　　　　　　M. 말쯔

寬不足以悅人嚴堪補也(관부족이열인엄감보야) 관용만으로는 사람을 감복시키기에 부족하니 엄격함으로 그것을 보충해야 한다.

용서는 하되 잊지는 말자!　　　　일본의 진주만 기습에 대한 미국의 격언

복수는 적(敵)과 자신을 똑같은 사람으로 만든다. 용서는 자신을 적보다 나은 사람이 되게 한다.　　　　　　　　　　　　　　　벤저민 프랭클린

우리가 다른 사람을 너그럽게 받아들이고 인정할 때 사실은 우리 자신에게 그렇게 하는 것이다.　　　　　　　　　　　　　데이비드 호킨스

적을 용서(容恕)하는 자는 무척이나 넓고 장쾌한 마음을 지닌 큰 사람으로 보인다. 하지만 그런 그도, 친구를 용서하기란 훨씬 어려운 법이다.　니체

미운 사람을 용서함으로써 스스로를 자유롭게 만들어야 한다.　　로스웰

군자의 입장에서 바라보면, 소인배(小人輩)가 하는 것이 빤히 들여다보이지만 큰 도량(度量)으로 대처해야만 만사가 잘 풀려나간다.　여몽정(呂蒙正)

대범(大汎)한 사람은 사소한 일에 반응하지 않는다.　　우에니시 아키라

사랑이라는 이름으로도 잔소리는 용서가 안 된다. 사랑하는 사람에게 잔소리를 하지 마라.　　　　　　　　　　　　　　　　　　　　이정숙

농담(弄談)이라고 해서 다 용서되는 것은 아니다.　　　　　　　이정숙

사람은 저마다 가치관과 사고방식이 다르므로 그 차이를 인정하고 너그럽

게 받아들이는 것이 좋은 인간관계를 가지기 위해 지녀야 할 기본적인 자세이다. **마스노 슌묘**

우리 스스로가 풍요로워지면 더욱 유머 감각이 있고, 따뜻하며 너그러운 사람이 될 수 있다. **릭 핸슨**

부(富)를 이룩한 사람은 대개 표정이 너그럽고 여유가 있다. **사이토 히토리**

자기 마음에 끌리는 간단한 영적(靈的)인 원리(친절함, 너그러움, 용서, 이해, 비판하지 않고 수용하기 등) 중 하나를 선택한 뒤 그것을 삶의 모든 영역에, 자신의 내부와 외부에 예외 없이 지속적으로 적용하면 상당한 영적인 성장을 이룰 수 있다. **데이비드 호킨스**

다른 차(車)가 내 차선으로 들어오려고 할 때 들어오지 못하게 안간힘을 쓰는 사람이 있다면 신(神)은 그런 사람을 선택하겠는가? 신이 선택하는 사람은 웃으면서 브레이크를 밟는 사람이다. 절대 끼워주지 않으려고 안간힘을 쓰는 사람은 하늘이 싫어한다. **사이토 히토리**

인생에는 완벽한 성공도, 절망뿐인 실패도 없다. 나이를 먹다 보면 하나하나의 사건들을 더 넓은 맥락 속에서 파악하는 분별력, 즉 폭넓은 시각으로 사리분별 하는 능력이 생기게 된다. 그러다 보면 점차 타인에게 관대해지고 좀 더 느긋하게 살고 싶은 욕망도 생기고, 현재 삶에서 소소한 즐거움들을 발견하게 된다. **칼 필레머**

노년에 들면 마음이 너그럽고 사리분별(事理分別)에도 밝다고들 하던데 믿을 것이 못 된다. 도리어 갈팡질팡 줏대 없이 구는 수가 많다. **최일남**

성공적인 죽음을 위한 준비(안녕을 고할 사람들에게 잘 있으라고 말하기, 용서해야 할 사람 용서하기, 용서받아야 할 사람에게 용서받기, 메시지 남기기, 물건 정리하기 그리고 평온함과 교감을 가지고 떠나기 등)를 할 수 있다는 것은 큰 특혜이다.

다비드 세르방 슈레베르

과거에 대한 정서(情緖)들을 안정(安定)과 만족(滿足)으로 바꿀 수 있는 것은 감사(感謝)하는 마음과 용서(容恕)하는 마음이다. 마틴 셀리그만

타인(他人)에게 진심으로 너그러웠던 사람은 삶을 마무리하는 순간, 자기(自己) 자신에게도 한없이 너그러워질 수 있다. 오츠 슈이치

인생이 별거 아니니 너그러워지라. 한운사(韓雲史)

【관리, 다스리다, 조치, 처리, 해치우다】

잘나가는 사람은 자기(自己) 관리(管理)에 강하다. 시라이시 다카시

일을 어떻게 처리하면 좋을지 확신(確信)이 서지 않을 때 생각하는 시간 여유를 갖다 보면 문제(問題)의 핵심(核心)을 좀 더 명확하게 파악하게 된다.
잭 그린버그

최악(最惡)의 상황이 무엇인지를 알고 나면 아마도 당신은 그 상황을 다스려 나갈 수 있다고 느끼게 될 것이다. 사나야 로만, 듀엔 패커

자신감이 마음의 여유를 갖게 하고, 그것이 곤란(困難)을 해결한다.
가야노 다케시

정치(政治) 지도자의 첫 번째 자질(資質)은 위기관리(危機管理) 능력에 있다.

큰일을 치러본 경험에 의하면 만사(萬事)를 일시(一時)에 처리하려는 것은 실

패하기 쉬운 근본이 된다. 윈스턴 처칠

큰일을 먼저 해야 한다. 그러고 나면 작은 일은 스스로 처리된다.
데일 카네기

사업에 성공하는 비결은 한 번에 한 가지를 처리하는 데 있다.
로스차일드

성공(成功)한 사람들은 어려운 문제에 부딪히면 온갖 방법을 가리지 않고 신속하게 대처(對處)하는 자들이다. 리허

어떤 조치(措置)가 필요할 때는 시기(時期)를 약간 앞질러서 신속하게 취해야 한다. 만사(萬事)는 타이밍(Timing)이 결정한다. 톰 피터스

일을 할 때 기세(氣勢)를 몰아 속도감 있게 처리하라. 사이토 히토리

기왕에 할 일이라면 빨리 해치워야 좋다. 셰익스피어

생각날 때 즉시 하라!

대충하지 말라. 아트 윌리암스

윗물만 맑아가지고는 충분하지가 않다. 집요하게 관리하지 않으면 금방 원위치(原位置)가 되는 것이 부패(腐敗)다. 고건(高建)

무슨 일이든지 올바르게 처리하고 성실하면 간단해진다. 속이면 일이 복잡하고 어려워진다. 성실하고 정직하게 살면 그 자리가 바로 극락이다.
법전

사소한 일도 신중(愼重)하게 처리하는 자세를 갖춰야 한다.　　**톰 피터스**

항상 부드러운 방법으로 모든 일을 처리(處理)하라.　　**토마스 제퍼슨**

【관심, 호기심】

성공하려는 '단호한 마음'으로 열심히 노력한다는 것과 성공하는데 '관심'만 가지고 있다는 것은 다르다.　　**존 아사라프**

성공하는 사람은 노력하면 실현할 수 있는 일에 모든 정성과 관심을 쏟지만 아무리 노력해도 절대 변하지 않는 일에는 절대 관심을 두지 않는다.
　　미야자키 신지

호기심(好奇心)은 스스로 생각하고 결정하고 창의력(創意力)을 키울 수 있는 열쇠다.　　**브라이언 그레이저**

호기심은 학문(學問)의 아버지다.　　**찰스 다윈**

관심(觀心)이 있으면 보이지 않았던 것이 보인다.　　**이종선**

작은 일에 너무 관심을 갖는 사람들은 대개 큰일에는 무능(無能)해진다.
　　라 로슈푸코

어른이 아이의 자유(自由)로운 질문(質問)을 틀어막지 않아야 아이가 호기심과 상상력을 잘 키울 수 있다.　　**하워드 가드너**

생명력과 열의(熱意)를 가진 사람은 어떠한 불행이 닥치더라도 삶과 세계에 대한 관심이 되살아남으로써 모든 불행을 극복할 것이다.　　**버트런드 러셀**

차분하고 여유가 있을 때에야 비로소 현재에 관심을 기울일 수 있다.
마틴 셀리그만

가장 좋은 부부관계(夫婦關係)는 두 사람 모두 자신(自身)에게는 관심이 없는 것이라 해도 상대방이 관심을 갖는 것에 함께 관심을 기울여주고 지지(支持)해 주는 관계다.
리처드 템플러

인간미(人間味) 넘치는 따뜻한 관심표명은 친절의 징표(徵標)로서 우리가 다른 사람에게 베풀 수 있는 가장 큰 선물이다.
톰 피터스

사람들은 관심 받고 싶어 한다.
조 비테일

관심을 가져주는 것이 서로 간에 상처(傷處)를 주지 않겠다는 무관심(無關心)보다 낫다.

주위 사람들에게 관심을 가져야 그 사람들 역시 당신에게 관심을 갖는다.
밴 크로치

상대방(相對方)이 전혀 관심을 갖지 않고 원하지도 않는 말을 하는 것은 아무런 도움이 되지 않는다.
밴 크로치

삶의 큰 깨달음을 얻고 효율적으로 살아가는 사람의 삶을 연구해 보면 그들은 다른 사람들이 그들을 어떻게 생각하는지는 신경 쓰지 않았다는 것을 알 수 있다.
로빈 S. 샤르마

다른 사람들이 어떻게 생각할까 따위의 걱정에서 벗어나라. 사람들은 남의 일에 대해 그다지 관심이 없다.
티모시 페리스

따분하고 지루한 인생을 살고 싶지 않다면 호기심을 키워라.
쑤린

일과 가치 있는 것들에 대한 관심이 늙음을 막는 가장 훌륭한 처방(處方)이다.
스코트 니어링

【교만, 거만, 독선, 비굴, 열등의식, 오만, 우월감, 자만】

지혜로운 자는 순조로울 때 결코 득의양양(得意揚揚)하거나 자만하지 않으며, 역경(逆境)에 처해서도 결코 비관하거나 절망하지 않는다.

자만심(自慢心)은 언제나 화(禍)를 부른다.

교만(驕慢)하면서 망하지 않는 자는 아직껏 존재하지 않았다. **좌전(左傳)**

머리를 너무 높이 들지 말라. 모든 입구(入口)는 낮은 법이다. **독일 속담**

초기 성공에 도취해 자만하면 실패한다. 많이 실패할수록 성공에 더 가까워진다. **시드니 핑켈스타인**

아무리 내가 좋다 하여도 손님이 좋아하지 않으면 그것은 단순한 독선(獨善)이다. **사이토 히도리**

노력하면 무슨 일이든 이루어진다고 믿는 것은 오만(傲慢)이다. 노력해도 안 되는 일이 있다. 거기에는 시간을 들이는 수밖에 없다. **도야마 시게히코**

부자가 되어서 교만 없기가 가난하면서 원망 없기보다도 어렵다. **공자**

자신이 우위(優位)라고 자각하면 인간의 태도는 점점 변하게 된다. 그것은 그 사람이 훌륭한 사람인가 아닌가 하는 문제가 아니라 인간의 본성이 그런 것이기 때문이다. **타카다 아키가즈**

스스로 특별대접을 받을 자격(資格)이 있다고 생각하거나 그런 대접(待接)을 요구한다면 당신은 존경받을 자격이 없는 사람이다. 　　　　　제이 세티

"성공하여도 결코 오만하지 않는다." 이것이 정말로 훌륭한 사람이 취할 자세다. 　　　　　W. B. 기븐

유리하다고 교만하지 말고, 불리하다고 비굴하지 말라. 무엇을 들었다고 쉽게 행동하지 말고, 그것이 사실인지 깊이 생각하여 이치가 명확할 때 과감히 행동하라. 　　　　　잡보장경

살아가는데 제일 나쁜 것은 열등의식(劣等意識)이다. 둘째는 고정관념(固定觀念), 셋째는 부정적(否定的)인 생각이다. 넷째는 반항(反抗)이다. 이 네 가지 결점을 바로잡아야 한다. 　　　　　정현우

사치하면 거만(倨慢)해지고 검약하면 인색(吝嗇)해진다. 그러나 거만한 것보다는 차라리 인색한 편이 나으니라. 　　　　　논어(論語)

자만하고 교만하면 수호신(守護神)이 우리를 지켜주지 않는다. 항상 배우는 자세, 겸손한 태도, 무슨 이야기든지 긍정적으로 생각하고, 열 마디 이야기를 들었으면 한마디라도 발상의 전환에 도움이 되었다고 생각하라. 　정현우

대화(對話) 가운데 상대보다 우월(優越)한 위치를 차지하려고 애쓰지 않는 이는 복(福)되다. 　　　　　제임스 앨런

【교육, 가르침, 학교】

자녀들에게 가르치는 목적은 가르치는 사람 없이도 살아갈 수 있도록 하는 것이다. 　　　　　앨버트 하버드

교육의 목적은 인격(人格) 형성에 있다.
(Education has for its object the formation of character.)
하버트 스펜서

국가의 운명(運命)은 청년(靑年)의 교육(敎育)에 달려 있다.   아리스토텔레스

세상을 바꾸는 것은 인간이지만, 인간을 변화시키는 것은 교육이다.
(People change the world, but people are changed by education.)

올바른 교육을 받은 올바른 지도자만이 나라를 구할 수 있다.   김원규

선생이 무엇을 가르치느냐보다는, 선생이 어떤 사람이냐가 더 중요하다.
칼 맨닝거

교육의 수준(水準)은 교사(敎師)의 수준과 일치(一致)한다.

진정한 가르침은 거의 전적으로 비언어적(非言語的)이다.   존 카바트 진

학생이 몸에 익히는 가장 가치 있는 일은, 무엇인가 하지 않으면 안 될 때에 아무튼 자기 자신의 힘으로 하게 되는 능력을 갖추는 일이다. 그것을 학생의 몸에 익숙하게 해주는 것이 교육의 기본 목적이다.   토마스 학스레이

아이들에게 최대한 많은 체험(體驗)을 제공하지 않고 쓰고, 외우고, 셈하는 교육만 지속하면 미래에는 모두 일자리를 잃을 것이다.   마윈(馬雲)

실패는 무엇을 해야 하는지 뿐만 아니라, 무엇을 하지 말아야 하는지를 경험을 통해 가르친다.   새무얼 스마일즈

잘못된 교육과 사회적 분위기 탓에 사람이 변질될 수 있다.   넬슨 만델라

교육의 가장 가치 있는 성과는 바로 자제력(自制力)을 키우는 것이다.
토머스 헉슬리

예의(禮儀)를 가르치는 최초의 학교(學校)이자 최고의 학교는 인격(人格)의 경우와 마찬가지로 가정(家庭)이다.
새무얼 스마일즈

자연의 선택에 의해 진화되어 온 것은 무엇이든 이기적일 수밖에 없다. 우리는 자식들에게 이타주의를 가르쳐주지 않으면 안 된다.
리처드 도킨스

고용(雇用)하는 사람이 가르치지 않아도 클 사람은 크고 크지 못하는 사람은 아무리 가르쳐도 소용없다.
오마타 간타

사람들에게 지혜를 가르쳐주려 하거나 설교(說敎)하려 하지 마라. 사람들은 좋고 나쁜 것을 떠나 남에게 설교당하는 것을 본능적으로 싫어하기 때문이다.
리처드 템플러

교육이 고소득을 올릴 수 있는 수단이기는 해도 행복을 증진시키는 수단은 아니다. 지능도 행복에 아무런 영향을 끼치지 않는다.
마틴 셀리그만

가장 즐거운 것은 독서(讀書)만한 것이 없고, 가장 중요한 것은 자식(子息)을 가르치는 일만한 것이 없다.
공여일록(公餘日錄)

하버드대학 교육의 최종목표는 좋은 책인지 그저 그런 책인지를 구별할 수 있는 능력을 갖추도록 하는 것이다.
하버드대학 총장

진정한 자비심(慈悲心)은 물질(物質)을 나눠주는 것이 아니라, 마음이 행복해지는 방법을 가르쳐주는 것이다.
달라이 라마

당신이 무언가를 철저히 알고 있다면, 그것을 다른 사람에게 가르쳐라.

타이론 에드워즈

【교제, 사교, 사귐, 아우름, 어울림, 유대, 인간관계, 절교, 친교】

〈1〉

모든 인간(人間)은 결코 혼자 살도록 되어 있지 않다.   고든 리빙스턴

인간은 평생 다른 사람들의 지지(支持)와 친교(親交)를 필요로 하는 사회적 존재다.

인간은 혼자서는 행복해질 수 없으므로 인간관계 속으로 들어갈 용기가 필요하다.   알프레드 아들러

누군가의 삶의 질(質)은 그 사람의 인간관계의 질과 직결된다. 인생(人生)은 인간관계다.   로버트 기요사키

인간관계에서는 양(量)보다 질(質)이 우선이다.   우종민

그 사람을 알기 전에는 경계하는 마음이 없으면 안 된다.   채근담

인격자와의 교제(交際)는 일만 권의 책보다 유익하다.   사무엘 스마일즈

나를 보다 좋은 사람으로 변화할 수 있도록 이끌어주는 관계야말로 최고의 관계이다.   신영복

사적(私的)인 인간관계는 비옥(肥沃)한 토양(土壤)이며, 그것으로부터 인생의

모든 진보와 성공과 성취가 생긴다. 벤 스타인

어떠한 사람을 알고 있는가? 어떠한 사람들에게 알려지고 있는가가 그 사람의 장래(將來)를 결정한다. 가타가타 젠지(片方善治)

인간관계(人間關係)가 최고의 경쟁력(競爭力)이다. 켄 블랜차드

친밀하게 지내는 사람들이 많을수록 좋은 일이 일어날 가능성이 커진다.

인간은 항상 인간을 만나면서 지내야 발전하는 법이다. 운(運)이란 밖으로부터 오기 때문이다. 김승호

잘나가는 사람은 인간관계에 강하다. 시라이시 다카시

인간관계는 고민의 원천도 되지만 살아가는 기쁨이나 행복 또한 준다. 기시미 이치로

인생은 어울려 산다는 것이다. 댄 뷰트너

사람은 어울림 속에서도 고독감, 공허감, 무력감을 느낀다. 에리히 프롬

사교(社交)의 기본은 잡담(雜談)이다. 사이토 다카시

얼핏 시시껄렁해 보이는 대화(對話)들은 관계의 신뢰(信賴)와 응집력(凝集力)을 더욱 깊게 만들어준다. 에카르트 폰 히르슈하우젠

사람은 함께 웃을 때 서로 가까워지는 것을 느낀다. 레오 버스카글리아

유머는 일을 유쾌하게, 교제를 명랑하게, 가정(家庭)을 밝게 만든다.

카네기

사람들을 웃겨주면 그들의 마음을 얻게 된다. 존 F. 케네디

유머는 두 사람 사이를 이어주는 지름길이다. 빅토르 보르주

그에게 도움이 될 거라는 걸 안다 해도 다른 사람을 개선(改善)하려 하지 말라.
로저 로젠블라드

그대가 누구와 너무 가까워지면 그대는 곧 적(敵)을 만들게 될 것이다. 너무 가까이 가지 말라. 항상 약간의 거리를 유지하라. 그대의 사랑이 영원하기를 바란다면 너무 가까이 가지 말라. 사랑은 서로의 공간(空間)을 유지할 때 아름답다.
B. S. 라즈니쉬

사람들은 서로 가까운 사이일수록 더 미워하기 쉽다. 오츠 슈이치

친근감은 무시(無視)를 낳으며, 또한 따분함을 낳는다. B. S. 라즈니쉬

스스로 업신여기면 다른 사람도 나를 업신여기게 된다. 격언

자신을 편하게 느끼지 못하는 사람은 남들과도 편하게 지내지 못한다.
시드니 해리스

다른 사람을 편안케 하는 것은 곧 자신이 편안한 까닭이다. 사꾸마 소산

둔감력은 두 사람의 관계를 지탱해 주는 큰 힘이다. 와타나베 준이치

인간이 있는 곳에는 언제나 친절을 베풀 기회가 있다. 세네카

우리가 다른 사람을 너그럽게 받아들이고 인정할 때 사실은 우리 자신에게 그렇게 하는 것이다.   데이비드 호킨스

예절(인사)의 기술은 모든 인간관계를 향상시킨다.   전옥표

손윗사람과의 교제방법(交際方法)으로 해서는 안 되는 것 :
1. 질문을 받지도 않았는데 입을 여는 것
2. 질문을 받아도 대답하지 않는 것
3. 상대의 안색(顔色)도 보지 않고 떠들어대는 것   논어(論語)

말은 타봐야 알고, 사람은 사귀어봐야 안다.   속담

갈등관계는 피할 수 없다. 갈등(葛藤)을 어떻게 처리하느냐에 따라 성공여부가 결정된다.   존 맥스웰

인간관계의 많은 갈등은 상대방의 관점에서 바라보지 못하기 때문에 발생한다. 상대방의 입장에서 상황을 보라.   존 맥스웰

오늘 하루 동안 내 입에서 나온 사소한 말에서부터 행동까지 되돌아보는 시간은 참으로 값지다. 자아성찰(自我省察)로 얻은 지혜는 앞으로 겪게 될 더 많은 사람과의 사귐에서 순조롭게 대처하는 방법을 알려준다.
  주역(周易)

〈2〉

다른 사람이 자기를 어떻게 생각하며 무슨 말을 하며, 어떠한 비난을 하는지에 대해 공연히 시간을 낭비하지 마라.   마르크스 아우렐리우스

당신만 생각하고 있는 사람은 아무도 없다.   로저 로젠블라드

다른 사람들이 어떻게 생각할까 따위의 걱정에서 벗어나라. 사람들은 남의 일에 대해 그다지 관심이 없다. **티모시 페리스**

사람이 만났다 인연(因緣)이 다하면 이별하는 것은 당연한 일이다. **백운산**

머지않아 당신은 모든 일을 잊게 될 것이며, 모든 사람들 역시 당신을 잊어버릴 것이다. **마르크스 아우렐리우스**

군자(君子)는 교제가 끊겨도 서로 험담(險談)을 하지 않는다. **사마천**

인간관계에서 제일 중요한 것은 헤어질 때 어떻게 헤어지느냐는 것이다. **이호준**

힘들면 떠나가는 사람이 있고, 힘들어할 때 다가와 위로해 주는 사람이 있다. **주역(周易)**

가장 힘겨워할 때 곁에서 격려(激勵)해 주어야 한다. **톰 피터스**

언젠가 누구나 어려움에 처할 때가 있다. 그때를 대비해서 상대방에게 잘 해 주며 살아야 한다. **정도령(正道靈)**

누구에게나 관계를 망치지 않고자 비위(脾胃)를 맞춰주는 상대가 한두 사람은 있게 마련이다. **수잔 포워드**

낯선 사람도 내가 먼저 말을 걸면 십년지기(十年知己)가 된다. **이정숙**

흔히 서로 좋지 않게 생각하는 사람은 서로 이해하고 있지 않을 뿐이다. **C. A. 세라미**

사람은 저마다 가치관과 사고방식이 다르므로 그 차이를 인정하고 너그럽게 받아들이는 것이 좋은 인간관계를 가지기 위해 지녀야 할 기본적인 자세이다.　　　　　　　　　　　　　　　　　　　　　　　　**마스노 슌묘**

먼저 상대방을 이해하려고 노력한 다음, 자기를 이해시키는 것이야말로 효과적인 대인관계 커뮤니케이션(Communication)의 열쇠이다.　　**스티븐 코비**

가까운 사이에도 격(格) 없는 행동은 불쾌감을 낳는다.　　　　**고철종**

아무리 친해도 남의 약점은 농담으로라도 들추어서는 안 된다.　**이정숙**

가까운 사람이 준 상처는 더 깊다.　　　　　　　　　　　　　**고철종**

가슴 아픈 이야기는 끝까지 가시로 남는다.　　　　　　　　　**고철종**

상처(傷處)받은 사람은 남에게 쉽게 상처를 준다.　　　　　　**존 맥스웰**

스스로 화를 통제하지 못해 하지 말아야 할 말을 해버려 인간관계가 깨지거나 큰 낭패를 당할 수도 있다. 적당할 때 자리를 피하거나 스스로 말을 끊으면 다 잃지는 않는다.　　　　　　　　　　　　　　　　　**이정숙**

용서하고 화해하면 둘의 인간관계가 좋아질 가능성이 아주 크다.
　　　　　　　　　　　　　　　　　　　　　　　　마틴 셀리그만

관계를 바꾸려면 피하지 말고 대면(對面)하라.　　　　　　　**존 맥스웰**

경쟁관계라도 유대(紐帶)는 돈독(敦篤)히 해야 한다.　　　**데브라 벤튼**

만나기 싫은 사람은 그냥 안 만나면 된다. 싫은 사람과 만날 시간에 행복

해지는 일을 하라.   사이터 히토리

쓸데없는 자들과 한 패(牌)가 되느니보다는 혼자 있는 편이 오히려 낫다.

나와 맞지 않는 사람에게는 미움을 받고, 빨리 떨어져나가도록 만드는 편이 좋다.
                                              고코로야 진노스케

모든 사람에게 좋은 사람으로 인정받을 필요는 없다.   우에니시 아키라

친하지도 않은 사람들을 만나는 것보다는 외로움이 낫다.   로저 로젠블라드

당신을 우울하게 만드는 사람들과는 백날 만나봐야 아무런 도움이 되지 않는다. 긍정적(肯定的)이지 않은 사람과는 절교(絶交)하라.   리처드 템플러

열정(熱情)이나 사랑을 투자할 수 있는 추구(追求)할 만한 무엇에 심취(心醉)하며 살아가라. 그것이 만족스러우면 우정(友情)이나 다른 인간관계를 적당한 거리에서 바라볼 수 있다.   알랭 드 보통

훌륭한 인간관계는 쌍방에게 만족스러운 것이어야 한다.   버트런드 러셀

남과 사귀려면 철저히 사귀고, 그렇지 않다면 처음부터 사귀지 않는 편이 좋다.   카미코 타다시(神子侃)

인간은 항상 자기와 같은 종류(種類)의 사람을 끌어들인다.   단 카스터

비슷한 사람과의 만남은 마음을 안정시켜 준다.   시라이시 다카시

바람직한 인간관계(人間關係)에는 그리움과 아쉬움이 받쳐주어야 한다.

사람들은 무의식중에 자신이 이상적(理想的)으로 생각하는 사람에게 이끌린다.   **제임스 아서레이**

어떤 친구를 사귀는지 보면 그 사람을 알 수 있는 것처럼, 어떤 책을 읽는지 보아도 그 사람을 알 수 있다. 책도 벗이기 때문이다. 그리고 사람이든 책이든, 가장 좋은 벗을 사귀어야 한다.   **새무얼 스마일즈**

인복(人福)이란 사람을 많이 만나는 데서 온다. 운명의 영토를 넓히는 게 중요하다. 세상에 나만 잘난 게 아니므로 겸허한 마음으로 교류(交流)를 넓혀야 한다. 모든 종류의 사람이 다 쓸모가 있는 법이다.   **김승호**

낯가림하지 않는 사람이 되라.   **우라베 구니요시**

못 본 체하지 말라.   **조셉 텔루슈킨**

주위 사람들에게 관심을 가져야 그 사람들 역시 당신에게 관심을 갖는다.   **밴 크로치**

한 다리가 천리다. (촌수가 멀수록 소원해진다는 뜻)   **속담**

눈에서 멀어지면 마음도 멀어진다.(Out of sight, out of mind.)   **속담**

사람과 사람 사이 중요한 것은 거리가 아니라 마음이다. 아무리 멀리 있어도 마음이 함께하면 그 거리는 상관없다.   **헨리 데이비드 소로**

〈3〉

남에게 대접(待接)을 받고자 하는 대로 너희도 남을 대접하라.   **누가복음**

성공(成功)으로 이끄는 인간관계의 출발점은 타인(他人)을 배려(配慮)할 줄 아는 능력에서 시작된다.   존 맥스웰

사람들과 잘 어울리는 핵심은 '잘난 척하지 않기'와 '이야기를 질질 끌지 않기'이다.   사이토 다카시

상대방(相對方)이 많이 말하도록 기회를 줘라.   데일 카네기

편한 사이라도 고집스러운 발언(發言)은 조심해라.   고철종

관계를 소홀히 하면서 우정(友情)이 저절로 돈독해지기를 기대할 수 없다. 얻으려면 대가를 치러야만 한다.   존 맥스웰

모든 인간관계는 자기희생(自己犧牲)이 뒤따른다.   존 맥스웰

모든 관계는 주는 것이 아니면 받는 것(Give and Take)이다.   디팩 초프라

받기보다는 주는 데에 더욱 마음을 기울임으로써 모든 인간관계들을 개선할 수 있다.   J. B. W.

줄수록 받는 반면, 주는 것을 멈췄을 때 관계의 흐름은 단절되고 응고(凝固)한다.   디팩 초프라

인색(吝嗇)함은 관계의 단절(斷絶)을 초래한다.   고철종

계산적(計算的)인 인간관계는 발전하지 못한다.   이소사끼 시로

소용이 없는 자를 미워하고, 소용이 있는 자를 사랑하는 것이 인지상정(人之常情)이다.   강본융삼(岡本隆三)

덕은 외롭지 않고 반드시 이웃이 있게 마련이다.
德不孤 必有鄰(덕불고 필유린) 논어(論語)

자기 수양, 자기 절제야말로 다른 사람과 좋은 인간관계를 이룩하는 기초가 된다. 스티븐 코비

충동적(衝動的)인 감정(感情)을 피하라. 감정을 다른 사람에게 쏟아내는 태도는 아무런 도움도 되지 않는다. 개리 D. 맥케이

사람들과 잘 어울려 사는 최상의 비결은 무한한 인내(忍耐)와 포용력(包容力)을 갖추는 것이다. 장쓰안

때로는 알면서도 속아주어라. 이정숙

약간의 친절과 공손함은 대단히 중요하다. 이와 반대로 작은 불손, 작은 불친절, 하찮은 무례(無禮) 등은 커다란 인출(引出)을 가져온다. 인간관계에서의 커다란 손실은 사소한 것으로부터 비롯된다. 스티븐 코비

서로에게 조금 더 친절하라. 올더스 헉슬리

어떤 사회에나 인품이 낮은 인간이 있는 법이다. 그러한 소인(小人)에 대해서도 특별히 혐오감(嫌惡感)을 나타내는 것 같은 시늉은 하지 말고, 일정한 거리를 두고(不可近 不可遠) 적당히 교제해 나가면 좋다. 송명신언행록

아무리 하찮은 사람을 만나든 대단한 사람을 만나든, 같은 태도로 대하는 것이 중요하다. 데이비드 프로스트

자기만을 귀하게 여겨 남을 천하게 여기지 말라. 명심보감(明心寶鑑)

인간관계를 형성할 때 가장 중요한 요소는 우리가 무엇을 말하느냐, 어떻게 행동하느냐보다 우리의 사람됨이다. 　　　　　　　　　스티븐 코비

인간성(人間性)이란 다른 사람들을 이해하기 위해 그들의 입장(立場)이 되는 능력을 키우는 일이다. 　　　　　　　　　알프레도 게바라

무슨 일이든 처리할 때는 상대방의 입장에 서서 한번 생각해 보라.
易地思之(역지사지)

똑같은 원칙들을 가지고 모든 사람들을 대하라. 당신이 그렇게 하면 사람들은 당신을 신뢰할 것이다. 　　　　　　　　　스티븐 코비

인간관계에서 가장 중요한 요소는 바로 신뢰(信賴)다. 　　　　　　　　　존 맥스웰

인간관계를 좋게 유지하려면 상대방을 바꾸려 하지 말고 자신을 바꾸는 수밖에 없다. 　　　　　　　　　사이토 히토리

자신(自身)을 개선(改善)하기 이전에 다른 사람과의 관계(關係)를 개선하려는 것은 결국 쓸데없는 일이다. 　　　　　　　　　스티븐 코비

나에게 닥친 인간관계의 문제를 해결할 사람은 오직 나뿐이다.
　　　　　　　　　데이비드 시버리

'더불어 사는 것'이야말로 인간이 누릴 수 있는 '참 행복'이다. 　　백운산

모든 인간관계 가운데 가장 지속적이고 만족스런 관계는 가족(家族)이다.
　　　　　　　　　벤저민 플랭클린

세상에서 가장 소중한 것은 언제나 가족뿐이다. 　　　　김종필(金鍾泌)

나이가 들수록 가족 간에 서로 친밀하게 지내는 것 이상 좋은 게 없으며, 나이가 들수록 돈보다는 곁에 함께 있어줄 사람이 필요하다. **조지 베일런트**

가까운 인연일수록 소홀하기가 쉽지만 가까운 만큼 더 소중히 대하는 것이 지혜다.
월호

세상에서 가장 중요한 인간관계는 배우자(配偶者)와의 관계다. **존 맥스웰**

외로움보다는 싸움이 낫다.

관심을 가져주는 것이 서로 간에 상처를 주지 않겠다는 무관심보다 낫다.

당신이 뼈에 사무치도록 외로운 이유는 곁에 아무도 없어서가 아니라, 당신이 함께하기를 바라는 사람이 곁에 없기 때문이다.
쑤쑤

나이 들수록 더불어 살 자가 있어야 한다.

노인(老人)들의 경우 고독과 면역력(免疫力)이 밀접한 상관성(相關性)을 보여주고 있다. 상황에 따라서는 사회적 접촉(接觸)이 고독한 사람들의 건강상태를 개선(改善)하는데 긍정적으로 작용할 수 있다. **도리스 매틴**

사람은 나이가 들수록 인간관계에 관심을 덜 보이고 혼자 있는 것에 더 만족(滿足)하며 내면(內面)의 관심사(關心事)에 더 몰두하는 경향이 있다. 다른 사람들을 점차 객관적으로 판단하게 되고 자신과 동일시(同一視)하는 정도가 점점 줄어든다.
앤서니 스토

노년이 되면 대체로 인간관계의 중요성이 덜해진다. 어쩌면 이것은 사람들과 어쩔 수 없이 해야 하는 이별(離別)을 덜 고통스럽게 하려는 자연의 자비(慈悲)로운 섭리(攝理)인지도 모른다. 물론 사랑과 우정은 삶을 가치 있게 만

드는 중요한 부분이지만 행복의 유일(唯一)한 요소는 아니다. **앤서니 스토**

잠시 눈을 감고, 나 자신 혹은 내가 사랑하는 사람이 죽었다가 다시 잠깐 살아났다고 생각해 보자. 얼마나 소중하고 행복한 시간이겠는가? 이제 그러한 마음으로 주변 사람들을 대해 보라. **마이클 린버그**

당신에게 소중한 사람들을 위해 이 순간이 마지막인 것처럼 시간을 더 많이 내도록 하라. 바로 오늘, 지금 당장! **리처드 템플러**

【교훈】

사람은 경험(經驗)에서 교훈(敎訓)을 얻는다. **리 아이아코카**

인간은 실패의 교훈을 통해 성장한다. 실패를 모르면 인생도 모른다.
김태길(金泰吉)

실수(失手)에 대한 주도적(主導的)인 해결방법은 그것을 즉시 인정하고 수정해서 그로부터 교훈(敎訓)을 얻는 것이다. 그러나 실수를 인정하지 않고, 그것을 고치지 않고, 또 그것으로부터 교훈을 얻으려 하지 않으면 이것은 또 하나의 큰 실수이다. **스티븐 코비**

실패(失敗)는 무엇을 해야 하는지 뿐만 아니라, 무엇을 하지 말아야 하는지를 경험을 통해 가르친다. **새무얼 스마일즈**

어떤 일에 실패했을 때는 반드시 교훈을 얻어야 한다. 교훈을 얻지 못하면 실패는 교훈을 얻을 때까지 반복된다. **장쓰안**

전쟁에 이기는 비결은 3군(軍)의 완전한 일체화(一體化)에 있다는 것이 두고

두고 되새겨야 할 큰 교훈이다.   더글러스 맥아더

과거(過去)는 다 지나갔다. 과거는 잊어버려라. 그러나 과거가 당신에게 준 교훈만은 잊지 마라.   M. H. 테스터

역사(歷史)는 우리가 기댈 수 있는 '든든한 언덕'이다. 역사에서 배우지 못하면 아무것도 배우지 못한다.   한영우

인류의 역사는 공간상(空間上)의 덧없는 반점(斑點)에 불과하다. 따라서 그 첫째 교훈은 겸양(謙讓)이다.   W. J. 듀란트

행복은 감사하는 마음과 공존(共存)하는 것이 역사의 교훈이다.   김형석

인생에서 진정으로 성공한 사람들에게는 반드시 배울 만한 교훈이 있다.
    제임스 아서레이

【국가, 나라, 애국, 조국】

국가 활동의 중심은 재정(財政)과 국방(國防)이다.   만기요람(萬機要覽)

우리의 후손(後孫)들이 오늘에 사는 우리 세대(世代)가 무엇을 했고 또 조국을 위해 어떠한 일을 했느냐고 물을 때 우리는 서슴없이 조국근대화(祖國近代化)의 신앙(信仰)을 가지고 일하고 또 일했다고 떳떳하게 대답할 수 있게 합시다.   박정희(朴正熙)

국가(國家)의 운명(運命)은 지도자의 강한 리더십(leadership)과 비전(vision)에서 나온다.   버티 어헌

문제의식(問題意識)을 갖고 치열(熾烈)하게 일하는 사람들의 노력이 합쳐져 역사(歷史)가 만들어지고 나라의 운명(運命)이 바뀐다. **김태효**

국가 운명이 개인의 운명을 좌우한다. **왕충(王充)**

국가가 여러분에게 무엇을 해줄지를 묻지 말고 - 여러분이 국가를 위해 무엇을 할지를 생각하시오. (Ask not what your country can do for you - ask what you can do for your country.) **J. F. 케네디**

동서고금을 막론하고 국가발전의 동력(動力)은 사회의 혜택을 더 많이 받았고 더 중요한 역할을 맡은 상층(上層) 집단(集團)의 노블레스 오블리주 (Noblesse oblige; 높은 신분에 상응(相應)하는 도덕적 의무)이다. **송복**

국력(國力)은 국민의 인격(人格)에 달려 있다. **새무얼 스마일즈**

나라가 장차 흥(興)하려면 백성은 반드시 스승과 어른을 공경(恭敬)하는 법이다. **순자(荀子)**

국가의 운명(運命)은 청년의 교육에 달려 있다. **아리스토텔레스**

올바른 교육을 받은 올바른 지도자만이 나라를 구할 수 있다. **김원규**

나라 일이란 역시 사람이 가장 중요하다. **장제스(蔣介石)**

나라의 운명(運命)은 지도자의 심성(心性)에 달려 있다. **탄허(呑虛)**

눈앞의 인기(人氣)가 아니라 국가의 장래(將來)를 보고 정책을 결정하는 것이 정치인의 역할(役割)이다. **김황식**

위기(危機)를 극복한 나라와 실패한 나라를 가늠하는 가장 중요한 척도는 결국 지도자의 자질이다.   윤덕민

충언(忠言)은 귀에 거슬리기 마련이나, 듣지 않으면 나라를 망치고 자신을 망친다.   곽우가

인간과 마찬가지로 국가는 시행착오를 통해 단련되고 강화된다.   새무얼 스마일즈

죽고 사는 것이 명(命)이 있으니, 죽게 되면 죽을 뿐이다. 어찌 한번 죽어 국가에 보답하기를 아낄까 보냐.   이순신(李舜臣)

나라를 위해 목숨을 바치는 것은 군인의 본분이다.
爲國獻身軍人本分(위국헌신군인본분)   안중근(安重根)

나는 부러진 칼을 쥐고 최후까지 싸우겠다.   C. 샤르르 드골

見危致命(견위치명) : 나라가 위급할 때 제 몸을 아끼지 않고 나라에 바친다는 뜻.

국가(國家)는 죽은 충신(忠臣)의 재로서 건설된다.   프랑스 속담

맞서는 나라가 없으면 나라는 언제나 망한다.   함석헌(咸錫憲)

뭉치면 살고 흩어지면 죽는다.   이승만(李承晩)

문신(文臣)이 돈을 탐내지 않고 무신(武臣)이 목숨을 아끼지 않으면 천하는 태평하다.   송사(宋史)

부패야말로 국가경쟁력을 무너뜨리는 가장 큰 적(敵)이다.　　**리콴유(李光耀)**

국가 흥망성쇠(興亡盛衰)의 열쇠는 '모럴에너지(moral energy)'이다.
(원칙이 지켜지지 않고 부패한 사회는 망할 수밖에 없다.)　　　　　　　　**랑케**

공화국(共和國)은 사치로 인해 멸망하고, 전제국가(專制國家)는 빈곤으로 인해 멸망한다.　　**몽떼스큐**

도덕의 타락과 이기주의는 가정이나 국가가 멸망하는 원인이 된다.
　　　　　　　　　　　　　　　　　　　　　　　　　　　　유홍렬

법을 지키는 법치국가(法治國家)가 바로 선진국이다.　　**강영훈(姜英勳)**

과학엔 국경이 없다. 그러나 과학자에겐 조국(祖國)이 있다.　　**파스퇴르**

지식인(知識人)이 자기 조국을 돕는 것은 인간으로서의 기본적 의무(義務)라고 생각한다.　　**로버트 김(김채곤)**

정권(政權)의 위험한 폭주(暴走) 속에서도 나라가 지탱하는 것은 기적(奇蹟) 때문이 아니라, 그래도 자기 자리에서 제 역할(役割)을 다하는 사람들이 있기 때문이다.　　**최보식**

한 국가의 번영(繁榮)을 결정짓는 것은 교양(敎養) 있는 시민이 많은가 하는 것이다.　　**새무얼 스마일즈**

국가의 참된 영광(榮光)은 사람들이 조그만 가정(家庭)에서 얼마나 행복을 누리고 있는 가로 측정되어야 한다고 생각한다.　　**윈스턴 처칠**

【국민, 민족, 백성, 시민, 대중】

모든 국민(國民)은 인간(人間)으로서의 존엄(尊嚴)과 가치(價値)를 가지며, 행복을 추구할 권리를 가진다.   **대한민국 헌법(憲法)**

국력(國力)은 국민의 인격(人格)에 달려 있다.   **새무얼 스마일즈**

나 한 사람의 인격을 건전(健全)하게 하는 것이 우리 민족(民族)을 건전하게 하는 유일한 길이다.   **안창호(安昌浩)**

세상에서 남이 해줄 수 있는 일과 남이 해줄 수 없는 일이 있다. 국민의 인격수준 향상은 국민 각자(各自)의 의무요, 책임이다.   **안병욱(安秉煜)**

국민의 독서열(讀書熱)을 보면 그 나라의 국력(國力)을 알 수 있다.

생각하는 백성(百姓)이라야 산다.   **함석헌(咸錫憲)**

한 국가의 번영(繁榮)을 결정짓는 것은 교양(敎養)있는 시민(市民)이 많은가 하는 것이다.   **새무얼 스마일즈**

그 나라 국민(國民)의 질(質)이 그 나라 정치(政治)의 질이다.

민주사회의 시민은 지배주체(支配主體)로 격상(格上)하기 위해 부단(不斷)한 각성(覺醒)과 노력이 필요하다.   **한승헌(韓勝憲)**

민주주의를 성공시키는 두 가지 요소는 첫째, 대중(大衆)이 자기 대표(代表)를 선정(選定)할 수 있는 지적(知的) 수준을 가져야 하고 둘째, 사회 안정 세력인 중류계급(中流階級)이 튼튼해야 한다.   **존 듀이**

정치는 바른 사람이나 착한 사람이 하는 것이 아니라, 문제를 해결할 수 있는 사람이 하는 것이다. 국민으로부터 위임(委任)받은 권력은 곧 부여(附與)받은 책임이므로 정치인이라면 확고한 책임윤리의식을 가지고 다수의 국민에게 유리(有利)한 결정을 하여야 공동체(共同體)가 유지될 수 있다.

이원종

지도자가 민심(民心)을 바로 읽지 못하면 국민은 지도자에게 등을 돌릴 것이다. 김수환(金壽煥)

어느 시대가 되었든 대중은 대세(大勢)를 따를 뿐이다. 탄허(呑虛)

그동안 개인적 좌절(挫折)과 무력(無力)만을 경험했던 사람들이 혁명적인 대중운동(大衆運動)의 대의(大義)에서 새로운 자긍심(自矜心)과 목표, 확신(確信), 희망을 얻는다. 에릭 호퍼

자신들의 의도가 순수하다고 믿는 집단의 추종자(追從者)들은 고결(高潔)한 목적을 위해서라면 목숨까지도 내바치며 무슨 일이든 한다. 대중운동이 강력한 힘을 발휘하는 것도 세상을 흑백논리로만 바라보는 이러한 추종자들의 폐쇄적(閉鎖的) 사고(思考), 즉 맹목성(盲目性) 때문이다. 에릭 호퍼

대중의 지혜는 순식간에 어리석음으로 변할 수 있다.

니컬러스 크리스태키스

현실정치(現實政治)에서 '국민(國民)'은 하나가 아니고 여럿일 수 있으며, 심각한 문제는 서로 대립적(對立的)이라는 데 있다. 김대중(言)

통치력(統治力)은 국민을 아우르는 통합력(統合力)과 앞을 내다보는 통찰력(洞察力)에서 나온다. 김대중(言)

건실(健實)한 정부(政府)란 것은 일반 국민이 꼭 좋아하는 것만 말하는 것은 아니다.   피터 드러커

정치인은 대중(大衆)의 생각을 알아내 인기(人氣)를 끌 게 아니라, 옳은 일을 해서 인기를 얻어야 한다.   발터 셸

위대한 정치가는 스스로를 버려 국민을 살리고 나라를 구한다.   윤평중

국가 영도력(領導力)은 국민의 신뢰(信賴)를 바탕으로 형성되는 것이며, 국민의 신뢰는 바로 진실(眞實)에서 생기는 것이다.   한국대학 총장 협회

대통령은 국민의 통합(統合)과 위엄(威嚴)의 상징이어야 하고, 그 지위를 차지한 사람은 당파심을 초월한 고귀한 정치가여야 한다.   김재순(金在淳)

지도자의 자질 중 가장 중요한 것은 국민들의 신뢰를 얻는 일이다.
  리콴유

자기 자신을 규제(規制)하는데 엄격(嚴格)하지 못하면 무엇으로서 대중을 복종(服從)시킬 수 있으랴.   위정삼부서(爲政三部書)

非其人民受其殃(비기인민수기앙) 위에 앉아 있는 사람이 그만한 인물이 못될 경우에는 백성(百姓)들이 그 앙화(殃禍)를 받게 된다.

정부의 정당(正當)한 권력은 통치를 받는 국민들의 합의에서 나온다.
  토머스 제퍼슨

정치적 목적을 위해 반윤리적(反倫理的) 선택을 감행(敢行)한다면 국민의 역사적 심판(審判)을 면치 못한다.   김형석(金亨錫)

절충(折衷)과 타협(妥協)을 전제로 한 의사결정 방법에 지나지 않는 다수결원리(多數決原理)는 민주주의를 실현하는 수단일 뿐 그 자체가 민주주의의 본질(本質)은 아니므로, 다수결이 악용(惡用)되는 경우 주권자(主權者)인 국민에게는 1인 독재보다 더 위험하게 변질(變質)될 수도 있다. **허영**

정치권이 타락하거나 무능해지면 나라가 어려워지고 국민들이 고생한다. **자오바오쉬**

불의(不義)를 보고 일어나지 못하는 민족은 죽은 민족이다. **이승만(李承晩)**

시대(時代)를 겪고 나면 대중과 더불어 소화(消化)하고 넘어가야 국가(國家)의 건강이 유지될 수 있다. **한운사(韓雲史)**

역사는 모든 민족에게 기회를 주지만 그 기회를 선용(善用)하지 않는 민족에게는 반드시 무거운 징벌(懲罰)을 내린다. **아놀드 토인비**

역사(歷史)를 모르는 민족은 역사를 되풀이할 운명에 있다. **산타나야**

어떤 문명(文明)의 발생과 융성(隆盛) 그리고 쇠퇴와 몰락(沒落)도 그 민족의 천부적(天賦的) 자질에 좌우되는 것이다. **W. J. 듀란트**

【국방, 군(軍), 군인, 전쟁】

평화를 원하면 전쟁(戰爭)을 대비하라. (Si vis pacem para bellum.) **라틴 격언**

적(敵)이 오지 않기를 바라지 말고, 적이 오기를 대비(對備)하라. **손자병법**

국가 활동의 중심은 재정(財政)과 국방(國防)이다.　　　　　　만기요람(萬機要覽)

외교나 전쟁도 그 근본은 항상 정치의 우수(優秀), 경제의 번영(繁榮), 무력(武力)의 충실(充實)이라는 배경(背景)이 있어야 성공할 수 있다.
　　　　　　　　　　　　　　　　　　　　　　　　손자병법(孫子兵法)

전쟁도 사업(事業)도 이기지 못하면 큰 의미가 없다.　　　　이소사끼 시로

전쟁에는 차선이 없다. 전쟁에는 최선이 있을 뿐이다. 전쟁은 이겨야 한다. 전쟁은 경솔하게 할 수는 없지만 한다면 꼭 승리하여야 한다.
　　　　　　　　　　　　　　　　　　　　　　　　　　　　　손자병법

전쟁 계획을 세울 때는 대담하고 영리하게, 행동에 옮길 때는 단호하고 확고하게 하라.　　　　　　　　　　　　　　　　　　　　　클라우제비츠

미래전(未來戰)에는 더 멀리, 더 빠르고, 더 정확하게 공격할 수 있으며, 먼저 보고, 먼저 결심하고, 먼저 공격할 수 있는 정밀정찰(精密偵察)과 정밀타격(精密打擊)이 가능한 무기(武器)의 개발(開發)이 중요하다.

평화를 지키려면 적과 대등(對等)한 무력적(武力的) 억제력(抑制力)을 확보해야 한다.　　　　　　　　　　　　　　　　　　　　　　조선일보 사설

전쟁은 이겨놓고 싸우는 것이다(先勝求戰). 이길지도, 질지도 모르는 능력으로는 전쟁을 막지도 못하고, 전쟁이 발발(勃發)해도 승리할 수 없다. 국방(國防)은 적을 압도(壓倒)하는 능력 실현에 초점을 맞춰야 한다.　　　양욱

병법(兵法)의 최고수(最高手)는 확실히 이길 수 있는 싸움만 한다. 승산(勝算) 없는 싸움은 하지 않는다.　　　　　　　　　　　　　　　　손자(孫子)

백번 싸워 백번 승리하는 것이 최선의 것이 아니다. 전투하지 아니하고 적군(敵軍)을 굴복(屈伏) 시키는 것이 최선의 것이다.   **손자병법**

방어(防禦)하는 동물은 그 지역을 넘보려는 침입자(侵入者)보다 훨씬 더 맹렬하게 그곳을 방어하고, 그 결과 대개 방어자가 이긴다.   **에드워드 윌슨**

一夫出死千乘不輕(일부출사천승불경) :
한 사람이 죽음을 각오하고 나서면 수많은 군대라도 이를 가벼이 여기지 못한다는 뜻으로 절박하게 결사적으로 대항하는 상대는 아무리 강한 적이라도 두려워할 수밖에 없음을 비유하는 말.   **회남자(淮南子)**

군(軍)은 첫째 정예(精銳)여야 한다.   **송사(宋史)**

군사(軍事)는 신속(迅速)을 요한다.   **손자(孫子)**

나를 잘 아는 상대(相對)보다 무서운 적(敵)은 없다.   **남정욱**

적을 알고 나를 알면 백번 싸워도 위태로움이 없으며, 적을 모르고 나를 모르면 싸움마다 반드시 위태롭다. 知彼知己(지피지기) 百戰不殆(백전불태) 不知彼不知己(부지피부지기) 每戰必殆(매전필태)〉   **손자병법**

전투에서의 정보(情報)는 '가장 중요한 실탄'이다.   **고든 설리번**

적(敵)이 지키지 않는 곳을 공격(攻擊)하라.   **손자병법**

큰 승리도 작은 승리에서 시작된다.   **리처드 코치**

전쟁(戰爭)은 속임수다. 〈兵以詐효(병이사립)〉 리링, 로버트 그린 〈손자(孫子)〉

사랑과 전쟁에서는 온갖 수단과 방법이 정당성(正當性)을 갖는다.
서양 속담

적과 대치(對峙)했을 때 절대로 충동적인 행동은 삼가라.　　로버트 그린

전투(戰鬪)에 실패한 지휘관(指揮官)은 용서할 수 있어도 경계(警戒)에 실패한 지휘관은 용서할 수 없다.
더글러스 맥아더

전쟁에 이기는 비결은 3군(軍)의 완전한 일체화(一體化)에 있다는 것이 두고 두고 되새겨야 할 큰 교훈이다.
더글러스 맥아더

열을 가지고 하나를 공격하라.(반드시 뚜렷한 경쟁우위를 갖춘 다음에 공격하라는 뜻)
손자(孫子)

막다른 지경(地境)에 다다른 적에게는 바싹 다가가지 말라.　　손자병법

전쟁에 이기고 지는 것은 누구고 기약(期約)할 수 없다.　　두보(杜甫)

승리(勝利)하면 관군(官軍)
격언

죽고 사는 것이 명(命)이 있으니, 죽게 되면 죽을 뿐이다. 어찌 한번 죽어 국가에 보답하기를 아낄까 보냐.
이순신(李舜臣)

나라를 위해 목숨을 바치는 것은 군인의 본분이다.
爲國獻身軍人本分(위국헌신군인본분)
안중근(安重根)

평시에 땀 흘리며 훈련을 열심히 해야 전시에 피를 적게 흘린다.
平時出汗有多(평시출한유다)하니 戰時出血有少(전시출혈유소)라.

전쟁이 일단 터지면 오직 죽느냐, 사느냐의 문제만 남는다. 전쟁은 인류사회 최고의 악(惡)이며, 전쟁에는 도덕(道德)이 없다.　　　　김동길(金東吉)

언제든지 싸울 수 있는 준비만이 화(和)에도 전(戰)에도 절대로 필요하다.
　　　　　　　　　　　　　　　　　　　　　　　　　　김유신(金分信)

【군자】

군자는 의리(義理)에 밝고, 소인은 이익(利益)에 밝다.　　　　공자(孔子)

말로는 할 수 있으나 실천할 수 없는 것은 군자는 말하지 않는다.
可言也(가언야)　不可行(불가행)　君子弗言也(군자불언야)　　예기(禮記)

알아도 모르는 척하는 것이 가장 좋다. 모르면서 아는 척하는 것이 흠이다.
　　　　　　　　　　　　　　　　　　　　　　　　　　　　노자(老子)

군자의 입장에서 바라보면, 소인배(小人輩)가 하는 것이 빤히 들여다보이지만 큰 도량(度量)으로 대처해야만 만사가 잘 풀려나간다.　　여몽정(呂蒙正)

군자는 자기가 알지 못하는 일에는 참견(參見)하지 않는 것이다. 논어(論語)

군자는 세 가지 다른 면이 있다. 멀리서 바라보면 근엄(謹嚴)하고, 가까이 가면 온화(溫和)하고, 그 말을 들으면 엄정(嚴正)하니라.　　　자하(子夏)

덕(德)은 겸양(謙讓)에서 생긴다.　　　　　　　　　　　　숫타니파타

어떠한 경우라도 切磋琢磨(절차탁마: 부지런히 학문과 덕행을 닦음)하라.
　　　　　　　　　　　　　　　　　　　　　　　시부사와 에이치

군자(君子)는 두루 아우르며 편협하지 않지만, 소인은 한쪽으로 지나치게 치우쳐 고루 아우르지를 못한다.   **논어**(論語)

군자는 교제가 끊겨도 서로 험담(險談)을 하지 않는다.   **사마천**(司馬遷)

【권력, 세력, 정권, 정부, 정치, 통치】

정부(政府)의 정당한 권력(權力)은 통치를 받는 국민들의 합의에서 나온다.
    토머스 제퍼슨

정치(政治)가 잘되는 것은 민심(民心)에 순응하기 때문이요, 정치가 잘 안 되는 것은 민심에 역행하기 때문이다.   **관자**(管子)

믿음을 얻지 못하면 정권(政權)이 존속할 수 없다.   **공자**(孔子)

최상의 정부란 국민을 행복하게 해주고자 바랄 뿐만 아니라, 행복하게 해줄 수 있는 방법을 알고 있는 정부를 말한다.
(That is the best government which desires to make the people happy, and knows how to make them happy.)   **쇼펜하우어**

자기 스스로 한껏 살아갈 수 있도록 지나친 간섭(干涉)을 안 하는 것이 선정(善政)이다.   **함석헌**(咸錫憲)

현실정치(現實政治)에서 '국민(國民)'은 하나가 아니고 여럿일 수 있으며, 심각한 문제는 서로 대립적(對立的)이라는 데 있다.   **김대중**(言)

정치는 바른 사람이나 착한 사람이 하는 것이 아니라, 문제를 해결할 수 있는 사람이 하는 것이다. 국민으로부터 위임(委任)받은 권력은 곧 부여(附

興)받은 책임이므로 정치인이라면 확고한 책임윤리의식을 가지고 다수의 국민에게 유리(有利)한 결정을 하여야 공동체(共同體)가 유지될 수 있다.
이원종

정치인은 대중(大衆)의 생각을 알아내 인기(人氣)를 끌 게 아니라, 옳은 일을 해서 인기를 얻어야 한다.
발터 셸

건실(健實)한 정부란 것은 일반 국민이 꼭 좋아하는 것만 말하는 것은 아니다.
피터 드러커

정치(政治)의 요체는 올바르게 행하는 데 있다.
공자(孔子)

정치의 목적은 선(善)을 행하기 쉽고, 악(惡)을 저지르기 어려운 사회를 만드는 데 있다.
글레드스톤

군주(君主)가 그 권력을 행사하는 모양은 번개처럼 신속하지 않으면 안 된다.
강본융삼(岡本隆三)

권력은 부패하는 경향이 있다. 절대(絶對) 권력은 절대적으로 부패한다.
(Power tends to corrupt, and absolute power corrupts absolutely.)
야곱 부르크하르트, 액톤

권력이 부패하는 게 아니라 권력을 잃었을 때의 공포(恐怖)가 부패를 부채질한다.
존 스타인벡

만약에 다른 사람들을 지배할 수 있는 권력을 갖게 된다면, 비록 그것이 민주적 합법적으로 얻은 것이라도 우리는 그 권력을 잘못 행사하기 쉽다. 왜냐하면 완벽한 지혜를 갖고 전혀 결함이 없는 사람은 없기 때문이다.
막스 베버

권력이 커지면 커질수록 그 남용(濫用)은 더욱 위험하다.   에드먼드 버크

자기 자신을 규제(規制)하는데 엄격(嚴格)하지 못하면 무엇으로서 대중(大衆)을 복종(服從)시킬 수 있으랴.   위정삼부서(爲政三部書)

정부(政府)란 총체적으로 정직(正直)할 수 있는 기술(技術)에 모든 것이 달려 있다.   토마스 제퍼슨

국가 중대사(重大事)일수록 투명(透明)한 정보공개(情報公開)로 정부가 신뢰(信賴)를 얻어야 위기 극복이 가능하다.   윤평중

정치적 목적을 위해 반윤리적(反倫理的) 선택을 감행(敢行)한다면 국민의 역사적 심판(審判)을 면치 못한다.   김형석(金亨錫)

양심(良心)의 혁명 없이 정치혁명(政治革命) 없다.   함석헌(咸錫憲)

양질(良質)의 정치가는 다음 세대(世代)를 생각하고, 저질(低質)의 정치가(政商輩)는 다음번 선거(選擧)를 생각한다.   제임즈 F. 클라크

정치권이 타락하거나 무능해지면 나라가 어려워지고 국민들이 고생한다.   자오바오쉬

민주제도에서는 단지 훌륭한 지도자를 여하히 선택하는가 만이 문제이다.   윌리암 제임스

그 나라 국민(國民)의 질(質)이 그 나라 정치(政治)의 질이다.

정권(政權)의 위험한 폭주(暴走) 속에서도 나라가 지탱하는 것은 기적(奇蹟) 때문이 아니라, 그래도 자기 자리에서 제 역할(役割)을 다하는 사람들이 있

기 때문이다.   최보식

권력에 용기(勇氣) 없는 법조인(法曹人)은 존재 가치가 없다.   최대교

권력은 '뭔가 해낼 수 있는 힘'이지 '뭐든 할 수 있는 힘'은 아니다.
                                                                            김용석

정치인들은 현세(現世)의 허명(虛名)을 자랑 말고, 후세(後世)의 평가를 무서워해야 한다.   김학준(金學俊)

나라는 큰데 정치가 좀 상스러우면 나라가 정치하는 대로 되어가며, 나라는 작지만 큰 정치를 하게 되면 나라가 갈수록 커진다.   관자(管子)

정치 지도자는 직책(職責)을 잃을 위험을 감내하더라도 국익(國益)을 위해 어려운 결정을 내려야 한다.   게르하르트 슈뢰더

눈앞의 인기가 아니라 국가(國家)의 장래(將來)를 보고 정책(政策)을 결정하는 것이 정치인의 역할이다.   김황식

홍익인간(弘益人間) : '널리 인간세계(人間世界)를 이롭게 한다.'는 뜻으로 우리나라 건국시조(建國始祖)인 고조선(古朝鮮) 단군왕검(檀君王儉)의 건국이념(理念)으로서 정치, 교육 등 모든 분야에서 최고의 실천이념으로 삼아나가라는 말.   삼국유사(三國遺事)

권력은 옳다고 확신하는 일을 관철해 내는 것에서 생겨난다.   메르켈

정치에서의 승리란 싸워 이기는 것이 아니라 상대(相對)를 설득(說得)하는 것이다.   오스카르 아리아스

통치력(統治力)은 국민(國民)을 아우르는 통합력(統合力)과 앞을 내다보는 통찰력(洞察力)에서 나온다.   김대중(言)

정치생활의 불가결(不可缺) 요소는 강력한 끈기일 것이다.   앤드류 카네기

영원한 우방(友邦)도 적(敵)도 없다, 우리의 국익(國益)만 영원할 뿐이다.   파머스턴

외교나 전쟁도 그 근본은 항상 정치의 우수, 경제의 번영, 무력(武力)의 충실(充實)이라는 배경이 있어야 성공할 수 있다.   손자병법(孫子兵法)

최악의 외교정책은 국내정치에 좌우되는 정책이다.   외교격언(外交格言)

권력의 중앙집권을 용이하게 하리라고 믿는 새로운 통신기술이 실상은 그와 반대로 기존 권력을 분산시키는 막강한 적(敵)이다.   자크 아탈리

어떤 상황에서든 정보를 많이 가진 쪽이 권력을 쥔다.   앤 모아, 데이비드 야셀

정치력이란 것은 많은 사람을 자기편으로 만들어버리는 능력이다.   로이드 죠지

리더가 되려면 세(勢)를 만들 줄 알아야 한다.

정치의 요체는 오직 인재(人材)를 얻는 데 있다.   정관정요(貞觀政要)

권력자(權力者)는 필요할 때 꽃가마를 보내지만 용도(用度)가 폐기(廢棄)되면 사약(死藥)을 내린다. 兎死狗烹(토사구팽)   원철

진퇴(進退)의 시기를 올바로 파악해서 실천에 옮기는 것은 정치가의 생명의 요체이다. **중앙일보 경제문제연구소**

장강의 뒷물결이 앞물결을 밀어낸다. **長江後浪推前浪**(장강후랑추전랑)
중국 속담

사람에게는 장단점이 있고, 기세(氣勢)에는 성쇠가 있는 법이다.
오자(吳子)

아무리 뛰어난 인물이라도 시운(時運)을 감당할 수 없으며, 아무리 뛰어난 통치술(統治術)을 가지고 있더라도 밀려오는 대세(大勢)를 막을 수 없다.
중앙일보 경제문제 연구소

어느 시대가 되었든 대중(大衆)은 대세(大勢)를 따를 뿐이다. **탄허(呑虛)**

천하는 세력으로 움직여질 뿐이다. **天下勢而己**(천하세이기)

권력(權力)은 세력(勢力)에 지고, 세력은 천운(天運)에 진다. **중국 속담**

덕(德)이 있는 곳에 천하(天下)도 돌아온다. **육도삼략(六韜三略)**

【권리】

인간(人間)은 언제나 즐겁고 행복해야할 권리(權利)가 있다. **오마타 간타**

모든 국민(國民)은 인간으로서의 존엄(尊嚴)과 가치(價値)를 가지며, 행복을 추구할 권리를 가진다. **대한민국 헌법(憲法)**

모든 인간은 평등하게 창조(創造)되었다. 인간에게는 창조주로부터 부여받은 양도(讓渡)할 수 없는 권리가 있다. 그것은 생명, 자유 그리고 행복의 추구다.　　　　　　　　　　　　　　　　　　　　　　**토머스 제퍼슨**

민주주의에 있어서는 누구나 자기의 견해(見解)를 표현할 수 있는 권리를 가지고 있다는 사실은, 그것을 실천(實踐)할 동등(同等)의 책임을 가지고 있다고 하는 필연적(必然的)인 사실을 동반(同伴)하고 있다.　　**죠지 M. 베어**

자유(自由)란 법(法)이 허용하는 한도 내에서 어떤 일이라도 할 수 있는 권리이다.　　　　　　　　　　　　　　　　　　　　　　　　　　　**몽테스끄**

【권태, 따분함, 지루함】

삶이 꿈과 멀어질수록 지루하고 똑같은 일상(日常)의 반복으로 전락(轉落)하고 만다.　　　　　　　　　　　　　　　　　　　　　　　　**마이클 린버그**

마음이 조급(躁急)하면 지루해진다.　　　　　　　　　　　　　**조셉 베일리**

사랑의 반대는 무관심이고, 행복의 반대는 지루함이다.　　　**티모시 페리스**

같은 말을 반복해서 듣는 것보다 더 지루한 일은 없다. 조금 부족하다고 생각할 때 말을 멈춰라.　　　　　　　　　　　　　　　　　　　　　**이정숙**

욕심을 버려서 뜻을 한가롭게 하고, 근심을 버려서 마음을 편안하게 하고, 몸을 고단하게 하여 지루함을 없애고, 자기가 처한 환경에 만족한 생활을 한다면 정신과 육체가 모두 건전하여 천수(天壽)를 다하고 백세까지 살 것이다.　　　　　　　　　　　　　　　　　　　　　　　　**황제내경(黃帝內經)**

존재에 대한 공허감(空虛感)은 주로 지루한 상태에서 모습을 드러낸다.
빅터 프랭클

노인에게 건강보다 더 큰 행운은 계획을 세워 바쁘고 유용(有用)하게 살면서 권태와 쇠퇴에 사로잡히지 않는 것이다.
시몬 드 보부아르

따분하고 지루한 인생을 살고 싶지 않다면 호기심(好奇心)을 키워라.
쑤린

어떤 일이든 몰입(沒入)의 요소들만 존재한다면 얼마든지 즐길 수 있다. 일견 따분하고 재미없는 일이라 할지라도 상상 밖으로 엄청난 성취감과 만족감을 선사할 수 있는 원천이 될 수 있다.
미하이 칙센트미하이

행복만큼 권태(倦怠)를 불러오는 것은 없다.
오쇼 라즈니쉬

권태의 예방책(豫防策)으로서 가장 우선적이고 바람직한 것은 일이다. 흥미없기는 하지만 꼭 해야 할 일을 하고 있는 사람이 느끼는 권태는 하는 일 없이 허송세월(虛送歲月)하는 사람이 느끼는 권태에 비하면 아무것도 아니다.
버트런드 러셀

죽음은 권태를 느낀 자, 피곤한 자, 괴로워하는 자의 최후의 안식(安息)이다. 우리가 죽음에 가까워진다는 것은 괴롭고 슬픈 일이지만 죽음 그 자체 속에는 두려워할 것이 없다.
로버트 모리슨 마키버

【그리움, 동경】

우리가 진정으로 만나야 할 사람은 그리운 사람이다. 어느 시인(詩人)의 표현처럼 "그대가 곁에 있어도 나는 그대가 그립다."는 그런 사람이다.
법정

바람직한 인간관계(人間關係)에는 그리움과 아쉬움이 받쳐주어야 한다.

욕구된 것이 성취된 모습, 동경하고 있는 입장에 이미 서 있는 실황을 마치 현실인 것처럼 이미지(Image; 映像)로서 마음의 눈에 그려보아야 한다.
C. M. 브리스톨

새가 늙으면 둥지를 그리워하고, 사람이 늙으면 고향을 그리워한다.
티베트 속담

사랑과 채워질 길 없는 안타까운 동경(憧憬) – 이것은 예술(藝術)의 어머니이다.
헤르만 헤세

【극락, 지옥, 천국】

마음이 가난한 자는 복이 있나니, 천국이 저희 것임이라. (Blessed are the poor in the spirit, for theirs is the kingdom of heaven.) **마태복음**

마음을 돌려 어린아이 같이 되지 않는다면 천국에 들어가지 못하리라.
예수 그리스도

그대가 그릇된 생각을 갖고 살 때 바로 그곳에 지옥(地獄)이 있으며, 올바른 생각을 갖고 살 때 바로 그곳에 천국(天國)이 존재한다.
브하그완 쉬리 라즈니쉬

마음먹기에 따라서는 모든 곳이 극락(極樂)이 될 수 있다.
樹下石上皆極樂(수하석상개극락)

모든 것은 오직 마음이 짓는다. 萬物一切 唯心造(만물일체 유심조) **화엄경**

무슨 일이든지 올바르게 처리하고 성실(誠實)하면 간단해진다. 속이면 일이 복잡하고 어려워진다. 성실하고 정직(正直)하게 살면 그 자리가 바로 극락(極樂)이다.　　　　　　　　　　　　　　　　　　　　　　　법전

긴 세월이 흘러간 뒤에 비로소 인생이 행복하다는 것을 안 사람은 모두 자신의 천국(天國)을 발견한 자라 하겠다.　　　　　로버트 모리슨 마키버

【근면, 게으름, 나태, 바쁨, 부지런함】

한결같이 부지런하면 천하에 어려움이 없다.
一勤天下無難事(일근천하무난사)　　　　　　　　　　장공예(張公藝)

최고의 재능도 나태(懶怠)함 앞에서는 파괴될 수 있다.　　미셸 드 몽테뉴

서둘지 말되 쉬지도 말아라. (Without haste, but without rest.)　괴테

가장 바쁜 사람이 가장 많은 시간을 갖는다.　　　타나베 쇼이치(田邊昇一)

사소한 일을 게을리 하는 자는 사소한 일에 망한다.　　　솔로몬 금언

기왕에 할 일이라면 빨리 해치워야 좋다.　　　　　　　　　세익스피어

기업가가 가져야 할 태도(態度) 중 가장 중요한 것은 "쉼 없이 계속 뛰는 것"이다.　　　　　　　　　　　　　　　　　　　　　　　빌 게이츠

勤者主人(근자주인) 부지런한 자가 결국 주인 노릇한다.

일찍 도착(到着)하면 당신이 바로 주인(主人)이다.　　　　　　우종민

백 가지에 부지런하면 복(福)은 손바닥 안에 있다. 남에게 좋은 일을 하는 것도 부지런한 사람이 한다. 그러나 부지런함엔 반드시 지혜가 따라야지 어리석게 부지런하면 몸만 고달프다.   **법전**

일상생활(日常生活)을 너무 게으르게 지내도 좋지 않지만, 늘 바쁘게 살던 사람은 가끔은 긴장을 풀고 게으름을 부릴 필요가 있다.   **정지천**

운(運)이 좋은 사람이 부지런한 사람을 이긴다.   **김승호**

대부(大富)는 운명(運命)에 있고, 소부(小富)는 부지런함에 있다.
      명심보감(明心寶鑑)

지난해는 다시 오지 않는 것, 하루의 아침 또한 다시없나니, 때를 맞아 마땅히 힘써 노력하라. 세월은 사람을 기다리지 않는다.
盛年不重來(성년불중래) 一日難再晨(일일난재신)
及時當勉勵(급시당면려) 歲月不待人(세월불대인)   **도연명(陶淵明)**

어떠한 경우라도 切磋琢磨(절차탁마: 부지런히 학문과 덕행을 닦음)하라.
      시부사와 에이치

부지런함은 행운의 오른팔, 검소함은 행운의 왼팔이다.   **영국 속담**

【근본, 근간, 기본, 기초, 바탕, 본질, 원천】

음양(陰陽)은 우주의 만사와 만물을 구성하는 기본적인 요소이다. 음양은 반드시 상호작용하면서 세상의 근간(根幹)을 이루어 나간다.   **쩡스창**

크고 어려운 시련(試鍊)을 이긴 사람만이 확실한 인간이 되며, 젊었을 때의

고생은 미래를 행복하게 해주는 기초(基礎)가 된다.   정주영(鄭周永)

일을 잘하려면 기본적(基本的)인 일에 완전해야 하며, 할 일에 대한 섬세한 감각(a fine feel for the doable)을 익혀야 한다.

모든 것은 기본(基本)에서 시작한다.   손웅정
⟨아들이 어렸을 때부터 매일 축구(蹴球)의 기본기(基本技)와 인성(人性)의 중요성을 깨우쳐주면서 혹독하게 훈련시킨 손흥민 선수 아버지⟩

기초(基礎)를 골고루 배우고 익혀야 쓸모 있는 인재(人材)가 될 수 있다.
盤錯利器(반착이기)

치밀함은 성공인사들이 갖추고 있는 가장 기본적 덕목 중 하나이다.
        쑤린

외교나 전쟁도 그 근본은 항상 정치의 우수(優秀), 경제의 번영, 무력(武力)의 충실이라는 배경(背景)이 있어야 성공할 수 있다.   손자병법(孫子兵法)

자신(自信)은 성공의 바탕이다.   에머슨

기업전략(企業戰略)의 기본개념은 선택(選擇)과 집중(集中)에 달려 있다.

원인이 되는 것을 준비하면 결과는 따라 나오기 마련이다. 인과법칙(因果法則)이야말로 과학에 있어서 가장 기본적인 법칙이다.   B. S. 라즈니쉬

모든 덕과 행복의 근본(根本)은 올바른 생각이다.   벤저민 프랭클린

자기 사고(思考)의 바탕을 바꿀 수 없는 사람은 현실 문제도 바꿀 수 없으며, 결국 아무런 진보(進步)도 해낼 수 없다.   스티븐 코비

품격(品格)이란 인간에 대한 예의(禮儀)가 바탕이며, 개인은 물론 나라에도 품격이 있다. 이한수

민주주의(民主主義)의 기본 신조(信條)는 인간의 존엄성(尊嚴性)에 있다.

조직이란 상호(相互)의 신뢰(信賴)를 바탕으로 해야 한다. 우리 각자가 동료로서 또 한 인간으로서 지켜야 할 불문율(不文律)을 지킬 때 신뢰는 형성되는 것이며, 상호 이해(理解)에 바탕을 둘 때 가능하다. 피터 드러커

대부분의 사람들이 성공을 통해 추구(追求)하는 것의 본질(本質)은 자기애(自己愛)와 자존감(自尊感)이다. 사냐야 로만, 듀엔 패커

만물이 제 모습을 다투어 뽐내지만 결국은 각기 자기의 근본자리로 돌아간다. 도덕경(道德經)

건강은 바로 만사의 즐거움과 기쁨의 원천(源泉)이 된다. 쇼펜하우어

기본에 충실하자. 忠於根本(충어근본)

【글, 글쓰기, 기록, 문장】

글을 잘 쓰려면 마음에 있는 말을 그대로 옮겨 놓으면 된다. 이광수

작가(作家)의 길은 쓰고, 쓰고, 또 쓰는 것임을 알라. 엘버트 하버드

다듬고 또 다듬어라. 어니스트 헤밍웨이

아무리 멋진 문장(文章)과 글도 등가량(等價量)의 진실(眞實)을 담고 있지 못하

면 감동을 줄 수 없다. 구상(具常)

글을 쓸 때 우리 삶에 만연(蔓延)한 잔혹성, 불공정, 부당함 이면(裏面)에 있는 인간의 따뜻함, 사랑, 친절을 잊지 말고, 인간성(人間性)의 양면에 대해 사실적(事實的)으로 써야 한다. 압둘라자크 구르나

글은 인품(人品)이다. 사이토 다카시

펜은 칼보다 강하다. (The pen is mightier than the sword.)
에드워드 브루워 리튼

목표를 달성하고 싶으면 그것을 기록(記錄)하라. 헨리에트 앤 클라우저

글로 쓴 목표(目標)가 글로 쓰지 않은 목표보다 성취에 더 효과가 있다.
미국 도미니칸대학 연구

성공한 사람 중에 밤에 문득 착상(着想)이 떠올랐을 때 그것을 잊어버리지 않게 기록해 두는 습관(習慣)을 가진 사람이 많다. C. M. 브리스톨

목표를 명확히 하려면 숫자로 행동이나 노력을 표현하는 것이 효과적이다.
미야자키 신지

일단 목표를 기록하고 나면 무의식적으로 두뇌는 목표를 달성하는 쪽으로 움직인다. 헨리에트 앤 클라우저

원하는 것을 결정하고 글로 적은 뒤, 반복해서 계속 보라. 그러고는 매일 매일 그 목표들을 향해 더 가까이 나아가게 해줄 무언가를 해라.

잭 캔필드

글을 쓰면서 지혜를 넓혀라. 말을 하면 생각이 흩어지지만, 글을 쓰면 생각이 모인다.
발타자르 그라시안

어느 분야에서든 진정한 프로가 되려면 글쓰기 능력을 길러야 한다.
낸시 소머스

생각을 정리하려면 먼저 써라.
도야마 시게히코

글쓰기는 생각의 근력(筋力)을 키우는 일이다.
안석배

【긍정, 긍정적, 부정, 부정적】

부정적(否定的)인 생각보다 긍정적(肯定的)인 생각이 백배(百倍)는 강력(强力)하다는 것이 과학적으로 입증됐다.
마이클 버나드 백위스

부정적 사고(思考)는 신체기관에 공해와 같은 존재다.
다니엘 G.에이멘

부정적인 생각이나 말을 알아채고 줄여나가라.
제이 세티

부정적인 말은 사용하지 마라.
사토 도미오

우연히 떠오르는 부정적인 생각 때문에 고민하거나 너무 심각하게 받아들일 필요가 없다.
리처드 칼슨

무심코 부정적인 생각을 했더라도 – 생각은 말로 만들어지기 때문에 – 어떠한 경우든 '방법은 있고, 어떻게든 된다.'는 말을 반복하면 긍정적인 발상으로 전환할 수 있다.
구사나기 류슌

긍정적, 낙관적인 태도를 가지고 한쪽을 선택한 사람들은 부정적, 비관적인 생각을 가지고 선택한 사람들과 달리 자신이 바라던 대로의 인생을 살게 된다.　　　　　　　　　　　　　　　　　　　　　　　**사토 도미오**

내가 지금 이 순간 가지고 있는 긍정적인 면에 초점을 맞추어 감사하면서 "나는 운이 좋은 사람이며 세상이 나를 보살펴준다"고 믿고, 편안한 마음으로 운의 흐름에 나를 맡겼을 때 좋은 운(運)이 온다.　　　　**이서윤**

낙천적(樂天的)인 사고(思考)는 어떤 일이든 긍정적으로 받아들여 즐겁게 생각하고 만족을 느끼는 사고방식이다. 낙천적인 사람에게는 낙천적인 일이 일어난다. 낙천적인 사람은 비관적인 일이라도 낙천적으로 생각한다. 어떤 일이든 좋은 방향으로 해석하라.　　　　　　　　　　　**사토 도미오**

부정적인 말을 삼가는 데서 그치지 말고 긍정적인 말을 해야 한다.
　　　　　　　　　　　　　　　　　　　　　　　　　　　　조엘 오스틴

젊어서부터 비관적(悲觀的) 내용보다 낙관적(樂觀的) 긍정적 단어를 많이 사용하고 어휘력이 유창한 사람이 장수하고 치매도 적게 걸린다.
　　　　　　　　　　　　　　　　미네소타대학 데이비드 스노던 박사 연구팀

성숙(成熟)한 사람이 되기 위해서는 부정적인 감정(感情)을 이기는 방법을 배워야 한다. 긍정적인 감정을 가꾸는 일은 '마음의 습관'이다. 사랑이 느껴지지 않을 때도 사랑하고, 불만스럽더라도 친절하게 행동하며, 감사의 마음이 생기지 않을 때도 감사의 태도를 보여야 한다. 이렇게 마음의 습관을 가꾸다 보면 내키지 않은 일일지라도 기꺼이 행할 수 있도록 생각과 태도가 바뀐다.　　　　　　　　　　　　　　　　　　　　　　**M. J. 라이언**

살아가는 데 제일 나쁜 것은 열등의식이다. 둘째는 고정관념, 셋째는 부정적인 생각이다. 넷째는 반항이다. 이 네 가지 결점을 바로잡아야 한다.

정현우

어떤 상황을 기회로 여기는 사람은 감정도 밝아지고 행동도 적극적이다. 부정적인 상황을 충분히 의식하고 있더라도 긍정적인 면에 주목하면 진취적으로 나아갈 수 있다. 개리 D. 맥케이

스트레스는 모두 부정적인 생각에서 비롯된다. 론다 번

원칙(原則)을 따르는 행동은 긍정적인 결과를 초래한다. 스티븐 코비

참다운 지혜는 부정(否定)을 긍정(肯定)으로 바꾼다. 엘리자베스 1세

부정적인 생각은 우울증의 증상이 아니라 원인이다. 앨버트 엘리스

당신을 우울하게 만드는 사람들과는 백날 만나봐야 아무런 도움이 되지 않는다. 긍정적이지 않은 사람과는 절교(絶交)하라. 리처드 템플러

긍정적인 유대감(紐帶感)을 주는 사람들과 어울려라. 다니엘 G. 에이멘

부정적인 일이 생겼을 경우 그 이면(裏面)에 있는 가치를 발견한다면, 오히려 좋은 기회로 탈바꿈시킬 수 있다. 로버트 링거

어떠한 상황에서도 '이것도 수행(修行)'이라고 납득함으로써 좌절(挫折)하지 않는 긍정적인 삶이 가능해진다. 구사나기 류슌

정황(情況)을 긍정적으로 인식하는 한, 우리는 그 어떤 일도 이겨낼 수 있다.
엘렌 J. 랭거

내 인생에 변명(辨明)은 없다. 아프면 아플 수밖에 없는 거다. 겪어야 하는

건 겪으면 되고, '뭣 때문에'라고 이유를 대는 것은 시간 낭비다. 그 시간에 스트레칭이라도 한 번 더 하겠다.   강수진

항상 맑고 밝은 마음으로 살아가야 한다. 언제 어느 경우가 되었든 긍정적인 삶을 사는 것이 무엇보다 중요하다.   지광(志光)

행복하려면 먼저 긍정적 마음을 가지라.   마틴 셀리그먼

상대의 마음을 추측만으로는 알 수 없으므로 너무 깊이 생각해서 부정적으로 단정(斷定) 짓지 않는 것이 좋다.   우에니시 아키라

불쾌한 감정은 단지 당신이 무언가를 부정적으로 생각하고 있다는 걸 말해 줄 뿐이다.   데이비드 D. 번즈

뇌(腦) 속에 두 가지 생각이 있는 경우 병렬(竝列) 상태로 존재할 수는 있지만, 서로 겹칠 수는 없다는 사실에 근거하여 즐거운 생각, 긍정적인 생각으로 머릿속을 가득 채우면 기분 나쁜 부정적인 생각이 아예 존재하지 않게 된다.   E. 쿠에

성서(聖書)에서 말하는 기도(祈禱)란 부정적인 생각을 건설적(建設的)인 생각으로 바꿔놓는 것을 의미하고 있다.   죠셉 머피

부정적인 생각들은 에너지의 흐름을 방해한다.   조 비테일

부정적인 생각이나 느낌이 생길 때마다 깨끗이 씻어 버려라.   지니 르메어 칼라바

고전음악(古典音樂)을 비롯하여 아름답고 부드러운 음악은 뇌를 긍정적으로 자극한다.   다니엘 G. 에이멘

낙관주의자와 비관주의자는 긍정적이든 부정적이든 미래에 벌어질 일이 결정됐다고 전제(前提)한다는 공통점이 있다. 　　　　　　　　　　리베카 솔닛

자만하고 교만하면 수호신(守護神)이 우리를 지켜주지 않는다. 항상 배우는 자세, 겸손한 태도, 무슨 이야기든지 긍정적으로 생각하고, 열 마디 이야기를 들었으면 한마디라도 발상의 전환에 도움이 되었다고 생각하라. 　　정현우

낙천적이고 긍정적이고 감사하는 마음을 가진 사람은 모든 일에 부정적이고 불만이 많은 사람보다 삶에 대한 만족도와 성취도가 높다. 　　닐르 C. 넬슨

기대(期待)할 수 있는 긍정적(肯定的)인 일들이 없으면 좋은 기분으로 살아가기 어렵다. 큰 이벤트(event)일 필요는 없지만, 단기적이든 장기적이든 기대하는 것이 있어야 좋다. 　　　　　　　　　　　　쉐리 반 디크

삶을 긍정적이고 열정적으로 사는 것이 중요하며, 정말 배고플 때 먹는 것도 중요하다. 　　　　　　　　　　　페루의 116세 필로메나 할머니

달음박질을 잘해도, 마술(魔術)을 부려도, 아무리 부유해도, 진언(眞言)을 외우고 약(藥)을 써도 죽음을 면치 못한다. 하니, 죽음을 긍정하고 죽음을 준비하는 것이 현명하다. 　　　　　　　　　　　　　　달라이 라마

100살 넘게 장수하는 사람들은 힘든 상황에서도 긍정적(肯定的)인 사고(思考)와 유머감각을 잃지 않는 등 정신적인 측면에서의 공통점이 가장 두드러진다. 　　　　　　　　　　　보스턴 의대 신경과 마저리 실버 교수팀

즐거운 추억에 잠길 수 있다면 돈이 없어도, 혼자 있어도 인생의 마지막 장을 충실하게 보낼 수 있다. 따라서 인생은 즐거운 추억을 만드는 일이라고도 할 수 있다. 그러나 현재를 긍정적, 낙천적으로 살아가지 않으면 즐거운 추억을 만들 수 없다. 현재에 충실하면서 즐거운 추억을 회상할 수 있는

삶이 되도록 노력하는 것이 좋다. 또한 절대 후회는 하지 말아야 한다. 후회(後悔)하지 않고 추억(追憶)을 회상(回想)하는 삶을 살자.   사토 도미오

긍정적 정서(情緖)는 급격한 노화 방지에도 도움이 된다.   마틴 셀리그만

어떤 상황에서든 긍정적인 면에 초점을 맞추는 것이 진정한 삶의 기술이다.
    로버트 링거

【기다림】

사람으로서 할 수 있는 일을 다하고 하늘의 뜻을 기다려라.
盡人事待天命(진인사대천명) : 修人事待天命(수인사대천명)

자신이 바라는 결과를 이루기 위해서 자기가 할 수 있는 모든 것을 다하고, 그런 다음에는 그것이 되어가는 대로 내버려둬라. 그것이 인생이다.
    잭 캔필드

삶의 가장 큰 비밀(秘密)은 기다리는 법을 배우는 것이다.

어떤 일이 일어날 필요가 있을 때 그것은 반드시 일어난다. 그대는 기다려야 한다.   틱낫한

기다릴 줄 아는 것은 성공의 가장 큰 비결(秘訣)이다.   드 메스트르

역경(逆境)에 처한 때는 침착하게 힘을 모으면서 기회를 기다리는 것이 중요하다.   채근담(菜根譚)

나쁜 일은 그냥 흘러가게 내버려두라.   로저 로젠블라드

화가 서서히 가라앉을 때까지 기다려야 한다. 결코 서둘러서는 안 된다.
틱낫한

즐겁든 괴롭든 이 순간 역시 지나간다. 이 순간에 충실하라. 이 순간이 괴롭다면 기다려라. 곧 지나가버릴 테니까.
조 비테일

'이 또한 지나가리라.' (This too shall pass.)

지난해는 다시 오지 않는 것, 하루의 아침 또한 다시없나니, 때를 맞아 마땅히 면려하라. 세월은 사람을 기다리지 않는다.
盛年不重來(성년불중래) 一日難再晨(일일난재신)
及時當勉勵(급시당면려) 歲月不待人(세월부대인)
도연명(陶淵明)

다른 사람의 칭찬을 기다리지 마라.
고코로야 진노스케

좋은 때가 오기만을 기다리고 있느니보다는 그때그때를 잘 활용하는 편이 낫다.
순자(筍子)

노년(老年)이란 절대로 인생을 정리하고 죽음을 기다리는 시간이 아니다.

【기대】

원하는 것이 있다면 구하려고 노력하라. 당신을 도와줄 사람은 당신 자신밖에 없다. 누구한테도 기대(期待)하지 마라. 기대는 실망(失望)을 안겨주기 때문이다.
알라나 고르

무엇이 마음에 들면 당장 그것을 취하라. 다른 어떤 것이나 어떤 사람이 당신을 행복하게 해줄지도 모른다는 기대를 버리라.

에카르트 폰 히르슈하우젠

이삭이 영글기 전에 세지 말라.　　　　　　　　　　　　　단테

다른 사람에게 아무런 기대도 하지 말고 그냥 조용히 앞으로 계속 가라.
　　　　　　　　　　　　　　　　　　　　　　　로저 로젠블라드

다른 사람에 대한 기대치를 최대한 낮추고, 자신의 행복을 누구에게도 맡기지 말라.　　　　　　　　　　　　　　　　　　　　알랭 드 보통

기대를 줄이면 줄인 만큼 실망도 좌절도 고통도 줄어든다.　　J. B. W.

현명(賢明)한 이들은 점점 삶에서 많은 것을 기대하지 않는 법을 터득(攄得)한다.　　　　　　　　　　　　　　　　　　　　　새무얼 스마일즈

자신(自身)에 대한 기대치(期待値)를 낮추어라.　　　　　　돈 딩크마이어

지나친 기대, 헛된 기대에 눈이 멀면 우리에게 주어진 진정한 축복(祝福)들을 볼 수 없다. '어떤 결과가 나와도 괜찮다'고 생각하라.　M. J. 라이언

부부생활이라는 수행(修行)을 잘 해나가려면 상대방에게 절대 기대를 걸지 말아야 하고, 상대방을 변화(變化)시키려고도 하지 마라.　사이토 히토리

사랑이란 아무런 기대(企待)나 조건 없이 다른 사람을 배려(配慮)하고, 그들이 잘되기를 바라는 것이다.　　　　　　　　　　　　　　잭 콘필드

기대할 수 있는 긍정적(肯定的)인 일들이 없으면 좋은 기분으로 살아가기 어렵다. 큰 이벤트(event)일 필요는 없지만, 단기적이든 장기적이든 기대하는 것이 있어야 좋다.　　　　　　　　　　　　　　　　　쉐리 반 디크

사람은 미래에 대한 기대가 있어야만 세상을 살아갈 수 있다. 인간의 존재가 가장 어려운 순간에 있을 때, 그를 구원해 주는 것이 바로 미래에 대한 기대이다. **빅터 프랭클**

죽지 않았다면 희망은 있다. 하룻밤 사이에 벌어질 기적을 기대하라!
플로렌스 S 쉰

【기도】

기도(祈禱)와 명상(瞑想)은 신(神)과 교류하는 수단이다. **J. B. W.**

정기적인 기도나 명상은 직관력(直觀力)을 활용할 수 있는 능력을 신장시킨다. **랜덜 피츠제럴드**

우리들이 긴장을 풀고 있을 때나 초점을 집중시키고 있을 때(명상이나 기도 등) 들리는 내부(內部)의 소리를 믿어야 한다. **마이클 뉴턴**

명상은 영적(靈的)인 대상(對象)에게 귀를 기울이는 한 가시 방법이시만 기도는 그 대상에게 이야기하는 구체적인 방법이다. **쥬디스 올로프**

기도는 아무도 알지 못하도록 철저히 사적(私的)으로 침묵, 고요 속에서 행해져야 한다. **오쇼 라즈니쉬**

기도는 짧게 하고, 안 보이는 데서 하라.

기도할 수 있는 신(神)을 가지고 싶어 하는 것은 인간의 욕망의 하나다.
M. 로슈발트

기도를 이해하고 적용하면 가장 강력한 행동의 도구가 된다. **마하트마 간디**

너희가 기도하며 구하는 것이 무엇이든 그것을 이미 받았다고 믿기만 하면 그대로 다 될 것이다.
마가복음

걱정은 원하지 않는 것이 일어나게 해달라고 비는 기도다.
존 아사라프, 머레이 스미스

성서(聖書)에서 말하는 기도(祈禱)란 부정적인 생각을 건설적(建設的)인 생각으로 바꿔놓는 것을 의미하고 있다.
죠셉 머피

대부분의 사람들은 무엇을 원(源)하거나 어려움에 처해 있을 때만 기도를 하는 경향이 있다. 그러나 꾸준히 그리고 경건(敬虔)한 의향(意向)을 가지고 기도하는 사람들은 그저 다급해야 기도하는 사람들에 비해 훨씬 많은 혜택(惠澤)을 입는다.
랜덜 피츠제럴드

기도는 자신이 직접 할 때 가장 효과적이지만, 가족을 비롯한 가까운 사람들뿐 아니라 전혀 모르는 낯선 사람이 대신 해주는 기도도 나름대로 효과가 있다.
무라카미 가즈오

지기(地氣)가 뭉쳐 있는 장소에서 간절한 마음으로 기도를 하면 하늘이 응답한다. "바위나 암반을 통해서 방출되는 지자기(地磁氣)가 뇌세포의 어느 부분을 자극하면 신비적 감응(感應) 현상이 발생한다."
조용헌

우주(宇宙)의 에너지와 하나가 되는 것이 기도(祈禱)이다. **B. S. 라즈니쉬**

기도를 통해 나 자신이 우주 안의 모든 것과 연결되어 있음을 깨달을 때, 그 기도의 본래목적은 달성된다. 우리는 그 안에서 외면적(外面的)인 것들에 영향 받지 않는 진정한 기쁨을 만나게 될 것이다.
틱낫한

기도는 신(神)을 변화시키는 것이 아니라, '그대'를 변하게 만든다. 기도를 하게 되면 겸손해진다.　　　　　　　　　　　　　　　　　오쇼 라즈니쉬

입으로만 하는 기도는 충분치 않다. 온몸과 온 마음을 다해 일상생활(日常生活) 모두를 통해 기도해야 한다.　　　　　　　　　　　　　　　틱낫한

기적(奇蹟)을 위해서는 기도를 하고, 결과를 위해서는 일을 해야 한다.
　　　　　　　　　　　　　　　　　　　　　　　　　　　　피터 드러커

만일 감자를 얻을 수 있게 해달라고 기도하려면 우선 괭이부터 챙겨라. 단 하나의 완전한 기도는 "하늘에 고마워하는 마음"뿐이다.　　　레싱

신을 예배하는 최고의 태도는 인류에의 봉사인 것이다.　　벤자민 프랭크린

올바른 기도는 간청의 기도가 아니라 감사(感謝)의 기도다.　닐 도날드 월쉬

【기분, 비위】

당신의 생각이 곧 당신이 아닌 것과 마찬가지로 당신의 기분 역시 당신이 아니다. 당신은 단 한순간에도 기분을 바꿀 수 있다.　　　　로빈 S. 샤르마

자기 기분(氣分)을 좋게 하는 최고의 방법은 다른 사람의 기분을 좋게 해주는 것이다.　　　　　　　　　　　　　　　　　　　　　　마크 트웨인

타인에게 친절을 베풀면 기분이 좋아진다. 친절은 당신에게도 상대에게도 기분 좋은 일이다.　　　　　　　　　　　　　　　　　　앤디 퍼디컴

다른 사람의 기분을 상하게 할 말이라면 그것이 재치 있든가 가혹하든 간

에 삼갈 것이다.　　　　　　　　　　　　　　　　　　　새무얼 스마일즈

남에게 말을 할 때 "내가 이 말을 들으면 기분이 어떨까?"를 먼저 생각해 본 후에 말해야 안전(安全)하다.　　　　　　　　　　　　　　　이정숙

기분 나쁘게 진실(眞實)을 말하느니 침묵을 지키는 것이 낫다.

'착한 사람도 나쁜 기분이 들 수 있다'는 점을 명심하라.　　　브루스 패튼

내 비위를 거스르는 말이 곧 나를 위한 것이 된다.　　　니베지마 니오시게

기분 상(傷)하는 말에는 침묵(沈黙)을 지켜라.　　　　　　　　　장쓰안

누구에게나 관계(關係)를 망치지 않고자 비위(脾胃)를 맞춰주는 상대가 한두 사람은 있게 마련이다.　　　　　　　　　　　　　　　　수잔 포워드

줄 만큼 없다고 생각하더라도 베풀기 시작하라. 희생하는 마음이면 그리 기분이 좋지 않지만, 충만(充滿)한 마음으로 베풀면 기분이 매우 좋다.
　　　　　　　　　　　　　　　　　　　　　　　　　　　론다 번

물건을 받는 것보다 주는 힘을 가진 쪽이 확실히 기분 좋은 일이다.
　　　　　　　　　　　　　　　　　　　　　　　　　　윈스턴 처칠

누구나 기분 좋은 사람, 기분 좋은 곳에 마음이 끌린다.　　　단 카스터

함께 있을 때 기분 좋은 친구를 사귀라.　　　　　　　　토니야 레이맨

궁합(宮合)이 맞는다는 것은 두 당사자(當事者) 간에 기(氣)가 맞는다는 것이고, 서로 대화할 때 기분이 좋다는 이야기다. 기가 맞는다고 해서 일생 싸

우지 않고 사이가 계속 좋다고는 보지 않는다. 때로는 싸우고 때로는 화해(和解)하면서 일생 해로(偕老)할 수 있다는 이야기다. 　　　　　남덕

나쁜 일은 생각해 봐야 기분만 나빠진다. 　　　　　로널드 T. 포터 에프론

기분이 나쁘면서 동시에 좋은 생각을 할 수는 없다. 　　　　　론다 번

당신이 만족스럽지 않고 기분이 좋지 않다면, 그것은 당신이 살고 있는 세상과 조화(調和)를 이루지 못하기 때문이다. 세상은 당신이 바꿀 수 없는 것이다. 하지만 당신은 조금씩 자기 주위 환경과 조화를 이루어가도록 성장(成長)함으로써 자신의 고통을 줄여갈 수 있다. 당신이 바꿀 수 있는 것은 오로지 당신 자신(自身)이다. 　　　　　프랭크 타운센드

기분이 좋을 때 인생은 무엇보다 소중(所重)하게 여겨진다. 반면 기분이 나쁠 때는 인생이 너무나 우울(憂鬱)하게 느껴진다. 이렇게 극적(劇的)인 변화(變化)를 느끼는 것은 인생이 실제로 변했기 때문이 아니라, 기분이 바뀌자 덩달아서 인생에 대한 우리의 느낌을 결정하는 '생각'이 변했기 때문이라는 사실을 반드시 기억하라. 　　　　　리처드 칼슨

자신의 기분은 자기 스스로 조절(調節)하라. 　　　　　오마타 간타

여성(女性)은 말을 많이 할수록 기분이 나아진다. 　　　　　존 그레이

기분이 우울할 때는 몸을 움직여라. 　　　　　제임스 아서레이

살아 있음에 감사(感謝)할 때 기분이 최고로 좋아진다는 것을 깨달았다.
　　　　　루이스 스미디스(죽음의 고비를 넘긴 후)

기분은 의외로 기온(氣溫)에 좌우되기 쉬우므로 더울 때는 가능한 한 귀찮

은 일은 생각하지도 말고 남한테 시키지도 말라.   시라이시 다카시

기대(期待)할 수 있는 긍정적(肯定的)인 일들이 없으면 좋은 기분으로 살아가기 어렵다. 큰 이벤트(event)일 필요는 없지만, 단기적이든 장기적이든 기대하는 것이 있어야 좋다.   쉐리 반 디크

마음과 몸을 푸근히 여유 있는 기분으로 하는 일은 긴장(緊張)과 혼잡(混雜)의 이 시대에서 가장 필요한 일이다.   단 카스터

기분 좋은 하루는 내가 만든다.   이종선

한번 여유 있고 풍요(豊饒)로운 파동(波動)이 지속되면 계속 좋아지고, 그러면 기분이 좋아져 더욱더 좋아진다.   오마타 간타

【기쁨, 낙(樂), 신나다, 즐거움, 즐기다, 쾌락, 환희】

〈1〉

살아 있음을 의식한다는 것만으로도 지극한 기쁨이 아닐 수 없다.   에밀리 디킨슨

기쁨은 세상이 안겨주는 것이 아니라 자신이 세상을 즐기는 데서 우러나오는 것이다.   데이비드 호킨스

사는 즐거움은 우리 스스로 만들고 찾아내야 한다.   법정(法頂)

인간은 언제나 즐겁고 행복해야 할 권리(權利)가 있다.   오마타 간타

사실 세상은 즐기는 곳이다. 　　　　　　　　　　　　　　데이비드 호킨스

자신이 기뻐할 수 있는 인생을 살자. 　　　　　　　　　마츠우라 에이코

괴로운 삶이라면 죽음은 그 모든 것을 벗어나는 길이니 고통을 견디는 것 자체가 기쁠 것이요, 즐거운 삶이거든 죽음을 맞이할 때까지 즐거워하라.

힘든 일이 생겨도 삶에 내재한 기쁨을 절대 잃지 말고, 힘든 상황에 적응(適應)하라. 　　　　　　　　　　　　　　　　　　　　　칼 필레머

고통 없이 어찌 행복의 기쁨을 알겠는가? 　　　　　망고수투 부텔레지

어둠(슬픔과 고통)이 아무리 길어도 반드시 태양(희망과 환희)은 떠오르기 마련이다. 　　　　　　　　　　　　　　　　　　　　　　　오프라 윈프리

시련을 많이 겪는다고 해서 기쁨의 양이 그만큼 줄어들지는 않는다.
　　　　　　　　　　　　　　　　　　　　　　　　　　마틴 셀리그만

이성적(理性的)으로 판단하여 나온 결론이라면 결국 자신에게 즐거움을 주는 것이 가장 가치 있는 것이다. 그러나 단순히 동물적인 감정으로 내린 것이라면 잘못된 것이다. 　　　　　　　　　　　　마르크스 아우렐리우스

열심히 일하고 도덕적으로 처신하되, 가장 중요한 것은 즐거운 마음을 가지라는 것이다. 　　　　　　　　　　　　　　　　　　　　더글러스 이얼리

일하기 위해 사는 것이 아니라 즐기기 위해 일하는 것이다. 이탈리아 속담

커다란 축복이 내리기를 기다리지 말라. 모든 작은 기쁨들의 총합(總合)이 커다란 축복이다. 먹을 때는 먹는 것을 즐겨라. 걸을 때는 걷는 것을 즐기

라. 얼마나 아름다운 세상인가.   B. S. 라즈니쉬

고통(苦痛) 역시 우리가 경험해야 할 인생의 일부이다. 괴로워하며 견디기보다는 담담(淡淡)하게 즐기는 편이 낫다.   탈 벤 샤하르

피할 수 없으면 즐겨라. (If you can't beat them, join them.)

역경을 겪어본 사람만이 진정으로 기쁨을 향유할 수 있다.   리처드 셰퍼드

어두운 골짜기를 지나가는 고난(苦難)이 없다면 산 정상에 서는 기쁨도 사라진다.   헬렌 켈러

인생은 단 한 번 사는 거고 게다가 얼마만큼 살지 예측할 수 없는 것이다. 이런 귀한 인생을 누구 눈치 보거나 체면 따지면서 낭비하지 말고, 남에게 피해를 주지 않는 한 자기가 좋아하는 일을 하면서 최대한 즐기며 살아야 한다.   이언

비교(比較)를 통해서는 누구도 즐거울 수 없다. 즐거움은 비교 없는 상태이다. 비교하지 마라.   B. S. 라즈니쉬

있는 그대로를 즐겨라.

지나친 자의식(自意識)은 머릿속에서 지워라! 조금쯤 우스꽝스럽게 보인다고 큰일이 나겠는가? 인생을 즐겨라!   돈 딩크마이어

인간관계(人間關係)는 고민의 원천도 되지만 살아가는 기쁨이나 행복 또한 준다.   기시미 이치로

인생의 가장 큰 낙(樂)의 하나는 대화(對話)이다.   시드니 스미스

말을 주고받는 행위는 인간만이 누릴 수 있는 즐거움이다. 　다까하시 사치에

자신이 아닌 다른 이의 성공을 배 아파하지 않고 기뻐해 줄 수 있는 사람은 부모밖에 없다. 상대(相對)의 성공에 적으나마 찬사(讚辭)를 보낼 수 있는 사람은 마음이 크게 열려 있는 사람이다. 　고철종

친구의 성공을 진심으로 기뻐하라. 　존 맥스웰

모든 일을 다 마칠 때까지 삶을 즐기는 것을 미루는 대신 살아가는 과정(過程) 그 자체(自體)를 즐겨라. 　리처드 칼슨

모임, 거절할 수 없으면 즐겨라. 　호사이 아리나

없는 것을 슬퍼하지 않고, 가지고 있는 것을 기뻐하는 자가 지혜로운 사람이다. 　에픽테토스

좀 더 깨달은 사람만이 남들은 지루하고 억눌린 삶으로 여기는 현실에서도 기쁨을 누릴 수 있다. 　M. 스캇펙

사소한 것들을 즐겨라. 어느 날 뒤를 돌아볼 때 그것들이야말로 중요한 것이었음을 깨닫게 될 것이다.

삶은 놀이일 뿐이다. 즐겁게 놀아라. 삶으로부터 무엇인가를 얻어야겠다는 생각으로 출발하지 말라. 　B. S. 라즈니쉬

누릴 수 있을 때 못 누리면 영원히 누릴 수 없다. 　고철종

생각을 덜할수록 삶은 즐거워진다. 　데이비드 호킨스

〈2〉

당신이 태어났을 때 당신은 울음을 터뜨렸지만 사람들은 기뻐했다. 당신이 죽게 되었을 때 사람들은 울음을 터뜨리지만 당신은 기뻐할 수 있게 살아라. **인디언 격언**

행복해지기 위해서 행복에 그렇게 많이 집착할 필요는 없다. 어떤 때는 그것에 대해서 아주 잊어버려야 한다. 어떤 때는 불행을 즐겨야 한다. 불행 또한 삶의 일부이며 그것은 아름다운 것이다. 행복과 불행을 같이 즐김으로써 균형이 유지되는 것이다. **B. S. 라즈니쉬**

인생이란 힘겹고 어두운 것이 아니며, 밝고 즐거운 것이다. **이시이 카다오**

밝고 적극적인 태도는 몸에 이롭다. 실제 즐거운 일이 없어도, 기분이 좋지 않아도 상관이 없다. 일부러 신나게 몸을 흔들며 춤추고, 기분이 유쾌해지도록 노력해 보라. 그러면 그 '즐겁다'는 신호가 뇌에 전달되어, 연달아 건강한 생리반응이 일어나게 된다. 이것이 우리 몸의 큰 특징이다. **M. H. 테스터**

인간이 살아 있다는 것은 단순히 목숨이 붙어 있는 것이 아니라 건강하고 즐겁게 사는 것을 말한다. **김영길**

우리는 건강하고 신나게 살아야 한다. **M. H. 테스터**

사람이 가질 수 있는 즐거움 중에 몸에 병이 없는 것과 마음에 근심이 없는 것이 최고인 것 같다. **왕적(王績)**

건강은 바로 만사(萬事)의 즐거움과 기쁨의 원천이 된다. **쇼펜하우어**

인생의 즐거움은 마음을 비우는 데서 생긴다. **樂出虛(낙출허)**

마음의 평화가 가장 큰 즐거움이다.　　　　　　　　　　　　서양 격언

쓸데없는 생각을 마음속에서 털어내면 아주 단순한 일을 하면서도 커다란 기쁨을 느낄 수 있다.　　　　　　　　　　　　　　　　　　　　리처드 칼슨

당신의 여행길이 어디로 향하든, 그것을 즐겨라.　　　　　　　　조 오웰

나중은 없다. 지금 하고 싶은 일 즐겨라.　　　　　　　　　마틴 베레가드

최고의 즐거움은 배우는 기쁨이다.　　　　　　　　　　　레오나르도 다빈치

스스로 중요(重要)하게 여기는 어떤 목적(目的)을 위해 움직이는 것이야말로 진정한 삶의 기쁨이다.　　　　　　　　　　　　　　　　　　조지 버나드 쇼

어떤 일이든 몰입(沒入)의 요소들만 존재한다면 얼마든지 즐길 수 있다. 일견 따분하고 재미없는 일이라 할지라도 상상 밖으로 엄청난 성취감과 만족감을 선사할 수 있는 원천이 될 수 있다.　　　　　　　미하이 칙센트미하이

즐겁지 않으면 창의력이 나오지 않는다.　　　　　　　앨리스 아이센 연구결과

이 세상에는 여러 종류의 기쁨이 있지만, 그중에서도 가장 빛나는 기쁨은 가정의 웃음이다.　　　　　　　　　　　　　　　　　　　　　페스탈로치

하루하루 살아가면서 기쁘고 즐겁게 살아야 한다. 짜증내고 불쾌하게 살아봐야 아무 이득이 없는 게 사람의 삶이다.　　　　　　　　　　　정현우

삶에는 어떠한 의미도 없다. 춤추고, 노래하고, 즐겨라. 그대는 심각할 필요가 없다. 삶은 우주적(宇宙的)인 농담(弄談)이다. 거기에서 무엇을 얻는단 말인가?　　　　　　　　　　　　　　　　　　　　　　　　오쇼 라즈니쉬

견디기 힘든 일을 견디었다는 것을 상기(想起)할 때마다 유쾌하다.
　　　　　　　　　　　　　　　　　　　　　루시우스 아나에우스 세네카

우리가 과거에 어떤 경험을 했든 간에 현재의 삶을 즐기지 못하게 막을 수는 없다.　　　　　　　　　　　　　　　　　　　리처드 칼슨

어떤 경험이 즐겁게 느껴지는 것은 그 경험 자체가 즐거워서가 아니라, 우리가 그 경험을 즐겁다고 '생각'하기 때문이다.　　　　리처드 칼슨

기쁨을 표현하지 않으면 기쁨을 느끼는 작용(作用)까지 나중에는 정지되고 만다.　　　　　　　　　　　　　　　　　　　　임어당(林語堂)

〈3〉

정년 후에 뭔가를 하려 할 때 실익(實益)을 따지지 말고, 우선 흥미로우며 즐길 수 있는 일을 해보는 것이 좋다.　　　　　　사이토 시게타

즐길 수 있는 취미(趣味)를 갖자.

늙었어도 일할 기운이 있으면 과감하게 일해야 하고 일을 즐겨야 한다.
　　　　　　　　　　　　　　　　　　　　　　　　　　　김영길

인생은 짧고 생명은 유한하다. 그러므로 사는 동안은 최대한 행복하고 즐겁게 살아야 한다. 그러기 위해서는 마음이 여유롭고 자유로워야 한다.
　　　　　　　　　　　　　　　　　　　　　　　위동회이(于東輝)

성공이 행복을 가져다주는 것이 아니라, 행복 그 자체가 성공이다. 지금 이 순간을 즐기는 마음이 행복의 시작이다.　　　　　　아잔 브람

어떤 활동이 즐거움과 의미를 준다고 해도 하루 종일 그 일을 한다면 행복할 수 없을 것이다.
탈벤 샤하르

즐거운 일보다 친절을 베푸는 행위에서 행복을 얻을 수 있다.
마틴 셀리그만

그릇이 큰 사람은 남에게 호의(好意)와 친절을 베풀어주는 것을 자기의 기쁨으로 여긴다.
아리스토텔레스

줄 때는 즐겁게 주어라. (베풂의 법칙)
톰 버틀러 보던

귀는 항상 듣던 소리를 즐거워하고, 눈은 새로운 것을 보고자 한다.

나는 음악에서 인생의 기쁨 대부분을 얻었다.
알베르트 아인슈타인

독서나 음악 감상을 통해 마음을 편안히 가라앉히는 순간 생기는 편안하고 안정된 영혼은 바로 쾌락(快樂)의 원천이다.

독서(讀書)만큼 값이 싸면서도 오랫동안 즐거움을 누릴 수 있는 것은 없다.
몽테뉴

기도(祈禱)를 통해 나 자신이 우주 안의 모든 것과 연결되어 있음을 깨달을 때, 그 기도의 본래목적은 달성된다. 우리는 그 안에서 외면적(外面的)인 것들에 영향 받지 않는 진정한 기쁨을 만나게 될 것이다.
틱낫한

명상수행(瞑想修行)은 삶을 즐기는 가장 지혜로운 길이다.
틱낫한

우리가 높은 의식수준(意識水準)으로 올라감에 따라 존재 자체의 기쁨도 성숙한다.
데이비드 호킨스

당신이 인내심을 실천하면 일상생활에서 실질적인 이익을 경험하게 될 것이다. 그리고 마음의 평정(平靜)을 유지함으로써 환희에 찬 생활을 영위하게 될 것이다.
　　　　　　　　　　　　　　　　　　　　　　달라이 라마

이 세상보다 더 좋은 세상은 있을 수 없다. 동물 중 사람만 빼놓고는 모두 삶을 즐기고 있다. 아무 이유 없이 그저 행복해 하라.　　**B. S. 라즈니쉬**

삶의 목적이 무엇일까? 거기엔 아무런 목적도 없다. 그대는 단지 삶을 즐길 수 있을 뿐이다. 그대가 만일 어느 순간을 놓쳤다면 그대는 그 순간을 영원히 놓쳐버린 것이다.　　　　　　　　　　　　**B. S. 라즈니쉬**

완벽(完璧)하려고 애쓰지 마라. 최선을 다했다면 그대로 놔두어라. 인생의 여정(旅程)을 즐기자.
　　　　　　　　　　　　　　　　　　　　　　조 비테일

사람들이 저지르는 가장 흔한 실수(失手)는 삶의 즐거움들, 살아 있다는 그 자체의 기쁨을 누리지 않는 것이다.

인생의 만족들 대개가 위대한 업적을 전혀 필요로 하지 않는다. 가을날 숲속을 거니는 즐거움을 누리기 위해서 특별한 재능이 필요하지 않다. 당신의 어린아이를 애정을 담아 안아주기 위해서 당신이 탁월하지 않아도 된다. 당신이 음악, 독서, 스포츠를 즐기기 위해서 유명할 필요가 없다.
　　　　　　　　　　　　　　　　　　　　　　데이비드 번즈

만족할 줄 알면 항상 즐겁고, 참을 줄 알면 늘 편안하다.
知足常樂(지족상락) **能忍自安**(능인자안)　　　　**권계전서(勸戒全書)**

어떤 노인이든 목표를 설정해야만 한다. 살아가는 즐거움이란 스스로가 발견할 수밖에 없다.
　　　　　　　　　　　　　　　　　　　　　　소노 아야코

성공적인 노화(老化)는 즐거움을 누릴 줄 아는 여유가 있는가, 없는가에 달려 있으므로 삶을 즐길 필요가 있다. 　　　　　　　　　　　조지 베일런트

행복한 노년을 위한 처방이 있다면 일상(日常)을 즐기는 것이다. 　　박상철

소소한 일상의 기쁨에 감사하라. 　　　　　　　　　　　　　　칼 필레머

미래에는 여가를 즐기며 작은 성취에서 기쁨을 느끼는 일이 더 바람직하다고 간주(看做)될 것이다. 　　　　　　　　　　　　　　닉 보스트롬

햇빛 찬란한 산봉우리의 장관(壯觀)을 마음껏 즐겨라. 　　오쇼 라즈니쉬

삶을 즐겨라! 삶이란 경이적(驚異的)이지 않은가! 　　　　　　밥 프록터

이 세상 어느 누구나 좋아하는 일을 하며 즐겁게 생을 보내다 돌아가라는 하늘의 뜻을 받고 태어났다. 　　　　　　　　　　마츠우라 에이코

지금 이 순간을 즐겨라.(오늘을 즐겨라.), (Carpe diem : Enjoy the present.)

순간순간을 마지막처럼 즐겨라. 　　　　　　　　　　　　로빈 S. 샤르마

인간의 가장 위대(偉大)한 의무(義務)는 살아 있음의 기쁨을 알아차리는 것이다. 　　　　　　　　　　　　　　　　　　　　　　　　에인랜드

인생을 즐길 수 있을 때 마음껏 즐겨라. 　　　　　　　　　　채드바라

【기억】

진화(進化)는 현재(現在)의 문제를 풀라고 기억(記憶)을 준 것이다. 기억은 앞으로 일어날 일을 예측하도록 도와준다. 　　　　베르너지퍼, 크리스티안 베버

사람들의 기억력은 의외로 좋다. 어떤 일을 겪으면 매우 오랫동안 기억하게 된다. 　　　　톰 피터스

기억은 자기 정체성(正體性)의 핵심(核心)으로 기억이 없으면 내가 누구인지 알 수가 없고, 내게는 과거도 없고 미래를 계획할 수도 없다. 　　　　강봉균

책을 오래 기억하고 싶다면 옮겨 적어라. 필사(筆寫)는 정독(精讀)의 진수(眞髓)이다. 　　　　사이토 다카시

몸은 머리보다 훨씬 많은 것을 기억한다. 어린 시절에 몸으로 기억한 것은 좀처럼 잊히지 않는 법이다. 　　　　무라카미 가즈오

자신에게 주어졌던 많은 기회, 큰 행운, 피할 수 있었던 위험들, 별 탈 없는 건강, 그리고 살아 숨 쉬는 행운 등 운이 좋았던 것들에 대해 생각할 때 실제로 행운이 찾아온다. 불운했던 일들에 대해 생각할 때 불운이 온다. 운(運)은 그렇게 단순한 것이다. 　　　　릴리언 투오

안 좋은 기억으로 스스로를 괴롭히지 말아야 한다. 좋지 않은 일들을 기억해서 자책(自責)하지 말아야 한다. 　　　　장쓰안

여성(女性)들은 아주 조그마한 모욕(侮辱)이나 실수(失手)도 결코 잊어버리는 법이 없다. 　　　　필립 체스터필드

모욕당한 것은 계속 기억하지 않는 한 아무것도 아니다. 　　　　공자(孔子)

인간은 재산상(財産上) 손실은 결코 잊어버릴 수 없는 동물이므로, 타인의 재물에 결코 손대는 일이 없어야 한다. 　　　　중앙일보 경제문제연구소

돈을 빌려준 사람은 돈을 빌린 사람보다 훨씬 기억력이 좋다.
　　　　　　　　　　　　　　　　　　　　　　　　벤저민 프랭클린

어딜 가든 기억은 따라간다. 　　　　조바이델, 이하레아카라 휴렌

얼마 지나고 나면 진짜 그런 일이 있었는지 기억조차 할 수 없는 일들에 우리가 집착해서는 안 된다. 　　　　　　　　　　　피터 드러커

죽음을 기억하라! (Memento mori : Remember that you must die.) 누구나 반드시 죽는다는 것을 명심하여 교만하지 말고 겸손하라는 로마시대 고사에서 유래된 말.

뛰어난 인간은 평소에는 아무것도 생각하고 있지 않아도 일이 생기면 필요한 생각이 떠오른다. 또 일이 끝나면 과거의 행위에 사로잡히지 않고 잊어버릴 수 있다. 　　　　　　　　　　　　　　　　　　　채근담

과거(過去)는 다 지나갔다. 과거는 잊어버려라. 그러나 과거가 당신에게 준 교훈(敎訓)만은 잊지 마라. 　　　　　　　　　　　M. H. 테스터

기억하는 사람이든, 기억되는 사람이든 모두가 덧없기는 마찬가지다.
　　　　　　　　　　　　　　　　　　　　　　　마르크스 아우렐리우스

판단력(判斷力)이 결핍(缺乏)되지 않았다면 기억력(記憶力)이 다소 떨어져도 살아가는 데는 전혀 불편(不便)함이 없다. 　　　　　　　　괴테

행복(幸福)이란 건강은 좋고, 기억력은 나쁜 것을 말한다. 잉그리드 버그만

【기적, 불가사의, 신비, 신성】

삶이란 해결해야 할 문제가 아니다. 삶은 단지 경험되어야 할 신비(神秘)일 뿐이다.   B. S. 라즈니쉬

신비한 것은 '이 세상이 어떻다'는 것이 아니고, '세상이 있다'는 것이야말로 정말 신비스런 것이다.

존중하는 마음으로 볼 때 모든 것에서 신성(神聖)함을 보게 된다.
    게리 주커브

신(神)은 신비이다. 신은 증명(證明)될 수 없다.   B. S. 라즈니쉬

인생을 사는 방법은 오직 두 가지다. 아무 기적(奇蹟)도 없는 것처럼 사는 것, 그리고 모든 일이 기적인 것처럼 사는 것이다. (There are only two ways to live your life. One is as though nothing is a miracle. The other is as though everything is a miracle.)   아인슈타인

진정한 감사란 순간순간 경험하는 삶의 기적들을 향해 자연스럽게 나오는 표현이며, 욕망에 집착하지 않고 지금 이 순간의 풍요로움을 마음속 깊은 곳으로부터 느끼는 것이다.   M. J. 라이언

역사적인 순간은 초개인적(超個人的)인 불가사의(不可思議)한 힘에 의해 조형(造形)되는 현장이다.   김상환

인간세상의 흥망성쇠(興亡盛衰)와 승패영욕(勝敗榮辱)은 신비하여 알 길이 없도다.   소식(蘇軾)

인연(因緣)이라는 것은 불가사의한 마술(魔術)의 끈이다.   김태길(金泰吉)

신앙은 그것이 미신(迷信)이라도 기적(奇蹟)을 낳을 때가 있다.   파라켈수스

기적이란 종교에나 있는 것이지 경제에 기적은 없다.   정주영(鄭周永)

기적은 행동(行動)하는 사람에게 찾아온다.   켈리 최

기적을 위해서는 기도(祈禱)를 하고, 결과를 위해서는 일을 해야 한다.
   피터 드러커

기적은 노력(努力)하는 자에게 주어지는 필연(必然)이다.

죽지 않았다면 희망은 있다. 하룻밤 사이에 벌어질 기적을 기대하라!
   플로렌스 S 쉰

원하는 것에 집중하는 한 기적은 계속 일어난다.   조 비테일

열의는 공포와 불안을 없애주고, 괴로울 때에 기적을 낳는다.
   노먼 V. 피일

웃음은 사랑과 마찬가지로 치유(治癒)의 기적을 낳는다.   데이비드 호킨스

살아 있다는 것은 정말 신비(神秘)로운 일이다.

기적(奇蹟)은 언제나 잇달아 일어난다.   사이토 히토리

【기회, 때, 찬스, 타이밍】

⟨1⟩

모든 일에는 나름대로 때가 있다. 　　　　　　　　　　몽테뉴

기회는 왔다가 간다. 제때 결정을 내리는 것도 중요한 기술이다.
　　　　　　　　　　　　　　　　　　　　　　　로버트 기요사키

세상만사(世上萬事) 무슨 일이든 할 수 있을 때에 가장 빠른 시기에 실행(實行)하는 것이 현명하다.

결단했을 때가 시작할 때다. 　　　　　　　　　　노가미 히로유키

생각날 때 즉시 하라!

결심(決心)을 했을 때 그냥 첫발을 내딛어라.

좋은 기회는 눈으로 보는 것이 아니라, 마음으로 보는 것이다.
　　　　　　　　　　　　　　　　　　　　　　　　　샤론 레흐트

낙관주의자(樂觀主義者)는 어려움 속에서 기회를 보는 사람이고, 비관주의자(悲觀主義者)는 기회 속에서도 어려움을 보는 사람이다.　윈스턴 처칠

모든 것에서 기회(機會)를 찾아라. 　　　　　　　　　잭 캔필드

기회란 스스로 개척하려고 노력할 때 만들어진다. 　조중훈(趙重勳)

기회는 저절로 주어지는 것이 아니다. 준비하는 자에게만 다가오는 법이다.

지광

행운(幸運)은 준비(準備)가 기회를 만날 때 찾아온다. 　　　　대릴 로열

운(運)이 좋은 사람들은 좋은 태도나 행동, 습관 등으로 운이 찾아들 수 있는 기회를 스스로 만든다. 　　　　랜덜 피츠제럴드

무슨 일을 하던 두 번 다시 그 기회가 없는 것처럼 생각하고 행동하라.
　　　　마르크스 아우렐리우스

설령 실패를 하더라도 계속해서 노력을 해나간다면, 또 명운(命運)을 바꿀 역전(逆轉)의 기회는 찾아오는 법이다. 　　　　시부사와 에이치

덕(德)을 잃지 않는다면 성공의 전기(轉機)가 반드시 있을 것이다.

사업의 기본은 정확한 판단과 타이밍(timing)이다. 　　　　조중훈

타이밍을 정확히 선택(選擇)하는 것이 리더의 역할이다. 　　　　김종래

기업경영에 있어 중요한 것은 기회선점(機會先占)이다. 　　　　이건희(李健熙)

바깥세상에서 일어나는 변화(變化)는 기회이다. 　　　　피터 드러커

기회(機會)가 오면 놓치지 말라. 기회는 잡는 자의 것이다. 　　　　리허

절실한 순간은 그 순간을 장악하지 못할 때 모질게 복수한다. 　　　　김종필

일생 동안 우리 곁에 다가온 기회는 우리가 머뭇거리는 사이 그냥 지나가 버리고 만다.

살아가면서 항상 모든 "그때 그때"에 어떻게 대처(對處)하느냐가 일생(一生)을 좌우하는 것이라고 믿는다.
정주영(鄭周永)

문제(問題)란 당신이 최선을 다할 기회이다.
듀크 엘링턴

시도(試圖)하지 않는 사람에게는 기회도 없는 법이며, 제자리걸음만 하게 마련이다.
쿠르트 테퍼바인

작은 기회는 위대한 일의 시작이다.
데모스테네스

모든 기회를 허술히 하지 말라.
우라베 구니요시

역사(歷史)는 모든 민족(民族)에게 기회를 주지만 그 기회를 선용(善用)하지 않는 민족에게는 반드시 무거운 징벌(懲罰)을 내린다.
아놀드 토인비

대사(大事; 결혼)는 때의 놀음이다. 때를 기다리면 좋은 인연(因緣)을 만날 것이다.
주역(周易)

앞으로 어떤 일이 일어날지 모른다는 것 자체가 가장 큰 기회다.
워런 버핏

젊은 시절에 시행착오(試行錯誤)를 많이 겪고 그걸 극복했다면, 후에 고생할 가능성은 더 적을 것이다. 젊음이란 온갖 실수를 저지를 수 있는 기회인 동시에 그 실수를 극복할 기회이기도 하다.
리처드 템플러

시련(試鍊)은 나를 성장시키기 위해 하늘이 준 기회다.
사이토 히토리

모든 상황(狀況)을 자신의 인격(人格)을 발전시키는 실질적인 기회로 이용하라.

역경(逆境)에 처한 때는 침착하게 힘을 모으면서 기회를 기다리는 것이 중요하다. **채근담(菜根譚)**

인생의 기회는 버티고 견디며 살아남은 사람들에게 찾아온다. **최수부**

때가 무르익으면 패배를 승리로 전환할 수 있다. **장쓰안**

때를 기다리는 것은 중요하다. 그러나 변화의 징조(徵兆)와 신호(信號)에 민감하게 반응하고 대비하는 사람과 손 놓고 시간을 보내다가 때가 되면 적당한 방편을 취하는 사람은 차이가 확연하다. **임선영**

사과(謝過)하기 가장 좋은 때는 사과해야겠다는 마음이 생긴 바로 그때다. 마음속에 담아둔 사과는 회한(悔恨)을 낳는다. **고철종**

〈2〉

지나치게 망설이는 사람은 여하튼 찬스를 잃을 뿐이다. **이소사끼 시로**

공부할 때 좀 더 열심히 공부하고, 사랑할 때 좀 더 열렬히 사랑하고, 일할 수 있을 때 좀 더 열심히 일하고, 만나는 사람 모두를 좀 더 귀히 여기고… 그렇게 살아도 너무 짧은 세월이지 않은가! **백운산(白雲山)**

시련(試鍊) 속에 무엇인가 성취할 수 있는 기회가 숨어 있다. 따라서 남몰래 눈물 흘리는 일을 최대한 자제하면서 있는 그대로의 고통과 대면해야 할 필요가 있다. **빅터 프랭클**

고독(孤獨)은 나 자신과 친해질 가장 좋은 기회다. **장사오형**

운(運)은 냉혹하다고 할 만큼 엄정(嚴正)하다. 과거의 악인(惡因)이 모두 없어지기까지는 결코 길을 열어주지 않는다. 때가 오기까지 운이 열리지 않지만, 때가 되면 어떤 방해가 있어도 좋은 일이 차차 일어나고 일이 성취된다.
타카다 아키가즈

성공한 사람들 대부분은 길고 긴 무명의 시간을 버텨낸 사람들이다. 버텨라, 그러면 기회가 찾아올 것이다.
보도 새퍼

때가 모든 것을 해결해 준다.
가네코 아키오

한쪽 문(門)이 닫히면 반드시 다른 문이 열리는 게 인생이다. 때로는 더 많은 문이 열리기도 한다.
일자 샌드

운 좋은 사람들은 예기(豫期)치 않는 기회를 최대한 활용하여 행운을 만들어낸다.
리처드 와이즈먼

움직일 준비가 되어 있으면 기회는 언제든 찾아오며 놀라운 시간이 펼쳐진다. 하지만 서두르지 말고 과거의 일정 형태의 삶을 계속해서 유지하라. 시각(視覺)을 새롭게 하는 것이 중요하며, 원하는 만큼 빨리 변하지 않는다고 해도 낙담하지 말라.
윌리엄 브리지스

부정적(否定的)인 일이 생겼을 경우 그 이면(裏面)에 있는 가치(價値)를 발견한다면, 오히려 좋은 기회로 탈바꿈시킬 수 있다.
로버트 링거

기회는 기다리는 것이 아니라 조직(組織)의 내부에서나 외부에서 찾을 수 있도록 해야 한다.
피터 드러커

어떤 일을 성사시키기 위해서는 기회를 포착하도록 해야 한다. 그런데 인생목표가 무엇인지를 알지 못한다면 급한 일을 처리하는 데만 주로 시간을 보내게 된다.
스티븐 코비

성공한 사람은 당면(當面) 문제 위주가 아니라 미래 기회 위주이다.
스티븐 코비

그렇게 되고 싶다는 마음의 영상(映像)이 강렬할 때 기회는 언젠가 찾아온다.
C. M. 브리스톨

무엇인가 생각하고 있는 도중에 이것은 실행(實行)해야 하겠다는 마음이 생길 때가 있다. 이때가 중요한 것이다.
타나베 쇼이치

건강은 건강할 때 지켜야 한다.
속담

삶에서 가장 중요한 것은 때와 균형이다.
백운산(白雲山)

때와 장소에 어긋난 말은 소음(騷音)일 뿐이다.
유재화

상대방이 많이 말하도록 기회를 줘라.
데일 카네기

전략(戰略)에서 가장 마지막에 오는 것은 바로 최적(最適)의 기회를 포착하는 것이다.
피터 드러커

때를 얻은 자는 성(盛)하고, 때를 잃는 자는 망(亡)한다.
열자(列子)

능력(能力)도 기회가 따라주지 않으면 아무 소용이 없다.
나폴레옹

성공을 이루었다고 생각하는 바로 그때가 "무엇을 더 잘할 수는 없을까?"라는 질문을 해야 할 때다.
피터 드러커

자유경제에서의 성공은 누릴 자격이 있는 사람에게 반드시 가는 것이 아니고, 우연히 적시에 맞는 장소에 있던 사람에게 성공은 주어진다.
하이에크

지금보다 나아질 수 있는 기회라면, 그리고 그것에 이끌린다면 잡아라. 더 큰 기회를 향한 첫걸음이 될 수도 있다.   월러스. D. 워틀스

기업의 성과는 문제를 해결함으로써 얻어지는 것이 아니라, 기회를 개발(開發)함으로써 얻어지는 것이다.   피터 드러커

세월은 삽시간에 흘러가버리므로 기회를 놓치지 말고 무엇이든 마음껏 해봐야 한다.

전혀 안 하는 것보다는 늦으나마 그래도 하는 편이 낫다.   리비히

〈3〉

현명한 자는 찬스(chance)를 행복으로 바꾼다.   G 산타야나

성공한 뒤 행복을 찾겠다는 건 난센스(nonsense)다.   조벽, 최성애 부부

"언젠가"는 오지 않는다.   다쓰미 나기사

별짓을 다해도 죽을 땐 죽는다. 살고 있을 때 하고 싶은 일, 해야 할 일을 소신껏 하다 가면 된다.   김종필(金鍾泌)

선악(善惡)에 관계없이 사람이든 사물이든 성(盛)할 때가 되면 성하고, 망(亡)할 때가 되면 망하는 것이다.

머뭇거리면 좋은 기회 다 놓친다.
(Don't delay, the golden moments fly.)

배우는 데 너무 늦는다는 법은 없다.(It is never too late to learn.)

　　　　　　　　　　　　　　　　　　　　　　　　서양 속담

실패를 두려워하지 마라. 시도해 보지도 않고 기회를 놓쳐버리는 걸 두려워하라.
　　　　　　　　　　　　　　　　　　　　　미국 유나이드 테크롤로지

좋은 때가 오기만을 기다리고 있느니보다는 그때그때를 잘 활용하는 편이 낫다.
　　　　　　　　　　　　　　　　　　　　　　　　　　　순자(荀子)

행운이 없어질 때까지는 그게 행운이었다는 걸 모른다.　　　스페인 속담

순간순간을 마지막처럼 즐겨라.　　　　　　　　　　　로빈 S. 샤르마

누릴 수 있을 때 못 누리면 영원히 누릴 수 없다.　　　　　　고철종

인생에 있어서 가장 중요한 때는 바로 현재이다.　　　　아우구스티누스

지는 해를 아쉬워하지 말고 뜨는 해를 아껴 써라.

진실로 원하는 일을 하라. 아직도 기회는 있다.　　　　마이클 린버그

우리는 그 사람이 아직 살아 있을 때 그에 대한 우리의 사랑이 발현(發現)되도록 해야 한다.
　　　　　　　　　　　　　　　　　　　　　　　　　　　　틱낫한

인간이 있는 곳에는 언제나 친절을 베풀 기회가 있다.　　　　세네카

살아 있는 동안, 아직 능력이 있을 때 선(善)한 일을 하라.
　　　　　　　　　　　　　　　　　　　　　　　　마르크스 아우렐리우스

인간의 삶은 의식진화(意識進化)의 기회이며, 깨달음(Enlightenment)에 도달할

수조차 있는 커다란 영적(靈的) 기회이다. 　　　　　　　　데이비드 호킨스

고통스러운 때일수록 그 고통은 영혼을 닦기 위한 시련이라고 생각해야 한다. 고통이란 자기 자신의 인간성을 단련하기 위한 절호의 기회이기 때문이다. 　　　　　　　　이나모리 가즈오

수명이 길어진 덕에 우리 세대는 인류역사상 처음으로 영적(靈的) 성숙(成熟)의 길을 열어갈 수 있는 기회를 얻게 되었다. 　　　　　　　　안젤레스 에리엔

자신의 몸이 전하는 소리에 귀를 기울이면 누구나 자신이 죽을 때가 되었다는 것을 알 수 있다. 죽음은 누구나 겪는 자연스러운 현상이며 있는 그대로 받아들인다면 기탄없이 죽음을 이야기할 수 있을 것이다. 　　오츠 슈이치

때로 삶과 죽음의 갈림길에서 번개 같은 결정을 내려야 할 때가 있다. 　　　　　　　　빅터 프랭클

죽음은 종말이 아니며, 탄생 이후에 맞이하는 가장 위대한 변화의 기회이다. 　　　　　　　　안젤레스 에리엔

죽음은 영적(靈的) 깨달음을 얻을 절호의 기회가 될 수 있다. 　　스티븐 레빈

너무 빨리 죽는다는 사실에 슬퍼하면서도, 한편으로는 삶의 기회를 부여받은 게 얼마나 놀라운 행운인지 이해함으로써 우리는 인생의 균형을 잡을 수 있다. 　　　　　　　　셸리 케이건

70세든, 80세든, 90세든, 100세든 각 나이를 인생의 다른 맛을 음미(吟味)할 기회로 여긴다면 나이 먹는다는 사실이 다른 가치(價値)로 다가올 것이다. 　　　　　　　　놀르 C. 넬슨

【길(路)】

훌륭한 인생, 나쁜 인생이란 없다. 각자의 인생이 있을 뿐, 당신은 당신의 길을 가면 된다.   마츠우라 에이코

아무도 가지 않는 길을 가라.   장쓰안

남들이 가지 않는 길을 기꺼이 가라.   엘렌 싱어

남들이 봤을 때 좋은 길이 아니라 자신이 진정으로 원하는 인생의 길을 갈 때, 인간은 자신의 열등의식(劣等意識)에서 벗어나 창의적이며 유머와 위트가 풍부하고 수동적(受動的)이 아닌 능동적(能動的)인 목적이 있는 삶을 살 수 있다.   장경준

뜻이 있는 곳에 길이 있다.
(Where there is a will, there is a way.)   격언

좋아하는 길이면 천리(千里)도 일리(一里)이다.   속담

길이 없으면 길을 만들라.   사무엘 스마일즈

가장 낮은 곳에 가장 높은 곳으로 올라가는 길이 있다.   카알라일

비탈 없는 평지(平地)는 없다.   역경(易經)

장애물(障碍物)을 만나게 되면 우회로(迂廻路)를 택하라.   메리 케이 애시

지름길이 돌아가는 길보다 항상 좋은 것은 아니다.   포르투갈 속담

인생은 무거운 짐을 지고 먼 길을 가는 것과 같다. 서두를 필요가 없다.
도꾸가와 이에야스

길을 아는 것과 그 길을 걷는 것은 다르다. (There is a difference between knowing the path and walking the path.)   매트릭스

사람은 나중에 물러설 수 없는 일은 시작하지 말아야 한다. 즉 퇴로(退路)가 막힌 길은 가지 말아야 하며, 끝낼 수 있거나 적어도 그렇게 할 수 있는 희망(希望)이 있는 일에만 손을 대야 한다.
유필화

잘못된 길을 가면 그 과보(果報)가 필연적으로 따라오게 되어 있다.

길이 아니면 가지 않는다. 非道不行(비도불행)
효경(孝經)

책에서 길을 찾으라.
리자청

우리는 인간이 밟는 모든 길을 걸어갈 수는 없다. 성공은 한 가지 길에서만 거두어야 한다.
어네스트 헤밍웨이

성공한 사람들이란 하나의 길을 택하여 여기에 시종(始終)한 사람들이다.
앤드류 카네기

값진 인생을 살려거든 외길 인생을 걸어라.
유달영(柳達永)

목적지(目的地)에 도착하려면 한 길로만 가라.
세네카

"이 길 외에는 길이 없다"고 마음먹은 사람은 강하다.

삶의 길에는 가시가 잔뜩 돋아나 있다. 가시에 집착하면 집착할수록 그것

은 더 내 살을 파고든다. 가시로 가득한 길을 헤쳐 나가는 것밖에는 달리 방법이 없다는 사실을 우리는 잘 알아야 한다. 볼테르

성공의 길을 트는 데는 집요성을 능가(凌駕)하는 것이 없다. V.하워드

막다른 길은 절망(絶望)의 신호가 아니라, 새로운 창조를 위한 시련(試鍊)일 따름이다. 고광직(高光稙)

역사적 성공의 대부분은 '달리 갈 길이 없었다'는 것의 덕택이었음을 알 수 있다. E. 휠러

인생의 모든 고난은 동굴이 아니라 터널이다. 언젠가는 끝이 있고 나가는 출구가 있다. 그 고행(苦行)을 이기면 예전보다 더 행복한 삶이 기다리고 있다. 이의대(李義大)

사람들은 시행착오의 과정을 거쳐 행로를 수정할 수 있다. 안젤레스 에리엔

자신의 인생행로(人生行路)에서 변화하는 현실 그 자체를 외면(外面)해서는 안 된다. 로버트 버포드

사람은 결국 자신에게 맞는 길로 돌아오게 마련이다. 우종민

길은 다닐수록 넓어지고, 정(情)은 나눌수록 두터워진다. 한국 속담

못 가본 길이 더 아름답다. 박완서

가지 않은 길을 아쉬워하기보다는 자신이 택한 길에서 최선을 다하는 것이 중요하다.

모든 성공은 다른 성공으로 길을 열어준다.   월러스 D. 워틀스

각자가 걸어가고 있는 그 길이 각자에게 있어 필연(必然)의 길임을 명심하라.
           마츠우라 에이코

【길흉, 나쁨, 좋음, 해로움】

길흉(吉凶)은 우리의 삶 속에 늘 병존(竝存)한다.

악연(惡緣)이든 길연(吉緣)이든 연(緣)은 연이다.   남덕

禍不單行(화불단행)
재앙이나 불운은 한꺼번에 겹쳐서 일어난다.: 엎친 데 덮친다.
(Misfortunes never comes singly.: Ill-luck seldom comes alone.)
           동·서양 속담

인생에 있어서 좋은 일들은 단독으로 오지 않고, 겹쳐서 오는 수가 많다.
(The good things of life are not to be had singly, but come to us with a mixture.)   J. 랜돌프(John Randolph)

좋은 일을 생각하면 좋은 일이 일어나고, 나쁜 일을 생각하면 나쁜 일이 일어난다.   오시마 준이치

무슨 일이든 나쁜 상상을 하지 마라.   M. H. 테스터

좋은 생각으로 이전(以前)의 생각을 지워버릴 수 있다.   론다 번

잠들기 전에는 좋은 생각을 하라.   론다 번

나쁜 일은 생각해 봐야 기분만 나빠진다. 로널드 T. 포터 에프론

나쁜 일은 그냥 흘러가게 내버려두라. 로저 로젠블라드

기분이 나쁘면서 동시에 좋은 생각을 할 수는 없다. 론다 번

운(運)이 나쁠 때는 마음을 비우는 수밖에 없다. 남덕

침착한 마음을 가진 사람은 좋은 운(運)이 차곡차곡 쌓이는 법이다.
김승호

계속해서 서두르거나 성급하게 굴 때 나쁜 일들에 연달이 부딪히게 될 것이다. 반드시 멈춰 서서 그 주파수에서 벗어나야 한다. 잠시 시간을 내어 생각을 전환하라. 론다 번

긴급한 상황에 처하게 되면 생각을 극단(極端)까지 몰고 가라. 일어날 수 있는 가장 나쁜 결과를 생각한 뒤, 그래봤자 그 정도일 뿐이라고 생각하고 각오를 다져라. 리허

최악의 상황을 미리 예상하고 이를 받아들인다면, 설령 그 최악의 결과가 현실이 되더라도 결과에 초연(超然)해질 수 있다. 윌리엄 제임스

최악의 상황(狀況)이 무엇인지를 알고 나면 아마도 당신은 그 상황을 다스려 나갈 수 있다고 느끼게 될 것이다. 사나야 로만, 듀엔 패커

진실한 평화는 최악의 것을 받아들이는 심경(心境)에 깃들어 있다. 임어당

좋은 것이 하나 있으면 이면(裏面)에는 반드시 나쁜 것이 있기 마련이므로 일상에서 이것을 명심하게 되면 자제(自制)하는 마음이 생긴다. 정현우

무언가를 시작했다고 해서 꼭 그 일을 끝내야 하는 것은 아니다. 그리고 뭔가를 그만두는 것이 그 일을 끝까지 하는 것보다 더 좋은 경우는 흔하다.
티모시 페리스

시행착오를 통해 무엇이 해로운지 배우는 것은 위험하다. 게르트 기거렌처

미움은 미움 받는 사람보다 그를 미워하는 사람에게 더 큰 해악을 끼친다.
쑛쑛

사람이 남에게 못되게 굴면 결국은 자기 자신에게 안 좋다.

'착한 사람도 나쁜 기분이 들 수 있다'는 점을 명심하라.   브루스 패튼

용서하고 화해하면 둘의 인간관계가 좋아질 가능성이 아주 크다.
마틴 셀리그만

마음을 좋게 먹을수록 몸과 마음이 더욱 편안해질 것이다. M. H. 테스터

어떤 친구를 사귀는지 보면 그 사람을 알 수 있는 것처럼, 어떤 책을 읽는지 보아도 그 사람을 알 수 있다. 책도 벗이기 때문이다. 그리고 사람이든 책이든, 가장 좋은 벗을 사귀어야 한다.   새무얼 스마일즈

아무리 훌륭한 사람도 하지 않아야 할 일을 더러 할 수 있다. 그러므로 누구에게든 좋은 점만 배우는 것이지 전체를 다 배울 필요는 없다. 법전

좋은 말도 다하지 마라. 好言不可說盡(호언불가설진)
〈좋은 말이라고 다하면 들은 사람은 반드시 소홀히 여긴다는 뜻〉

정보(情報)가 많다고 해서 무조건 좋은 것은 아니다. 모르는 게 약(藥)이 될

수 있다.
마츠우라 에이코

나쁜 소식은 가능한 한 빨리 전해야 한다. 또 나쁜 소식은 10% 과장해서, 좋은 소식은 90%로 축소해서 전하려고 의식적으로 노력해야 한다.
피터 드러커

우리 인생을 움직이는 보이지 않는 커다란 두 힘은 '운명'과 '인과응보의 법칙'이다. 인간은 운명의 지배를 받는 한편, 자신의 좋은 생각과 좋은 행동으로 운명을 변화시킬 수 있는 존재이다.
이나모리 가즈오

운명(運命)을 바꿀 수 있는 핵심은 '지금 당장 생각과 습관을 바꿀 것'과 '다른 사람에게 좋은 일을 많이 할 것'이다.
조용헌

좋은 습관의 핵심은 내가 정한 해결책을 행동으로 옮기는 것이다.
윌리엄 제임스

자진해서 누군가를 위해 좋은 일을 하라.
밴 크로치

좋은 사람이란 마음에 맞지 않는 사람도 끌어당기는 사람이다.
쿠보 도시로

훌륭한 리더는 머리보다 성격(性格)이 좋아야 한다.
월러 R. 뉴웰

다른 사람으로부터의 좋은 평가에 초연(超然)해져라.
하워드 C. 커틀러

좋은 아버지가 있다면 자연히 그 아들도 좋은 아들이 될 것이다.
브하그완 쉬리 라즈니쉬

그대가 좋은 아들이었다면 어느 날엔가 아버지가 되어서도 그대는 좋은

아버지가 될 것이다. 　　　　　　　　　　　　　브하그완 쉬리 라즈니쉬

점잖게 나이를 먹는 것이 좋은 것이다. 　　　　　　　　　임어당(林語堂)

당신한테 일어나는 모든 일이 당신을 위해 좋은 일임을 깨달을 때, 당신은 영혼의 눈으로 인생을 보고 있는 것이다. 　　　　　　　게리 주커브

끝이 좋으면 다 좋다. (All is well that ends well.)　　윌리엄 셰익스피어

그대의 마음이 불필요(不必要)한 걱정들 때문에 흐려지지 않는다면, 지금이 그대의 삶에서 가장 좋은 때이다. 　　　　　　　　　　　존 카바트 진

비가 와도 좋고 해가 떠도 좋고, 날이면 날마다 좋은 날이다.

【깨달음, 깨닫다, 깨치다, 각성】

〈1〉

인간의 삶은 의식진화(意識進化)의 기회이며, 깨달음(Enlightenment)에 도달할 수조차 있는 커다란 영적(靈的) 기회이다. 　　　　　　　데이비드 호킨스

삶의 참 목적(目的)은 우리 내면에 있는 순수한 영혼인 신성(神性)을 깨닫는 데 있다. 　　　　　　　　　　　　　　　　　　　　　이승훈(李承薰)

청정(淸淨)한 자기마음의 본체(本體)를 밝혀 자기해탈(自己解脫)과 이타행(利他行)을 이루는 것이 올바른 깨달음의 길이다. 　　　　　　　탄허(呑虛)

진리(眞理)와 깨달음은 얻거나 획득하는 것이 아니다. 그것은 조건이 성숙

될 때 스스로를 드러내는 상태나 정황(情況)이다. 데이비드 호킨스

고요하고 평화롭게 영원히 그대로 있는 유일한 무형(無形)의 실체(實體)인 절대존재(絶對存在) 순수의식(純粹意識)을 사람이 지속적인 자기탐구를 통해 자각(自覺) 체험한 상태(狀態)를 '깨달음(jnana)' 또는 '참된 앎'이라고 부른다.
라마나 마하리시

오직 자기 자신이 직접 경험하는 것만이 깨달음이 될 수 있다. 언어(言語)란 깨달음이 아니다. B. S. 라즈니쉬

깨달음을 '성취'하려고 하지 말고, 마음을 지켜보는 자로서 지금 이 순간에 존재하시오. 에크하르트 톨레

본성(本性)을 깨친 사람에게는 인생이 허망(虛妄)하지 않다. 정탁

깨달은 사람은 고통(苦痛)을 인정하면서도, 괴로움 한가운데서 깊은 마음의 평화(平和)를 경험할 수 있다.

깨달음이라는 것은 여하한 경우에도 태연(泰然)하게 살아가는 일이었다.
마사오카 시키

당신한테 일어나는 모든 일이 당신을 위해 좋은 일임을 깨달을 때, 당신은 영혼의 눈으로 인생을 보고 있는 것이다. 게리 주커브

똑똑한 사람은 모든 것을 직접 겪어보지 않고도 자신에게 최선의 길을 선택한다. 반면 똑똑하지 못한 사람은 하나부터 열까지 몸소 부딪쳐봐야 자신에게 최선의 길이 무엇인지 깨닫는다. 로버트 기요사키

일이 터진 뒤에야 깨닫는 것은 아주 나쁜 학습방법이다. 아모스 지타이

많이 깨닫고 적게 깨닫는 차이지, 누구나 깨달으며 살아가는 것이다.
정도령(正道靈)

깨달음과 덕(德)은 별개이다.
세키 세이세츠

일상(日常)의 소중함은 그것을 잃어버리기 전에는 깨닫기 어렵다.
스티븐 브래드너

무언가를 사랑하는 것은 그것이 없어질지도 모른다는 걸 깨달았기 때문이다.
G. K. 체스터틴

좀 더 깨달은 사람만이 남들은 지루하고 억눌린 삶으로 여기는 현실(現實)에서도 기쁨을 누릴 수 있다.
M. 스캇펙

마음이 가난한 자는 복(福)이 있나니, 천국(天國)이 저희 것임이라.
(Blessed are the poor in the spirit, for theirs is the kingdom of heaven.)
마태복음

전체(全體)를 받기 위해서는 그대는 비워 있어야 한다. 무한히 비워 있어야 한다. 오직 그때에만 전체를 받을 수 있다.

욕망(慾望)을 털어버리면 모든 게 환해진다.
서암

욕망을 채움으로써가 아니라 욕망을 자제함으로써 행복해진다는 것을 깨달았다.
존 스튜어트 밀

사람이 모든 것을 갖게 되면 갑자기 모든 것이 부질없다는 어렴풋한 각성이 찾아온다.
바그완 슈리 라즈니시

자발적인 단념이 참된 평정(平靜)을 가져온다. 체념(諦念)이 곧 지혜요 깨달음이다.

나에게 있어서 깨달음이란, 사람은 아무것도 아니라는 사실을 인식하고 이해하고 받아들이는 현상이다. 그 어떤 사람이 되기를 바라는 바로 그 노력이 문제를 만드는 것이다.   B. S. 라즈니쉬

삶의 큰 깨달음을 얻고 효율적으로 살아가는 사람의 삶을 연구해 보면 그들은 다른 사람들이 그들을 어떻게 생각하는지는 신경 쓰지 않았다는 것을 알 수 있다.   로빈 S. 샤르마

도(道)를 깨달은 사람은 쓸데없는 일에 마음을 쓰지 않는다. 이런 경지(境地)에 다다르기 위해서는 반드시 피나는 수행을 해야 한다.   장쓰안

〈2〉

진실을 깨닫고 잘못을 인식하는 능력이 부족한 것은 감정적(感情的)인 결함(缺陷) 때문일 경우가 많다.   벤저민 프랭클린

깨달음이란 고정관념의 쐐기를 뽑아내는 것이다.
覺則抽釘拔楔也(각즉추정발설야)

깨달음으로 가는 방법 중 좋은 것은 반성(反省)이다.   정도령(正道靈)

한 번의 실패로 깨달을 수 있는 사람이 되어야 한다.   마쓰시다 고노스케

민주사회의 시민은 지배주체(支配主體)로 격상하기 위해 부단한 각성(覺醒)과 노력이 필요하다.   한승헌(韓勝憲)

하고많은 수행 중 가장 큰 수행(修行)은 바로 '사람은 상대방을 억지로 변화시킬 수 없다'는 것을 깨닫는 '결혼'이라는 수행이다.   **사이토 히토리**

깨달음은 성실함을 가져오지만 또한 모든 심각(深刻)함을 소멸(消滅)시켜 버린다. 깨달음은 장난기와 유머를 일으킨다. 유머감각은 필연적인 것이다. 유머감각이 없는 사람을 보면, 그가 깨닫지 못한 사람이라고 생각해도 좋다.   **B. S. 라즈니쉬**

수행자는 항상 마음이 느긋하고 편안하고 여유로운 때만 깨달음을 얻을 수 있다.   **김태영**

명상(瞑想)을 어쩌다 한 번씩 수행해서는 깨달을 수 없다. 명상은 밤낮없이 항상 해야 하는 것이다.   **오쇼 라즈니쉬**

집중할 때 뇌(腦)가 안정되기 때문에 명상을 꾸준히 반복하여 집중력(集中力)을 키울수록 각성(뇌의 통합)이 더 잘 이루어진다.   **이승헌**

깨닫지 못해도 닦으면 닦은 만큼의 빛이 난다.   **산본현봉(山本玄峰)**

'나는 모든 것을 알았다'라고 말할 수 있는 그 순간은 결코 오지 않는다.   **B. S. 라즈니쉬**

수행은 꼭 깨달음만을 위해 하는 것이 아니다. 자신의 내면을 닦고, 알고자 하는 것이다.   **정도령(正道靈)**

수행자(修行者)의 과제는 마음을 깨쳐 대자유인(大自由人)이 되는 것이다.   **성철**

삶의 영원한 진실을 깨달았으면, 하던 일을 계속하는 것밖에 할 일이 무엇

이 있겠는가?　　　　　　　　　　　　　　　　　　　　잭 콘필드

도(道)가 깊어지면 예지능력(豫知能力)도 깨어난다.　　　　탄허(呑虛)

대다수 종교에서 인생의 지혜를 깨달은 사람들이 우리에게 전하는 조언(助言)은 "죽음을 자신의 상담자로 삼으라."는 것이다.　　미하이 칙센트미하이

'죽음을 맞이하는 순간을 상상해 보는 것'은 우리의 인생에서 가장 중요한 것이 무엇인지 깨닫게 해준다는 점에서 효과적이다.　　　　리처드 칼슨

삶의 일회성(一回性)이야말로 우리에게 삶의 각 순간들을 최대한 활용(活用)해서 살아야 한다는 사실을 일깨워주는 것이다.　　　　　빅터 프랭클

죽음의 고통 앞에 선 순간이야말로 평범했던 시간들이 행복했던 때였음을 깨닫게 된다.

죽음은 영적 깨달음을 얻을 절호의 기회가 될 수 있다.　　　스티븐 레빈

먼 훗날 인생의 힘든 순간들을 돌이켜보면 그런 시련의 순간을 통해 우리를 복 받기에 합당한 사람으로 단련시켰음을 깨닫게 될 것이다.
　　　　　　　　　　　　　　　　　　　　　　　　　　조엘 오스틴

오랜 세월이 지난 후에야 세상의 괴로움들이 내 수행(修行)의 일부라는 사실을 깨달았다.　　　　　　　　　　　　　　　　　　　잭 콘필드

의식(意識)의 각성(覺醒)을 이룬 사람은 순간마다 자신의 각성에 따라 행동한다.　　　　　　　　　　　　　　　　　　　　　　　오쇼 라즈니쉬

지혜로운 자는 지금 이 순간 깨어 있는 마음으로 행복하게 산다.　석가모니

【꿈, 갈망, 바라다, 비전, 소망, 소원, 야심, 열망, 염원, 원하다, 이상, 희망】

〈1〉

목표를 성취하기 위해서는 우선 간절히 원해야 한다.
조바이델, 이하레아카라 휴렌

진심으로 바라는 것이 무엇인지 결정하라.   C. M. 브리스톨

자신의 희망(希望)과 꿈을 절대로, 절대로 포기하지 마라.   잭 캔필드

이 세상에 있는 위대한 진실의 하나는 "무언가를 온 마음을 다하여 진심으로 원한다면 반드시 그렇게 된다."   파울로 코엘료

자신이 원하는 것을 이미 가진 것처럼 마음속으로 생생하게 그려보라.
잭 캔필드

염원(念願)을 마음속에 심어두라.   C. M. 브리스톨

원하는 것에 집중하는 한 기적(奇蹟)은 계속 일어난다.   조 비테일

장래는 반드시 좋은 일이 있을 것이라는 희망을 가져라.   파토릭 레이놀즈

희망은 절망(絶望)을 위한 신(神)의 선물이다.   윌마 루돌프

희망은 스스로 찾고, 찾아도 없으면 만드는 것이다. 희망은 그냥 갖는 것이다.
이승헌

창조적인 힘이 솟아나는 것은 욕구의 그림이 심안(心眼)에 뚜렷이 보였을 때나, 생각이 훌륭히 원숙해졌을 때이다.   C. M. 브리스톨

당신이 무엇을 원한다면 반드시 그에 관한 어떤 일을 해야만 한다.
    M. H. 테스터

인생을 멀리 보고, 꿈을 품고, 현재 하는 일에 최선을 다하면 노력의 결실이 반드시 이루어진다.   송창원

이상적(理想的)인 삶은 어떤 대가를 치르기 마련이다.   스코트 니어링

꿈은 내가 스스로 내딛는 발걸음만큼만 가까워진다.   고든 리빙스턴

막연하게 먼 꿈만 꾸지 말고, 지금 할 수 있는 일부터 시작해 보라.
    김인호(지체장애인)

행동하지 않는 한 아무것도 얻지 못한다. 망설이지 말고 원하는 것을 얻기 위해서 전진하라.   잭 캔필드

실현가능성이 0%가 아니라면, 현재로는 아무리 불가능해 보이는 일이라도 커다란 꿈을 가지는 것이 좋다.   사토 도미오

꿈의 크기와 인물(人物)의 크기는 비례한다.

청년의 한 특징은 야심(野心)이다. 아무리 나이가 젊더라도 그에게 야심이 없다면 노인이다. 연령으로는 노인일지라도 만일 야심이 있다면 그는 정신에 있어서는 아직 젊은 것이다.

야심과 결의(決意)가 당신을 비범(非凡)한 사람으로 만든다.   J. V. 서어니

가슴에 꿈을 품고 있는 한, 그 꿈을 성취할 가능성은 존재한다. 그러나 포기한다면 그 순간 소중한 꿈과는 영영 멀어진다.　　　　　오츠 슈이치

소망(所望)하는 행운(幸運)을 얻기 위해 우선 필요한 것을 하겠다는 뜻을 가져야 하며, 실제 행동을 취해야 한다.　　　　　랜덜 피츠제럴드

소망(所望)이 이루어진다는 사실을 의심하지 말고 '걱정 없이 바란다면' 원하는 것이 재빨리 이루어질 것이다. 걱정은 '죄악'이며 자연에 거스르는 것이다.　　　　　플로렌스 스코벨 쉰

걱정은 원하지 않는 것이 일어나게 해달라고 비는 기도다.
　　　　　존 아사라프, 머레이 스미스

위기의 순간에 부딪히면 다른 사람들은 불안과 회의(懷疑)로 아무런 행동도 취할 수 없지만, 강력한 비전(Vision)을 지닌 사람은 주어진 과제를 수행하는데 조금도 주저하지 않는다.　　　　　미하이 칙센트미하이

꿈이 크면 클수록 오랜 시간이 걸리므로 둔감력(鈍感力)이 더 많이 필요하다.
　　　　　우에니시 아키라

경영자는 항상 꿈을 가지고 '이런 일을 해보고 싶다. 이런 회사로 만들고 싶다.'는 이상(理想)을 늘 그려보고 있어야 된다고 본다. 그러고는 그런 이상을 목표(目標)로서 차례로 발표토록 하는 것이다. 그래야만 기업은 젊음을 유지할 수 있게 된다.　　　　　마쓰시다 고노스케

어떤 결과(結果)가 갑자기 일어나는 것은 아니다. '그렇게 되고 싶다. 그렇게 하고 싶다.'고 계속 생각하는 것이 중요하다. 생각하기 때문에 그것이 행동으로 나오고, 그것이 시작이 돼 결과로 연결된다.　　　　　오니시 마사루

사람들은 무의식중에 자신이 이상적으로 생각하는 사람에게 이끌린다.
제임스 아서레이

인간은 이상화(理想化)된 자기대상(自己對象)과 동일시(同一視)하려는 노력을 통해 자신의 이상을 추구하게 되며, 이런 과정을 통해 점차 인격적으로 성숙되어 가면서 이상화된 자기대상에서 독립해 거짓된 자기와는 다른 진정한 자기를 향해 나아가는 것이다.
장경준

소망하는 것을 열망(熱望)하기보다 감사(感謝)하는 쪽을 택하라. 그러면 보다 쉽게 그것을 끌어들일 수 있다.
지니 르메어 칼라바

올바른 기도는 간청의 기도가 아니라 감사의 기도다.
닐 도날드 월쉬

현실을 냉철하게 직시하면서도 꿈꾸고 싶은 미래를 시각화하는 두 가지 능력이 능숙할 때 직업과 인생의 성공이 모두 가능하다.
마틴 셀리그먼

욕구된 것이 성취된 모습, 동경(憧憬)하고 있는 입장에 이미 서 있는 실황을 마치 현실인 것처럼 이미지(Image : 映像)로서 마음의 눈에 그려보아야 한다.
C. M. 브리스톨

그렇게 되고 싶다는 마음의 영상(映像)이 강렬할 때 기회는 언젠가 찾아온다.
C. M. 브리스톨

무엇이든 당신이 달성하고 싶은 소망(所望)이 있다면, 그것을 분명하게 마음의 그림으로 그릴 능력을 기르지 않으면 안 된다.
하롤드 셔만

당신 자신이 가졌다고 상상하는 무슨 물건이든지 당신은 가질 수 있다.
헨리 포드

"마음에 강렬하게 그린 것이 현실로 나타난다."는 '우주의 법칙'은 자나 깨나 끊임없이 '엄청나게 많이' 생각하고 바라야 한다.   이나모리 가즈오

간절하게 바라는 꿈이 있다면 절대 포기하지 마라.   윤다빈

사람의 운명은 그 사람 마음속의 간절한 바람에 의해 얼마든지 바뀔 수 있다.   쑤쥔

자신이 간절(懇切)히 바라고 있는 것은 거의 다 이루어진다는 사실을 분명히 기억하라.   지광

강하게 계속 그려나갈수록, 빨리 확실히 그 꿈은 실현되는 것이다.   다고 아카라

지금 큰 꿈이 없고 구체적인 미래의 모습을 그리지 못했다고 자괴감(自愧感)을 느낄 필요는 전혀 없다.   방시혁

〈2〉

행복의 첫 번째 원칙은 어떤 일을 할 것, 둘째 어떤 사람을 사랑할 것, 셋째 어떤 일에 희망을 가질 것이다.   칸트

희망은 나를 내일, 모레, 글피까지 살아가게끔 하는 원동력(原動力)이다.   다비드 세르방 슈레베르

인생을 살맛나게 해주는 건 꿈이 실현되리라고 믿는 것이다.   파울로 코엘료

희망보다 더 좋은 약(藥)은 없다.   솔로몬

나의 노력이 다른 사람을 위해 어떤 의미(意味)를 지닌다는 희망을 품었을 때 비로소 인생의 보람을 느낀다. 　　　　　　　　　　드와이트 아이젠하워

리더십은 비전(vision)을 현실로 바꾸는 능력이다. 　　　　　워런 베니스

비전이란 한번 정하면 고정불변의 것이 되는 그런 형태여서는 안 된다. 즉 전혀 다른 비전으로 바뀔 수도 있어야 하는 것이다. 　　　　톰 피터스

행복해지고 싶다면 자신에게 적합한 꿈을 품고 살아야 한다.
　　　　　　　　　　　　　　　　　　　　　　르네 데카르트

'홀가분한 마음'은 결코 이룰 수 없는 소망을 포기할 때 얻어지는 마음이다.
　　　　　　　　　　　　　　　　　　　　　　윌리엄 제임스

꿈이 있는 것은 좋지만 이룰 수 없는 꿈은 슬픈 것이다. 　　　　김동길

바라는 것이 적은 사람은 두려워할 일도 적다. 　　　　윌리엄 블레이크

꿈이 사라지면 또 다른 꿈을 꾸라. 　　　　　　　　　　조엘 오스틴

절망 속에서도 희망을 잃지 마라. 희망만이 희망을 키운다. 이건희(李健熙)

만일 당신이 가난하다면 나를 포함한 많은 가난했던 사람을 기억하라. 부단한 노력과 교육을 통해 무엇이든 (심지어 대통령도) 할 수 있다는 것이 바로 아메리칸 드림(American Dream)이다. 우리는 할 수 있다. 　　버락 오바마

어떤 순간이라도 새로운 꿈을 쫓을 수 없을 만큼 힘든 시기란 없다.
　　　　　　　　　　　　　　　　　　　　　　마이클 린버그

최악의 상태라도 인간은 희망을 잃어버리면 안 된다. 나쁜 일이 좋은 일에 연결되는 일도 있을 수 있음을 믿지 아니하면 안 된다.   아키바

네가 헛되이 보낸 오늘은 어제 죽은 자가 그토록 갈망하던 내일이다.
소포클래스

시력(視力)을 잃은 사람이라고 해서 비전까지 없는 것은 아니다.
스티브 원더

어떠한 삶이라도 살아 있기만 한다면, 포기하지만 않는다면 살아갈 희망은 있다.   황영택 〈장애를 극복한 성악가〉

비극(悲劇)에도 희망의 불꽃이 있어야 한다.   아서 밀러

어둠(슬픔과 고통)이 아무리 길어도 반드시 태양(희망과 환희)은 떠오르기 마련이다.   오프라 윈프리

하나의 비전(vision)을 가진 사람이 여러 개의 비전을 가진 사람보다 항상 앞서간다.   랠프 우즈

무릇 일을 이루는 것은 그 열망의 강도(强度)에서 비롯된다.   까비르

희망이 없으면 노력도 없다. 무엇보다도 먼저 희망을 갖자. 그리하면 자연히 노력하는 사람이 될 테니까!   사무엘 존슨

희망을 주는 책을 읽어라.   마이클 린버그

누구라도 꿈을 꿀 수 있다면 그것을 실현하는 것은 어렵지 않다.
월트 디즈니

이 세상에는 빵에 대한 갈망(渴望)보다는 사랑과 인정을 받고 싶어 하는 갈망이 더 많다.
테레사

원하는 것을 얻을 수 있다고 믿어라. 그것이 합리적(合理的)인 것이기만 하면 반드시 얻게 된다.
에밀 쿠에

당신이 무엇을 원한다면, 반드시 그에 관한 어떤 일을 해야만 한다.
M. H. 테스터

만일 감자를 얻을 수 있게 해달라고 기도하려면 우선 괭이부터 챙겨라.

불쾌하고 기분 나쁜 생각은 빨리 잊고, 좋은 생각만 하라. 미래의 꿈과 희망을 갖고 창조적으로 살아야 한다.
정현우

부정적 스트레스(Distress)는 나쁘지만 긍정적 스트레스(Eustress)는 좋다. 긍정적 스트레스를 더 많이 만들어 인생에 적용할수록 꿈을 더 빨리 이룰 수 있다.
티모시 페리스

어제의 꿈이 오늘의 현실이 된다.
시몬 페레스

한 사람의 꿈은 꿈이요, 만인(萬人)의 꿈은 현실(現實)이다.
징기스칸

옛일을 회고할 때의 기쁨이 아무리 크다고 해도 희망이 안겨줄 기쁨에 비하면 아무것도 아니다. 희망은 모든 노력과 수고의 근원이기 때문이다.
새무얼 스마일즈

살다 보면 인생의 찬란한 태양이 떠오를 때가 있다. 그런데 이것도 포기하지 않는 사람에게 온다. 그러니 모든 일은 잘될 거라는 믿음을 버리면 안 된다. 희망을 가지라.
보경

과거만 보고 머뭇거리기에 우리의 인생은 너무나 짧다. 현재를 열심히 살면서 희망에 찬 시선(視線)으로 미래를 보라.　　　　　　마이클 린버그

사람은 희망과 함께 젊어지고, 실망과 함께 늙어간다.　　더글러스 맥아더

청년은 희망(希望)의 그늘에 살고, 노인은 회상(回想)의 그늘에 산다.
　　　　　　　　　　　　　　　　　　　　　　　키엘 케고르

꿈을 꾸기에 너무 늦은 나이란 없다.

인생의 매운맛과 고통을 충분히 경험해 본 늙은이가 젊은이에게 해줄 수 있는 충고는 "희망을 갖고 자신 있게 전진하라"는 것이다.　새무얼 스마일

삶이 꿈과 멀어질수록 지루하고 똑같은 일상(日常)의 반복(反復)으로 전락하고 만다.　　　　　　　　　　　　　　　　　　　　　마이클 린버그

노년(老年)에 이르면 자기가 원하는 대로 정확하게 되는 일이 드물다.
　　　　　　　　　　　　　　　　　　　　　　　조지 베일런트

죽음은 광대한 경험의 영역이다. 나는 힘이 닿는 한 열심히, 충만하게 살아왔으므로 기쁘고 희망에 차서 간다. 죽음은 옮겨감이거나 깨어남이다. 모든 삶의 다른 국면에서처럼 어느 경우든 환영해야 한다.　　스코트 니어링

당신에게 주어진 시간은 결코 길지 않다. 이제 더 이상 방황(彷徨)하지 말라. 헛된 희망을 던져버리고 아직 능력이 남아 있는 동안에 이성(理性)의 인도에 따라 당신 눈앞의 일을 서둘러서 성취하라.　마르크스 아우렐리우스

진실로 원하는 일을 하라. 아직도 기회는 있다.　　　　　마이클 린버그

죽지 않았다면 희망은 있다. 하룻밤 사이에 벌어질 기적을 기대하라!

플로렌스 S. 쉰

갈망(渴望)하라. 여전히 우직하게. (Stay Hungry, Stay Foolish.)

스티브 잡스

【끌어당김】

당신의 인생에 나타나는 모든 현상(現狀)은 당신이 끌어당긴 것이다. 당신이 마음에 그린 그림과 생각이 그것들을 끌어당겼다는 뜻이다. 마음에 어떤 생각이 일어나든지 바로 그것이 당신에게 끌려오게 된다.　**론다 번**

우리는 자신이 원하는 것이 아니라, 자신과 같은 것을 끌어당긴다.

제임스 레인 알렌

끌어당김의 법칙(法則)은 당신이 어떤 것을 좋게 생각하든 나쁘게 생각하든, 원하든 원하지 않든, 그런 것에는 상관(相關)하지 않는다. 그저 당신의 생각에 응답(應答)할 뿐이다.　**론다 번**

편안(便安)하고 행복(幸福)한 마음으로 하는 상상(想像)이 당신의 소망(所望)을 더 가까이 끌어당긴다.　**오시마 준이치**

지속적인 생각으로 끌어당기지 않는 한 무엇도 당신 인생에 나타날 수 없다.　**론다 번**

착한 것이 좋은 운(運)의 필요조건이 될 수는 있으나, 충분조건은 아니다. 강(强)함을 갖춰야 좋은 운을 끌어들일 수 있다.　**김승호**

좋은 사람이란 마음에 맞지 않는 사람도 끌어당기는 사람이다. **쿠보 도시로**

소망하는 것을 열망(熱望)하기보다 감사(感謝)하는 쪽을 택하라. 그러면 보다 쉽게 그것을 끌어들일 수 있다. **지니 르메어 칼라바**

하루를 좋게 시작하고 그 좋은 감정을 느끼고 있으면, 끌어당김의 법칙에 따라 계속해서 기분이 좋아질 상황과 사람들을 끌어당기게 된다. **밥 도일**

【끝, 결국, 극(極), 나중, 마무리, 마지막, 최후】

시작이 있으면 반드시 끝이 있는 것이 자연의 도리다.
有始者必有終 自然之道也(유시자필유종 자연지도야)   **법언(法言)**

삶이 소중한 이유는 언젠가 끝나기 때문이다.   **프란츠 카프카**

사람이 20년을 살았는지 70년을 살았는지는 중요치 않다. 마지막 지점에서 돌아볼 때 생(生)은 한순간에 빠져나간 썰물같이 보인다. **스티븐 레빈**

우리는 삶이 끝나는 때를 알 수 없으므로 매순간을 가장 소중한 순간인 것처럼 살아내야 한다.   **안젤레스 에리엔**

매일 매일이 마지막 날인 것처럼 살되, 내 삶이 백 년 동안 계속될 것처럼 계획을 세우는 것이다.   **C. S. 루이스**

끝까지 살아남는 종(種)은 강한 놈도, 큰놈도 아니다. 잘 적응하는 놈이다.

끝까지 해내는 힘을 기르면 성공습관이 생긴다.   **노가미 히로유키**

끝나버리기 전에는 무슨 일이든 불가능하다고 생각하지 말라.   키케로

끝을 보고야 말겠다는 강력한 의지가 목표 달성을 이끈다.   보도 새퍼

끝까지 해내려면 무엇보다 조급해하지 말아야 한다. 그러나 절대로 포기하는 일은 없어야 한다.   사이토 시케타

끝까지 참는 자는 구원(救援)을 얻으리라.   예수 그리스도

성공한 사람들이란 하나의 길을 택하여 여기에 시종(始終)한 사람들이다.
    앤드류 카네기

마지막 하나까지 모두 정리되기 전에는 절대 일이 끝난 것이 아니다.
    로버트 링거

나중을 조심하기를 처음과 같이 하면, 곧 일을 실패하는 경우가 없다.
    도덕경(道德經)

무슨 일이든지 옳은 방법으로 하지 않으면 결국은 발목이 잡혀 대가(代價)를 치르게 된다.   로버트 버포드

무슨 일이든 극(極)에 달하면 반드시 반전(反轉)을 맞는다.
物極必反(물극필반)   주역(周易)

달도 차면 기운다.   속담

손을 댈 때에는 먼저 손을 뺄 것을 생각하라.   채근담(菜根譚)

무언가를 시작했다고 해서 꼭 그 일을 끝내야 하는 것은 아니다. 그리고

뭔가를 그만두는 것이 그 일을 끝까지 하는 것보다 더 좋은 경우는 흔하다.
티모시 페리스

다른 사람과 싸울 때 마지막에 상대방이 한 행동과 말에 반응한다.
타카다 아키가즈

가슴 아픈 이야기는 끝까지 가시로 남는다. 고철종

우리는 직장에서 물러나 잃어버린 과거에 대한 회한과 실망으로 길고도 쓸쓸한 노년을 보내다가 어느덧 문뜩 생의 마지막 날에 다다르게 된다.
황경식

우리 인간들은 꼭 마지막에 이르러야만 분별력(分別力)을 발휘하는 경향이 있다.
데이비드 프로스트

우리는 인생이 다 흘러가버린 다음에야 인생을 어떻게 살아야 하는가를 배운다.
미셸 에켐드 몽테뉴

사치(奢侈)에는 끝이 없다. 십팔사략(十八史略)

역사는 돈이야말로 현명한 사람이 축적해야 할 최후의 것임을 알고 있다.
W. J. 듀란트

삶에는 끝이 있지만 앎에는 끝이 없다. 장자(莊子)

죽음을 바라보고 살면 절망이지만, 끝자리에서 삶을 바라보고 살면 삶을 어떻게 완성시켜 나갈까를 조금 더 진지하게 생각하게 된다. 정진홍

언젠가는 죽을 것을 알고 있음에도 불구하고 우리는 마지막에 갈 것이라

고 생각한다. 죽음이 언제나 문 앞에 있는 한, 사람은 모름지기 항상 노력을 다하면서 재빠르게 행동해야 한다.   야마모토 쓰네토모

당신에게 소중한 사람들을 위해 이 순간이 마지막인 것처럼 시간을 더 많이 내도록 하라. 바로 오늘, 지금 당장!   리처드 템플러

죽음은 나의 끝이자 내 인격의 끝이다. 죽음은 그야말로 모든 것의 끝이다.
  셸리 케이건

여유롭고 자연스럽게 적나라(赤裸裸)한 자기 자신을 지켜보는 것 – 이것이 마지막 언어이다.   틸로빠

순간순간을 마지막처럼 즐겨라.   로빈 S. 샤르마

죽음은 삶의 마감이다. 이제 그만 끝이다. 하루 일이 끝나면 밤이 잠의 축복을 가져다주듯이 죽음은 더 큰 날의 시작일 수 있다. 우리는 그것을 환영해야 한다.   헬렌 니어링

사람의 성패(成敗)는 관(棺)을 덮기 전에는 모른다.   시부사와 에이치

관의 뚜껑을 덮고 나서야 그 사람의 팔자를 말할 수 있다.   두보(杜甫)

오늘이 인생의 마지막 날인 것처럼 살자. 지금 이 순간에 존재한다는 사실에 감사하고, 현재에 최대한 충실하자.   M. J. 라이언

해피엔딩(happy ending)이 제일 좋다.   에카르트 폰 히르슈하우젠

끝이 좋으면 다 좋다. (All is well that ends well.)   윌리엄 셰익스피어

Part 02

ㄴ
(니은)

【나이】

나이가 저절로 지혜(智慧)를 주지는 않는다.   리처드 템플러

나이를 먹는다고 해서 반드시 성숙해지는 것은 아니다.   조지 베일런트

사람은 나이에 맞게 자신의 생각을 바꿔가며 살아야 한다.
       라인홀트 메스너

삶은 너무 짧다. 그래서 하고 싶은 일이 있으면 지체하지 말고 곧바로 실천해야 한다. 그렇지 않으면 나이 먹어 후회한다.   헨리 데이비드 소로

삼십대(三十代)까지 전문지식(專門知識)이 없으면 평생을 좌충우돌하면서 살아가게 된다.   장영동

서른이 넘었으면 자기 인생을 부모 탓으로 돌리지 말라.   로저 로젠블라드

청년의 한 특징은 야심(野心)이다. 아무리 나이가 젊더라도 그에게 야심이 없다면 노인이다. 연령으로는 노인일지라도 만일 야심이 있다면 그는 정신에 있어서는 아직 젊은 것이다.   단 카스터

나이가 들어야 인생을 알게 된다는 것을 알았다.   일라나고르

나이가 든다는 것은 '이해되지 않는 것이 줄어드는 것'이라고도 할 수 있다.
    원철

나이 먹으면 세상만사 흥망성쇠가 있다는 것을 안다.   한운사(韓雲史)

나이 들기는 쉬워도 아름답게 늙어가기는 어렵다.   고든 리빙스턴

사람은 나이가 아무리 많아도 변할 수 있다.   오모테 사부로

나이 탓하지 말고 언제나 새롭게 시작하자.

새로운 도전을 맞이하기에 너무 늦은 나이란 없다.   고든 리빙스턴

모든 나이에 모든 일이 적합한 것은 아니다.   막시미아누스

나이가 들수록 과격한 운동은 피하라.   하루야마 시게오

나이와 싸우지 마라. 변화하는 신체능력과 상황에 맞추어 적응하라.
    칼 필레머

나이 들어 스스로 해결하지 못하는 일은 일단 포기할 것   소노 아야코

나이가 들수록 남성은 남성호르몬 분비가 감소하면서 유순(柔順)해지고, 여성은 여성호르몬 분비가 줄면서 자기주장(自己主張)이 강해지는 경향이 있다.
    앤 모아, 데이비드 야셀

나이가 들수록 가족 간에 서로 친밀하게 지내는 것 이상 좋은 게 없으며,

나이가 들수록 돈보다는 곁에 함께 있어줄 사람이 필요하다.

조지 베일런트

나이 들수록 더불어 살 자가 있어야 한다. 주역(周易)

인생에는 완벽한 성공도, 절망뿐인 실패도 없다. 나이를 먹다 보면 하나하나의 사건들을 더 넓은 맥락 속에서 파악하는 분별력 즉, 폭넓은 시각으로 사리분별(事理分別) 하는 능력이 생기게 된다. 그러다 보면 점차 타인에게 관대해지고 좀 더 느긋하게 살고 싶은 욕망도 생기고, 현재 삶에서 소소한 즐거움들을 발견하게 된다. 칼 필레머

노년에 들면 마음이 너그럽고 사리분별에도 밝다고들 하던데 믿을 것이 못 된다. 도리어 갈팡질팡 줏대 없이 구는 수가 많다. 최일남

나이 들었다는 것은 손아랫사람들을 위해 주라는 뜻이다. 김형석(金亨錫)

점잖게 나이를 먹는 것이 좋은 것이다. 임어당(林語堂)

사람들은 매우 상처받기 쉽고 내적으로 민감(敏感)하다. 이 점은 나이나 경험에 별 상관이 없는 것 같다. 스티븐 코비

나이가 들수록 마음의 평정(平靜)을 유지하는 게 중요하다. 송인상(宋仁相)

나이 든 사람이라면 얼굴이 얼마나 평온해져 가고 있는지에 더 관심을 가져야 한다.

사람은 나이가 들수록 인간관계(人間關係)에 관심을 덜 보이고 혼자 있는 것에 더 만족하며 내면(內面)의 관심사(關心事)에 더 몰두하는 경향이 있다. 다른 사람들을 점차 객관적으로 판단하게 되고 자신과 동일시하는 정도가

점점 줄어든다. 　　　　　　　　　　　　　　　　　　　　　앤서니 스토

70세든, 80세든, 90세든, 100세든 각 나이를 인생의 다른 맛을 음미할 기회로 여긴다면 나이 먹는다는 사실이 다른 가치로 다가올 것이다.
　　　　　　　　　　　　　　　　　　　　　　　　　　　　　　닐르 C. 넬슨

모든 나이는 아름답다. 다만 그때는 그때의 아름다움을 모를 뿐이다.
　　　　　　　　　　　　　　　　　　　　　　　　　　　　　　　　박우현

유쾌하게 나이 들어 갈 수 있고, 건강하게 살아갈 수만 있다면 - 그 모든 것들은 정말 중요한 문제가 되지 못한다. 그것이 무엇이든.
　　　　　　　　　　　　　　　　　　　　　　　　　　　　　로저 로젠블라드

나이를 먹으면 일 년은 짧고 하루는 길다. 　　　　　　　　　　　　베이컨

나이를 먹어갈수록 하루하루가 더욱 절실해지니까 나이도 먹어볼 만하다.
　　　　　　　　　　　　　　　　　　　　　　　　　　　　　　　　임옥인

【낙관, 낙천, 비관, 염세】

낙천적(樂天的)인 사고(思考)는 어떤 일이든 긍정적으로 받아들여 즐겁게 생각하고 만족을 느끼는 사고방식이다. 낙천적인 사람에게는 낙천적인 일이 일어난다. 낙천적인 사람은 비관적인 일이라도 낙천적으로 생각한다. 어떤 일이든 좋은 방향으로 해석하라. 　　　　　　　　　　　　사토 도미오

복(福)받은 삶을 사는데 필수적인 한 가지 요소는 낙천적인 견해를 갖는 것이다. 낙천적인 견해를 갖기 위해서는 우리는 행동을 조심해야 하고, 다른 사람들을 배려하고, 우리가 지닌 소중한 것들에 감사할 줄 알고, 베풀려는

마음을 지니고, 해로운 사람들과 생각을 피해야 한다.　　랜덜 피츠제럴드

낙관주의자(樂觀主義者)는 어려움 속에서 기회(機會)를 보는 사람이고, 비관주의자는 기회 속에서도 어려움을 보는 사람이다.　　윈스턴 처칠

낙관주의자와 비관주의자는 긍정적이든 부정적이든 미래에 벌어질 일이 결정됐다고 전제(前提)한다는 공통점이 있다.　　리베카 솔닛

지혜로운 자는 순조로울 때 결코 득의양양(得意揚揚)하거나 자만하지 않으며, 역경에 처해서도 결코 비관하거나 절망(絶望)하지 않는다.

비관적(悲觀的)인 태도는 인생에 아무런 도움도 되지 않는다.

염세적(厭世的)인 문학작품(文學作品)은 읽지 말라.　　월러스 D. 워틀스

긍정적, 낙관적인 태도를 가지고 한쪽을 선택한 사람들은 부정적, 비관적인 생각을 가지고 선택한 사람들과 달리 자신이 바라던 대로의 인생을 살게 된다.　　사토 도미오

사람은 언제나 낙관적으로 살아야 즐겁다. 비관적으로 살면 한도 끝도 없이 괴롭다.　　강원도 어느 산골 도인

낙천가(樂天家)란 89세의 나이에 장가들어 가지고는 학교 근방에 집을 물색하는 사람이다.
(An optimist is a guy who gets married at the age of 89 and starts looking for a house close to a school.)

자기암시(自己暗示)의 위대한 원칙을 잊지 마라. 어떤 경우에도, 말도 안 되는 경우라도 우선 낙관(樂觀)하라.　　에밀 쿠에

낙천적이고 긍정적이고 감사하는 마음을 가진 사람은 모든 일에 부정적이고 불만이 많은 사람보다 삶에 대한 만족도(滿足度)와 성취도(成就度)가 높다.
닐르 C. 넬슨

아무리 어려운 시기에도 낙관적인 가정(假定)에 서서 난관(難關)을 헤쳐 나갈 예지(叡智)와 용기(勇氣)를 발휘해야 한다.
케인즈

어느 때든 낙관적이고 긍정적인 시각(視覺)으로 사물(事物)을 본다면 모든 순간이 삶에서 최고의 시간이 될 것이다.
청샤오거

【남, 다른 사람, 상대, 타인】

〈1〉

자기 일보다도 먼저 남의 일을 생각할 수 있게 되면 어른이 된 증거(證據)라고 생각해도 좋다.
타나베 쇼이치(田邊昇一)

남에게 말을 할 때 "내가 이 말을 들으면 기분이 어떨까?"를 먼저 생각해 본 후에 말해야 안전하다.
이정숙

다른 사람의 단점이나 허물을 비난하고 싶더라도 참아보자. 조셉 텔루슈킨

내가 듣기 싫어하는 말은 남도 듣기 싫어하는 법이다.
이정숙

남을 욕하면 나도 남의 욕을 듣게 된다.
대학(大學)

Curses 'like chickens' come home to roost.
〈저주(詛呪)는 '새 새끼처럼' 둥지로 돌아온다. : 남 잡이가 제 잡이〉

속담

자기만을 귀하게 여겨 남을 천하게 여기지 말라.
勿以貴己而賤人(물이귀기이천인) 　　　　　　　　　　명심보감(明心寶鑑)

사람이 남에게 못되게 굴면 결국은 자기 자신에게 안 좋다.

절대 남에게 굴욕감(屈辱感)을 주지 말라. 　　　　　　조셉 텔루슈킨

마음에 상처받은 사람들은 남에게 쉽게 상처를 준다. 상처받은 사람에게 도움의 손길을 뻗어라. 　　　　　　　　　　　　　　　　존 맥스웰

참다운 인격자(人格者)는 사소한 행위에도 그 누구에게 건 타인(他人)에 대한 배려(配慮)가 완벽하다. 　　　　　　　　　　　　　사무엘 스마일즈

자기 마음을 가지고 남의 마음을 헤아릴 경우, 피차 아무런 틀리는 점이 없다. 　　　　　　　　　　　　　　　　　　　　　　중용(中庸)

무슨 일이든 처리할 때는 상대방의 입장에 서서 한번 생각해 보라.
易地思之(역지사지)

남에게 대접을 받고자 하는 대로 너희도 남을 대접하라. 　　　　누가복음

내가 남을 좋아하면 그 사람도 나를 좋아할 수 있게 된다. 　　　　장응철

자신과 같은 생각을 하는 사람과 함께 있을 때 사람들은 더 편안함을 느끼게 마련이다. 　　　　　　　　　　　　　　　　　　　　리처드 칼슨

우리는 서로를 너무 성급하게 심판(審判)한다. 상대방(相對方)의 가슴속에 무

엇이 담겨 있는지는 거의 모르면서 말이다. 　　　　　　　　잭 콘필드

사람은 자신의 됨됨이만큼 남을 알아보게 되어 있다. 　　　　　김승호

농담이라도 남의 이야기를 하거나 흉을 보지 말아야 한다. 　　　법전

다른 사람에 대해 이야기할 때는 그들이 우리와 한 방에 같이 있는 것처럼 가정(假定)하고 말해야 한다. 　　　　　　　　　　　　　　조 비테일

말하기 좋다 하고 남의 말 말을 것이
남의 말 내하면 남도 내 말 하는 것이
말로서 말이 많으니 말 말음이 좋아라. 　　　　　청구영언(靑丘永言)

나는 내가 확실하게 알지 못하는 사실에 대해서는 남들에게 퍼뜨리지 않을 것이고, 내가 확신하지 못하는 것을 가지고 남을 비난(非難)하거나 경멸(輕蔑)하는 어조(語調)의 말을 하지 않을 것이다. 　　　　　　　틱낫한

사람은 누구나 남이 하는 얘기보다는 자기가 하는 얘기에 더욱 만족을 느낀다. 　　　　　　　　　　　　　　　　　　　　　　　　헨리 레니에

상대방을 비난하기 전에 한 번 더 생각할 일이다. 그리고 그것을 말하지 말아야 한다. 　　　　　　　　　　　　　　　　　　　　　E. 휠러

아무리 친해도 남의 약점은 농담으로라도 들추어서는 안 된다. 　　이정숙

잘 나갈 때 다른 사람한테 잘하고, 상대방이 넘어졌을 때 손을 내밀라. 　　　　　　　　　　　　　　　　　　　　　　　　　　　　　김영식

그대들 가운데서 참말로 행복해질 수 있는 사람은 남을 위해 노력하려는

길을 찾는 사람뿐이다.　　　　　　　　　　　　　　　알베르트 슈바이처

남을 행복(幸福)하게 해줘야만 우리가 행복해질 수 있다는 말은 도덕적(道德的)인 얘기가 아니라 과학적(科學的)인 얘기다.　　　　　　김주환

사람들에게 필요한 존재가 된다는 것만큼 만족스러운 게 없다.
　　　　　　　　　　　　　　　　　　　　　　　조지 베일런트

큰일이든 작은 일이든 가급적 공익(公益; 사랑)을 추구하는 사람이 되라. 남을 위한 일은 반드시 하늘로부터 보상받을 것이다. 적어도 남에게 해를 끼치지 않아야 한다.　　　　　　　　　　　　　　　　김승호

고의(故意)로 한 것이 아닌 일에 상대방을 탓하지 마라.　　데이비드 시버리

남에게 좀 져주는 듯이 살아라. 지는 사람이 결국 이기는 사람이다.

고통(苦痛) 없이 타인과 함께하기를 바란다면 그것은 비현실적인 것이다.
　　　　　　　　　　　　　　　　　　　　　　　　　잭 콘필드

참는 것은 남을 위한 일이 아니다. 너무나 자랑스러운 나를 위한 일이다.
　　　　　　　　　　　　　　　　　　　　　　　　리처드 템플러

남 몰래 슬퍼하는 자가 진심으로 슬퍼하는 자다.　　　마르티 알리스

〈2〉

자신을 지배(支配)할 줄 아는 자는 남도 지배할 수 있다. 자신을 지배하려면 우선 침착해야 한다. 어떠한 경우를 당해서도 흥분을 삼가고 침착하다면 모든 사람을 지배하게 되리라.　　　　　　　　　　　쌍 쥬스뜨

자기 운명은 자기가 지배하라. 안 그러면 남이 지배한다.   잭 웰치

나를 잘 아는 상대(相對)보다 무서운 적(敵)은 없다.   남정욱

앞지르면 남을 누르지만, 뒤지면 남에게 제압을 당한다.
先則制人 後則爲人所制(선즉제인 후즉위인소제)   사기(史記)

파워(power)란 자신이 원하는 결과를 이끌어내기 위해 남의 행동을 바꿀 수 있는 능력을 의미한다.   조셉 나이

남들과 더불어 살아가려면 내게 잘하는 사람은 말할 것도 없고 잘 못하는 사람에게도 잘해야 한다.   법전

나를 대하는 상대방의 태도가 곧 나의 거울이다. 그렇기에 남을 탓할 것이 아니라 자기를 돌볼 줄 아는 지혜가 필요하다.   지광

네 몫에 만족하라. 인간이 매사에서 남보다 뛰어난다 함은 있을 수 없는 일이 아닌가?   이솝

상대에게 내가 잘났다는 인상(印象)을 심어주는 건 하수(下手)다.
    데이비드 시버리

남의 말에 끼어들거나 가로막지 말라.   리처드 칼슨

살면서 아픔을 많이 겪은 사람들 중에 친절한 사람들이 많이 있다. 그들은 고통이 무엇인지 알기 때문에 다른 사람들에게 고통을 주려고 하지 않는다.
    게리 주커브

사람들이 나를 얼마나 좋아하느냐는 내가 다른 이의 행복을 얼마나 많이

생각하느냐에 달려 있다. 　　　　　　　　　　　　　　　달라이 라마

당신이 다른 사람의 고통을 덜어줄 수 있는 한 삶은 헛되지 않다.
　　　　　　　　　　　　　　　　　　　　　　　　　헬렌 켈러

같은 고통도 사람마다 느끼는 무게는 전혀 다르다. 내 기준에서 남의 유약(柔弱)함을 비판하지 말라. 　　　　　　　　　　　　　고철종

세상에 같은 성격(性格)은 하나도 없다. 나와 타인의 다양(多樣)한 성격을 가치(價値) 있게 바라보는 마음의 여유가 필요하다. 　　　　윤대현

눈으로 남을 볼 줄 아는 사람은 훌륭한 사람이다. 그러나 귀로는 남의 이야기를 들을 줄 알고 머리로는 남의 행복에 대하여 생각할 줄 아는 사람은 더욱 훌륭한 사람이다. 　　　　　　　　　　　　　유일한(柳一韓)

네 이웃을 네 몸과 같이 사랑하라. 　　　　　　　　　　　성경(聖經)

남에게 대하여 선(善)을 행할 때, 인간은 자기에게 최선(最善)을 다하고 있는 것이다. 　　　　　　　　　　　　　　　　　　벤저민 프랭클린

다른 사람들의 삶을 풍요(豊饒)롭게 하는 행위(行爲)는 그런 행위를 하는 당사자(當事者) 개인에게 끊임없는 만족감을 제공한다. 　미하이 칙센트미하이

타인에게 친절을 베풀면 기분이 좋아진다. 친절은 당신에게도 상대에게도 기분 좋은 일이다. 　　　　　　　　　　　　　앤디 퍼디컴

타인을 행복하게 해주는 사람이야말로 참으로 행복한 사람이다.
(He is truly happy who makes other happy.)

적선(積善)은 재물(財物)로도 하고, 마음으로도 한다. 평소에 성질(性質) 안 내는 것도 적선이고, 고통을 들어주는 것도 적선이다.   조용헌

인생의 참 의미를 느끼게 하는 가장 큰 원동력은 자기 주변에 있는 사람들을 행복하게 만드는 것이다.   마셜 로젠버그

타인을 사랑하고자 한다면 먼저 인내(忍耐)를 배워야 한다.   틱낫한

남과 사귀려면 철저히 사귀고, 그렇지 않다면 처음부터 사귀지 않는 편이 좋다.   카미코 타다시(神子侃)

인간미 넘치는 따뜻한 관심표명은 친절의 징표(徵標)로써 우리가 다른 사람에게 베풀 수 있는 가장 큰 선물이다.   톰 피터스

시초에 남과의 트러블(trouble)을 피하는 것처럼 지성(知性)이 증명되는 것은 없다.   V. 하워드

재산(財産)을 남에게 맡기면 도리어 그에게 문전박대(門前薄待)를 받는다.   W. Y. 에반스 웬츠

삶의 속도가 빠르면 다른 사람들에 대한 배려심이 줄어든다.   리처드 와이즈먼

자신에게 여유가 있는 사람은 다른 사람에게도 친절하게 대할 줄 안다.   호사이 아리나

인간에게 가장 큰 욕구(慾求)는 타인으로부터 이해받고, 인정받고, 신뢰받고, 존경받는 것을 의미하는 심리적 욕구이다.   스티븐 코비

사람은 대부분 타인(他人)이 자기를 어떻게 생각하고 있는가를 중시(重視)하며, 이에 따라 행동을 하게 되는 것이라고 볼 수 있다.   허버트 A. 캐럴

타인에게 도움을 받는 단 한 가지 열쇠는 진심(眞心)을 담아 부탁하는 것이다.

상대(相對)의 마음을 추측(推測)만으로는 알 수 없으므로 너무 깊이 생각해서 부정적(否定的)으로 단정(斷定) 짓지 않는 것이 좋다.   우에니시 아키라

다른 사람이 자기를 어떻게 생각하며 무슨 말을 하며, 어떠한 비난을 하는지에 대해 공연히 시간을 낭비하지 마라.   마르크스 아우렐리우스

자신이 하는 일이 옳다고 생각할 때, 다른 사람이 어떻게 생각하는지가 무슨 상관인가?   로빈 S. 샤르마

결단(決斷)을 내릴 때는 남과 의논(議論)하지 말라.   카미코 타다시(神子侃)

〈3〉

남보다 뛰어나기보다는 남과 다르게 하라.   탈무드

'남다름'이 바로 성공적인 창업모델이다.   쑤린

남들이 하지 않는 것으로 뛰어들어야 행운을 만난다.   연준혁, 한상복

우리의 임무는 명료(明瞭)하다. 남들이 그냥 지나쳐버리는 문제를 해결하는 것이다.   제임스 다이슨

다른 사람보다 뛰어나고 싶으면 남보다 더 많은 고난(苦難)을 견뎌라.

다른 사람에게 자기의 욕구(慾求)를 입 밖에 내어서는 안 된다.

나는 할 수 있다는 신념을 지니는 습관이 당신의 목표를 달성시킨다. 당당하게 그대의 길을 걸어가라. 남들이야 무어라 떠들든 개의치 말라. **단테**

남들이 봤을 때 좋은 길이 아니라 자신이 진정으로 원하는 인생의 길을 갈 때, 인간은 자신의 열등의식에서 벗어나 창의적이며 유머와 위트가 풍부하고 수동적이 아닌 능동적인 목적이 있는 삶을 살 수 있다. **장경준**

인생은 한 폭의 그림이다. 남들이 뭐라 하든 묵묵히 선 긋고 색칠하다 보면 자기 나름의 그림을 얻게 된다. **정경화**

자기 자신의 경험을 통한 결론일 때는 남들이 그렇게 했든 하지 않았든 상관하지 말고 모든 수단을 동원해서 그렇게 하라. **브하그완 쉬리 라즈니쉬**

다른 사람의 말에 흔들리지 않고 직접 확인(確認)한 사실에 근거하여 행동하라. 그것이 '느리지만 빠른' 방법이다. **로버트 링거**

자존감(自尊感)이 높은 사람은 객관적 사실에 이끌리고, 현실과 좋은 관계를 맺으며, 늘 자신의 본질에 충실하려 애쓴다. 자존감이 낮은 사람은 자신의 삶을 자기 것으로 만들지 못하고, 다른 사람의 기대와 조건, 가치를 만족시키는 삶을 산다. **너대니얼 브랜든**

자존심(自尊心)은 모든 사람이 당신을 좋아하기를 바라지만, 자존감이 높은 사람은 타인이 나를 좋아하지 않아도 괜찮다. **제이 세티**

다른 사람에 대한 기대치를 최대한 낮추고, 자신의 행복을 누구에게도 맡기지 말라. **알랭 드 보통**

높은 민감성(敏感性)을 가진 사람들은 자기를 즐겁게 하기 위해 타인에게 의존할 필요가 없으므로 혼자 있는 시간이 유익하다고 생각하며, 충분한 자유를 누리며 살아갈 수 있다.   일자 샌드

다른 사람들에게 푸념해 봤자 아무 소용없다. 진정 자신을 사랑한다면 아무런 도움도 주지 못할 사람에게 불평을 늘어놓는 행동은 하지 않을 것이다.
                        웨인 다이어

남들로부터 존경을 받고 싶으면 우선 자기 자신부터 존경하라.
                        불토사 그라시안

행복의 첫째 비결은 "자신을 다른 사람과 비교하지 말라."
                        프랑수아 를로르도

다른 사람을 부러워하면 자기만 괴로워진다.   우에니시 아키라

우리는 남들과 비교를 덜할수록 더 만족하게 된다.   베리 슈워츠

수치심이란 타인의 시선을 의식하기 때문에 생기는 것이다.
                        사이토 다카시

행복해지려면 다른 사람을 지나치게 의식(意識)하지 말라.   알베르 카뮈

남들이 만들어놓은 행복(幸福)을 추구하려 애쓰지 말고, 본인(本人)이 행복한 상황(狀況)을 정의(定義)하여 이를 끊임없이 추구하는 과정 속에서 행복이 찾아올 것이다.   방시혁

남이 알아주지 않아도 좋다. 자기만의 삶의 방식으로 살면 그걸로 충분하다. 마음이 가는 대로 사는 것만으로 행복하다.   마츠우라 에이코

우리는 남들의 생각이 모두 우리에게로 쏠리고 있겠거니 여기지만 사실은 그렇지 않다. 남들도 나와 마찬가지로 자신에 대한 생각을 하고 있는 것이다.   찰즈 리드

삶의 큰 깨달음을 얻고 효율적으로 살아가는 사람의 삶을 연구해 보면, 그들은 다른 사람들이 어떻게 생각하는지는 신경 쓰지 않았다는 것을 알 수 있다.   로빈 S. 샤르마

실제로 죽음에 직면했을 때 타인의 생각 따위는 더 이상 중요하지 않다. 인생에서 성공을 했는지의 여부도 관심이 없다. 죽음 앞에서 무엇인가를 성취해야 한다는 명예심(名譽心)은 결국 위선(僞善)일 수 있다.   안젤름

내가 무엇을 해야 하는가 그것만이 내게 중요할 뿐 남들이 어떻게 생각하는지는 중요하지 않다.   R. W. 에머슨

타인(他人)을 지나치게 의식하면 결국 손해다.   다까하시 사치에

남을 위해 사는 것은 이제 그만하면 되었다. 얼마 안 남았지만 조금 남은 여생은 나 스스로를 위해서 살지 않겠는가?   M. E. 몽테뉴

인생의 후반부(後半部)에는 더 이상 다른 사람들의 인정(認定)과 수용(受容)을 통해서 '나' 자신을 증명(證明)하려 애써서는 안 된다.   안젤레스 에리엔

남 보기에는 초라한 인생이라도 한 사람의 삶은 그에게는 세상에서 단 한 권뿐인 역사책만큼이나 귀중한 가치(價値)를 지닌다.   파울로 코엘료

다른 사람의 칭찬을 기다리지 마라.   고코로야 진노스케

다른 사람으로부터의 좋은 평가에 초연(超然)해져라.   하워드 C. 커틀러

타인(他人)으로부터 훌륭하다는 칭찬을 듣기 위해서 살지 말라. 스스로 자기를 훌륭하다고 생각할 수 있게 살라.　　　　　　　　　톨스토이

【남녀, 남성, 여성, 남자, 여자】

남녀의 뇌(腦)는 정보처리(情報處理) 방식(方式)이 서로 다르기 때문에 인식(認識) 방식, 우선순위(優先順位) 결정, 행동방식도 다를 수밖에 없다.
　　　　　　　　　　　　　　　　　　　　　　　앤 모아, 데이비드 야셀

결혼은 남녀(男女) 모두에게 자기희생(自己犧牲)을 요구한다.　　　윤석철

행복한 삶을 누리려면 남녀의 질적(質的) 수준(水準)이 균형(均衡)이 이뤄져야 한다.　　　　　　　　　　　　　　　　　　　　　　조용욱(趙容郁)

남자나 여자나 교양(敎養)의 시금석(試金石)은 싸울 때 어떻게 행동하는가이다.　　　　　　　　　　　　　　　　　　　　　　　조지 버나드쇼

대부분의 여성들은 신뢰하는 사람에게는 자신의 감정을 스스럼없이 토로한다. 이에 반해 남성들은 자신의 감정을 쉽게 열어 보이지 않는다.
　　　　　　　　　　　　　　　　　　　　　　　　　　　도리스 매틴

아내는 남편과의 대화 부족을 1년 내내 불평하지만, 남성의 뇌는 마음속 감정을 말하는 것이 어렵도록 조직되어 있다.　　앤 모아, 데이비드 야셀

男兒一言重千金(남아일언중천금)
〈남자의 말 한마디는 신의가 있어야 한다는 뜻〉

가장 조화로운 파트너(partner) 관계라도 여자끼리 혹은 남자끼리의 대화를

대신해 줄 수는 없다. 　　　　　　　　　　　　　　　　　도리스 매틴

여성은 '남의 이야기 하는 것'을 좋아한다. 　　　　　　쿠보 도시로(久保俊郎)

여성은 말을 많이 할수록 기분이 나아진다. 　　　　　　　　존 그레이

여자에게 입을 놀리게 하는 방법은 알지만 입을 다물게 하는 방법은 아무도 모른다. 　　　　　　　　　　　　　　　　　　　　아나톨 프랑스

여성과 논쟁해서 이길 수 있는 남성은 아무도 없다. 　　　　오쇼 라즈니쉬

여성들은 아주 조그마한 모욕(侮辱)이나 실수(失手)도 결코 잊어버리는 법이 없다. 　　　　　　　　　　　　　　　　　　　　필립 체스터필드

여자는 직관(直觀)으로 남의 성격을 어김없이 알아맞힌다. 　　사무엘 존슨

여성은 남성이 생각하고 있는 것보다도 훨씬 더 남성의 마음을 꿰뚫어보고 있다. 　　　　　　　　　　　　　　　　　　　　　　V. 하워드

여성(女性)은 태어나는 것이 아니라 그렇게 만들어지는 것이다.
　　　　　　　　　　　　　　　　　　　　　　시몬 드 보부아르

여자는 약하고 의존성이 강하기 때문에 세심하게 신경 써주면 감동하기 마련이다. 　　　　　　　　　　　　　　　　　　　　　　정현우

여자의 마음은 달라지기 때문에 여자도 모른다. 　　　　　　김승호

여자는 음(陰)이고 물(水)이기 때문에 찬 데서 자거나 찬 곳에 앉으면 몸에 병이 생긴다. 　　　　　　　　　　　　　　　　　　　　　정현우

여자는 약하다. 그러나 어머니는 강(强)하다. 　　　　　　　빅톨 유고

어떤 상황에서든 정보를 많이 가진 쪽이 권력을 쥔다. 결혼 생활에서는 여성이 더 많은 정보를 가지고 있다. 　　　　앤 모아, 데이비드 야셀

여성에게 남성(男性)은 필수적인 존재는 아니다. 여성은 남성보다 더 독립적(獨立的)이다. 　　　　　　　　　　　　　　　　　오쇼 라즈니쉬

뉴질랜드에서 남자(男子)의 순위는?
〈1위: 여자　2위: 개　3위: 고양이　4위: 남자〉　　뉴질랜드 유머

여자는 자기가 미인(美人)이 아니라는 것을 여간해서 이해하지 못한다. 남자는 자기가 바보라는 것을 여간해서 이해하지 못한다. 　중국 속담

남자가 여자를 이해하지 못하는 때는 딱 두 번 있다. 결혼 전과 결혼 후.

아무리 어리석은 여자라도 현명한 남자를 다룰 수가 있다. 그러나 어리석은 사내를 다루려면 매우 현명(賢明)한 여자가 필요하다. 　　키플링

나이가 들수록 남성은 남성호르몬 분비가 감소하면서 유순(柔順)해지고, 여성은 여성호르몬 분비가 줄면서 자기주장(自己主張)이 강해지는 경향이 있다. 　　　　　　　　　　　　　　　　앤 모아, 데이비드 야셀

【낭비, 사치, 소비, 허비, 허송】

사치는 항상 필요(必要)를 가장(假裝)하고 있다. 　　　　프랑스 속담

사치(奢侈)에는 끝이 없다. 　　　　　　　　　　　십팔사략(十八史略)

사치스러운 자는 부유해도 늘 부족함을 느끼고, 검소한 자는 가난한 가운데서도 늘 여유가 있다. 사치스러운 자는 마음이 항상 가난하고 검소한 자는 마음이 항상 부자다. 　　　　　　　　　　　　　　　　　　　신자(愼子)

검소하나 누추하지 않고, 화려하나 사치하지 않다.
檢而不陋 華而不侈(검이불누 화이불치)　　　　　　삼국사기(三國史記)

절약하면 항상 풍족하고, 사치하면 항상 부족하다.
約則常足, 侈則常不足(약즉상족, 치즉상부족)　　　　전황(田況)

검소하다가 사치하기는 쉬워도, 사치하다가 검소해지기는 어렵다.　속담

사치하면 거만해지고 검약(儉約)하면 인색(吝嗇)해진다. 그러나 거만한 것보다는 차라리 인색한 편이 나으니라.　　　　　　　　　논어(論語)

무슨 일이 있어도 필요하지도 않은데 값이 싸다는 이유만으로 구매하는 일이 없도록 해야 하며, 반대로 자존심을 만족시키기 위해 필요 없는 값비싼 물건을 사는 것도 금물이다.　　　　　　　　　필립 체스터필드

내일이 없는 것처럼 돈을 쓰지 말고, 돈이 없는 것처럼 돈을 써라.
　　　　　　　　　　　　　　　　　　　　　　　　　오루크

인생은 짧다. 하지만 우리는 부주의하게 시간을 낭비하여 짧은 시간을 더욱 짧게 만든다.　　　　　　　　　　　　　　　　빅토르 위고

많은 사람들이 마치 영원히 살 것처럼 하루를 산다. 아무 의미 없이 시간을 낭비(浪費)하는 것이다.　　　　　　　　　　　　로버트 링거

다른 사람이 자기를 어떻게 생각하며 무슨 말을 하며, 어떠한 비난을 하는

지에 대해 공연히 시간을 낭비하지 마라.   마르크스 아우렐리우스

번뇌와 망상 같은 쓸데없는 생각이나 잡념으로 에너지를 낭비하지 마라.
      지광

자신이 체험하지 못한 일에 대해 이야기한다면, 다른 사람들의 시간만 낭비하는 것이다.   틱낫한

사람들은 더 이상 바꿀 수 없는 일이나 절대로 일어나지 않을 일을 고민하느라 얼마나 많은 시간을 허비(虛憊)하는지 모른다. 하지만 우리를 진짜 힘들게 하는 일들은 대부분 미처 예상하지 못했던 것들이다.
      에카르트 폰 히르슈하우젠

보지 않고, 듣지 않고, 알지 않아도 될 일들에 우리는 얼마나 많은 시간과 정력을 낭비하고 있는가.   법정

당신이 변화시키거나 영향을 미칠 수 없는 것들에 시간을 낭비하지 말라.
      로버트 그린

사람들이 죽기를 원치 않는 것은 오직 죽음의 순간에 와서야 그들은 진실한 삶을 살았던 것이 아님을 알아차리기 때문이다. 삶이 그냥 하나의 꿈처럼 지나가버렸는데 죽음이 찾아온 것이다. 이제 더 이상 살아야 할 시간이 없다. - 죽음이 문을 두드리고 있다. 어리석은 짓만 수없이 저지르며, 삶을 낭비하고 있었던 것이다.   오쇼 라즈니쉬

가장 지혜로운 자는 허송세월(虛送歲月)을 가장 슬퍼한다.   단테

평범한 사람들은 시간을 어떻게 소비(消費)할까 생각하지만, 현명한 사람들은 시간을 어떻게 사용(使用)할까를 궁리한다.   쇼펜하우어

인생은 단 한 번 사는 거고 게다가 얼마만큼 살지 예측할 수 없는 것이다. 이런 귀한 인생을 누구 눈치 보거나 체면 따지면서 낭비하지 말고, 남에게 피해를 주지 않는 한 자기가 좋아하는 일을 하면서 최대한 즐기며 살아야 한다. 　　　　　　　　　　　　　　　　　　　　　　　　이언

【내일, 나중, 미래, 장래】

〈1〉

내일은 항상 흠집 하나 없는 새날이라는 것을 잊지 말자. 　루시 몽고메리

우리 중 누구도 자신의 어제를 바꿀 수는 없다. 하지만 우리 모두 자신의 내일(來日)은 바꿀 수 있다. 　　　　　　　　　　　　　　잭 캔필드

당신이 오늘 하는 일이 모든 내일을 만든다. 　　　　　　오프라 윈프리

크고 어려운 시련(試鍊)을 이긴 사람만이 확실한 인간이 되며, 젊었을 때의 고생은 미래를 행복하게 해주는 기초가 된다. 　　　정주영(鄭周永)

미래란 미리 정해져 있는 것이 아니라, 변화시킬 수 있는 것이다.
　　　　　　　　　　　　　　　　　　　　　　　　마이클 텔보트

앞으로 어떤 일이 일어날지 모른다는 것 자체가 가장 큰 기회다.
　　　　　　　　　　　　　　　　　　　　　　　　　　워런 버핏

어떠한 사람을 알고 있는가? 어떠한 사람들에게 알려지고 있는가가 그 사람의 장래를 결정한다. 　　　　　　　　가타가타 젠지(片方善治)

삶은 당신이 만드는 것이다. 이전에도 그랬고 앞으로도 그럴 것이다.
그랜마 모세

성공한 사람은 당면 문제 위주가 아니라 미래(未來) 기회 위주이다.
스티븐 코비

미래를 예측(豫測)할 수는 없지만, 만들 수는 있다.
데니스 가버

미래(未來)를 예측할 수 있는 가장 훌륭한 방법(方法)은 미래를 만들어가는 것이다.
박근혜(朴槿惠)

미래는 새로운 아이디어를 가진 사람의 세계이다.
베르나르 베르베르

내일의 문제를 어제의 해법(解法)으로 풀어낼 수는 없다.
마윈(馬雲)

미래에 대한 설계(設計)는 빠를수록 좋다.
문용린

미래에 이익(利益)을 가져다줄 일은 반드시 지금 해야 한다.

내일 한다는 것은 안 한다는 것이나 마찬가지다. 그 일이 얼마나 사소한가는 상관없다. 지금 당장 첫 단계를 실행하라.
티모시 페리스

고전(古典)은 우리가 어떻게 사는 것이 바른 삶인지 해답(解答)이 들어 있는 '내일로 가는 옛길'이다.
이명학

과거만 보고 머뭇거리기에 우리의 인생은 너무나 짧다. 현재를 열심히 살면서 희망에 찬 시선(視線)으로 미래를 보라.
마이클 린버그

미래에 사는 사람들은 확실히 과거에 사는 사람들보다 생활수준이 높다.

B. S. 라즈니쉬

지금 큰 꿈이 없고 구체적인 미래의 모습을 그리지 못했다고 자괴감(自愧感)을 느낄 필요는 전혀 없다.
방시혁

과거를 자유롭게 놓아주십시오. 과거를 놓아준 만큼 미래가 열린다.
안젤름

과거를 잊지는 말고, 놓아버려라. 과거를 놓아버리는 것은 과거를 잊는 것이 아니라, 집착을 그만둔다는 것이다. 그 대신 미래를 바꾸고자 노력하라.
닐 도날드 월쉬

과거는 학습(學習)의 재료가 된다. 과거를 토대로 미래를 얼마든지 다시 창조할 수 있다.
노가미 히로유키

나는 과거를 돌이켜보며 슬퍼하지 않고, 미래를 생각해서 두려워하지 않는다.
몽테뉴

사람은 미래에 대한 기대가 있어야만 세상을 살아갈 수 있다. 인간의 존재가 가장 어려운 순간에 있을 때, 그를 구원해 주는 것이 바로 미래에 대한 기대이다.
빅터 프랭클

장래는 반드시 좋은 일이 있을 것이라는 희망을 가져라.   파토릭 레이놀즈

희망은 나를 내일, 모레, 글피까지 살아가게끔 하는 원동력(原動力)이다.
다비드 세르방 슈레베르

〈2〉

현실을 밝게 하려고 애쓰고 있으면 반드시 장래는 밝아진다.
이시이 카다오

심모원려(深謀遠慮)한 사람은 이미 일어난 사실에 의거하여 앞으로 일어날 사실까지도 예측할 수가 있다. 위정삼부서(爲政三部書)

현재 처한 위치를 냉정하게 평가하고, 미래를 정확히 바라보라.
데브라 벤튼

현실을 냉철하게 직시하면서도 꿈꾸고 싶은 미래를 시각화(視覺化)하는 두 가지 능력이 능숙할 때 직업과 인생의 성공이 모두 가능하다.
노먼 빈센트 필

미래를 위한 준비는 중요하지만, 막연한 미래의 행복을 위해 오늘의 행복을 희생하지는 마라. 윤종모

내일 일은 걱정하지 말라. 내일 걱정은 내일에 맡겨라. 그날의 괴로움은 그 날에 겪는 것만으로 족하다.
(Therefore do not worry about tomorrow, for tomorrow will worry about itself. Each day has enough trouble of its own.) 성경(聖經)

미래의 일로 걱정하고 마음을 어지럽히지 말라. 미래가 현재가 될 때, 당신이 지금 눈앞에 닥친 일을 처리하는 바로 그 이성(理性)으로써 미래의 일도 훌륭하게 처리해 낼 수 있다. 마르크스 아우렐리우스

걱정은 미래를 변화시킬 힘이 전혀 없다. 웨인 다이어

네가 헛되이 보낸 오늘은 어제 죽은 자가 그토록 갈망하던 내일이다.
소포클래스

지금 있는 곳에 충실하고, 저기를 바라보라.
정트리오(정명화, 경화, 명훈) 어머니

성실성(誠實性)은 분명히 미래에 대가(代價)를 지불받는다. 지그 지글러

우리 시대의 문제(問題)는 과거 우리가 익숙했던 것과는 전혀 다른 모습으로 미래가 다가오고 있다는 데 있다.
폴 발레리

가까운 장래의 운명은 결정되어 있다. 자신이 모를 뿐이다.
타카다 아키가즈

미래는 늘 예정보다 일찍 들이닥친다. 뒤로 물러나 미래가 다가오는 것을 한가하게 지켜볼 여유가 없다. 오늘의 행동이 미래의 결과로 이어지리라는 생각으로 미래에 적절히 대처(對處)할 준비를 꾸준히 해나가야 한다.
로버트 링거

어제와 같은 상품(商品)을 판매하는 기업에 내일은 없다. 마이클 블룸버그

미래를 돌보는 최선의 방법은 지금 이 순간을 돌보는 것이다. 틱낫한

내일이 없는 것처럼 돈을 쓰지 말고, 돈이 없는 것처럼 돈을 써라.
오루크

아무리 일상적인 삶을 살아가는 사람이라 하더라도 최소한 10년은 내다보며 살아야 한다.
정현우

어리석은 사람은 이미 발생한 일도 모르고, 현명한 사람은 아직 발생하지 않은 미래까지 내다본다.   사마천(司馬遷)

단순한 원칙(原則) 하나가 당신의 미래를 바꾼다.   이영직

언젠가 미래에 할 예정이거나 해야만 하는 일이 백 가지가 된다고 해도 지금 할 수 있는 한 가지 일에 초점을 맞추시오. 당신이 영원한 현재의 차원에 들어가면, 당신이 많은 수고를 들이지 않아도 신기하게 변화가 찾아오는 일이 많아진다.   에크하르트 톨레

20년 뒤를 상상해 보라. 당신은 지금 한 일보다 하지 않은 일을 더 후회하고 있을 것이다.   마크 트웨인

아직도 오지 않은 미래를 헤매느라고 자기 삶의 한순간도 알차게 살지 못하고 말게 되므로, 설거지를 할 때에는 설거지만 해야 한다.   틱낫한

"언젠가"는 오지 않는다.   다쓰미 나기사

성공한 뒤 행복을 찾겠다는 건 난센스(nonsense)다.   조벽, 최성애

나중은 없다. 지금 하고 싶은 일을 즐겨라.   마틴 베레가드

오늘 이 시간은 "내 남은 생애의 첫 날"이며, "어제 죽어간 어떤 사람이 그토록 살고 싶어 하던 내일"이다.   이해인

언제나 내 인생이 반년밖에 남지 않았다는 생각으로 살아가라. 지금하고 싶은 일이 있다면 지금 당장 시작해 보라. 나중을 기약한다는 것만큼 불확실한 일도 없을 것이다.   마츠우라 에이코

【냉정, 냉철】

현실을 냉철(冷徹)하게 직시(直視)하면서도 꿈꾸고 싶은 미래(未來)를 시각화(視覺化)하는 두 가지 능력이 능숙할 때 직업과 인생의 성공이 모두 가능하다.
마틴 셀리그먼

최고경영자가 되려면 진퇴양난(進退兩難)의 위기를 신속하게 극복할 수 있는 냉철한 정신이 필요하다. **마틴 셀리그먼**

정보(情報)는 예견(豫見)에 의하여 판단해서는 안 되며 끝까지 냉정(冷靜)하게 객관적으로 정보를 수집하고 분석하여 판단자료로 하여야 한다.
가타가타 젠지(片方善治)

※ 마음이 들뜨지 않고 침착한 냉정(冷靜; calm)과 인정이 없는 냉정(冷情; coldheartedness)은 다르다.

하나의 냉정한 판단은 천 가지 떠들썩한 회의보다 낫다. **우드로우 윌슨**

어떠한 상황에 부딪혀도 냉정과 침착성을 잃지 않아야만 정확한 판단을 내릴 수 있다. **지광**

변화의 시기에는 냉정함을 잃지 말아야 한다. 정신적 건강을 유지하고 있는 사람은 아무리 어려운 상황에서도 자신이 나아갈 길을 더 쉽게 발견할 수 있다. **조셉 베일리**

진화(進化)된 사람은 어떤 환경에 처하든지 냉정을 유지하며 느긋하다.
G. I. 구르디예프

당장 해결해야 할 일들이 좋건 나쁘건, 크든 작든 중요하게 생각하지 않고 편안한 마음으로 대하며, 감정이 요동치지 않게 냉정한 머리로 분석하고 생각하라.
위동회이(于東輝)

혼란스러운 상황에서는 냉정함만큼 중요한 것은 없다. 마쓰시다 고노스케

현재 처한 위치를 냉정하게 평가하고, 미래를 정확히 바라보라.
데브라 벤튼

【냉혹함, 비정, 악독, 잔인】

리더란 냉혹(冷酷)함과 인자(仁慈)함, 이 모순된 양극(兩極)을 함께 지니고 있어야 한다.
이나모리 가쓰오

남들이 볼 때 강(强)한 사람은 악(惡)해 보이는 법이다. '악독(惡毒)하다'는 말은 아주 강한 사람을 일컫는 말이다. 강함은 스스로 나아갈 수 있는 힘이다.
김승호

인간은 모두 자기중심적이며 이해(利害)에 따라 움직인다. 도덕보다 힘, 애정보다 공포감(恐怖感), 자비(慈悲)보다 냉혹함의 편이 훨씬 유효하다.
중앙일보 경제문제연구소

수천 년간 확고한 사회적 계층(階層) 속에서 진화(進化)를 거듭한 인간의 뇌는 나보다 '위'에 있는 사람의 말을 따르도록 훈련되어 있어서 선천적(先天的)으로는 잔인하지 않지만, 권위자(權威者)의 명령으로 충분히 잔인해질 수 있다.
스탠리 밀그램

익명(匿名)은 사람을 잔인(殘忍)하게 만든다.
시라이시 다카시

전쟁이 일단 터지면 오직 죽느냐, 사느냐의 문제만 남는다. 전쟁은 인류 사회 최고의 악(惡)이며, 전쟁에는 도덕(道德)이 없다. **김동길(金東吉)**

운명(運命)은 친절하지가 않고, 인생은 변덕(變德)스럽고 냉혹하였다.
헤르만 헤세

운은 냉혹(冷酷)하다고 할 만큼 엄정(嚴正)하다. 과거의 악인(惡因)이 모두 없어지기까지는 결코 길을 열어주지 않는다. 때가 오기까지 운이 열리지 않지만, 때가 되면 어떤 방해(妨害)가 있어도 좋은 일이 차차 일어나고 일이 성취(成就)된다. **타카다 아키가즈**

세상은 비정(非情)하고 삶은 고통스런 것일지라도 삼가고 또 힘쓰며 살아가다 보면 누구에게도 좋은 한철이 있기 마련이다. **이문열**

【노고, 노동, 노력, 땀, 수고, 애씀】

〈1〉

성공은 날이면 날마다 반복된 자그마한 노력들의 총합(總合)이다.
로버트 콜리어

아무리 작은 노력(努力)이라도 그것이 하나의 방향으로 오랫동안 누적(累積)되면 큰 결과를 낳을 수 있다. **루돌프 줄리아니**

좋은 일로서 노고(勞苦)가 들지 않는 것이라고는 없다. **몽테뉴**

나의 노력이 다른 사람을 위해 어떤 의미를 지닌다는 희망을 품었을 때 비로소 인생의 보람을 느낀다. **드와이트 아이젠하워**

용기(勇氣)는 두려움이 없다는 것이 아니다. 진정한 용기는 두려움이 있더라도 자신이 원하는 것을 위해 계속 노력하는 것을 뜻한다. **폴 포츠**

환상(幻想)만 품은 채 노력하지 않으면 결국 아무것도 이루지 못하고 후회만 남기고 만다. **위동회이(于東輝)**

행운(幸運)은 땀으로 결정된다. 땀을 더 많이 흘릴수록 행운도 더 크게 다가온다. **레이 크록**

원하는 것이 있다면 구하려고 노력하라. 당신을 도와줄 사람은 당신 자신밖에 없다. 누구한테도 기대하지 마라. 기대는 실망을 안겨주기 때문이다.
알라나 고르

구(求)하라 얻을 것이요, 두들기라 또한 열릴 것이다. **성경(聖經)**

태산(泰山)이 높다 하되 하늘 아래 뫼(山)이로다. 오르고 또 오르면 못 오를 리 없건마는 사람이 제 아니 오르고 뫼만 높다 하더라. **양사언(楊士彦)**

인생은 어느 누구에게나 쉽거나 호락호락한 게임이 아니다. 끊임없이 노력해야 하며, 잘할 수 있는 무언가를 찾으면 성공할 때까지 노력해야 한다.
마리 퀴리

설령 실패를 하더라도 계속해서 노력을 해나간다면, 또 명운(命運)을 바꿀 역전(逆轉)의 기회는 찾아오는 법이다. **시부사와 에이치**

만일 당신이 가난하다면 나를 포함한 많은 가난했던 사람을 기억하라. 부단한 노력(努力)과 교육(敎育)을 통해 무엇이든 (심지어 대통령도) 할 수 있다는 것이 바로 아메리칸 드림(American Dream)이다. 우리는 할 수 있다.
버락 오바마

성공한 사람은 모두가 다 그럴 만한 노력을 했기 때문에 그 사람의 성공이 있게 된 것이다. 불평(不平), 질투(嫉妬), 시기(猜忌)보다는 노력하는 쪽을 택하라.
클레어 채

어떤 일에 부닥쳐서 이 일을 어떻게 하면 되나? 어떻게 하면 되나? 하고 애를 써서 노력하지 않는 사람은 나도 그 사람을 어떻게 할 도리가 없다.
공자(孔子)

성공하려는 '단호한 마음'으로 열심히 노력한다는 것과 성공하는데 '관심'만 가지고 있다는 것은 다르다.
존 아사라프

희망이 없으면 노력도 없다. 무엇보다도 먼저 희망을 갖자. 그리하면 자연히 노력하는 사람이 될 테니까!
사무엘 존슨

옛일을 회상할 때의 기쁨이 아무리 크다고 해도 희망이 안겨줄 기쁨에 비하면 아무것도 아니다. 희망은 모든 노력과 수고의 근원이기 때문이다.
새무얼 스마일즈

우리가 경쟁하는 것, 남보다 나아지려고 노력하는 것은 나쁜 것은 아니다.
로버트 모리슨 마키버

실패에 대한 두려움은 사람의 책임(責任)이 의도와 노력에 있지 결과에 있지 않음을 각성함으로써 감소된다. "결과는 다른 많은 비개인적(非個人的) 조건과 요인들에 달려 있다."
데이비드 호킨스

노력하면 무슨 일이든 이루어진다고 믿는 것은 오만(傲慢)이다. 노력해도 안 되는 일이 있다. 거기에는 시간을 들이는 수밖에 없다.
도야마 시게히코

행복한 결혼은 누구에게나 아무런 노력도 없이 저절로 이루어지는 것은

아니다. 노만 V. 피일

행복한 가정(家庭)은 노력으로 이루어진다. 피천득(皮千得)

사랑을 받으려고 하기보다 주려고 애써라. 데이비드 호킨스

〈2〉

무작정 열심히 노력한다고 해서 좋은 결실을 얻을 수 있는 것은 아니다.
리처드 코치

노력도 중요하지만, 노력이 모든 것을 해결해 주지는 않는다. 노력보다 중요한 것은 올바른 방향(方向)과 방법(方法)이다. 롭 무어

생각 없이 열심히 노력만 하려고 하지 말고 머리를 써라. 황농문

잘못된 방향으로 힘차게 나아가는 것은 전혀 가지 않는 것보다 나쁘다. 잘못된 것을 알면서 그 길을 가는 대신 문제의 주변을 탐색(探索)하는 일에 똑같은 노력을 기울여야만 한다. E. 레보노

약점(弱點)을 고치려 부단히 노력하느니, 자신이 가진 강점(强點)을 더 잘 활용(活用)하는 쪽에 초점을 맞추라. 티모시 페리스

목표가 분명하면 시간과 관심과 노력을 총집중할 수 있지만, 목표가 불분명하거나 목표가 없다면 구체적인 노력을 경주할 수 없다. 지광

목표를 명확히 하려면 숫자로 행동이나 노력을 표현(表現)하는 것이 효과적이다.
미야자키 신지

자기가 성취할 수 있는 것보다 더 많이 성취하고자 노력해야 한다.
(A man's reach should exceed his grasp.) 　　　　　　　찰스 탠디

나를 천재(天才)라 함은 잘못이다. 나는 단지 노력했을 뿐이다. 　　에디슨

내가 만난 천재란 천재는 전부 최대의 노력가이며, 백절불굴(百折不屈)의 연구가였다. 　　　　　　　　　　　　　　　　　아치볼드 핸더슨

예술에는 왕도(王道)가 없다. 부단히 노력해서 익숙해지는 방법밖엔 없다.
　　　　　　　　　　　　　　　　　　　　　　　　　유영국(劉永國)

원하는 결과가 나타나지 않았다는 것은 더 많은 노력을 기울여야 한다는 것이다. 　　　　　　　　　　　　　　　　　　　　　피터 드러커

이보다 더 좋은 제품은 없다고 확신할 수 있는 제품을 만들 때까지 노력을 아끼지 마라. 그것이 바로 완벽주의 정신이다. 　　　　이나모리 가즈오

계속 반복해서 끈질기게 노력하라. 　　　　　　　　　　　밴 크로치

최고의 자리, 최고의 지위는 우연히 얻어지는 것이 아니라 최하의 자리, 최하의 지위에 있었을 때부터의 노력의 결과다. 　　　　　　이정환

기적(奇蹟)은 노력하는 자에게 주어지는 필연(必然)이다.

가능성을 믿어야 노력할 수 있고 진보할 수 있다. 　　　이나모리 가즈오

어려운 환경을 이겨내려면 항상 노력하는 수밖에 없다. 　　　정홍원

우리가 끈기 있게 노력할 때 일이 더욱 쉬워지는 것은 일의 성격이 변화해

305

서 그런 것이 아니고, 우리의 능력이 개선되었기 때문이다.　　에머슨

행운(幸運)은 노력의 부산물(副産物)이다.

현재 우리가 해야 할 일은 무엇인가를 하는 것이다. 아무것도 하지 않는 것보다는 노력하다가 잃는 쪽을 택하라!　　마이클 린버그

수고하지 않는 한가한 인생보다 고된 노동이 훨씬 만족스럽다. 존 매캐인

어쨌든 노력을 계속하는 가운데 언젠가는 자신과 용기가 솟아나게 될 것이다.　　다란벨

성공하는 사람이 되려 하지 말고 가치 있는 사람이 되려고 노력하라.
　　아인슈타인

인격(人格)이란 훈련의 산물이기 때문에 지속적으로 자신을 가다듬는 노력이 있어야 한다.　　새무얼 스마일즈

인격이란 무한(無限)한 것이기 때문에 계속 노력해야 한다.　함석헌(咸錫憲)

진정한 내면(內面)을 발견하고 싶다면, 고요하고 편안한 시간을 만들려고 노력해야 한다.　　달라이 라마

노력하는 모든 사람이 성공하지는 않지만, 성공한 모든 사람은 노력을 했다.

성공은 개인(個人)의 자각(自覺)과 노력으로 이뤄진다.　　맥스웰 몰츠

나는 의식적(意識的) 노력으로 삶을 고양(高揚)시키는 능력보다 더 고무적(鼓

舞的)인 것을 알지 못한다. 헨리 데이비드 소로

세상의 거친 파도를 극복하며 여기까지 열심히 노력해 온 자신을 칭찬하라.
사이토 시게타

사람으로서 할 수 있는 일을 다하고 하늘의 뜻을 기다려라.
盡人事待天命(진인사대천명) : 修人事待天命(수인사대천명)

【노년, 노인, 노화, 노후, 늙음, 만년】

〈1〉

누구나 오래 살기를 원하지만, 누구도 늙기를 원하지는 않는다.
데이비드 울프

노년(老年)은 사람에게 일어날 수 있는 일 가운데 가장 예상치 못하는 일 가운데 하나다.
트로츠키

한 손에 가시를 쥐고 또 한 손에 매를 들고, 늙는 길은 가시로 막고 오는 백발(白髮)은 매로 치렸더니, 백발이 눈치 먼저 알고 지름길로 오더라.
우탁(禹倬)

늙어간다는 사실을 기꺼이 받아들이고 순응(順應)하며 살아가는 것 이외에 우리에게는 달리 선택의 여지가 없다.
리처드 템플러

삶은 너무 짧다. 그래서 하고 싶은 일이 있으면 지체하지 말고 곧바로 실천해야 한다. 그렇지 않으면 나이 먹어 후회한다.
헨리 데이비드 소로

노년기(老年期)에 가져야 할 삶의 주요한 기준은 "죽을 때 후회하지 않을 삶을 사는 것"이라고 생각한다.   이승헌

나이 들기는 쉬워도 아름답게 늙어가기는 어렵다.   고든 리빙스턴

청년은 희망의 그늘에 살고, 노인은 회상(回想)의 그늘에 산다. 키엘 케고르

청년의 한 특징은 야심(野心)이다. 아무리 나이가 젊더라도 그에게 야심이 없다면 노인이다. 연령으로는 노인일지라도 만일 야심이 있다면 그는 정신에 있어서는 아직 젊은 것이다.   단 카스터

인생의 매운맛과 고통을 충분히 경험해 본 늙은이가 젊은이에게 해줄 수 있는 충고는 "희망을 갖고 자신 있게 전진하라"는 것이다.
                                                       새무얼 스마일즈

가정에 노인 한 사람이 있으면, 보물(寶物) 하나 있는 것이나 다름없다.
家有一老 世有一寶(가유일노 세유일보)

중년에 갓 들어설 무렵까지도 유년기(幼年期)를 어떻게 보냈는가가 중요하게 여겨질 수 있으나, 노년에 접어들면 유년기의 행복은 더 이상 중요하게 여겨지지 않는다.   조지 베일런트

우리는 직장에서 물러나 잃어버린 과거에 대한 회한과 실망으로 길고도 쓸쓸한 노년을 보내다가 어느덧 문뜩 생의 마지막 날에 다다르게 된다.
                                                              황경식

사람은 희망과 함께 젊어지고, 실망과 함께 늙어간다.   더글러스 맥아더

노인에게 건강보다 더 큰 행운은 계획을 세워 바쁘고 유용하게 살면서 권

태와 쇠퇴에 사로잡히지 않는 것이다.　　　　　　**시몬 드 보부아르**

어떤 노인(老人)이든 목표를 설정해야만 한다. 살아가는 즐거움이란 스스로가 발견할 수밖에 없다.　　　　　　**소노 아야코**

스스로 늙었다고 생각하면 스트레스로 작용하여 전두엽(前頭葉) 기능을 저하시켜 뇌 노화가 빨리 나타난다는 연구보고도 있다.　　　　　　**김희진**

정년 후에 뭔가를 하려 할 때 실익(實益)을 따지지 말고, 우선 흥미로우며 즐길 수 있는 일을 해보는 것이 좋다.　　　　　　**사이토 시게타**

만년(晩年)에 무엇이라도 내게 흥미롭고 가치 있는 일 한 가지를 절도(節度) 있게 꾸준히 하면 오늘이 소중하고 내일이 기다려지는 생(生)을 살 수 있지 않겠는가?　　　　　　**서지문**

늙었어도 일할 기운이 있으면 과감하게 일해야 하고 일을 즐겨야 한다.　　　　　　**김영길**

늙어가는 과정은 경쟁에서 벗어나 부귀와 빈천에 흔들리지 않고, 어떤 부당한 힘에도 굴복하지 않는 자유로운 사람이 되어가는 과정이 되어야 한다.　　　　　　**김문준**

나는 젊었을 때 돈이 인생에서 가장 중요한 것이 아닌가 생각했는데, 이제 늙고 보니 과연 그렇다는 것을 깨닫게 된다.　　　　　　**오스카 와일드**

노년이 되면 섹스도 아니요, 돈도 아니다. 이야기가 통하는 상대가 최상의 파트너다.　　　　　　**조용헌**

좋은 책은 젊어서는 즐거움과 가르침을 주고, 늙어서는 위로(慰勞)와 위안

(慰安)을 주는 친구이다.　　　　　　　　　　　　　　　　새무얼 스마일즈

노인(老人)들의 경우 고독과 면역력(免疫力)이 밀접한 상관성(相關性)을 보여주고 있다. 상황에 따라서는 사회적 접촉(接觸)이 고독한 사람들의 건강상태를 개선(改善)하는 데 긍정적으로 작용할 수 있다.　　도리스 매틴

나이 들수록 더불어 살 자가 있어야 한다.

〈2〉

만물은 강대하고 성장(盛壯)하면 반드시 노쇠하게 마련이다.　　노자(老子)

노년(老年)에 이르면 자기가 원하는 대로 정확하게 되는 일이 드물다.
　　　　　　　　　　　　　　　　　　　　　　　　　조지 베일런트

살다 보면 혼자 힘으로 문제를 헤쳐 나갈 수 없는 때가 온다. 우리는 그걸 관리할 수 있는 방법을 찾아야만 한다.　　　　　　　아툴 가완디

혼자 화장실에 갈 수 있다는 것이 얼마나 행운인지는 늙어보면 알게 된다.
　　　　　　　　　　　　　　　　　　　　　　　　　　　로다 할머니

노년에 들면 마음이 너그럽고 사리분별에도 밝다고들 하던데 믿을 것이 못 된다. 도리어 갈팡질팡 줏대 없이 구는 수가 많다.　　　　최일남

내가 기어코 퇴직한 것은 노년(老年)에 오류(誤謬)를 범하지 않으려 했기 때문이다. 노인들에게는 장점도 있지만 매우 큰 약점도 있다. 그것은 노인들이 고집(固執)을 잘 부린다는 것이다.　　　　　　　　등소평(鄧小平)

노화(老化)가 진행되면 호르몬(Hormon)의 변화로 감정적 안정성이 줄어 쉽

게 분노(憤怒)하게 되고, 고집이 세지게 된다.

노년의 비극(悲劇)은 그가 늙었다는데 있는 것이 아니라, 아직도 젊다고 생각하는 데 있다.
오스카 와일드

늙어서 건강을 즐기는 일-즉 노익장(老益壯)한 것-은 인생 최대의 행복이다.
임어당(林語堂)

꾸준한 운동은 재태크(財Tech; Financial Technology)보다 중요한 노후 대비의 일환이다.
마이클 포셀

노화 및 심장(혈관)질환에 가장 좋은 치료제는 하루 30분에서 1시간씩 걷는 것이다.
베르나르 올리비에

늙은이 건강은 믿을 수 없다. 老健不信(노건불신)

무리하지 말라. 노년에는 무엇보다 건강이 중요하니까.
조지 베일런트

노년(老年)이 되면 대체로 인간관계의 중요성이 덜해진다. 어쩌면 이것은 사람들과 어쩔 수 없이 해야 하는 이별(離別)을 덜 고통스럽게 하려는 자연의 자비로운 섭리(攝理)인지도 모른다. 물론 사랑과 우정은 삶을 가치 있게 만드는 중요한 부분이지만 행복의 유일한 요소는 아니다.
앤서니 스토

새가 늙으면 둥지를 그리워하고, 사람이 늙으면 고향을 그리워한다.
티베트 속담

늙었다고 해서 죽은 것은 아니다. (Old ain't dead.)
해리엇

노년이란 절대로 인생을 정리(整理)하고 죽음을 기다리는 시간이 아니다.

인간에게 고유한 마인드 컨트롤(mind control) 능력을 어떻게 이용하는가에 따라 활기(活氣)찬 노년을 맞이할 것인가, 아니면 쇠퇴하고 말 것인가가 결정된다. 베티 프리단

걱정이 많으면 빨리 늙는다. 속담

긍정적 정서(情緖)는 급격한 노화 방지에도 도움이 된다. 마틴 셀리그만

성공적인 노화(老化)는 즐거움을 누릴 줄 아는 여유가 있는가, 없는가에 달려 있으므로 삶을 즐길 필요가 있다. 조지 베일런트

행복한 노년을 위한 처방이 있다면 일상(日常)을 즐기는 것이다. 박상철

행복한 노년의 비결은 "지금 할 수 있는 일"에 집중하는 것이다. 하정화

할 일이 있고, 쾌활하며, 양심에 거리낌이 없고, 사랑하는 사람들과 가까이 있을 수 있다면 이보다 더 편안한 노년은 없다. 벤저민 프랭클린

요절(夭折)은 슬픈 손실이나, 노년이 된 뒤의 죽음은 축복해야 할 일이다. 아놀드 J. 토인비

오래 살면 욕(辱)됨이 많다. 장자(莊子)

노년의 삶을 힘들게 만드는 고통과 괴로움과 비참함에 종지부를 찍어주는 죽음은 축복(祝福)이다. 몽테뉴

노년에 접어들면 사망한 가족과 사랑하는 사람들에 대한 추억과 꿈들이 더욱 자주 생생히 나타난다. 또한 그들을 떠올림으로써 우리들 또한 죽음을 편안히 준비할 수 있게 된다. 안젤레스 에리엔

늙어가면서 자의식(自意識)의 경계가 무너지니까 흐리멍덩해지고 편안해지는 것은 늙기의 기쁨이다. 자의식이 물러서야 세상이 보이는데, 이때 보이는 것은 처음 보는 새로운 것들이 아니라 늘 보던 것들의 새로움이다.
김훈

이 세상의 풍파를 다 겪은 사람답게 부드러운 말로 인생에 대해서 이야기하는 건강하고 지혜가 많은 늙은이처럼 훌륭한 것은 없다. **임어당**(林語堂)

떠오르는 태양보다 지는 노을이 더 아름답듯이 가야 할 때를 알고 아름다운 뒷모습을 남기기 위하여 노력하는 노년은 그래서 더 아름답다. 호명자

사람들은 늙으면 쇠약(衰弱)해지는 것은 알지만, 늙는다는 것이 편안한 줄은 모른다.
열자(列子)

노년은 인생에서 가장 평온한 시절이고, 이 평온함으로 자중자애(自重自愛)할 수 있다.
장쓰안

【뇌, 두뇌】

일단 목표를 기록(記錄)하고 나면 무의식적(無意識的)으로 두뇌(頭腦)는 목표를 달성하는 쪽으로 움직인다. 헨리에트 앤 클라우저

우리의 뇌(腦)는 새로운 일에 도전했을 때 가장 신나게 움직인다.
시라가와 다쿠지

고전음악(古典音樂)을 비롯하여 아름답고 부드러운 음악은 뇌를 긍정적(肯定的)으로 자극한다. 다니엘 G. 에이멘

수천 년간 확고한 사회적 계층 속에서 진화를 거듭한 인간의 뇌는 나보다 '위'에 있는 사람의 말을 따르도록 훈련되어 있어서 선천적으로는 잔인하지 않지만, 권위자의 명령으로 충분히 잔인해질 수 있다. 스탠리 밀그램

스마트폰 중독자(中毒者)의 뇌는 마약(痲藥) 중독자의 뇌와 비슷하게 전두피질(前頭皮質)에 이상이 생겨 집중력, 합리적 판단력 등을 저하시키고 충동적인 성향이 커지게 된다. 분당서울대병원 교수팀

아내는 남편과의 대화 부족(對話 不足)을 1년 내내 불평하지만, 남성의 뇌는 마음속 감정을 말하는 것이 어렵도록 조직되어 있다.
앤 모아, 데이비드 야셀

남녀의 뇌는 정보처리 방식이 서로 다르기 때문에 인식방식, 우선순위 결정, 행동방식도 다를 수밖에 없다. 앤 모아, 데이비드 야셀

상상(想像)은 하기만 해도 뇌 속에서는 스트레스 반응이 일어난다.
주디스 호스트먼

스스로 늙었다고 생각하면 스트레스로 작용하여 전두엽(前頭葉) 기능을 저하시켜 뇌 노화가 빨리 나타난다는 연구보고도 있다. 김희진

정신적이든, 육체적이든 무엇인가 힘든 과제(課題)를 꾸준히 수행하면 기억력과 집중력 등 뇌의 기능을 키울 수 있다. 리사 펠트만 배럿

집중(集中)할 때 뇌가 안정되기 때문에 명상(瞑想)을 꾸준히 반복하여 집중력을 키울수록 각성(覺醒)이 더 잘 이루어진다. 이승헌

명상을 통해 마음을 가라앉히면 직관의 소리를 더 잘 들을 수 있다.
랜덜 피츠제럴드

직관은 느닷없이 뇌리(腦裏)에 찾아들기 때문에 생각이나 기억, 희망, 두려움 등과 혼동되는 경향이 있고, 그 때문에 직관이 올바로 평가받지 못한다.
게일 퍼거슨

뇌 속에 두 가지 생각이 있는 경우 병렬(並列) 상태로 존재할 수는 있지만, 서로 겹칠 수는 없다는 사실에 근거하여 즐거운 생각, 긍정적인 생각으로 머릿속을 가득 채우면 기분 나쁜 부정적(否定的)인 생각이 아예 존재하지 않게 된다.
E. 쿠에

뇌는 행복해지기 위해 마음을 속인다.
이케가야 유지

밝고 적극적인 태도는 몸에 이롭다. 실제 즐거운 일이 없어도, 기분이 좋지 않아도 상관이 없다. 일부러 신나게 몸을 흔들며 춤추고, 기분이 유쾌해지도록 노력해 보라. 그러면 그 '즐겁다'는 신호가 뇌(腦)에 전달되어, 연달아 건강한 생리반응(生理反應)이 일어나게 된다. 이것이 우리 몸의 큰 특징이다.
M. H. 테스터

【느낌】

영혼(靈魂)은 느낌(feelings)으로 말한다. 느낌에 귀를 기울이고, 느낌대로 따르며, 느낌을 존중하자.
닐 도날드 월쉬

진리의 느낌으로부터 나오는 것만을 행동으로 옮겨라.
헤라클레이토스

영감(靈感)이 떠올랐을 때 바로 행동(行動)에 옮겨라.
청샤오거

명상하는 중에 옳다고 느껴지는 결론일 때 그렇게 하라.
오쇼 라즈니쉬

보고 느낀 대로가 바로 관상(觀相)이다.　　　　　　　　　　　　정현우

이웃이 내 이름을 부를 때 어떤 느낌을 가질까 진지하게 생각해 보아야 한다. 내 이름에 담긴 이미지는 누가 대신 만들어주지 않는다. 오직 내가 이루어가야만 한다.　　　　　　　　　　　　　　　　　　　　　지광

사람은 어울림 속에서도 고독감, 공허감, 무력감을 느낀다.　에리히 프롬

연민(憐憫)은 다른 사람의 생각과 느낌을 알아차리는 능력에서 비롯된다.
　　　　　　　　　　　　　　　　　　　　　　　　　　　대니언 골먼

동정심(同情心)을 느끼는 것만으로는 부족하다. 행동을 해야 한다.
　　　　　　　　　　　　　　　　　　　　　　　　　　　달라이 라마

최악의 상황이 무엇인지를 알고 나면 아마도 당신은 그 상황을 다스려 나갈 수 있다고 느끼게 될 것이다.　　　　　　　　　사나야 로만, 듀엔 패커

과거를 반성하는 것은 바람직하지만, 지금 존재하지 않는 과거의 회한(悔恨) 때문에 오늘까지 불행하게 느낄 필요는 없다.　　　　　　　윤종모

생각하는 사람에게는 세상이 희극(喜劇)이지만, 느끼기만 하는 사람에게는 비극(悲劇)이다.　　　　　　　　　　　　　　　　　　　　　　　루소

느낌(감정)은 사실(事實)이 아니다.

부정적인 생각이나 느낌이 생길 때마다 깨끗이 씻어버려라.
　　　　　　　　　　　　　　　　　　　　　　　　　지니 르메어 칼라바

어떤 경험(經驗)이 즐겁게 느껴지는 것은 그 경험 자체가 즐거워서가 아니

라, 우리가 그 경험을 즐겁다고 '생각'하기 때문이다. 리처드 칼슨

기쁨을 표현하지 않으면 기쁨을 느끼는 작용까지 나중에는 정지(停止)되고 만다. 임어당(林語堂)

풍요(豊饒)의 느낌은 반드시 풍요의 실현(實現)보다 앞서야 한다. 얻을 순간을 위해 미리 길을 열어놓는 것처럼 행동하라. 플로렌스 스코벨 쉰

감사는 마음속으로 느끼는 것과 동시에 분명하게 표현될 때 가장 큰 힘을 발휘한다. 닐르 C. 넬슨, 지니 르메어 칼라바

사람은 함께 웃을 때 서로 가까워지는 것을 느낀다. 레오 버스카글리아

흙에 앉아 있으면 느껴지는 자연과의 합일(合一)에서 오는 그 깊고 깊은 무심(無心)의 경지는 참선할 때의 그 안심(安心)과 다름이 아니다. 법전

몸으로 느껴지는 음악(音樂)은 삶의 시간을 여유롭게 만들어준다. 김정운

생각하지 않고 오감(五感)으로 느끼면 어지러운 마음이 서서히 사라진다.
코이케 류노스케

후련함은 최선(最善)을 다한 사람만이 느낄 수 있는 특권이다. 백영옥

사는 것이 의미(意味)가 있다고 느낄수록 수명(壽命)도 길어진다. 장쓰안

【느리다, 늦다, 늦추다, 뒤떨어지다, 뒤지다, 지체】

성공의 계단은 느리지만 차곡차곡 쌓는 게 포인트다. 무라카미 가즈오

지도자(指導者)가 범하는 가장 큰 실수는 뭔가 필요하다는 것은 알지만 그것을 실행하기까지 너무 오랫동안 지체(遲滯)하는 것이다.   빌 스텐 슬러드

한번 혁신의 속도에서 뒤떨어지게 되면 결코 이전의 위치로 회복할 수가 없다.   로버트 헬러

기왕에 할 일이라면 빨리 해치워야 좋다.   세익스피어

앞지르면 남을 누르지만, 뒤지면 남에게 제압을 당한다.
先則制人(선즉제인) 後則爲人所制(후즉위인소제)   사기(史記)

닥쳐서 허둥대면 늦는다. 미리 보고 멀리 봐야 한다.   정민

서두를수록 더 늦어진다.   티베트 속담

때늦은 지혜와 선견지명(先見之明)은 하늘과 땅 차이다.   게르트 기거렌처

다른 사람의 말에 흔들리지 않고 직접 확인한 사실에 근거하여 행동하라. 그것이 '느리지만 빠른' 방법이다.   로버트 링거

삶의 속도가 느려지면 삶을 더 명확하게 볼 수 있다. 당면(當面)하고 있는 문제는 변하지 않았지만, 그 문제를 보는 우리의 시각(視覺)이 변하는 것이다.
   조셉 베일리

인생에 있어서 늦어도 상관없는 것이 두 가지가 있다. 결혼과 죽음.

삶의 속도(速度)를 늦추면 그때그때 벌어지는 상황들에 유연(悠然)하고 적절하게 대처할 수 있게 될 것이다.   리처드 칼슨

늦더라도 안 하느니보다는 낫다. (Better late, than never.)　서양 속담

늦더라도 좋은 운(運)이 오면 반드시 찾아먹게 된다.

【능동, 수동】

남들이 봤을 때 좋은 길이 아니라 자신이 진정으로 원하는 인생의 길을 갈 때, 인간은 자신의 열등의식(劣等意識)에서 벗어나 창의적이며 유머와 위트가 풍부하고 수동적이 아닌 능동적인 목적이 있는 삶을 살 수 있다.
장경준

가슴 뛰는 삶을 살아라. 자신이 가장 잘하는 일에 집중하라. 다른 사람이 변화를 만들어주기를 기다리지 말고, 스스로를 변화시켜라.
로빈 S. 샤르마

성공한 사람과 실패한 사람의 차이는 자신이 원하는 목표를 실현하기 위해 지체하지 않고 행동으로 옮기는 "실행능력"의 차이에 있다.
미야자키 신지

Winners make it happen, losers let it happen.
〈승자는 기다리지 않고 능동적으로 나서고, 패자는 멀리서 팔짱만 낀 채 무슨 일이 일어나기만을 기다린다는 뜻〉
데니스 웨이트리

태풍(颱風)을 뒷바람으로 바꿔라.
노먼 V. 피일

영감(靈感)이 떠올랐을 때 바로 행동(行動)에 옮겨라.
청샤오거

투병의지(鬪病意志)를 보이는 환자(患者)는 수동적(受動的)인 태도를 보이는 환

자보다 더 오래 산다.   마이클 탤보트

능동적(能動的)인 경우에는 수동적인 경우만큼 피로를 느끼지 않는다.

위기(危機)의 순간에 부딪히면 다른 사람들은 불안(不安)과 회의(懷疑)로 아무런 행동도 취할 수 없지만, 강력한 비전(Vision)을 지닌 사람은 주어진 과제를 수행(遂行)하는 데 조금도 주저하지 않는다.   미하이 칙센트미하이

자신에게 닥친 역경(逆境)이나 실패(失敗)에 굴하지 않고 능동적으로 새로운 의미를 부여해서 오히려 기회로 삼아 다시 도전하는 회복탄력성(回復彈力性)이 높은 능력이 성공하는 사람들의 공통점(共通點)이다.   김주환, 김재열

걸림돌을 디딤돌로 삼으라.   격언

【능력, 기량, 실력】

성공의 핵심은 상황을 정확하게 바라보는 능력에 달려 있다.   로버트 그린

성공한 사람과 실패한 사람의 차이는 자신이 원하는 목표를 실현하기 위해 지체하지 않고 행동으로 옮기는 "실행 능력"의 차이에 있다.
                                                       미야자키 신지

리더십의 첫째는 실력(實力)이 있어야 하고, 둘째는 사심(私心)이 없어야 하며, 셋째는 솔선수범(率先垂範)해야 한다.   사공일(司空壹)

실무능력(實務能力)이 없는 자에게는 성공도 없다.   사무엘 스마일즈

자신이 할 수 있는 일과 할 수 없는 일이 무엇인지 알아야만 최선의 능력(能

力을 발휘할 수 있다. 윌리엄 J. 오닐

부하직원은 내가 생각한 것의 60~70% 정도만 할 수 있으면 잘하는 것이라고 생각하는 것이 중요하다. 타나베 쇼이치(田邊昇一)

누구도 모든 것을 다 잘할 수 있다고 생각해서는 안 된다. 피터 드러커

큰일과 작은 일을 해내는 능력은 각각 다르다. 열자(列子)

실력(實力)이란 그 사람의 능력(能力)뿐만 아니라 성격(性格)이나 운(運) 등 모든 것을 포함한 종합적인 것이다. 운도 실력에 속한다. 사이토 히도리

능력도 기회(機會)가 따라주지 않으면 아무 소용이 없다. 나폴레옹

최종목표에 지나치게 집착하다 보면 오히려 실력발휘에 방해가 된다.
미하이 칙센트미하이

능력범위 내의 것을 욕구목적(欲求目的)으로 삼는 것이 중요하다. 무리하고 불합리한 욕구는 삼가야 한다. C. M. 브리스톨

무리(無理)하게 추진하는 일은 대체로 어긋나는 경우가 더 많다. 우리는 자신이 지닌 능력만큼만 해낼 수 있으며, 해낼 수 없다고 해서 우울해 할 필요는 없다. 줄수 홀랜드

지도력이란 사람들을 공통적(共通的)인 목적을 위해서 단결시키는 능력과 의지이다. 몽고메리

파워(power)란 자신이 원하는 결과를 이끌어내기 위해 남의 행동을 바꿀 수 있는 능력을 의미한다. 조셉 나이

정치력이란 것은 많은 사람을 자기편으로 만들어버리는 능력이다.

로이드 죠지

지도자가 큰 공적(功績)을 세우려면 첫째는 우수한 인재(人材)를 확보하는 것이고, 둘째는 그들의 의견에 귀를 기울이는 것이다. 한비자(韓非子)

조직은 윗자리에 있는 한 사람의 능력 이상으로 쉽게 성장해 버린다.

피터 드러커

한 사람과 다른 사람의 차이는 단순한 능력 차이가 아니라, 열정(熱情)의 차이다. 토머스 아널드

우리가 끈기 있게 노력할 때 일이 더욱 쉬워지는 것은 일의 성격이 변화해서 그런 것이 아니고, 우리의 능력이 개선되었기 때문이다. 에머슨

하버드대학 교육의 최종목표는 좋은 책인지 그저 그런 책인지를 구별할 수 있는 능력을 갖추도록 하는 것이다. 하버드대학 총장

복잡한 것을 단순화하는 능력이 경쟁에서 이겨나가는 비결이다. 주제(主題)를 단순하게 정리하고 우선순위(優先順位)를 정해 행동으로 실천하는 능력이 남보다 나아야 한다.

철저함은 인간의 발전을 가속화시키고 잠재능력을 이끌어낸다.

제임스 앨런

사람마다 실질적인 능력의 차이가 천태만상(千態萬象)이기 때문에 거의 모든 사회에서 그런 능력의 상당 부분은 소수(少數)에게 집중되게 마련이다. 부(富)의 집중은 이런 능력 집중의 자연적 결과로써 역사상 규칙적으로 반복(反復)하여 나타난다. W. J. 듀란트

능력주의가 강화되면서 승자(勝者)는 더 큰 보상을, 패자(敗者)는 더 큰 벌칙을 받고 있다. **앵거스 디턴, 앤 케이스**

인생의 봄날에는 마음껏 자기 기량(器量)을 펼치고, 인생의 겨울날에는 그때를 잘 알아 근신(謹愼)하고 덕을 쌓고 조용히 지내는 것이 지혜로운 일이다.
백운산(白雲山)

고통(苦痛)이나 운명(運命)을 의식적(意識的)으로 받아들이는 것은 인간의 가장 큰 능력 중 하나가 될 수 있다. **빅토르 프랑클**

만족(滿足)하는 마음은 능력이다. **제임스 앨런**

Part 03

ㄷ
(디귿)

【단계, 절차, 점진적, 차곡차곡, 하나씩】

높은 목표를 달성하기 위해서는 우선 달성 가능성 있는 목표로 세분하고, 점진적(漸進的)으로 최종목표를 향해 나아가는 것이 유리하다.

이케가야 유지

성공의 계단은 느리지만 차곡차곡 쌓는 게 포인트다.   무라카미 가즈오

사업에 성공하는 비결은 한 번에 한 가지를 처리하는 데 있다.

로스차일드

큰일을 치러본 경험에 의하면 만사(萬事)를 일시(一時)에 처리하려는 것은 실패하기 쉬운 근본이 된다.   윈스턴 처칠

여러 가지 일을 한꺼번에 해결하려고 애쓰지 말라. 완급(緩急)에 따라 선후(先後)를 가려서 항상 하나씩 해결해 나가는데 전력(全力)을 기울여라.

정비석(鄭飛石)

사소한 것들을 실천하라. 그런 다음 조금 더 중요한 일로 옮겨가라. 멀리 있는 것을 목표로 삼되 가까이 있는 것을 무시하지 말라.   에픽테토스

민주주의는 수단 내지 절차(節次)의 존중이지 목적만을 제일의(第一義)로 하는 것이 아니다.　　　　　　　　　　　　　　**헌법재판소 결정문 중**

무언가를 익힐 때 가장 좋은 방법은 단계별(段階別)로 익히는 것이다.
　　　　　　　　　　　　　　　　　　　　　　　　　이반 파블로프

한 번에 한 가지씩 실천(實踐)하라.　　　　　　　　**지니 르메어 칼라바**

【단념, 그만두다, 멈추다, 체념, 포기】

〈1〉

가장 중요한 성공의 원리들 중 하나가 포기하지 않는 끈기이다.
　　　　　　　　　　　　　　　　　　　　　　　　　　잭 캔필드

간절하게 바라는 꿈이 있다면 절대 포기(抛棄)하지 마라.　　**윤다빈**

가슴에 꿈을 품고 있는 한, 그 꿈을 성취할 가능성은 존재한다. 그러나 포기한다면 그 순간 소중한 꿈과는 영영 멀어진다.　　　　**오츠 슈이치**

인생은 아무리 어려운 여건에 처해도 포기하지만 않는다면 할 수 있는 일이 있고, 성공할 수 있는 가능성이 있다. 무슨 어려움이 있든 포기하지 마라.
　　　　　　　　　　　　　　　　　　　　　　　　　스티븐 호킹

두려움은 자연스러운 것이다. 두려움이 존재한다는 사실은 인정하되 그것 때문에 중요한 일들을 포기하지는 마라.　　　　　　　**잭 캔필드**

살다 보면 인생의 찬란한 태양이 떠오를 때가 있다. 그런데 이것도 포기하

지 않는 사람에게 온다. 그러니 모든 일은 잘될 거라는 믿음을 버리면 안 된다. 희망을 가지라. 보경

실망을 맞아들일 준비는 하되, 원하는 것을 포기하진 말라.
알베르트 슈바이처

어떤 일을 해보기도 전에 포기하면 자신이 그 일을 잘할 수 있는지 없는지를 영영 알지 못하게 된다. 버논 윈프리

한때의 실패에도 불구하고 쉽게 포기하지 않는 사람은 절대 실패한 인생을 살지 않는다. 쑤린

포기하지 않는 한 실패는 끝이 아니다. 실패를 두려워하는 인생보다는 도전(挑戰)하는 인생이 훨씬 더 낫다. 아트 윌리암스

성공하는 사람은 중도에 포기하지 않으며, 중도에 포기하는 사람은 절대 성공 할 수 없다. 노먼 빈센트 필

끝까지 해내려면 무엇보다 조급해하지 말아야 한다. 그러나 절대로 포기하는 일은 없어야 한다. 사이토 시케타

어떠한 삶이라도 살아 있기만 한다면, 포기하지만 않는다면 살아갈 희망은 있다. 황영택(장애를 극복한 성악가)

장애(障碍)는 삶의 부분적 불편 조건일 뿐 총체적 포기 조건은 아니다.
유연태

자신의 희망과 꿈을 절대로, 절대로 포기하지 마라. 잭 캔필드

스스로 포기 않는 이상, 길은 있기 마련이다. 　　　　　　　정주영(鄭周永)

당신은 파도를 멈출 수 없다. 그러나 파도를 타는 법을 배울 수 있다.
　　　　　　　　　　　　　　　　　　　　　　　　　존 카밧진

무슨 어려움이 있든 포기하지 마라. **스티븐 호킹**(루게릭병을 이겨낸 물리학자)

결코 포기(抛棄)하지 않는 불굴(不屈)의 정신을 추구하라. 　　　밴 크로치

〈2〉

어느 하나를 선택(選擇)하려면 그 선택으로부터 배제(排除)당하는 다른 대안(代案)들을 포기해야 한다. 　　　　　　　　　　　　　　윤석철

좋아는 하지만 아무리 해도 잘하지 못하면 포기할 줄도 알라. 　유영만

할 수 있는 것은 밀고 나가고 더 이상 할 수 없다고 느낄 때는 후퇴하라.
　　　　　　　　　　　　　　　　　　　　　　　　　데브라 벤튼

손을 댈 때에는 먼저 손을 뺄 것을 생각하라. 　　　　채근담(菜根譚)

무언가를 시작했다고 해서 꼭 그 일을 끝내야 하는 것은 아니다. 그리고 뭔가를 그만두는 것이 그 일을 끝까지 하는 것보다 더 좋은 경우는 흔하다.
　　　　　　　　　　　　　　　　　　　　　　　　　티모시 페리스

무리하게 추진하는 일은 대체로 어긋나는 경우가 더 많다. 우리는 자신이 지닌 능력만큼만 해낼 수 있으며, 해낼 수 없다고 해서 우울(憂鬱)해 할 필요는 없다. 　　　　　　　　　　　　　　　　　　　　줄수 홀랜드

잘못에 연연하는 대신 훌훌 털어버리고 나서 새로운 도전을 찾는다.
윌리엄 J. 오닐

자연적(自然的)인 역경(逆境)은 천명(天命)이니 어찌할 도리가 없다고 체념(諦念)하면 마음은 평정심을 유지할 수 있다.
시부사와 에이치

싸워서 이기지 못하는 것은 싸우지 않느니만 못하다. 포기해야 할 때 포기할 줄 알아야 한다.
리허

현명한 체념은 새로운 인생을 설계하는 데 있어 가장 중요한 선택이다.
쇼펜하우어

큰 지혜는 멈춤을 알지만, 작은 지혜는 꾀하기만 한다.
大智知止, 小智惟謨(대지지지, 소지유모)
지학(止學)

계속해서 서두르거나 성급하게 굴 때 나쁜 일들에 연달아 부딪히게 될 것이다. 반드시 멈춰 서서 그 주파수에서 벗어나야 한다. 잠시 시간을 내어 생각을 전환하라.
론다 번

만족함을 알면 욕됨이 없고, 멈출 줄을 알면 위태함이 없다.
知足不辱 知止不殆(지족불욕 지지불태)
노자(老子)

이건 아니다 싶으면 빨리 그만둬야 한다. (Don't let the door hit you.)

미련(未練)은 짧게, 단념(斷念)은 빨리.
탈무드

중요한 사람이 되고 존경받고 싶다는 갈망을 버려라. 특별해지기를 포기하라. 남들의 지지를 받고자 갈망하는 마음을 버려라. 이로서 평화를 느끼게 될 것이다.
릭 핸슨

포기하고 자제할 마음만 있다면 유쾌하고 행복한 삶을 누릴 방법이 도처에 있다. 알베르트 아인슈타인

'홀가분한 마음'은 결코 이룰 수 없는 소망을 포기할 때 얻어지는 마음이다. 윌리엄 제임스

행복(幸福)의 비밀(秘密)은 희망을 포기하는 것이다. B. S. 라즈니쉬

포기를 한 것에는 어떤 미련도 갖지 마라. 깨끗하게 단념하라. **보도 섀퍼**

자발적인 단념이 참된 평정(平靜)을 가져온다. 체념이 곧 지혜요 깨달음이다.

놓을 줄 아는 것이 자연에 순응(順應)하는 첩경(捷徑)이다. 보경

나이 들어 스스로 해결하지 못하는 일은 일단 포기할 것. 소노 아야코

모든 걸 포기하는 순간 트이는 인생도 있다. 마츠우라 에이코

집착(執着)을 버리면 행복과 평화가 저절로 따라온다. 안젤레스 에리엔

【단순, 간단】

목표가 잘 이루어지기 위해서는 목적(目的)과 사명(使命)이 분명(分明)하고 간단(簡單)해야 한다. 피터 드러커

목표는 단순(單純)하고 현실적(現實的)인 것이라야 한다. M. H. 테스터

인생도 경영도 단순 명료(明瞭)한 원리 원칙이 좋다. 이나모리 가즈오

전략적(戰略的) 원칙은 구체적인 행동을 취할 수 있도록 단순 명료해야 한다. 원칙이 추상적(抽象的)이면 아무런 행동도 일어나지 않는다.　　이영직

복잡한 문제에 언제나 복잡한 해결책이 필요하진 않다.　　게르트 기거렌처

복잡(複雜)한 문제는 단순하게 핵심(核心)만 보아야 한다. 핵심이 보이면 그 핵심을 꿰뚫을 수 있는 원칙 하나를 수립하라.　　이영직

복잡한 것을 단순화하는 능력이 경쟁에서 이겨나가는 비결이다. 주제(主題)를 단순하게 정리하고 우선순위(優先順位)를 정해 행동으로 실천하는 능력이 남보다 나아야 한다.

눈앞에 닥친 문제들을 실천 가능한 것부터 하나하나 해결해 나가는 것이 중요하다.　　제인 구달

사업에 성공하는 비결은 한 번에 한 가지를 처리하는 데 있다.
　　로스차일드

문제를 해결하는 데 납득이 가는 해결방법이 오직 하나밖에 없을 수가 있다. 이런 때는 우물쭈물 망설이지 말고 행동으로 옮길 일이다.
　　E. 호오네트

인생(人生)은 얼마나 센 펀치를 날릴 수 있느냐가 아니다. 얻어맞고도 계속 움직이며 나아갈 수 있느냐다.　　실베스터 스탤론(록키)

단순한 원칙 하나가 당신의 미래(未來)를 바꾼다.　　이영직

인생은 단순할수록 행복(幸福)하다.　　장사오형

【당황, 어지러움, 혼돈, 혼란】

예기(豫期)치 못한 일에 당황(唐慌)하지 않을 정도로 용감한 사람은 아무도 없다.　　　　　　　　　　　　　　　　　　　　　　율리우스 카이사르

혼란(混亂)을 통해서는 어떠한 결정(決定)도 하지 말라.　　　B. S. 라즈니쉬

시간이 없으면 가장 낮은 질(質)의 직관적 대응(對應)을 하기 쉽다.
　　　　　　　　　　　　　　　　　　　　　　　　　　말콤 글래드웰

미리 아무리 많은 생각을 하더라도, 어느 한순간에 발생하는 무한한 가능성과 인생의 혼돈(混沌)에는 완벽하게 대비할 수 없다.　　　로버트 그린

민감(敏感)한 신경시스템을 가지고 있는 사람은 최악의 상황이 일어났을 때 받을 충격을 줄이기 위해 미리 시나리오를 생각하고 대비하는 게 현명하다.
　　　　　　　　　　　　　　　　　　　　　　　　　　　　　일자 샌드

살다 보면 혼란스러울 때가 있다. 괜찮다. 걱정하지 마라. 혼란스러움은 명쾌함이 찾아오기 바로 전의 상태이니까.　　　　　　　　　조 비테일

생각하지 않고 오감(五感)으로 느끼면 어지러운 마음이 서서히 사라진다.
　　　　　　　　　　　　　　　　　　　　　　　　　　코이케 류노스케

어떤 일에 임해서든 당황하지 말고 평상심(平常心)을 기르는 것이 병법(兵法)의 핵심이다.　　　　　　　　　　　　　　　　　　　　미야모토 무사시

죽음에 대해서 무관심하거나 두려워하거나 당황하지 말고, 침착하게 받아들여라.　　　　　　　　　　　　　　　　　　　　　마르크스 아우렐리우스

마음을 턱 놓은 무사태평(無事泰平)한 사람이 되자. 그러면 어떤 일에 부닥쳐도 당황하지 않을 것이다.   노만 V. 피일

【대가, 반작용, 보복, 복수】

무슨 일이든지 옳은 방법으로 하지 않으면 결국은 발목이 잡혀 대가(代價)를 치르게 된다.   로버트 버포드

세상 모든 일에는 대가가 있다. "세상에 공짜란 없다."   로버트 링거

무슨 일이든 성공하기 위해서는 먼저 대가를 치러야 한다는, 대가 선지불(代價 先支佛)의 법칙이 있다.

명성이나 이름이 그냥 얻어지는 것은 아니다. 名不虛傳(명불허전)

오늘 아무것도 안 하면, 정말 아무것도 안 된다.   김대일

이상적(理想的)인 삶은 어떤 대가를 치르기 마련이다.   스코트 니어링

모든 관계는 주는 것이 아니면 받는 것(Give and Take)이다.   디팩 초프라

세상에 공짜 점심은 없다.   밀턴 프리드먼

큰일에는 대가가 따른다.   아트 윌리암스

많은 것을 얻을수록 치러야 할 대가도 큰 법이다.   고든 리빙스턴

가치(價値)는 그것을 통해 무엇을 얻느냐가 아니라, 그것을 위해 어떤 대가

를 치러야 하는가에 달려 있다. 니체

꿀을 얻으려면 벌에 쏘일 것을 예상하라. 아라비아 속담

모든 작용에는 반작용(反作用)이 따른다. 세예드 호세인나스르

칼로 흥한 자는 칼로 망한다. 성경(聖經)

어떤 것을 잃으면 어떤 것을 얻기 마련이다. 헬렌 니어링

대가를 바라지 않고 좋은 일을 하는 것이 진정한 적선(積善)이다.

관계를 소홀히 하면서 우정(友情)이 저절로 돈독(敦篤)해지기를 기대할 수 없다. 얻으려면 대가를 치러야만 한다. 존 맥스웰

아내에게 왕비(王妃) 대접(待接)을 하면 당신은 아내로부터 왕(王) 대접을 받을 것이다. 탈무드

얻기 위해서는 주어야 한다는 것이 우주의 법칙이다. 당신이 원하는 것이 있다면 "내가 이것을 얻기 위해서 주어야 하는 것은 무엇일까?"를 자신에게 물어보라. 모든 것은 대가가 있다. 사나야 로만, 듀엔 패커

성실성(誠實性)은 분명히 미래에 대가를 지불받는다. 지그 지글러

자연(自然)에서 방심(放心)의 대가는 가혹(苛酷)하다.

당신이 어느 날 마주칠 불행은 당신이 소홀히 보낸 지난 시간의 보복(報復)이다. 나폴레옹

절실한 순간은 그 순간을 장악하지 못할 때 모질게 복수한다.　　김종필

인생의 여정(旅程)에서 내가 던진 부메랑(Boomerang)은 언젠가 반드시 돌아오기 마련이다.　　이호준

만일 죄를 지었다면 그 죄를 상쇄할 수 있는 선행(善行)을 베풀도록 하라.　　조셉 텔루슈킨

결행(決行)하지 않은 복수(復讐)보다 더 영예로운 복수는 없다.　스페인 격언

복수는 적(敵)과 자신을 똑같은 사람으로 만든다. 용서(容恕)는 자신을 적보다 나은 사람이 되게 한다.　　벤저민 프랭클린

'옳은 것'에 대한 속 좁은 견해에 집착하면 대가를 치르게 된다. 주의하여 스스로를 살피지 않으면 속 좁은 감정상태가 순간을 지배할 수 있다.
　　존 카바트 진

고독(孤獨)은 장수(長壽)하면서 치러야 하는 대가이다.　　차윤근

어떤 식으로든 인생의 모든 일에는 치러야 할 대가가 있다. 파울로 코엘료

【대비, 대응, 대책, 대처, 방지, 예방, 저장, 준비, 챙기다】

〈1〉

행운(幸運)은 준비(準備)가 기회(機會)를 만날 때 찾아온다.　　대릴 로열

주어진 일에 최선(最善)을 다하는 것이 앞으로 다가올 시간을 가장 훌륭하

게 준비하는 것이다.   랄프 왈도 에머슨

때를 기다리는 것은 중요하다. 그러나 변화의 징조(徵兆)와 신호에 민감(敏感)하게 반응하고 대비(對備)하는 사람과 손 놓고 시간을 보내다가 때가 되면 적당한 방편(方便)을 취하는 사람은 차이가 확연하다.   임선영

당신이 살면서 억울할 정도로 많은 시련(試鍊)을 겪었다면, 어쩌면 그 시련을 통해 습득한 지혜가 꼭 필요한 훌륭한 목적에 봉사할 수 있는 준비를 한 것인지도 모른다.   로빈 S. 샤르마

삶은 미리 준비할 수 있는 게 아니다. 삶이란 리허설(rehearsal) 없는 공연(公演)이다.   오쇼 라즈니쉬

예기(豫期)치 못한 일이 벌어지는 게 바로 인생이다.   토마스 라 맨스

실망을 맞아들일 준비는 하되, 원하는 것을 포기하진 말라.
                  알베르트 슈바이처

나쁜 시기가 지나면 반드시 좋은 시기가 온다. 초조해하거나 애태우지 말고 조용히 시기를 기다려라. 착실하게 자신의 힘을 저장(貯藏)하는 사람에게 반드시 시기는 찾아온다.   마쓰시다 고노스케

미래는 늘 예정보다 일찍 들이닥친다. 뒤로 물러나 미래가 다가오는 것을 한가하게 지켜볼 여유가 없다. 오늘의 행동이 미래의 결과로 이어지리라는 생각으로 미래에 적절히 대처할 준비를 꾸준히 해나가야 한다.
                     로버트 링거

살아가면서 항상 모든 '그때 그때'에 어떻게 대처(對處)하느냐가 일생을 좌우하는 것이라고 믿는다.   정주영(鄭周永)

원인이 되는 것을 준비하면 결과는 따라 나오기 마련이다. 인과법칙(因果法則)이야말로 과학에 있어서 가장 기본적인 법칙이다.   B. S. 라즈니쉬

무엇인가 닥쳐오고 있다는 걸 안다면 지금 준비해야 한다.   마윈(馬雲)

지구(地球)의 건강(健康)이 인간(人間)의 건강이라는 상호의존성을 인식하고 인간이 더 겸손(謙遜)한 자세로 미래를 대비해야 한다.   마크 스티븐슨

성공하는 사람은 문제가 있다고 판단되는 일은 예방하기 위해 노력한다.
    미야자키 신지

상상(想像)은 예방(豫防) 조치적(措置的) 판단에 없어서는 안 되는 것이다.

이미 병들고 나서 치료하지 말고 병이 들기 전에 다스려라.
不治已病治未病(불치이병치미병)   황제내경(皇帝內經)

평상시에 늘 조심하고 반성하여 재난(災難)을 미연에 방지(防止)하는 것이 가장 중요하다.   역경(易經)

자를 것을 자르지 않으면 도리어 그 화(禍)를 입는다.   사기(史記)

지자(智者)는 화를 면하는 것을 으뜸으로 삼는다.   삼국지(三國志)

민감한 신경시스템을 가지고 있는 사람은 최악의 상황이 일어났을 때 받을 충격을 줄이기 위해 미리 시나리오를 생각하고 대비하는 게 현명하다.
    일자 샌드

닥쳐서 허둥대면 늦는다. 미리 보고 멀리 봐야 한다.   정민

삶의 속도(速度)를 늦추면 그때그때 벌어지는 상황들에 유연(悠然)하고 적절하게 대처할 수 있게 될 것이다.
리처드 칼슨

미래를 위한 준비는 중요하지만, 막연한 미래의 행복을 위해 오늘의 행복을 희생하지는 마라.
윤종모

〈2〉

마음속에 최종목표를 쉬지 않고 반복하여 분명하게 그려보라. 그리고 마음속에 어떤 상황에 대한 〈안전대책〉을 만들어두라. 이렇게 하면 그 상황에 봉착할 때 상황자체가 낯설지 않을 것이다. 또 그 상황이 겁나거나 두렵지 않게 된다.
스티븐 코비

꿀을 얻으려면 벌에 쏘일 것을 예상하라.
아라비아 속담

준비 없이 행동 없다.
마오쩌뚱(毛澤東)

준비에 실패하는 것은 실패를 준비하는 것이다.
존 우든

만일 감자를 얻을 수 있게 해달라고 기도하려면 우선 괭이부터 챙겨라.

기회는 저절로 주어지는 것이 아니다. 준비하는 자에게만 다가오는 법이다.
지광

준비단계에서 신중(愼重)함은 중요한 덕목(德目)이다.
로버트 그린

어떤 난제(難題)에도 대책은 있다.
단 카스터

지도자에게 필요한 것은 현실상황의 정확한 인식능력과 그에 대한 대처능

력이다. 김학준(金學俊)

결정된 의사결정은 항상 대체안(代替安; 구제책)을 미리 마련해 두어야 한다.
피터 드러커

손을 댈 때에는 먼저 손을 뺄 것을 생각하라. 채근담(菜根譚)

차선책(次善策)이 무대책(無對策)보다 나을 때가 많다.
에카르트 폰 히르슈하우젠

편안한 때에도 위험한 때를 생각하라.
居安思危(거안사위) 좌전(左傳)

편안할 때 어려움을 생각하지 않으면 실패한 뒤에 후회한다.
安不思難敗後悔(안불사난패후회) 주자(朱子)

언제든지 싸울 수 있는 준비만이 화(和)에도 전(戰)에도 절대로 필요하다.
김유신(金庾信)

평화를 원하면 전쟁을 대비하라. (Si vis pacem para bellum.)
라틴 격언

최선을 추구하되 최악에 대비하라.
(Hope for the best, prepare for the worst.) 영어 격언

적(敵)이 오지 않기를 바라지 말고, 적이 오기를 대비하라. 손자병법

시간이 없으면 가장 낮은 질의 직관적 대응을 하기 쉽다. 말콤 글래드웰

미리 아무리 많은 생각을 하더라도, 어느 한순간에 발생하는 무한한 가능

성(可能性)과 인생의 혼돈(混沌)에는 완벽하게 대비할 수 없다. **로버트 그린**

모든 것은 끝이 있다. 중요한 것은 그것에 어떻게 대처하느냐 하는 것이다.

노년에 접어들면 사망한 가족과 사랑하는 사람들에 대한 추억과 꿈들이 더욱 자주 생생히 나타난다. 또한 그들을 떠올림으로써 우리들 또한 죽음을 편안히 준비할 수 있게 된다. **안젤레스 에리엔**

당신이 은퇴하고 그다지 일할 필요가 없게 된 다음 자기가 무엇을 해야 할지 생각해 두자. **M. 말쯔**

권태의 예방책으로서 가장 우선적이고 바람직한 것은 일이다. 흥미 없기는 하지만 꼭 해야 할 일을 하고 있는 사람이 느끼는 권태는 하는 일 없이 허송세월하는 사람이 느끼는 권태에 비하면 아무것도 아니다.

버트런드 러셀

이 세상에 죽음만큼 확실한 것은 없다. 그런데 사람들은 겨우살이 준비를 하면서도 죽음은 준비하지 않는다. **톨스토이**

인생에서 한 가지 확실한 것은 누구나 죽는다는 것이고, 불확실한 것은 언제인지 모른다는 것이므로 항상 준비하는 자세가 필요하다. **최성균**

죽음에 대한 준비는 오직 한 가지밖에 없다. 즉 훌륭한 인생으로서 산다는 것이다. **톨스토이**

달음박질을 잘해도, 마술(魔術)을 부려도, 아무리 부유해도, 진언(眞言)을 외우고 약(藥)을 써도 죽음을 면치 못한다. 하니, 죽음을 긍정(肯定)하고 죽음을 준비하는 것이 현명하다. **달라이 라마**

성공적(成功的)인 죽음을 위한 준비(안녕을 고할 사람들에게 잘 있으라고 말하기, 용서해야 할 사람 용서하기, 용서받아야 할 사람에게 용서받기, 메시지 남기기, 물건 정리하기, 그리고 평온함과 교감을 가지고 떠나기 등)를 할 수 있다는 것은 큰 특혜이다.

다비드 세르방 슈레베르

언제라도 안녕(安寧)할 수 있는 마음의 준비와 여분(餘分)의 삶을 뜻밖의 선물(膳物)로 받아들이는 마음으로 그렇게 삶을 살아야 한다.

마르크스 아우렐리우스

【대신】

우리들이 일생을 어떻게 보내며 살아가야 하는가에 대한 문제의 책임(責任)은 전적으로 우리들 각자(各自)에게 있으며, 다른 어느 누구도 그 책임을 대신(代身) 져주지 않는다.

조슈아 에이브람스

누군가 '스스로 해야 할 일'이나 '스스로 할 수 있는 일'을 대신(代身)해 주는 것은 결코 그를 도와주는 것이 아니다.

에이브러햄 링컨

버릇이란 고약해서 남이 해주어 버릇하면 자신의 능력을 접어둔 채 의존하려는 타성(惰性)이 생긴다.

법정

나의 행복은 내 스스로 만들어 나간다.

박동명(장애인)

우리는 다른 사람을 부러워하는 대신 다른 누구도 대신할 수 없고 남이 모방(模倣)할 수 없는 '나만의 핵심 경쟁력은 무엇인가?'라고 스스로에게 끊임없이 물어보아야 한다.

위단(于丹)

자신의 인생을 개척할 수 있는 것은 자기 자신뿐이다.

오모테 사부로

자신에게 일어난 일은 100퍼센트 내 책임이라 여길 때 답이 보인다.
사이토 히토리

결국 인간은 자신의 결정에 의하여 자신을 만드는 것이다. **아더 쉴레징거**

가장 조화(調和)로운 파트너(Partner) 관계라도 여자끼리 혹은 남자끼리의 대화(對話)를 대신해 줄 수는 없다.
도리스 매틴

기도(祈禱)는 자신이 직접 할 때 가장 효과적이지만, 가족을 비롯한 가까운 사람들뿐 아니라 전혀 모르는 낯선 사람이 대신해 주는 기도도 나름대로 효과가 있다.
무라카미 가즈오

【대통령, 군주, 임금, 정상, 재상, 제왕】

〈1〉

대통령 하려는 사람은 국민의 검정(檢定)을 받기 전에 스스로 양심(良心)에 물어봐서 자기 검정부터 해야 할 것이다
고형곤(高亨坤)

대통령은 국민의 통합(統合)과 위엄(威嚴)의 상징이어야 하고, 그 지위를 차지한 사람은 당파심을 초월한 고귀한 정치가여야 한다.
김재순(金在淳)

대통령이란 자리는 운명론적(運命論的)인 요소가 있다.
이수성(李壽成)

정상(頂上)으로 가는 길은 거칠고 험하다.
세네카

대통령(大統領)에게 필요한 7가지 덕목(德目)
(1) 자신이 하고 있는 일에 대한 뜨거운 정열

(2)국정 전반에 대한 식견과 중요한 순간에 정책의 우선순위를 독자적으로 판단할 수 있는 능력
(3)묻혀 있는 인재를 찾아 쓸 줄 아는 용인술
(4)통솔능력
(5)결단력
(6)국민을 설득할 수 있는 용기
(7)청렴하되 덕(德)을 갖춰야 한다. 　　　　　　　　　　　남덕우(南悳祐)

국가(國家)의 운명(運命)은 지도자(指導者)의 강한 리더십(leadership)과 비전(vision)에서 나온다. 　　　　　　　　　　　버티 어헌

대통령이란 국가(國家)에 어려운 문제가 있을 때 제일 마지막에 가장 어려운 결심을 하는 자리이다. 　　　　　　　　　　　박정희(朴正熙)

지도자는 위대한 비전이 있어야 하고, 우유부단(優柔不斷)하여 결단(決斷)의 적기(適期)를 놓쳐서는 안 된다. 　　　　　　　　　　　리차드 닉슨

정치 지도자는 직책(職責)을 잃을 위험을 감내하더라도 국익(國益)을 위해 어려운 결정을 내려야 한다. 　　　　　　　　　　　게르하르트 슈뢰더

위대한 정치가는 스스로를 버려 국민을 살리고 나라를 구한다.　　윤평중

리더십이란 올바른 정책을 밀고 나가는 용기(勇氣)이다. 　　로저 더글러스

정치 지도자의 리더십은 총체적 인격(人格)의 발현(發顯)이다. 　　조성관

올바른 교육을 받은 올바른 지도자만이 나라를 구할 수 있다. 　　김원규

대통령의 첫 번째 자질은 인륜(人倫)에 바탕 한 문화와 과학이 꽃피는 나라

를 가꿀 수 있는 사람이어야 한다. 즉 인격과 인품을 갖추고 보편적(普遍的) 가치관(價値觀)을 지닌 인물이어야 한다. **구상(具常)**

현명한 군주는 훌륭한 인재를 얻는 일을 서두르고, 멍청한 군주는 세(勢) 불리는 일을 서두른다. **순자(荀子)**

정치 리더십이란 위기(危機)를 예견(豫見)하는 통찰력, 그것을 뛰어넘을 국가 대전략(大戰略)의 수립, 그리고 그 목표를 향해 국민적 합의와 에너지를 동원할 수 있는 기획력, 설득력, 추진력이다. **유근일(柳根一)**

지도자(指導者)의 요건(要件)
(1) 지도자는 국가적 변환(變換)과 위기 때 헤쳐 나갈 길을 제시해야 한다. 그 길이란 장래에 대한 비전과 돌파전략(突破戰略)을 일컬음으로 통상적(通常的)인 관리행위와는 차원이 다르다.
(2) 제시한 길로 국민이 따르도록 동기부여(動機附與)를 할 수 있는 능력을 갖춰야 한다. 그 같은 능력은 강한 신념과 공정성(公正性)과 자기희생에서만 가능하다.
하버드대 경영학 교수와 웨스트포인트(미 육군 사관학교) 교장이 같은 결론에 도달한 지도자의 자질에 관한 글 중에서

리더란 냉혹함과 인자함, 이 모순된 양극(兩極)을 함께 지니고 있어야 한다. **이나모리 가쓰오**

정치인은 대중(大衆)의 생각을 알아내 인기(人氣)를 끌 게 아니라, 옳은 일을 해서 인기를 얻어야 한다. **발터 셸**

나라는 큰데 정치가 좀 상스러우면 나라가 정치하는 대로 되어가며, 나라는 작지만 큰 정치를 하게 되면 나라가 갈수록 커진다.
國大而政小者(국대이정소자) 國從其政(국종기정)

國小而政大(국소이정대) 國益大(국익대)   관자(管子)

지도자에게 필요한 것은 현실상황의 정확한 인식능력(認識能力)과 그에 대한 대처능력(對處能力)이다.   김학준(金學俊)

정치(政治) 지도자의 첫 번째 자질(資質)은 위기관리(危機管理) 능력에 있다. 국정(國政)의 최종(最終) 판단(判斷)은 절대 감정적, 즉흥적, 공격적, 편파적(偏頗的)으로 내려서는 안 되기 때문에 대통령은 전문지식(專門知識)에 앞서 정상적이고 안정된 인격을 가진 사람이어야 한다.   양상훈

아무런 철학 없이 부지런하기만 한 대통령이 꼭 훌륭한 대통령은 아니다.   유한수

대통령의 가장 어려운 과제는 옳은 것을 행하는 것이 아니라 무엇이 옳은가를 아는 것이다.   L. B. 존슨

성군(聖君)이 되려면 직언(直言)하는 신하(臣下)가 반드시 있어야 한다.
君仁則臣直(군인즉신직)   자치통감(資治通鑑)

충언(忠言)은 귀에 거슬리기 마련이나, 듣지 않으면 나라를 망치고 자신을 망친다.   곽우가

탄소배출(炭素排出)을 계속하는 등 문제해결을 방치(放置)하여 지구 생태계 전체가 붕괴되고 있어서 사람들이 고통 받고 있는데도 세계의 각국 정상(頂上)들은 책임에서 도망치고 있다.   그레타 툰베리

군주(君主) 자신이 현명(賢明)하지 않으면 무엇이 좋은 조언(助言)인가를 모른다.   마키아벨리

측근(側近)이 유능하고 성실하면 그 군주는 총명(聰明)하다고 평가될 수 있다.
마키아벨리

임금이 밝으면 신하가 곧다. 君明臣直(군명신직)   사마광(司馬光)

명군(名君)에게는 반드시 명신(名臣)이 있다.

〈2〉

군주가 그 권력을 행사하는 모양은 번개처럼 신속(迅速)하지 않으면 안 된다.
강본융삼(岡本隆三)

위기(危機)에 직면하면 독재적(獨裁的)인 지도방법을 취하는 것이 가장 좋은 방법이다.   A. 유우리스

진의(眞意)가 제대로 전달이 안 되고 인간적으로 화가 날 때라도 국가 지도자는 하나도 참고, 둘도 참고, 셋도 참아야 한다.   고이즈미 준 이치로

윗자리에 있는 사람은 어느 한구석에 매력적(魅力的)인 면이 없어서는 안 된다.   중앙일보 경제문제연구소

유머감각은 지도자의 필수조건이다.   하드리 도노번

나라의 운명은 지도자의 심성(心性)에 달려 있다.   탄허(呑虛)

제왕(帝王)의 흥성(興盛)함은 덕(德)에 있는 것이지 힘에 있는 것이 아니며, 그것을 지킴은 도(道)에 있는 것이지 땅의 기운으로 말미암는 것이 아니다.
옥수진경(玉髓眞經)

사람을 복종케 하는 것은 덕이다. 服人者德也(복인자덕야)

왕이 덕을 잃으면 그것은 이미 왕이 아니라 한낱 필부(匹夫)다. 맹자(孟子)

덕(德)이 있는 곳에 천하(天下)도 돌아온다. 　　　　　　육도삼략(六韜三略)

재상(宰相)의 직책은 현인(賢人)을 등용하는 일보다 더 중요한 것은 없다.
　　　　　　　　　　　　　　　　　　　위정삼부서(爲政三部書)

군주(君主)가 특히 유의(留意)해야 할 사항
(1) 신하가 그 지위(地位)에 어울리는 인격을 갖추고 있는가?
(2) 신하가 그 봉록(俸祿)에 어울리는 실적을 올리고 있는가?
(3) 신하가 그 관직(官職)에 어울리는 능력을 지니고 있는가?
　　　　　　　　　　　　　　　　　　　　　　　　관자(管子)

어느 시대이든지 사람을 보는 눈을 갖고 있지 못하면 지도자가 될 수 없다.
　　　　　　　　　　　　　　　　　　　　　　　　관자(管子)

치세(治世)의 능신(能臣)은 난세(亂世)의 간웅(奸雄)이다. 　　삼국지(三國志)

지도자의 자질 중 가장 중요한 것은 국민들의 신뢰를 얻는 일이다.
　　　　　　　　　　　　　　　　　　　　　　　　　　리콴유

국가 영도력(領導力)은 국민의 신뢰(信賴)를 바탕으로 형성되는 것이며, 국민의 신뢰는 바로 진실(眞實)에서 생기는 것이다. 　　한국대학 총장 협회

위에 앉아 있는 사람이 그만한 인물이 못 될 경우에는 백성들이 그 앙화(殃禍)를 받게 된다. 非其人民受其殃(비기인민수기앙)

지도자가 민심(民心)을 바로 읽지 못하면 국민은 지도자에게 등을 돌릴 것이다.
김수환(金壽煥)

믿음을 얻지 못하면 정권이 존속할 수 없다. 無信而不立(무신이부립)
공자(孔子)

통치력(統治力)은 국민(國民)을 아우르는 통합력(統合力)과 앞을 내다보는 통찰력(洞察力)에서 나온다.
金大中(言)

권력이 커지면 커질수록 그 남용(濫用)은 더욱 위험하다. 에드먼드 버크

윗물이 흐리면 아랫물도 흐리다. 上濁(상탁)이면 下不淨(하부정)이다.
논어(論語)

자기 자신을 규제(規制)하는데 엄격(嚴格)하지 못하면 무엇으로서 대중을 복종(服從)시킬 수 있으랴.
위정삼부서(爲政三部書)

리더의 조건 중 가장 중요한 원칙은 스스로에 대한 경계심(警戒心)이다.
중앙일보 경제문제 연구소

대통령의 권위(權威)를 실추(失墜)시키는 최대의 위협은 외부로부터가 아니라 대통령 스스로부터 나온다.
박호성

대통령의 실수(失手)는 개인(個人)의 실수가 아니라, 역사적(歷史的) 실수가 되고 만다.
유한수

모든 책임(責任)은 내가 진다.
해리 트루먼

가장 훌륭한 대통령을 뽑겠다는 어리석은 생각을 하지 말라. 그보다는 오

히려 가장 해(害)를 적게 미칠 대통령을 뽑겠다고 생각하라.　　　존 카포치

민주제도(民主制度)에서는 단지 훌륭한 지도자를 여하히 선택하는가 만이 문제이다.　　　윌리암 제임스

【대화, 의사소통】

누군가와 대화를 나눌 때 어떤 태도(態度)와 자세(姿勢)를 취하느냐는 의사소통(意思疏通)의 질(質)을 결정하는 중대한 요소다.　　　톰 버틀러 보던

손윗사람과의 교제방법으로 해서는 안 되는 것
(1) 질문을 받지도 않았는데 입을 여는 것
(2) 질문을 받아도 대답하지 않는 것
(3) 상대의 안색도 보지 않고 떠들어대는 것　　　논어(論語)

대화(對話)할 때는 그 사람이 되어라.　　　로빈 S. 샤르마

편한 사이라도 고집스러운 발언은 조심해라.　　　고철종

상대방의 말에 반드시 반응(끄덕임, 미소, 맞장구 등)하라.　　　공문선

얼핏 시시껄렁해 보이는 대화들은 관계의 신뢰와 응집력을 더욱 깊게 만들어준다.　　　에카르트 폰 히르슈하우젠

유머는 두 사람 사이를 이어주는 지름길이다.　　　빅토르 보르주

사교(社交)의 기본은 잡담(雜談)이다.　　　사이토 다카시

말하기 전에 먼저 군불부터 지펴라.   공문선

무언가를 먹으면서 대화하면 일이 잘 풀린다.   시라이시 다카시

상대방(相對方)이 많이 말하도록 기회를 줘라.   데일 카네기

먼저 상대방을 이해하려고 노력한 다음, 자기를 이해시키는 것이야말로 효과적인 대인관계 커뮤니케이션(Communication)의 열쇠이다.   스티븐 코비

결혼 생활을 잘 유지하고 싶다면 싸워도 그게 뭐 대수냐는 식으로 넘어가야 한다. 부부는 싸움에 익숙해져야 한다. 말다툼, 논쟁, 의견 차이가 생길 때 어떻게 소통(疏通)하는가에 바로 백년해로의 비밀이 있다.   칼 필레머

궁합이 맞는다는 것은 두 당사자 간에 기(氣)가 맞는다는 것이고, 서로 대화할 때 기분이 좋다는 이야기다. 기가 맞는다고 해서 일생 싸우지 않고 사이가 계속 좋다고는 보지 않는다. 때로는 싸우고 때로는 화해하면서 일생 해로(偕老)할 수 있다는 이야기다.   남덕

아내는 남편과의 대화 부족을 1년 내내 불평하지만, 남성의 뇌는 마음속 감정을 말하는 것이 어렵도록 조직되어 있다.   앤 모아, 데이비드 야셀

외로움은 자기 주위에 사람이 없어서가 아니라, 중요한 문제를 두고 누군가와 소통할 수 없을 때 생기는 것이다. (Loneliness does not come from having no people around you, but from being unable to communicate the things that are important to you.)   카를 융

가장 조화로운 파트너(partner) 관계라도 여자끼리 혹은 남자끼리의 대화를 대신(代身)해 줄 수는 없다.   도리스 매틴

말하지 않으면 모른다. 내가 적극적으로 표현할 때 상대방도 비로소 알아준다.
호사이 아리나

관계를 바꾸려면 피하지 말고 대면(對面)하라.
존 맥스웰

직접 만나서 이야기하는 것이 악감정(惡感情)을 해소하는 최상의 방법이다.
링컨

충동적(衝動的)인 감정(感情)을 피하라. 감정을 다른 사람에게 쏟아내는 태도는 아무런 도움도 되지 않는다.
개리 D. 맥케이

스스로 화를 통제하지 못해 하지 말아야 할 말을 해버려 인간관계가 깨지거나 큰 낭패를 당할 수도 있다. 적당할 때 자리를 피하거나 스스로 말을 끊으면 다 잃지는 않는다.
이정숙

가슴 아픈 이야기는 끝까지 가시로 남는다.
고철종

아무리 친해도 남의 약점은 농담으로라도 들추어서는 안 된다.
이정숙

대화를 잘하려면 사람을 무시(無視)하는 태도부터 바꾸어야 한다. 무시당하는 말은 바보도 알아듣는다.
이정숙

대화할 때는 절대 딴 데를 쳐다보지 말라. 몸가짐과 시선, 동작 등 '온몸으로 상대의 말을 경청하고 있음'을 보여줘야 한다.
톰 버틀러 보던

대화(對話)도 중요하지만 열린 마음의 자세가 있어야 한다. 그런 자세가 없으면 대화가 주장(主張)만 앞세우는 토론(討論)이 되고, 토론에서 해답을 얻지 못하면 마침내는 투쟁(鬪爭)으로 번지기도 한다.
김형석(金亨錫)

논쟁(論爭)하지 말고 대화하라. 쉬브 케라

대화 가운데 상대보다 우월(優越)한 위치를 차지하려고 애쓰지 않는 이는 복(福)되다. 제임스 앨런

민주주의(民主主義)의 힘은 대화(對話)를 통해서 나온다. 강원룡(姜元龍)

민주사회에서 가장 중요한 덕목(德目)은 타협(妥協)이다. 안병욱(安秉煜)

짐작으로 하지 말고 현장(現場)에 나가서 몸을 부딪쳐가며 대화를 나누면서 하라. 피터 드러커

낯선 사람도 내가 먼저 말을 걸면 십년지기(十年知己)가 된다. 이정숙

진정으로 상대방이 하는 말에 귀 기울이지 않으면, 대화를 통해 할 수 있는 일은 거의 없다. 리처드 칼슨

말하지 않고도 능히 상대가 알 수 있게 하는 것이야말로 의사소통에 가장 능한 사람이다. 쩡스창

하고 싶은 말을 다할 필요는 없다. 상대(相對)에 따라 헤아려가며 하라.

진정한 친구란 십년(十年) 동안 만나지 못했더라도 방금 헤어졌다 다시 만난 것처럼 대화를 계속 이어나갈 수 있는 사람이다.

노년이 되면 섹스도 아니요, 돈도 아니다. 이야기가 통하는 상대가 최상의 파트너다. 조용헌

인생의 가장 큰 낙(樂)의 하나는 대화(對話)이다. 시드니 스미스

자기 자신(自身)과 대화를 하는 것이 생각을 정리하고, 중요한 일에 집중하고, 지금 고민(苦悶) 중인 사안(事案)에 대해 마음을 굳히는 데 도움이 된다.
린다 새퍼딘

【덕, 덕목, 덕행, 미덕, 음덕, 인덕, 후덕】

인간(人間)을 인간답게 하는 것은 덕(德)이다.　　　　　　안병욱(安秉煜)

인덕(人德) 있는 인재가 중요한 자리에 있어야 인덕 있는 사람들이 모인다.
제갈량

덕은 외롭지 않고 반드시 이웃이 있게 마련이다.
德不孤 必有鄰(덕불고 필유린)　　　　　　　　　　　　　논어(論語)

사람을 복종케 하는 것은 덕(德)이다. 服人者德也(복인자덕야)

덕 없는 권세(權勢)는 오래가지 않는다.

훌륭한 인격은 재(才)에 있는 것이 아니라, 덕(德)에 있는 것이다.　최영택

기업이 장수(長壽)하려면 재주보다는 인격을 갖춘 덕장이 필요하다.
이나모리 가즈오

이익은 추구하지 않으면 얻을 수 없고, 덕은 베풀지 않으면 쌓을 수 없다.
利無求弗獲 德無施不積(이무구불획 덕무시부적)

덕을 잃지 않는다면 성공(成功)의 전기(轉機)가 반드시 있을 것이다.

덕(德)이 있는 곳에 천하(天下)도 돌아온다.   **육도삼략(六韜三略)**

어떠한 경우라도 절차탁마(切磋琢磨; 부지런히 학문과 덕행을 닦음)하라.
    시부사와 에이치

품격이란 힘겨운 자기 억제의 노력 끝에 얻어지는 값비싼 덕목(德目)이다.

참는 것이 덕이 된다. 忍之爲德(인지위덕)

조상(祖上) 덕은 없어도 조심(操心) 덕은 있다.   **한국 속담**

다언(多言)은 덕의 적(賊)   **문중자(文中子)**

덕(德)은 겸양(謙讓)에서 생긴다.   **숫타니파타**

절약은 언제, 어디서나 미덕(美德)이다.   **쩡스창**

슬기로운 절제(節制)는 모든 덕행(德行)의 어머니다.   **베네딕토**

민주사회에서 가장 중요한 덕목은 타협(妥協)이다.   **안병욱(安秉煜)**

인간 최고의 미덕은 남을 배려(配慮)하고 남을 돕는 마음이다.   **정명섭**

덕이란 혼자 지니고 있는 것이 아니라, 실천하여 널리 펴야 한다.   **논어**

감사(感謝)하는 마음은 가장 고귀한 미덕일 뿐 아니라 모든 미덕의 아버지이다.
    키케로

세상의 인연이란 묘한 것이다. 언제 다시 만나게 될지 모르는 게 사람의

인연이다. 그러니 사람은 후덕하게 대하는 법을 배울 필요가 있다. **리허**

조그만 덕을 쌓는 일은 결국 큰 보답으로 돌아오게 마련이다. 될 수 있으면 많은 사람들이 호의(好意)를 받고 은혜를 입었다고 생각하도록 해야 한다.
톰 피터스

남모르게 덕행을 쌓은 사람은 뒤에 그 보답을 저절로 받는다.
陰德陽報(음덕양보) **회남자(淮南子)**

위인(偉人)은 성공이 아니라 덕(德)과 선(善)으로 평가된다. **라틴 속담**

덕이 없으면서 진정으로 위대할 수는 없다. **벤저민 프랭클린**

왕(王)이 덕을 잃으면 그것은 이미 왕이 아니라 한낱 필부(匹夫)다. **맹자**

마음에 드는 일보다는 해야 옳다고 생각되는 일부터 먼저 시작하라.
피터 드러커

바른 마음이 가장 강한 무기(武器)다. **미야모토 무사시**

모든 덕과 행복의 근본은 올바른 생각이다. **벤저민 프랭클린**

길이 아니면 가지 않는다. 非道不行(비도불행)

인생의 봄날에는 마음껏 자기 기량(器量)을 펼치고, 인생의 겨울날에는 그때를 잘 알아 근신(謹愼)하고 덕을 쌓고 조용히 지내는 것이 지혜로운 일이다.
백운산(白雲山)

깨달음과 덕(德)은 별개이다. **세키 세이세츠**

아버지의 덕은 자식들에게는 가장 큰 유산(遺産)이다. 영국 속담

중용의 덕은 덕(德) 중에서 가장 으뜸가는 것이다.
中庸之爲德也 其至矣乎(중용지위덕야 기지의호) 공자(孔子)

인생의 후반부(後半部)에는 중용(中庸)의 덕을 지표(指標)로 사는 법을 배워야 한다. 안젤레스 에리엔

큰 덕을 지닌 분은 장수한다. 令德壽豈(영덕수개)

아무도 알아주지 않아도 계속 덕(德)을 쌓아라. 타카다 아키가즈

【도덕, 도리, 윤리】

도덕적, 정신적으로 올바른 사람은 자유롭다. 제임스 앨런

도덕(道德)의 핵심은 성실(誠實)이다. 토마스 헉슬리

무슨 일이든지 올바르게 처리하고 성실하면 간단해진다. 속이면 일이 복잡하고 어려워진다. 성실하고 정직하게 살면 그 자리가 바로 극락이다.
법전

도리보다도 힘이나 이권(利權)에 움직이기 쉬운 것이 인간이다. 강본융삼

도덕의 타락(墮落)과 이기주의(利己主義)는 가정이나 국가가 멸망하는 원인이 된다. 유홍렬(柳洪烈)

인간은 모두 자기중심적(自己中心的)이며 이해(利害)에 따라 움직인다. 도덕

보다 힘, 애정보다 공포감, 자비보다 냉혹함의 편이 훨씬 유효하다.
중앙일보 경제문제연구소

리더가 갖춰야 할 진실성이란 단순히 거짓말하지 않는 정직이 아니라, 말과 행동이 일치하고, 도덕적으로도 흠이 없어, 조직원들이 마음으로 우러러볼 수 있는 인품을 말한다.
조엘 피터슨

정치적 목적을 위해 반윤리적(反倫理的) 선택(選擇)을 감행(敢行)한다면 국민의 역사적(歷史的) 심판(審判)을 면치 못한다.
김형석(金亨錫)

동서고금을 막론하고 국가발전의 동력(動力)은 사회의 혜택을 더 많이 받았고 더 중요한 역할을 맡은 상층(上層) 집단(集團)의 노블레스 오블리주(Noblesse oblige; 높은 신분에 상응(相應)하는 도덕적 의무)이다.
송복

도덕적 영역에서는 결과가 언제나 즉각 우리에게 돌아오지는 않으나, 그 결과는 반드시 돌아온다.
조 살리스

똑똑한 AI(Artificial Intelligence; 인공지능)보다는 윤리적(倫理的)인 AI가 더 중요하므로 AI의 공정성(公正性) 규정(規定)에 사회 각계각층이 참여해야 한다.
유창동

사람이 해야 할 일을 다 하지 않고 천명(天命)만 기다리는 것은 도리가 아니다.
정약용(丁若鏞)

도리(道理)에 맞는 일을 하는 것이 가장 편(便)하고, 가장 득(得)이 되는 삶의 방식이다.
사이토 히토리

남을 행복하게 해줘야만 우리가 행복해질 수 있다는 말은 도덕적인 얘기가 아니라 과학적인 얘기다.
김주환

인생을 살아가면서 어떤 윤리관(倫理觀)을 지니고 명예(名譽)롭게 처신(處身)하는 것은 중요한 일이다.   에드 베글리 주니어

열심히 일하고 도덕적으로 처신하되, 가장 중요한 것은 즐거운 마음을 가지라는 것이다.   더글러스 이얼리

【도움, 구원, 위하다, 유용, 유익】

인간 최고의 미덕(美德)은 남을 배려하고 남을 돕는 마음이다.   정명섭

수많은 '보이지 않는 도움의 손길'이 오늘의 당신을 만들었다.
                    지그 지글러

그대들 가운데서 참말로 행복해질 수 있는 사람은 남을 위해 노력하려는 길을 찾는 사람뿐이다.   알베르트 슈바이처

도움이 필요한 사람을 도와라.   리처드 템플러

누군가 '스스로 해야 할 일'이나 '스스로 할 수 있는 일'을 대신(代身)해 주는 것은 결코 그를 도와주는 것이 아니다.   에이브러햄 링컨

다른 사람을 도울 때 느끼는 만족감(helper's high)은 마음의 건강을 넘어 심장(心臟)까지 튼튼하게 지켜준다고 한다.   윤대현

우리가 살아 있는 한 사랑하는 사람이 삶의 여정(旅程)을 잘 갈 수 있도록 도와야 한다.   틱낫한

그에게 도움이 될 거라는 걸 안다 해도 다른 사람을 개선하려 하지 말라.

로저 로젠블라드

상대방이 전혀 관심을 갖지 않고 원하지도 않는 말을 하는 것은 아무런 도움이 되지 않는다. 밴 크로치

다른 사람들에게 푸념해 봤자 아무 소용없다. 진정 자신을 사랑한다면 아무런 도움도 주지 못할 사람에게 불평을 늘어놓는 행동은 하지 않을 것이다.
웨인 다이어

불평불만(不平不滿)은 우리를 억울하고 불쌍한 사람으로 만들 뿐, 문제해결(問題解決)에는 아무런 도움이 되지 않는다. 쑤린

비관적(悲觀的)인 태도는 인생에 아무런 도움도 되지 않는다.

사람은 미래에 대한 기대가 있어야만 세상을 살아갈 수 있다. 인간의 존재가 가장 어려운 순간에 있을 때, 그를 구원(救援)해 주는 것이 바로 미래에 대한 기대이다. 빅터 프랭클

만일 자유사회가 가난한 다수(多數)를 도울 수 없다면 부유한 소수(小數)도 구원(救援)할 수 없다. 존 F. 케네디

"하늘은 스스로 돕는 자를 돕는다."는 말은 하늘은 행동(行動)하는 사람을 돕는다는 뜻이다. 로버트 링거

자기 자신(自身)과 대화를 하는 것이 생각을 정리하고, 중요한 일에 집중하고, 지금 고민(苦悶) 중인 사안(事案)에 대해 마음을 굳히는 데 도움이 된다.
린다 새퍼딘

원하는 것이 있다면 구하려고 노력하라. 당신을 도와줄 사람은 당신 자신

밖에 없다. 누구한테도 기대하지 마라. 기대는 실망을 안겨주기 때문이다.
알라나 고르

비빌 언덕은 없다. 조 비테일

결핍(缺乏)의 결과로 얻게 되는 절제력(節制力)은 삶에 유용(有用)하다.

마음가짐이 공손(恭遜)하고 몸가짐이 유순(柔順)하니 반드시 대인(大人)의 도움을 받는다. 장영동

타인에게 도움을 받는 단 한 가지 열쇠는 진심(眞心)을 담아 부탁하는 것이다.

당신을 우울하게 만드는 사람들과는 백날 만나봐야 아무런 도움이 되지 않는다. 긍정적(肯定的)이지 않은 사람과는 절교(絶交)하라. 리처드 템플러

긍정적 정서(情緒)는 급격한 노화방지(老化防止)에도 도움이 된다.
마틴 셀리그만

유머가 없는 생활은 건강과 행복에 전혀 도움이 되지 않는다.
데이비드 호킨스

인생이란 묘한 것이어서 과거에 들은 선인(先人)들의 여러 말들이 언젠가는 크게 도움이 된다. 마쓰시다 고노스케

내 비위를 거스르는 말이 곧 나를 위한 것이 된다. 니베지마 니오시게

도움이 된다면 말(馬)이 아무리 늙었더라도 그 노마(老馬)의 지혜를 빌려야 한다. 한비자(韓非子)

배움은 무엇이든 결국 도움이 된다. 　　　　　　　　　　로버트 링거

인격자와의 교제는 일만 권의 책보다 유익(有益)하다. 　　사무엘 스마일즈

지식인이 자기 조국을 돕는 것은 인간으로서의 기본적 의무(義務)라고 생각한다. 　　　　　　　　　　　　　　　　　　　　　　로버트 김(김채곤)

사귀어서 도움이 되는 친구는 강직한 인물, 성실한 인물, 교양이 있는 인물이다. 　　　　　　　　　　　　　　　　　　　　　　　　논어(論語)

책들은 내 마음을 항상 뿌듯하게 하며, 책들이 얼마나 많은 도움을 주는지는 말로 다 표현할 수 없다. 책은 내 인생길에 갖추고 있는 최상의 장비(裝備)이다. 　　　　　　　　　　　　　　　　　　　　　　　　몽테뉴

도움이 필요한 사람에게 자선(慈善)을 베푸는 것도 중요하지만, 자선을 베풀 때 상대의 자존심을 상하지 않게 하는 것도 중요하다. 　　조셉 텔루슈킨

누가 당신에게 도움을 주거든 기꺼이 받아라. 받는 것을 자꾸 거절하면 복이 달아난다. 기꺼이 받고 받은 그 이상으로 되돌려 주도록 하라.
　　　　　　　　　　　　　　　　　　　　　　　　　　　　김영식

생의 마지막 시간을 고통에만 매달려 보낼 필요는 없다. 통증완화(痛症緩和) 간호(看護)와 호스피스(hospice)의 도움을 받도록 하라. 　　매기 캘러넌

나이 들었다는 것은 손아랫사람들을 위해 주라는 뜻이다. 　김형석(金亨錫)

자신보다 현명(賢明)한 사람에게 충고(忠告)와 도움을 구하고, 자신보다 부족한 이들에게는 선행(善行)을 베풀라. 　　　　　　　　　주역(周易)

【도전, 모험, 감행, 부딪치다, 시도】

〈1〉

인생은 도전(挑戰) 아니면 아무것도 아니다.   헬렌 켈러

가치 있는 일에 도전하라. 바로 지금! 인생은 내가 원하는 것을 하지 않기엔 너무 짧다. (Aude aliquid dignum. : Dare Something Worthy.)

현실에 안주(安住)하지 않고 새로운 가능성을 찾아 도전하는 것은 젊음의 특권이다.   김종필(金鍾泌)

인생은 장거리 경주(競走), 쉬지 말고 도전하라.

하기 싫더라도 무엇인가 해야만 하는 상황이라면 일단 부딪혀 보라.
    지그 지글러

시도(試圖)하지 않으면 아무것도 할 수 없다.   지그 지글러

두려운 상황을 자꾸 피하기만 하면 일시적으로 불안을 줄일 수는 있지만, 마음 깊이 잠재된 두려움은 계속 커진다. 반면 그 상황에 정면(正面)으로 대응하고자 하면 점점 더 두렵다는 생각이 사라질 것이다.
    개리 D. 맥케이

무슨 일이 일어날 것인가가 두려워 비겁하게 냉담한 상태로 있는 것보다는 대담하게 예상되는 불운(不運)의 노예가 되는 위험을 감수(甘受)하는 편이 낫다.   헤로도투스

벤처(venture)기업에서 필수적인 요소는 도전정신이다.   정문술

아무도 가지 않는 길을 가라.　　　　　　　　　　　　　　장쓰안

남들이 가지 않는 길을 기꺼이 가라.　　　　　　　　　　엘렌 싱어

모험(冒險) 없는 발전과 비약(飛躍)은 있을 수가 없다.　　정주영(鄭周永)

모험은 누가 봐도 잘 안 될 것 같은 일에 도전하는 것이다.　　양상훈

필요한 때는 모험도 하라. 위험이 전혀 없는 사업은 없다. 많은 이익을 올리는 만큼 반대로 위험 부담도 크다.　　　　　　　　　　J. V. 서어니

성공하고 싶다면 독특한 안목(眼目)으로 다른 사람이 생각하지 못한 일, 감히 할 수 없는 일에 도전하는 정신을 가져야 한다.　　　　　리허

남들이 하지 않는 것으로 뛰어들어야 행운(幸運)을 만난다.　**연준혁, 한상복**

용기(勇氣)란 두려움이 없음을 뜻하는 게 아니라, 두려움이 있음에도 불구하고 도전하는 걸 뜻한다.　　　　　　　　잭 캔필드, 마크 빅터 한센

호랑이 굴에 들어가지 않으면 호랑이 새끼를 얻지 못한다.
不入虎穴不得虎子(불입호혈부득호자) : 모험을 저지르지 않으면 큰 이득을 얻을 수 없다는 뜻　　　　　　　　　　　　　　　　후한서(後漢書)

어떤 일이 어려워서 우리가 과감히 시도하지 못하는 것이 아니라, 우리가 과감히 시도하지 않기 때문에 그것이 어려운 것이다.　　**루시우스 세네카**

우리가 두려워해야 할 것은 두려움 그 자체이다.
(There is nothing to fear but fear itself.)　　　　　　프랭클린 루즈벨트

실패를 두려워하지 마라. 시도해 보지도 않고 기회를 놓쳐버리는 걸 두려워하라.　　　　　　　　　　　　　　　　　　미국 유나이드 테크롤로지

포기하지 않는 한 실패는 끝이 아니다. 실패를 두려워하는 인생보다는 도전하는 인생이 훨씬 더 낫다.　　　　　　　　　　　　　아트 윌리엄스

무엇이든 새로운 도전은 창피함을 무릅쓰는 것으로 시작된다.　　연준혁

인간은 도전(挑戰)할 때마다 강해진다.

현재 우리가 해야 할 일은 무엇인가를 하는 것이다. 아무것도 하지 않는 것보다는 노력하다가 잃는 쪽을 택하라!　　　　　　　　마이클 린버그

무언가를 하려고 할 때 '이건 쉬운 일이다. 나는 할 수 있다.'라고 생각하라.
　　　　　　　　　　　　　　　　　　　　　　　　　　　　에밀 쿠에

설사 몇 번의 시도를 해야 할지라도, 용기(勇氣)만은 잃지 말라.
　　　　　　　　　　　　　　　　　　　　　　　　　알베르트 슈바이처

운명을 한탄하지 말라. 자기를 알고, 직면(直面)해야 할 것에 직면하라. 그리고 그것을 정복(征服)하라.　　　　　　　　　　　　C. M. 브리스톨

결단하여 감행(敢行)하면, 귀신(鬼神)도 이를 피한다.　　　　사기(史記)

인생은 일종의 모험이다. 모험을 많이 할수록 인간은 현명해진다. 에머슨

건강하지 않으면 인생에서 어떤 도전도 불가능하다.　　　　오츠 슈이치

자신이 감당할 수 없는 리스크(risk)가 있는 일에 모험하지 마라.　장쓰안

363

절대로 무의미(無意味)한 모험을 해서는 안 된다. 유태 격언

될 수 없는 것은 시도하지 말아야 한다. 쿠르트 테퍼바인

7분(分)의 타당성이 있으면 나머지 3분은 몰라도 해보라. 타나베 쇼이치

도전 없이 성공(成功) 없다. 구자경(具滋暻)

기회가 오면 놓치지 말라. 기회는 잡는 자의 것이다. 리허

〈2〉

새로운 경험에 가슴을 열어라. 웨인 다이어

'과감한 대시(dash)'로 도전해 가는 행동력(行動力)이야말로 소기의 목적을 달성할 수 있는 핵심요소이다. 이소사끼 시로

어떤 일이 일어나기를 바란다면, 그 일이 일어나게 만들어라. 로버트 링거

필요하다면 먼저 억지로 행동하라. 그러면 동기는 자연스럽게 따라온다.
로버트 링거

일은 저질러라.

결과는 어떻게 되든 일단은 해보자는 정신이 중요하다. 크고 작은 난제들을 하나씩 해결하며 극복해 가는 데서 향상이 보장된다. 이소사끼 시로

선택의 전(前)이 번민(煩悶)이라면 선택의 후(後)는 돌파(突破)다. 김진애

도전할 목표(目標)를 한 가지 정하고 도전하라. **아트 윌리암스**

무한(無限) 경쟁에서 살아남는 길은 무엇이든 최고의 수준을 목표로 설정하고 부단히 도전하는 것이다. **최종현(崔鍾賢)**

문제가 생겼으면 수수방관(袖手傍觀)하지 말고 문제와 정면 대응하라.
로버트 링거

두려움과 정면으로 부딪칠 때 그것이 자연스럽게 사라진다. **조 비테일**

날마다 새로워지는 것은 운(運)을 버는 것이다. 운이 들어오는 입구(入口)를 넓히기 위해서는 모든 것에 도전(挑戰)하라. **김승호**

해보려고 애쓰는 시도가 없으면 얻는 것도 없다. **노벨 평화위원회**

우리의 뇌(腦)는 새로운 일에 도전했을 때 가장 신나게 움직인다.
시라가와 다쿠지

음악(音樂)이란 상류(上流)로 올라가는 배와 같이 끊임없이 도전하여 앞으로 나아가지 않으면 퇴보한다. **백건우**

시도(試圖)하지 않는 사람에게는 기회도 없는 법이며, 제자리걸음만 하게 마련이다. **쿠르트 테퍼바인**

위험(危險)을 감수(甘受)한 끊임없는 개발(開發) 시도와 이를 통해 축적된 기술과 경험이야말로 과학기술 분야 성과의 공통분모(共通分母)다. **이상률**

이것저것 두드려보다 보면 달라질 수 있다. 가만히 있으면 그냥 그대로다.
김승호

모험은 경솔함과는 무관한 것이다. 모험은 늘 양질(良質)의 정보(情報)와 신중(愼重)한 전략, 그리고 명료한 인식(認識)에 근거를 두어야 한다. 계획을 세워 모험을 하라.
밴 크로치

설령 어떤 시도가 실패로 끝나더라도 시도해 보지 않은 것보다는 훨씬 낫다.
빌 게이츠

성공하려면 어떤 일이든 계속 부딪쳐야 한다.
미야자키 신지

잘못에 연연하는 대신 훌훌 털어버리고 나서 새로운 도전을 찾는다.
윌리엄 J. 오닐

구(求)하라 그리하면 주실 것이요, 찾으라 그리하면 찾아낼 것이요, 문(門)을 두드리라 그리하면 열릴 것이니.
마태복음

세월은 삽시간에 흘러가버리므로 기회를 놓치지 말고 무엇이든 마음껏 해 봐야 한다.

인생은 얼마나 센 펀치를 날릴 수 있느냐가 아니다. 얻어맞고도 계속 움직이며 나아갈 수 있느냐다.
실베스터 스탤론(록키)

은퇴(隱退)란 인생에서 완전한 자유를 갖게 되는 특혜 받은 순간이다. 몹시 정신 나간 것처럼 보이는 일들까지도 포함한 모든 도전을 향해 열려 있는 문이기 때문이다.
베르나르 올리비에

인생의 진정한 완성(完成)은 끝없는 도전으로만 얻을 수 있는 법이다.

새로운 도전을 맞이하기에 너무 늦은 나이란 없다.
고든 리빙스턴

꿈이 사라지면 또 다른 꿈을 꾸라. 조엘 오스틴

【독서, 책】

〈1〉

모든 양서(良書)를 읽는다는 것은 지난 몇 세기(世紀) 동안에 걸친 가장 훌륭한 사람들과 대화(對話)를 하는 것과 같다. 데카르트

독서는 다른 사람의 경험을 바탕으로 우리를 더욱 훌륭하게 만든다.
 앤서니 라빈스

독서(讀書)를 하며 얻으려고 하는 것은 두 가지다. 인생을 어떻게 살아가야 하는지를 알려주는 지혜와 더 열심히 살아야겠다는 동기부여(動機附與)다.
 사이토 다카시

독서는 여러 가지 재료로 내 사색(思索)을 일깨우며, 기억력이 아니라 판단력(判斷力)으로써 일하게 하는 데에 소용된다. 몽테뉴

현재의 당신과 5년 후 당신의 차이점은 당신이 누구와 함께 시간을 보내는지, 어떤 책을 가까이 하는지에 달려 있다. 찰리 존스

독서를 하면 보상(補償)을 받게 된다. 잭 캔필드

책은 내공(內攻)이 되고, 내공은 인생을 바꾼다. 사이토 다카시

가장 즐거운 것은 독서만 한 것이 없고, 가장 중요한 것은 자식(子息)을 가르치는 일만 한 것이 없다. 공여일록(公餘日錄)

독서는 고요하고, 여유 있으며, 자세하게 해야 마음이 그 가운데 들어가 독서의 묘미(妙味)를 얻을 수 있다.
독서록(讀書錄)

하버드대학 교육의 최종목표는 좋은 책인지 그저 그런 책인지를 구별할 수 있는 능력을 갖추도록 하는 것이다.
하버드대학 총장

누구를 만나느냐에 따라 인생이 바뀔 수 있는 것처럼, 어떤 책을 만나느냐에 따라 삶의 방향이 달라질 수도 있다. 일단 관심 있는 분야의 책을 통해 독서에 흥미를 유발(誘發)한 다음 다른 분야로 관심이 이어지도록 꼬리에 꼬리를 물고 책을 읽다 보면 분명 운명(運命)의 책을 만날 수 있을 것이다.
유순덕

하버드대학 졸업장보다 독서습관이 더 중요하다. 나의 성공에는 독서가 절대적으로 큰 기여를 했다.
빌 게이츠

국민의 독서열(讀書熱)을 보면 그 나라의 국력(國力)을 알 수 있다.

젊은 사람들은 단순한 흥미 위주보다 오래도록 남을 수 있는 책을 열심히 읽어야 한다.
이숭녕(李崇寧)

염세적(厭世的)인 문학작품은 읽지 말라.
월러스 D. 워틀스

희망을 주는 책을 읽어라.
마이클 린버그

두 번 읽을 가치가 없는 책(冊)은 한 번 읽을 가치도 없다.

책을 읽는 목적은 정확한 판단력을 기르고, 인간사(人間事)에 이바지하는 점에 있다.
안씨가훈(顔氏家訓)

어떤 친구를 사귀는지 보면 그 사람을 알 수 있는 것처럼, 어떤 책을 읽는지 보아도 그 사람을 알 수 있다. 책도 벗이기 때문이다. 그리고 사람이든 책이든, 가장 좋은 벗을 사귀어야 한다.   새무얼 스마일즈

책을 보는 것은 약(藥)을 복용하는 것과 같다. 약의 양이 많으면 약의 힘이 자연 퍼진다.   소철(蘇轍)

책은 약과 같다. 잘 읽으면 어리석음을 고칠 수 있다.
書猶藥也, 善讀之可以醫愚(서유약야, 선독지가이의우)   설원(說苑)

좋은 책은 인류(人類)의 지혜의 보고(寶庫)이다.   C. M. 브리스톨

사람이란 어떤 책이나 남의 말 한마디에서 생(生)의 진로(進路)를 확정짓는 결정적인 감동(感動)을 얻게 되는 수가 있다.   현신규(玄信圭)

책이라고 하는 것은 불과 몇 줄만이라도 배울 점이 있으면 그것만으로도 충분한 가치가 있다.   쓰다 자유기찌

책을 읽는 동안 만큼은 현실을 잠시 잊을 수 있고, 답이 나오지 않는 고민을 하며 시간을 보내는 것보다 그래도 뭔가를 배울 수 있으니 더 낫다.   사이토 다카시

인생은 한 권의 책과 같다. 어리석은 이는 그것을 마구 넘겨버리지만, 현명한 사람은 열심히 읽는다. 단 한 번밖에 읽지 못한다는 것을 알고 있기 때문이다.   상 파울

후회 없는 인생을 살고 싶다면 꾸준히 책을 읽어라.   사이토 다카시

책(冊)에서 길을 찾으라.   리자청

어떻게 살지 계속 자극을 주는 데는 책만 한 것이 없다.　　　　　김향이

〈2〉

책만 읽고 상황이 좋아지기를 바라는 것은 있을 수 없다. 배운 것을 수련(修鍊)하고 방안(方案)을 찾아야 한다.　　　　　쉐리 반 디크

당신이 성장하는 만큼 독서의 폭도 넓어진다.　　　　　사이토 다카시

인생은 책을 얼마나 읽었느냐에 따라 달라진다.　　　　　사이토 다카시

책은 언어구사력(言語驅使力)과 사고(思考) 능력을 높여주고 자기 주체적으로 생각하게 만들어준다.　　　　　오영석

책을 많이 읽고 생각하는 힘을 기른 사람은 사고(思考)가 자유롭고 하는 일에 자신감을 갖는다.　　　　　이석연

개개인의 생각의 깊이를 결정하는 것은 그 사람의 어휘(語彙)와 문장구성 능력에 달렸다. 책을 읽어야 습관적으로 사용하는 어휘를 확장시킬 수 있다.
　　　　　사이토 다카시

독서에는 요점을 파악해 내는 것을 귀중하게 여긴다.　　암서유사(岩栖幽事)

책을 오래 기억하고 싶다면 옮겨 적어라. 필사(筆寫)는 정독(精讀)의 진수(眞髓)이다.　　　　　사이토 다카시

천하의 일이란 이해(利害)가 각각 반반씩인데, 전적으로 이익만 있고 조그만 해도 없는 것은 오직 책뿐이다.　　　　　황정견 〈岩栖幽事(암서유사)〉

이 세상의 모든 책도 너에게 행복을 주지는 못한다. 그러나 책은 조용히 네 자신 속으로 네가 돌아가도록 만든다.　　　　　　　헤르만 헤세

마음의 파산(破産)을 막는 길은 독서밖에 없다.　　　　　　부도 야마하루

인격자(人格者)와의 교제는 일만 권의 책보다 유익하다.　　사무엘 스마일즈

만 권의 독서보다 천리 길 여행이 낫다.
讀書萬卷不如行千里(독서만권불여행천리)

만 권(萬卷)의 독서를 하고 만 리(萬里)를 여행해 봐야 가슴에 쌓여 있는 탁기(濁氣)와 먼지를 털어버릴 수 있다.　　　　　　　　동기창(董其昌)

읽기 시작한 모든 책을 끝까지 읽으려 애쓰지 마라. 모든 책이 다 끝까지 읽을 만한 가치가 있는 것은 아니다.　　　　　　　　로빈 S. 샤르마

곰팡이 난 책에서가 아니라 명상(瞑想)에서 진리를 찾으라.　페르시아 속담

'고전(古典)'이란 사람들이 칭찬만 하고 읽지 않는 책이다.
("Classic." A book which people praise and don't read.)　마크 트웨인

고전은 우리가 어떻게 사는 것이 바른 삶인지 해답(解答)이 들어 있는 '내일로 가는 옛길'이다.　　　　　　　　　　　　　　　　　　이명학

내가 인생을 알게 된 것은 사람과 접촉한 결과가 아니라, 책을 많이 읽은 결과다.　　　　　　　　　　　　　　　　　　　　　　아나톨 프랑스

책을 빌려주면 안 된다. 책을 빌려간 사람은 돌려주지 않는 법이다. 나의 서재(書齊)에는 남들이 빌려준 책들이 수두룩하다.　　아나톨 프랑스

자연과 책의 주인은 그것을 보는 사람이다.   R. W. 에머슨

독서와 고독과 명상이 내게 평화를 가져다준다.   알프레도 게바라

남의 책을 읽는 데 시간을 보내라. 남이 고생(苦生)한 것에 의해 쉽게 자기를 개선(改善)할 수가 있다.   소크라테스

독서를 통하여 생애(生涯)를 새롭게 열어나간 사람이 많다. (How many a man has dated a new era in his life from the reading of a book.)
        헨리 데이비드 소로우

책은 나의 영원한 안식처(安息處)이며, 평생의 스승이다.   구봉서(具鳳書)

독서의 습관을 기르는 것은 인생의 거의 모든 불행으로부터 당신을 지키는 피난처(避難處)가 마련되는 것이 된다.   서머세트 모옴

독서는 절대 나를 배신(背信)하지 않는다.   사이토 다카시

독서만큼 값이 싸면서도 오랫동안 즐거움을 누릴 수 있는 것은 없다.
        몽테뉴

좋은 책은 젊어서는 즐거움과 가르침을 주고, 늙어서는 위로와 위안을 주는 친구이다.   새무얼 스마일즈

독서나 음악 감상을 통해 마음을 편안히 가라앉히는 순간 생기는 편안하고 안정된 영혼은 바로 쾌락의 원천(源泉)이다.

책들은 내 마음을 항상 뿌듯하게 하며, 책들이 얼마나 많은 도움을 주는지는 말로 다 표현할 수 없다. 책은 내 인생길에 갖추고 있는 최상의 장비(裝

備)이다. 몽테뉴

가족과 책이 있으면 그것만으로도 충분하게 행복할 수 있다. 한수산

【돈, 부(富), 부귀, 부자, 재물, 재산】

〈1〉

행복을 위한 조건으로 가장 중요한 것은 건강과 돈이다. 백운산(白雲山)

돈이란 남에게 행복하게 보일 수 있는 온갖 것들을 준다. 레니에

"돈이 전부는 아니다."고 말들 하지만, 많은 사람들은 돈이 전부인 것처럼 살고 있다. 리 아이젠버그

나는 젊었을 때 돈이 인생에서 가장 중요한 것이 아닌가 생각했는데, 이제 늙고 보니 과연 그렇다는 것을 깨닫게 된다. 오스카 와일드

돈이 없으면 적막강산(寂寞江山), 돈이 있으면 금수강산(錦繡江山) 한국 속담

역사(歷史)는 돈이야말로 현명한 사람이 축적(蓄積)해야 할 최후의 것임을 알고 있다. W. J. 듀란트

돈 없으면 잘난 놈도 못난 놈 되고, 돈 있으면 못난 놈도 잘난 놈 된다. 한국 속담

부귀하면 남들도 모여들고 가난하면 친척도 떠나버린다. 문선(文選)

재산이 있으면 걱정거리가 많지만, 재산이 없으면 걱정거리가 더 많다.
　　　　　　　　　　　　　　　　　　　　　　　　　　　탈무드

인간의 고민은 대개가 돈이 모자란다고 하는 데서 일어난다.
　　　　　　　　　　　　　　　　　　　　　　　　　C. M. 브리스톨

항산(恒産)이 없으면 항심(恒心)이 없다.
〈경제적 생활안정이 안 되면 정신적 생활안정이 안 된다.〉　**맹자(孟子)**

돈을 구(save)하라. 그러면 돈이 당신을 구할 것이다.　　**영국 속담**

가장 무거운 짐은 빈 주머니이다.　　　　　　　　　　　**체코 속담**

돈 그 자체가 인간을 당당하게 만들 수는 없지만, 돈 없이 당당해지기는 어려운 일이다.　　　　　　　　　　　　　　　　　　　**버트런드 러셀**

돈과 지체가 있으면 친척도 두려워하고, 가난하면 친척도 업신여긴다.

혈육(血肉)에는 형제(兄弟)가 있어도, 돈에는 형제가 없다.　**한국 속담**

부(富)나 지위(地位)는 우리를 친구로부터 고립시키기 쉽다.　**A. 미어즈**

부자가 되거든 가난한 사람에게 거만(倨慢)하지 말고 그들을 비천(卑賤)하게 만들지 말라.　　　　　　　　　　　　　　　　　**헨리 데이비드 소로**

돈이 많으면 부러운 마음은 들지만 그것만으로 애정과 존경의 마음이 생기지는 않는다.　　　　　　　　　　　　　　　　　　　　　**윤대현**

돈에 대한 애착(愛着)은 돈이 많아질수록 더해 간다.　　**유베날리스**

불쌍한 부자(富者)들, 그들이 가진 것은 고작 돈뿐이다.   **톰 무어**

부자들이 계속 욕심을 부리면 자본주의와 민주주의는 망한다.
    빌 게이츠 시니어

부자가 되어서 교만 없기가 가난하면서 원망 없기보다도 어렵다.
    공자(孔子)

돈 자랑은 하지 말고, 병(病) 자랑은 하랬다.   **한국 속담**

진정한 부자는 단순히 돈이 많은 사람을 의미하는 게 아니라, 사회적인 공헌(貢獻)을 실천하면서 인격적으로 완성된 사람을 일컫는다.   **켈리 최**

부자의 인격은 어떤 곳에 돈을 베푸느냐를 보면 알 수 있다.   **강본융삼**

돈 쓰는 것을 보면 그 사람을 알 수 있다.   **속담**

성공은 돈이나 지위가 아니라 그 사람의 선행(善行)으로 판단해야 한다.
    조지 L. 로저스

도리보다도 힘이나 이권(利權)에 움직이기 쉬운 것이 인간이다.   **강본융삼**

부(富)를 위해 인(仁)을 저버리면 안 된다.   **리허**

인심이 후(厚)하면 더욱 부자가 되지만 인색하게 굴면 오히려 궁해진다.
    성경(聖經)

부를 이룩한 사람은 대개 표정이 너그럽고 여유가 있다.   **사이토 히토리**

마음의 부자(富者)가 물질(物質)의 부자가 된다. 　　　　　　월러스 D. 워틀스

절약 습관을 일찍 몸에 붙이는 사람은 그만큼 빨리 부자에의 길을 걸을 수 있는 것이다. 　　　　　　구영한(邱永漢)

진정한 검소(儉素)란 없어서 적게 쓰는 것이 아니라 있어도 적게 쓰는 자세이다. 　　　　　　박제가(朴齊家)

내일이 없는 것처럼 돈을 쓰지 말고, 돈이 없는 것처럼 돈을 써라. **오루크**

진짜 부자들은 모두들 '짜다' 싶을 정도로 검소하다. 　　　　　　데이브 램지

오래 쓰고, 고쳐 쓰자. (Make do and mend.) 　　　　　　엘리자베스 2세

부유하다 할지라도 가난한 듯 행동하라. 　　　　　　파블로 피카소

쉽게 벌면 쉽게 나간다. (Easy come, easy go. : Soon got, soon gone.)
　　　　　　한국 속담(서양 속담)

돈은 손수 벌어야 자기 것이 되는 법이다. 　　　　　　W. Y. 에반스 웬츠

자신이 부자가 아니라면 부자들의 생활방식을 따르지 말라. 　　데이브 램지

사치스러운 자는 부유해도 늘 부족함을 느끼고, 검소한 자는 가난한 가운데서도 늘 여유가 있다. 사치스러운 자는 마음이 항상 가난하고, 검소한 자는 마음이 항상 부자다. 　　　　　　신자(愼子)

〈2〉

푼돈을 아껴라. 그러면 목돈이 될 것이다.   아트 윌리암스

'계속'이 '재산'이 된다.   노가미 히로유키

돈이 돈을 버는 것처럼 성공은 성공을 가져온다.   S. 샹포르

돈을 사랑한다면 정말 필요하지 않으면 사지 않는다. 돈은 아껴주는 사람에게 반드시 돌아온다.

입과 지갑은 닫는 것이 득(得)   일본 속담

작게 인색해서 크게 써라.   다나베 쇼이치(田邊昇一)

대부(大富)는 운명(運命)에 있고, 소부(小富)는 부지런함에 있다.   명심보감

뛰어난 재능이나 능력이 있어야만 부자가 되는 것은 아니다. 그들이 부자가 되는 것은 특정한 법칙에 따라 행동하기 때문이다.   월리스 D. 워틀스

사람마다 실질적인 능력의 차이가 천태만상(千態萬象)이기 때문에 거의 모든 사회에서 그런 능력의 상당부분은 소수(少數)에게 집중되게 마련이다. 부(富)의 집중은 이런 능력집중(能力集中)의 자연적 결과로서 역사상 규칙적으로 반복하여 나타난다.   W. J. 듀란트

부귀빈천(富貴貧賤)이 물레바퀴 돌듯 한다.   한국 속담

빈부의 격차(隔差)가 지나친 것은 문제가 되지만 어느 정도의 불평등(不平等)은 성장의 동력이 된다.   앵거스 디턴

부자가 되고 싶다면 가난을 생각하지 말아야 한다. 반대되는 것을 생각함으로써 원하는 것을 얻을 수는 없다.   **월러스 D. 워틀스**

"나는 부자가 될 것이다."라고 말하지 않고, "나는 부자다."라고 이미 꿈을 이룬 것처럼 계속 긍정적으로 말해야 하는 것은 스스로가 확신을 가지고 주장할 때 그 말이 잠재의식 속에 자리 잡아 현재의 삶이 그렇게 변해가기 때문이다. 이 법칙은 어느 곳에나 적용된다.   **로버트 A. 러셀**

감사(感謝)하는 습관은 부(富)가 흘러갈 통로로 작용한다.   **월러스 워틀스**

돈을 빌리는 것은 노예(奴隷)가 되는 것이다.   **에머슨**

돈을 빌려주면 돈도 친구도 잃게 된다.   **세익스피어**

돈이 개입된 문제에는 너무 빨리 대답해선 안 된다.   **로버트 링거**

돈을 빌려준 사람은 돈을 빌린 사람보다 훨씬 기억력이 좋다.
                   벤저민 프랭클린

인간은 재산상 손실(損失)은 결코 잊어버릴 수 없는 동물이므로, 타인의 재물(財物)에 결코 손대는 일이 없어야 한다.   **중앙일보 경제문제연구소**

날려버린 돈과 어제의 실수는 잊어버려라.   **스티븐 샘플**

돈을 잃는 것은 조금 잃는 것이고, 명예를 잃는 것은 많이 잃는 것이며, 건강을 잃는 것은 전부를 잃는 것이다.   **금언**

최고의 부(富)는 건강이다.   **웨일즈 속담**

꾸준한 운동은 재태크(財 Tech; Financial Technology)보다 중요한 노후 대비의 일환이다.
마이클 포셀

인생에서 가장 중요한 것은 돈을 얼마나 버느냐가 아니라, 얼마나 내면(內面)의 평화를 얻고 평온한 태도로 사느냐다.
저우룬파

편안한 마음이 진정한 재산(財産)이다.
웨인 다이어

빚 없으면 부자(富者)다.
한국 속담

가장 부유한 사람은 지금 가지고 있는 것에 만족하는 사람이다.
아일랜드 속담

일생의 가장 커다란 만족감과 행복은 재물을 통해서가 아니라 사람을 통해 찾아온다. 깨끗하고 겸허(謙虛)한 마음으로 사람들을 사랑하라.
임선영

가진 것이 없어도 자꾸만 주려는 마음, 베풀려는 마음을 가진 사람이 진정한 부자(富者)이다.
지광

노년이 되면 섹스도 아니요, 돈도 아니다. 이야기가 통하는 상대가 최상의 파트너다.
조용헌

재산을 남에게 맡기면 도리어 그에게 문전박대(門前薄待)를 받는다.
W. Y. 에반스 웬츠

네가 자식들에게 의지하는 것보다 자식들이 너에게 의지하는 것이 낫다. 네 수명이 다하여 죽을 때가 오거든 네 재산을 나누어주어라. **성서(聖書)**

우리는 임종(臨終)의 순간에 무슨 말을 할 것인가? "좀 더 안정되고 돈 많이 버는 삶을 살았으면 좋았을 걸!"이라고 하지 않고, "더 많은 걸 경험하며 살았으면 좋았을 걸!" 하고 말할 것이다. 프리츠 펄스

무슨 일이든 돈 때문에 하지는 말라. 로저 로젠블라드

사람 일생 일백 년, 바람 앞의 촛불처럼 훌쩍 가는 것. 그런데도 사람들은 부귀를 쫓아, 죽기 전엔 그 마음 버리지를 못한다네. 최유청(崔惟淸)

돈은 어느 수준에 이르기까지는 우리의 행복을 증진시키는 힘을 갖는다는 점에 대해서 나는 부인하고자 하지 않는다. 그러나 어느 수준을 넘어섰을 때 나는 돈의 그와 같은 기능은 정지되고 만다고 생각한다. 버트란드 러셀

돈은 인생의 편리한 도구(道具) 가운데 하나이지만, 돈에 휘둘려 삶의 중심 - 가치 있는 성숙(成熟)한 인생 -을 잃지 말라. 리 아이젠버그

돈보다 인생(人生)을 귀(貴)하게 여겨라. 리 아이젠버그

우리 모두 생계(生計)를 꾸려나가는 방법도 배워야 하겠지만 동시에 인생을 살아가는 방법도 배워야 한다. 윈스턴 처칠

【동정심, 연민, 측은지심】

고통을 맛보지 않으면 우리는 연민(憐憫)의 정(情)을 기를 수가 없고, 고통이 무엇인지 모르는 사람은 진정한 행복이 무엇인지도 알 수 없다. 틱낫한

불쌍히 여기는 마음 '측은지심(惻隱之心)'은 어짊의 극치로써 불쌍히 여기는 마음이 없으면 사람이 아니다. 맹자(孟子)

동정심(同情心)을 느끼는 것만으로는 부족하다. 행동을 해야 한다.
달라이 라마

마음에 상처받은 사람들은 남에게 쉽게 상처를 준다. 상처받은 사람에게 도움의 손길을 뻗어라.
존 맥스웰

사람들은 가능한 한 자신들의 불행을 확대해서 말한다. 그렇게 함으로써 동정을 얻고 싶기 때문이다.
B. S. 라즈니쉬

연민 말고는 그 무엇도 화(火)를 치유(治癒)하지 못한다.
틱낫한

연민은 다른 사람의 생각과 느낌을 알아차리는 능력에서 비롯된다.
대니언 골먼

자기 마음을 가지고 남의 마음을 헤아릴 경우, 피차 아무런 틀리는 점이 없다.
중용(中庸)

인간미 넘치는 따뜻한 관심표명은 친절의 징표(徵標)로써 우리가 다른 사람에게 베풀 수 있는 가장 큰 선물이다.
톰 피티스

네 이웃을 네 몸과 같이 사랑하라.
성경(聖經)

당신이 다른 사람의 고통을 덜어줄 수 있는 한 삶은 헛되지 않다.
헬렌 켈러

내면의 평안은 사랑(大慈)과 연민(大悲)의 마음을 키우는 데 있다. 남의 행복을 바라면 바랄수록 더욱더 행복감을 느낀다. 남에게 친밀하고 친절한 감정을 기르면 마음은 절로 편안해진다.
달라이 라마

연민의 마음을 항상 열어두라. 마음의 소리에 귀를 기울였다가 신(神)의 뜻이라 판단되면 즉시 사랑을 표시하라. 지금 사랑을 표시하지 않으면 영원히 표현하지 못할 수도 있다.

조엘 오스틴

【두려움, 공포, 무서움】

새로운 경험은 항상 약간 두려움을 느끼게 만든다. 하지만 당신이 두려움에 맞서서 그것을 해낸다면 당신은 자신의 능력에 대한 더 많은 자신감을 쌓을 수 있게 된다.

캔필드

두려움은 자연스러운 것이다. 두려움이 존재한다는 사실은 인정하되 그것 때문에 중요한 일들을 포기하지는 마라.

잭 캔필드

마음속에 최종목표(最終目標)를 쉬지 않고 반복하여 분명하게 그려보라. 그리고 마음속에 어떤 상황에 대한 '안전대책(安全對策)'을 만들어두라. 이렇게 하면 그 상황에 봉착할 때 상황 자체가 낯설지 않을 것이다. 또 그 상황이 겁나거나 두렵지 않게 된다.

스티븐 코비

용기는 두려움이 없다는 것이 아니다. 진정한 용기는 두려움이 있더라도 자신이 원하는 것을 위해 계속 노력하는 것을 뜻한다.

폴 포츠

"바로 이거야"라고 머릿속에 떠오르는 아이디어가 있다면 실패를 두려워하지 말고 먼저 행동으로 옮기자.

미야자키 신지

진정한 공포(恐怖)는 사람을 마비시키지 않으며, 오히려 평소에는 할 수 없었던 일을 할 수 있는 에너지를 불어넣는다.

가빈 드베커

만일 두려움이 너무나 커서 당신을 활동 불능으로 만든다면 위험부담을 줄여라. 좀 더 작은 일들을 하고, 그다음에 큰 것을 하도록 하라.
잭 캔필드

의식이 향상됨에 따라 자신감이 두려움을 대신하고, 정서적인 만족감이 고통을 대신하며, 삶의 질이 높아지고 안정감이 더해진다.
데이비드 호킨스

두려운 상황을 자꾸 피하기만 하면 일시적으로 불안을 줄일 수는 있지만, 마음 깊이 잠재된 두려움은 계속 커진다. 반면 그 상황에 정면으로 대응(對應)하고자 하면 점점 더 두렵다는 생각이 사라질 것이다.
개리 D. 맥케이

행동(行動)은 두려움을 이긴다.
장사오형

무슨 일이 일어날 것인가가 두려워 비겁하게 냉담(冷淡)한 상태로 있는 것보다는 대담하게 예상되는 불운의 노예가 되는 위험을 감수(甘受)하는 편이 낫다.
헤로도토스

막히고 봉하는 도(道)가 천명(天命)과 시운(時運)에 따름을 알고, 난국(亂局)에 직면해서도 두려워하지 않는 것이 성인(聖人)의 용기다.
공자(孔子)

우리가 두려워해야 할 것은 두려움 그 자체이다.
(There is nothing to fear but fear itself.)
프랭클린 루즈벨트

두려움을 이기는 유일한 방법은 정면(正面) 대결(對決)이다.
스티븐 코비

두려움과 정면으로 부딪칠 때 그것이 자연스럽게 사라진다.
조 비테일

진정한 용기는 두렵더라도 앞으로 나아가서 하고자 하는 일을 해내는 것이다. 겁이 나서 무릎이 덜덜 떨려도 결국 해내야 하는 것이다.

오프라 윈프리

자신감을 기르는 방법은 당신이 두려워하는 일을 하고, 그 일에 성공하는 경험을 계속 쌓아 나가는 것이다.
데일 카네기

한번 자신(自信)을 가지게 된 인간은 그 후에 다소의 두려움이 올지라도 침착하게 있을 수 있다.
A. 유우리스

포기(抛棄)하지 않는 한 실패는 끝이 아니다. 실패를 두려워하는 인생보다는 도전하는 인생이 훨씬 더 낫다.
아트 윌리암스

인생에서 전반(前半)의 삶은 두려워하지 말아야 하고, 후반의 삶은 후회하지 말아야 한다.
위단(于丹)

무엇을 하든 대담하게 행해야 한다. 이방인(異邦人)처럼 살지 말고, 손님처럼 머물지 말라. 그대가 곧 주인이다. 두려움 없이 살아가라.
오쇼 라즈니쉬

실패를 두려워하지 마라. 시도해 보지도 않고 기회를 놓쳐버리는 걸 두려워하라.
미국 유나이드 테크롤로지

실패에 대한 두려움은 사람의 책임이 의도(意圖)와 노력에 있지 결과(結果)에 있지 않음을 각성(覺醒)함으로써 감소된다. "결과는 다른 많은 비개인적(非個人的) 조건과 요인들에 달려 있다."
데이비드 호킨스

책임질 신(神)은 없다. 신은 상상의 산물(産物)일 뿐이다. 어떠한 신도 존재한 적이 없다. 신은 공포와 탐욕, 삶에 대한 절망감에서 비롯된 발명품일 뿐이다.
오쇼 라즈니쉬

바라는 것이 적은 사람은 두려워할 일도 적다. 윌리엄 블레이크

세상에서 제일 무서운 것은 외로움이다. 정도령(正道靈)

버림받는 것에 대한 두려움은 다른 모든 두려움을 앞선다. 수잔 포워드

죽음이 눈앞에 닥쳐 절망이 마음을 장악하면 사람은 갑자기 생명기아(生命飢餓) 상태에 빠진다. 생명에 대한 집착, 죽음에 대한 공포가 엄청난 기세(氣勢)로 밀어닥친다. 기시모토 히데오

죽기 두려운 것은 언제 어느 순간에 죽음이 닥쳐올지 모르기 때문이다. 잘 죽고 싶다면 잘 살아야 하는 것도 중요하지만, 죽는 순간의 마음 상태도 중요하다. 죽어가면서 명상을 하면 비할 데 없이 높은 정상에 이를 수도 있다. 달라이 라마

실로 죽음을 두려워한다는 것은 자기가 알지 못하는 것을 아는 체하는 것일 뿐이다. 왜냐하면 어느 누구도 죽음을 모르며, 그것이 인간에게 최고의 선(善)인지도 모르는데, 사람들은 죽음이 최악(最惡)이라도 되는 듯이 두려워하고 있기 때문이다. 소크라테스

나는 과거를 돌이켜보며 슬퍼하지 않고, 미래를 생각해서 두려워하지 않는다. 몽테뉴

영혼(靈魂)이 성장(成長)할수록 가장 큰 두려움인 죽음조차도 점점 작아진다.
엘리자베스 퀴블로 로스, 데이비드 케슬러

죽음은 권태를 느낀 자, 피곤한 자, 괴로워하는 자의 최후의 안식(安息)이다. 우리가 죽음에 가까워진다는 것은 괴롭고 슬픈 일이지만 죽음 그 자체 속에는 두려워할 것이 없다. 로버트 모리슨 마키버

죽음에 대해서 무관심하거나 두려워하거나 당황하지 말고, 침착하게 받아 들여라.   마르크스 아우렐리우스

두려움도, 망설임도 없이 떠납니다.   비욘 나티코 린데블라드

살아 있는 동안에는 죽음이 올까 두려워할 필요도 없다. 올 것은 오고, 갈 것은 가게 두어라. 지금 우리가 할 수 있는 것은 매 순간을 소중하게 여기며, 최대한 행복하기 위해 노력하는 것뿐이다.   쑤쑤(素素)

【따듯함, 온화】

인간미 넘치는 따뜻한 관심표명은 친절의 징표(徵表)로서 우리가 다른 사람에게 베풀 수 있는 가장 큰 선물이다.   톰 피터스

사람이 사람을 생각하는 따듯한 마음이 진정한 휴머니즘(humanism)이다.
               알렉스 김(김재현)

다른 이에게 친근하고 따뜻한 감정을 갖게 되면 저절로 마음이 느긋해진다.
                 달라이 라마

인생을 가장 그럴듯하게 즐길 수 있는 이상적인 성격은 마음에 따뜻한 정이 있고, 근심이 없으며, 또한 용기가 있는 성격이다.   임어당(林語堂)

유아기(幼兒期)의 따뜻한 신체 접촉은 건강한 성인(成人)으로 성장하는 데 반드시 필요하다.   해리 할로

꾸짖고 나서 반감(反感)을 사는 그런 꾸중을 해서는 안 되며, 꾸짖은 다음의 따듯한 보살핌이 반드시 중요하다.   마쓰시다 고노스케

항시 몸을 따뜻하게 하는 것이 보약보다 낫다.　　　　　　　　　남덕

면역력은 몸이 따듯할수록 활성화되므로 적당한 운동을 습관화하면 도움이 된다.　　　　　　　　　　　　　　　　　　　아보 도오루, 오니키 유타카

군자(君子)는 세 가지 다른 면이 있다. 멀리서 바라보면 근엄(謹嚴)하고, 가까이 가면 온화(溫和)하고, 그 말을 들으면 엄정(嚴正)하니라.　　자하(子夏)

평정심(平靜心)은 매정함이나 무심함과는 다르다. 따듯하게 세상을 바라보지만, 세상에 의해 고통 받지 않는다는 것이다.　　　　　　리처드 멘디우스

차가운 돌도 3년간 앉아 있으면 따스해진다.　　　　　　　　　일본 격언

우리 스스로가 풍요로워지면 더욱 유머 감각이 있고, 따뜻하며 너그러운 사람이 될 수 있다.　　　　　　　　　　　　　　　　　　　릭 핸슨

농담을 주고받는 것은 인간의 따뜻함을 느끼는 열쇠다.　가즈오 이시구로

사람들을 따뜻하게 대하면 마음이 통하는 법이다.　　　　　　M. 말쯔

자녀가 없는 가족이라 해도 가족 간에 따뜻한 마음을 갖고 있으면 평화로운 분위기가 넘쳐날 것이다.　　　　　　　　　　　　　　　　달라이 라마

모든 따뜻한 생각이나 미소는 영적(靈的)인 것이며, 온 세상뿐만 아니라 스스로를 이롭게 해준다.　　　　　　　　　　　　　　　데이비드 호킨스

온화한 성격의 사람은 허무감(虛無感)을 모른다.　　　로버트 모리슨 마키버

【똑똑함, 뛰어남, 비범함, 영리함, 우수함, 유능함】

똑똑한 사람은 모든 것을 직접 겪어보지 않고도 자신에게 최선(最善)의 길을 선택한다. 반면 똑똑하지 못한 사람은 하나부터 열까지 몸소 부딪쳐봐야 자신에게 최선의 길이 무엇인지 깨닫는다. 로버트 기요사키

우리가 더 영리(怜悧)해질수록 실패할 확률은 줄어든다.   로버트 기요사키

야심과 결의(決意)가 당신을 비범(非凡)한 사람으로 만든다.   J. V. 서어니

다른 사람보다 뛰어나고 싶으면 남보다 더 많은 고난(苦難)을 견뎌라.

인공지능(人工知能)은 사회 모든 분야와 융합(融合)해서 새로운 가치와 일자리를 창출할 수 있으므로 우수(優秀) 인공지능 인재(人材)의 육성(育成)은 국가 생존(生存)의 조건이다. 김정호

뛰어난 사람을 고용(雇用)하라. 그러면 다른 문제는 아무것도 없다. 하지만 뛰어난 사람을 뽑지 못하면 그보다 더 큰 문제는 없다. 딕 몰리

인재의 양성은 유능한 인재를 모으는 데에만 있지 않고 이들을 묶어주는 구심점(求心點), 즉 기업인(企業人)의 인격(人格)과 영도력(領導力)이 있어야 한다.
이병철(李秉喆)

자기보다 뛰어난 사람을 잘 부리는 것이 사업성공의 비결이다.
고지마 게이다

명군(名君)에게는 반드시 명신(名臣)이 있다.

지도자가 큰 공적(功績)을 세우려면 첫째는 우수한 인재를 확보하는 것이

고, 둘째는 그들의 의견에 귀를 기울이는 것이다. **한비자(韓非子)**

똑똑한 자는 생각을 바꾸지만 어리석은 자는 그렇게 못한다. **스페인 속담**

남보다 뛰어나기보다는 남과 다르게 하라. **탈무드**

무엇이 우수한 품질의 제품인지 결정하는 것은 오로지 고객뿐이다.
윌리엄 J. 오닐

외교나 전쟁도 그 근본은 항상 정치의 우수, 경제의 번영(繁榮), 무력(武力)의 충실(充實)이라는 배경이 있어야 성공할 수 있다. **손자병법**

전쟁 계획을 세울 때는 대담하고 영리하게, 행동에 옮길 때는 단호하고 확고하게 하라. **클라우제비츠**

아무리 뛰어난 인물이라도 시운(時運)을 감당할 수 없으며, 아무리 뛰어난 통치술을 가지고 있더라도 밀려오는 대세(大勢)를 막을 수 없다.
중앙일보 경제문제 연구소

네 몫에 만족하라. 인간이 매사에서 남보다 뛰어난다 함은 있을 수 없는 일이 아닌가? **이솝**

뛰어난 인간은 평소(平素)에는 아무것도 생각하고 있지 않아도 일이 생기면 필요(必要)한 생각이 떠오른다. 또 일이 끝나면 과거(過去)의 행위에 사로잡히지 않고 잊어버릴 수 있다. **채근담(菜根譚)**

【뜻, 의미, 무의미】

삶의 의미(意味)는 자신의 재능을 발견하는 것이고, 삶의 목적은 그 재능으로 누군가의 삶이 더 나아지게 돕는 것이다.
(The meaning of life is to find your gift. The purpose of life is to give it away.) 　　　　　　　　　　　　　　　　　파블로 피카소

단순히 이 세상에 태어나서 살다가 세상을 떠나는 것 외에 다른 어떤 의미나 중요성(重要性)을 두지 않는 삶이야말로 후회스러운 인생이라고 할 수 있다. 　　　　　　　　　　　　　　　　　　　　　　　　제인 폰다

나의 노력이 다른 사람을 위해 어떤 의미를 지닌다는 희망을 품었을 때 비로소 인생의 보람을 느낀다. 　　　　　　　　　드와이트 아이젠하워

삶의 유일한 의미는 인류에게 헌신(獻身)하는 것이다. 　　　레프 톨스토이

삶의 의미를 발견하는 데에 시련(試鍊)이 '반드시 필요한' 것은 아니다. 불필요하게 고통을 감수하는 것은 영웅적인 행동이 아니라 자기학대(自己虐待)에 불과하기 때문이다. 　　　　　　　　　　　　　빅터 프랭클

행복은 작은 데에서 찾고, 뜻은 높은 데에 두어야 한다. 　　　박태진

평생(平生)의 뜻을 세워라. 　　　　　　　　　　　　시부사와 에이치

뜻이 있으면 반드시 달성할 수 있다.
有志竟成(유지경성) 　　　　　　　　　　　　　　　　후한서(後漢書)

뜻이 있는 곳에 길이 있다. (Where there is a will, there is a way.)
　　　　　　　　　　　　　　　　　　　　　　　　　　　격언

결단했어도 실행하지 않으면 의미가 없다.   고모리 시게타가(古森重隆)

전쟁도 사업도 이기지 못하면 큰 의미가 없다.   이소사끼 시로

절대로 무의미(無意味)한 모험을 해서는 안 된다.   유태 격언

진의(眞意)가 제대로 전달이 안 되고 인간적으로 화가 날 때라도 국가 지도자는 하나도 참고, 둘도 참고, 셋도 참아야 한다.   고이즈미 준 이치로

자신이 옳을 경우에는 결코 뜻을 굽히지 말되, 자신이 잘못되었을 경우에는 언제든지 주장(主張)을 굽히도록 하라.   로버트 헬러

말투가 좋지 않으면 말하는 사람의 의도와 전혀 다른 의미로 변질된다.
        이정숙

말하기 전에 먼저 그 말이 어떤 의미를 갖는지 생각하라.   밴 크로치

삶에는 어떠한 의미도 없다. 춤추고, 노래하고, 즐겨라. 그대는 심각할 필요가 없다. 삶은 우주적(宇宙的)인 농담(弄談)이다. 거기에서 무엇을 얻는단 말인가?   오쇼 라즈니쉬

아무 의미가 없어 보이는 삶일지라도 반드시 나름의 의미가 있다. 어렵거나 고통스런 상황도 나중에 돌이켜보면 그러한 고통을 통해 성숙했음을 깨닫게 된다.   빅토르 프랑클

어떤 어려운 처지에 있더라도 삶이란 중요한 의미가 있는 것이다.
        김수환

종교가 궁극적으로 지향(指向)하는 것은 현실적 보상(報償)이 아니라 아무리

어려운 현실일지라도 의미(意味) 있는 것으로 받아들이는 것이다.　　정진홍

인생무상(人生無常)이란 남에게 도움이 되고, 영혼(靈魂)의 성장에 보탬이 되도록 뜻있게 살라는 의미이다.

이 세상을 살아가는 의미는 선(善)한 마음을 쌓는 것과 영혼을 닦는 것이다.
　　　　　　　　　　　　　　　　　　　　　　　　　　　이나모리 가즈오

어려움 속에서도 행복할 수 없다면 영혼을 수련하는 일에 무슨 의미가 있겠는가?　　　　　　　　　　　　　　　　　　　　　　마하 소사난다

인생이 견디기 어려운 건 환경 때문만이 아니다. 의미(意味)와 목적(目的)을 상실(喪失)했을 때 역시 인생은 견디기 어려워진다.　　빅토르 E. 프랑클

눈에 보이는 결과(結果)에만 빠져들어서는 행복해질 수 없다. 자신이 지금 하고 있는 일에 의미를 부여하면서 정신적, 육체적으로 건강해지는 것이 행복이다.　　　　　　　　　　　　　　　　　에밀리 에스파하니 스미스

어떤 어려운 처지에 있더라도 삶이란 중요한 의미(意味)가 있는 것이다.
　　　　　　　　　　　　　　　　　　　　　　　　　　　김수환(金壽煥)

사는 것이 의미가 있다고 느낄수록 수명(壽命)도 길어진다.　　장쓰안

인생의 참 의미를 느끼게 하는 가장 큰 원동력(原動力)은 자기 주변에 있는 사람들을 행복하게 만드는 것이다.　　　　　　　　　　마셜 로젠버그

Part 04

ㄹ
(리을)

【리더, 리더십, 영도력, 주도, 지도력, 지도자, 지휘관】

〈1〉

지도력(指導力)이란 사람들을 공통적(共通的)인 목적을 위해서 단결(團結)시키는 능력과 의지(意志)이다.   몽고메리

리더는 누구나 공감(共感)할 수 있는 목표(目標)를 세워야 한다. 복잡하지 않고 간결한, 모호하지 않고 분명한 큰 그림의 목표를 세우는 것이 중요하다.
                                                           조엘 피터슨

지도자는 위대한 비전(vision)이 있어야 하고, 우유부단(優柔不斷)하여 결단의 적기(適期)를 놓쳐서는 안 된다.   리차드 닉슨

리더십은 비전을 현실로 바꾸는 능력이다.
(Leadership is the capacity to translate vision into reality.)
                                                           워런 베니스

리더십이란 올바른 정책(政策)을 밀고 나가는 용기이다.   로저 더글러스

리더십의 첫째는 실력(實力)이 있어야 하고, 둘째는 사심(私心)이 없어야 하며, 셋째는 솔선수범(率先垂範)해야 한다. **사공일(司空壹)**

뼈아픈 체험과 단련을 통하여 진정한 지도자가 될 수 있다.
이양구(李洋球)

지도자의 자질(資質) 가운데 가장 첫 번째 능력은 판단력이다. **조용헌**

리더십(leadership)의 가장 중요한 덕목은 어떻게 균형 있게 판단하는가의 능력이다. **노나카 이쿠지로**

지도자에게 필요한 것은 현실상황의 정확한 인식(認識)능력과 그에 대한 대처(對處)능력이다. **김학준(金學俊)**

진정한 리더십은 어떤 상황에서 어떤 규칙이 통할지 직관적(直觀的)으로 이해(理解)하는 자질(資質)이다. **게르트 기거렌처**

타이밍(timing)을 정확히 선택(選擇)하는 것이 리더의 역할이다. **김종래**

지도자의 요건 :
(1) 지도자는 국가적 변환(變換)과 위기 때 헤쳐 나갈 길을 제시해야 한다. 그 길이란 장래에 대한 비전과 돌파전략을 일컬음으로 통상적인 관리행위(管理行爲)와는 차원이 다르다.
(2) 제시한 길로 국민이 따르도록 동기부여(動機附與)를 할 수 있는 능력을 갖춰야 한다. 그 같은 능력은 강한 신념과 공정성(公正性)과 자기희생(自己犧牲)에서만 가능하다.
하버드대 경영학교수와 웨스트포인트(미 육군 사관학교) **교장이 같은 결론에 도달한 지도자의 자질에 관한 글 중에서**

지도자란 평상시에는 그 자질(資質)이 올바르게 평가되지 않는 경우가 많지만, 위기(危機) 시(時)에는 흑백(黑白)처럼 분명하게 그 능력이 드러나는 것이다.
                                하우스만

좋은 리더라면 어려운 순간에도 올바른 결정을 한다.   밴 크로치

훌륭한 리더는 머리보다 성격(性格)이 좋아야 한다.   월러 R 뉴웰

지휘관은 자신이 할 수 없는 일을 부하에게 강요(强要)해선 안 된다.
                               백선엽(白善燁)

재상(宰相)의 직책은 현인(賢人)을 등용하는 일보다 더 중요한 것은 없다.
                           위정삼부서(爲政三部書)

지도자가 큰 공적(功績)을 세우려면 첫째는 우수한 인재(人材)를 확보하는 것이고, 둘째는 그들의 의견에 귀를 기울이는 것이다.   한비자(韓非子)

군주 자신이 현명하지 않으면 무엇이 좋은 조언인가를 모른다.
                               마키아벨리

인재의 양성은 유능한 인재를 모으는 데에만 있지 않고 이들을 묶어주는 구심점(求心點), 즉 기업인의 인격과 영도력이 있어야 한다. 이병철(李秉喆)

어느 시대이든지 사람을 보는 눈을 갖고 있지 못하면 지도자가 될 수 없다.
                                관자(管子)

참모(參謀)는 그 이상(以上)의 선택이 있을 수 없는 방안(方案)을 제시하는 누구나 신뢰(信賴)할 수 있는 인물(人物)이어야 한다.   조지 마아샬

민주주의(民主主義)는 서서히 움직인다. 그 이유 중의 하나는 민주적 지도자는 그의 그룹보다 월등하게 우월하지 않기 때문이다.   죠지 M 베어

지도자(指導者)에 의해 주도(主導)되는 그룹(group)은 지도자의 능력 이상의 것을 발휘하지 못한다.   맥스 드프리

지도자가 범하는 가장 큰 실수는 뭔가 필요하다는 것은 알지만 그것을 실행하기까지 너무 오랫동안 지체(遲滯)하는 것이다.   빌 스텐 슬러드

통제력(統制力)을 리더십으로 착각(錯覺)하지 말라.   C 에버렛 쿠프

상사라고 해서 부하들의 의견이나 건의를 경시(輕視)한다든지 무조건 따라 보라는 식의 헤드십(headship)으로 이끌 것이 아니라, 부하의 능력과 장점을 키워주고 권한을 적절하게 배분해 줌으로써 일에 대한 보람과 상사에 대한 존경심이 생기도록 리더십(leadership)을 발휘해야 한다.   이건희(李健熙)

리더는 중요한 일과 급한 일을 구분하여 권한을 이양할 필요가 있다.
   스티븐 코비

권한은 위임하되 선두(先頭)에서 이끌도록 하라.   로버트 헬러

조직은 윗자리에 있는 한 사람의 능력 이상으로 쉽게 성장해 버린다.
   피터 드러커

윗자리에 있는 사람은 두루두루 세밀하게 마음을 쓰지 않으면 안 된다. 하지만 그런 눈치는 조금도 나타내지 말고 느긋한 태도를 취하고 있는 것이 바람직하다.   근사록(近思錄)

〈2〉

유능한 지도자는 카리스마(Charisma)에 의존하지 않는다.　　　피터 드러커

지도자는 존경의 대상이어야지 두려움의 대상이어서는 안 된다.
　　　　　　　　　　　　　　　　　　　　　　　　　　블레인 리

위엄(威嚴)을 너무 내세우면 부하가 실력을 발휘하지 못하고, 위엄이 너무 적으면 부하를 통솔하지 못한다.　　　　　　　　　　사마양(司馬穰)

리더(leader)는 조그만 관심과 배려, 친절을 통해 지속적인 명성과 평판이 조금씩 쌓이는 것이다.　　　　　　　　　　　　　　앨런 액슬로드

지도자는 반드시 보통 사람들과 계속 접촉해야 한다.　　　달라이 라마

리더가 되려면 세(勢)를 만들 줄 알아야 한다.

지도자가 민심(民心)을 바로 읽지 못하면 국민은 지도자에게 등을 돌릴 것이다.　　　　　　　　　　　　　　　　　　　　　김수환(金壽煥)

지도자의 자질(資質) 중 가장 중요한 것은 국민들의 신뢰를 얻는 일이다.
　　　　　　　　　　　　　　　　　　　　　　　　　　　　리콴유

리더에 대한 신뢰는 '결과(結果)가 있는 결정(決定)'에서 나온다.　　서광원

성공한 리더와 실패한 리더의 차이는 '미래를 위한 새로운 가치'를 창출(創出)했는지에 따라 구분된다.　　　　　　　　　　　　　　　　권오현

국가(國家)의 운명(運命)은 지도자의 강한 리더십과 비전에서 나온다.

버티 어헌

정치 지도자의 리더십은 총체적 인격의 발현(發顯)이다.
조성관

위기(危機)를 극복한 나라와 실패한 나라를 가늠하는 가장 중요한 척도(尺度)는 결국 지도자의 자질(資質)이다.
윤덕민

인품(人品)은 리더십의 모든 것이다. 인품이란 정직함에 바탕을 둔 성실함이다.
드와이트 D. 아이젠하워

리더는 내적(內的)으로는 사리사욕(私利私慾)이 없고 진솔함과 겸손을 갖춰야 하며, 외적(外的)으로는 통찰력, 결단력, 실행력, 지속력을 가져야 한다.
권오현

지도자가 신망(信望)을 잃으면 추종자(追從者)가 없게 된다. 신뢰란 말에 대한 확신이고, 성실, 정직함에 대한 믿음이다.
피터 드러커

위에 앉아 있는 사람이 그만한 인물이 못될 경우에는 백성들이 그 앙화(殃禍)를 받게 된다. 非其人民受其殃(비기인민수기앙)

리더의 조건 중 가장 중요한 원칙은 스스로에 대한 경계심(警戒心)이다.
중앙일보 경제문제 연구소

지도자들이 깨끗해지지 않고서는 부패가 뿌리 뽑히지 않는다.
제임스 올펜슨

윗물이 흐리면 아랫물도 흐리다.
논어(論語)

리더들이 투명하게 행동하지 않으면 금세 평판을 잃게 된다.   잭 레슬리

유능한 지도자는 자신(自身)에게 엄격(嚴格)하다.   피터 드러커

자기 자신을 규제(規制)하는데 엄격하지 못하면 무엇으로서 대중(大衆)을 복종(服從)시킬 수 있으랴.   위정삼부서(爲政三部書)

훌륭한 리더가 때로 잘못된 결정을 하게 되는 이유 :
(1) 리더가 감정(感情)을 바탕으로 잘못된 판단을 하기 때문이다.
(2) 조직 내부에 리더의 잘못된 판단을 견제하고 바로 잡을 수 있는 의사결정 시스템(system)이 없기 때문이다.   시드니 핀켈스타인, 조 화이트헤드

리더는 결코 무모하거나 충동적인 행동을 피해야 한다.   앨런 액슬로드

지도자란 내면(內面)에 있는 생각과 본능과 감정 사이에서 균형(均衡)을 유지할 수 있어야 한다.   G. I. 구르디예프

리더들은 아주 다급한 때라도 서둘러 보여서는 안 된다.   마커스 스웨이그

기뻐할 때나 노했을 때나 일체 감정을 얼굴에 나타내지 않고 언제나 태연한 표정을 하고 있는 것이 바람직한 지도자상(指導者像)이다. 뜻밖의 재난(災難)을 당했거나 역경에 몰렸을 때 당황해 한다든지 이성(理性)을 잃는다든지 해서는 지도자로서 실격(失格)인 것이다.   위정삼부서(爲政三部書)

외로움은 리더가 앓아야 할 병(病)이다.   서광원

지휘관(指揮官)은 고독(孤獨)을 이겨낼 수 있는 용기(勇氣)를 가지지 않으면 안 된다.   윈스턴 처칠

장수(將帥)가 된 자는 강함과 유연함을 다 갖추어야 한다.
凡爲將者 當以 剛柔相濟(범위장자 당이 강유상제)   조조(曹操)

리더란 냉혹함과 인자함, 이 모순된 양극(兩極)을 함께 지니고 있어야 한다.
이나모리 가쓰오

리더는 엄격하면서도 모두를 존중(尊重)하고, 팀원들로 하여금 자신들이 존중받는다는 것을 알게 해야 한다.
클레어 채

회의(會議) 의장(議長)이 다 아는 체를 하거나, 진행 중에 비판(批判)을 가하는 것 같은 지도자는 이 회의를 망쳐버린다.
아랙스 오스보온

상사(上司)에 대한 존경하는 마음을 잃지 않게 하면서 부하들에게 친근감과 사랑을 보이는 것, 이것이 상사의 지도자다운 인격을 재는 척도라고 할 수 있다.
C. A. 세라미

윗자리에 있는 사람은 어느 한구석에 매력적(魅力的)인 면이 없어서는 안 된다.
중앙일보 경제문제연구소

지도자가 되려는 사람은 유머감각이 풍부해야 한다.
하드리 도노번

실수나 잘못을 사과하는 리더는 잃는 것보다 얻는 것이 더 많다.
하버드대학

리더가 갖춰야 할 진실성이란 단순히 거짓말하지 않는 정직이 아니라, 말과 행동이 일치하고, 도덕적으로도 흠이 없어, 조직원들이 마음으로 우러러볼 수 있는 인품을 말한다.
조엘 피터슨

나라의 운명(運命)은 지도자의 심성(心性)에 달려 있다.
탄허(呑虛)

스승은 민족(民族)의 장래를 이끌어갈 민족의 지도자를 가르치는 사람으로 하늘을 우러러 한 점 부끄러움이 없어야 한다.
김민하(金玟河)

올바른 교육을 받은 올바른 지도자만이 나라를 구할 수 있다.　　김원규

민주제도(民主制度)에서는 단지 훌륭한 지도자를 여하히 선택하는가만이 문제이다.　　　　　　　　　　　　　　　　　　　　　　　윌리암 제임스

口
(마음)

【마음, 마음가짐, 마음먹기, 마음 챙김, 명심, 심리】

〈1〉

마음이란 생각(認知), 감정(情緒), 의지(意志)를 포괄한 용어(用語)이다.

마음에는 논리적(論理的)인 해결책을 생각해 내는 사고(思考) 중심적인 마음과 창조적(創造的)인 해결책을 떠올리는 직관(直觀) 중심적인 마음 두 가지 측면이 있다.
마이클 A. 싱어

마음과 몸을 푸근히 여유 있는 기분으로 하는 일은 긴장(緊張)과 혼잡(混雜)의 이 시대에서 가장 필요한 일이다.
단 카스터

모든 것은 오직 마음이 짓는다. 萬物一切 唯心造(만물일체 유심조) **화엄경**

"마음먹기에 따라 인생은 얼마든지 바뀔 수 있고, 또 바꿀 수 있다"는 마음가짐이 중요하다.
무라카미 가즈오

인생은 마음먹기에 달렸다고 누구나 말할 수 있지만, 그걸 제대로 실천하는 사람은 많지 않다.
알렉산더 폰쇤부르크

사람에게는 지금의 상태를 유지하려는 심리(心理)가 있다. 　　이케가야 유지

마음은 스스로가 가치(價値) 부여한 것을 욕망(慾望)한다. 　　데이비드 호킨스

염원(念願)을 마음속에 심어두라. 　　C. M. 브리스톨

누구든지 자기가 마음먹은 대로의 인물이 되려고 생각하면 될 수 있다.
　　G. 러셀

당신의 인생에 나타나는 모든 현상은 당신이 끌어당긴 것이다. 당신이 마음에 그린 그림과 생각이 그것들을 끌어당겼다는 뜻이다. 마음에 어떤 생각이 일어나든지 바로 그것이 당신에게 끌려오게 된다. 　　론다 번

자신이 원하는 것을 이미 가진 것처럼 마음속으로 생생하게 그려보라.
　　잭 캔필드

마음속에 그린 그림이 뚜렷하고 확고할수록 거기에 대해 생각하는 시간이 많아지고, 그림에 집중하기가 쉬워진다. 그 목표 뒤에는 그것이 이미 내 것이라는 불굴(不屈)의 신념(信念)이 있어야 한다. 　　월러스 D. 워틀스

모든 행동은 그 행동이 취해진 시점에서는 그 행동을 한 사람의 마음속에서 정당화(正當化)되는 것이다. 　　B. 스위틀랜드

한계(限界)는 마음에서 나온다. 스스로 할 수 있다고 100퍼센트 믿는다면 그것을 할 수 있다. 　　아널드 슈워제네거

자신감이 마음의 여유를 갖게 하고, 그것이 곤란을 해결한다.
　　가야노 다케시

마음속에 최종목표를 쉬지 않고 반복하여 분명하게 그려보라. 그리고 마음속에 어떤 상황에 대한 '안전대책(安全對策)'을 만들어두라. 이렇게 하면 그 상황에 봉착(逢着)할 때 상황 자체가 낯설지 않을 것이다. 또 그 상황이 겁나거나 두렵지 않게 된다. 스티븐 코비

규칙적으로 명상(瞑想)을 하면 마음이 가라앉고 머릿속에 끊임없이 떠오르는 잡념(雜念)에서 벗어나게 되며, 세상을 있는 그대로 보게 한다. 또 우리가 살면서 느끼는 걱정과 다급함이 사실은 그리 중요하지 않다는 사실을 깨닫는다. 댄 뷰트너

명상을 통해 마음을 가라앉히면 직관의 소리를 더 잘 들을 수 있다.
랜덜 피츠제럴드

좋은 기회는 눈으로 보는 것이 아니라, 마음으로 보는 것이다.
샤론 레흐트

마음의 목소리에 귀 기울일 때 최선의 방향(方向)을 찾을 수 있다.

입으로만 하는 기도(祈禱)는 충분치 않다. 온몸과 온 마음을 다해 일상생활 모두를 통해 기도해야 한다. 틱낫한

내겐 음악이 얼어붙은 마음을 깨는 도끼였다. 크리스토프 에셴바흐

침묵(沈默)은 놀라울 정도로 마음을 성장(成長)시킨다. 구사나기 류슌

칭찬은 본심(本心)에서 우러나와야 한다. 아트 윌리엄스

마음에 없는 말은 절대로 하지 말라. 로저 로젠블라드

마음이 고약하면 남의 말이 고약하게 들린다. 이정숙

다른 사람의 말에 귀 기울이지 않는 태도는 스스로 마음을 빈곤하게 만드는 것이다. 마쓰시다 고노스케

〈2〉

눈에서 멀어지면 마음도 멀어진다. (Out of sight, out of mind.) **속담**

사람과 사람 사이 중요한 것은 거리가 아니라 마음이다. 아무리 멀리 있어도 마음이 함께하면 그 거리는 상관없다. 헨리 데이비드 소로

대체로 외물(外物)을 중요시하면 내심은 졸렬(拙劣)해진다. 장자(莊子)

마음 가운데 집착(執着)이 있는 한 고통(苦痛)은 필연적이다. 고요한 마음에 자유와 평화가 깃든다. 마하 고사난다

마음이 고요해지면, 어떤 처지에서나 편안하다. 대학(大學)

평정심(平靜心)은 사물을 선과 악, 호불호(好不好)로 가르지 않고, 있는 그대로 볼 수 있는 마음가짐이다. 톰 버틀러 보던

인생은 마음대로 되지 않는 법이다. 타나베 쇼이치(田邊昇一)

인생이 마음먹은 대로 풀리지 않는다면, 있는 그대로 받아들일 때이다.

마음을 턱 놓은 무사태평(無事泰平)한 사람이 되자. 그러면 어떤 일에 부닥쳐도 당황하지 않을 것이다. 노만 V. 피일

괴로움이나 즐거움이라 하는 것은 모두 연(緣)에서 나오기 때문에 마음속에 기쁨과 근심을 품지 말고 태연자약(泰然自若)하게 있으면 된다.   **달마**

마음가짐이 공손하고 몸가짐이 유순하니 반드시 대인(大人)의 도움을 받는다.   **장영동**

무슨 일이든 장벽에 부딪히면 우선 자신의 생각을 바꿔야 한다. 생각을 자유롭게 바꿀 수 있는 넓은 마음을 가져야 한다.   **마쓰시다 고노스케**

삶을 바꾸려면 마음을 바꿔라.   **존 템플턴**

좋은 것이 하나 있으면 이면(裏面)에는 반드시 나쁜 것이 있기 마련이므로 일상에서 이것을 명심(銘心)하게 되면 자제하는 마음이 생긴다.   **정현우**

감사(感謝)하는 마음은 생활 만족도(滿足度)를 높여준다.   **마틴 셀리그만**

만족이라는 말은 곧 감사의 마음을 가지라는 것이다. 우리는 허전한 마음을 채우기 위해 항상 무언가를 더 가지려고 하지만, 감사의 마음을 가질 때라야 허전했던 마음이 충만해지는 것을 느낄 수 있다.   **M. J. 라이언**

감사하는 마음을 더 자주 가지면 가질수록 더 많은 감사할 거리들을 가지게 될 것이다.   **잭 캔필드**

열심히 일하고 도덕적으로 처신하되, 가장 중요한 것은 즐거운 마음을 가지라는 것이다.   **더글러스 이얼리**

즐거운 마음을 가진 사람은 진정 세상을 갖게 될 것이다. 왜냐하면 세상은 세상을 즐기는 자의 것이기 때문이다.   **새무얼 스마일즈**

항상 마음을 밝게 가져야 한다. 마음이 어두우면 운명(運命)도 어둡고, 마음이 밝으면 운명도 밝아지는 법이다. 김승호

마음의 부자(富者)가 물질의 부자가 된다. 월러스 D. 워틀스

진정으로 행복해질 수 있는 길은 마음을 편하게 먹는 것이 가장 중요하다.
정현우

마음을 가라앉힐 때 정신을 최고의 자산(資産)으로 사용할 수 있다.
타이거 우즈

마음이 산란해지면 온갖 것들이 생겨나고, 마음이 고요해지면 온갖 것들이 사라진다. 우파니샤드

아주 외딴곳에 홀로 있더라도 마음을 제대로 다스리지 못하면, 마음은 세상을 헤맬 것이다. 달라이 라마

마음 챙김은 지금 하고 있는 일이 무엇이든 그것에 집중하다가 마음에 여러 가지 생각이 떠오르면 즉시 알아차리고 그것에 대하여 아무런 판난을 하지 않고 다시 집중하는 일로 돌아오는 것이다. 쉐리 반 디크

무언가에 대한 생각을 멈추기 위한 열쇠는 "생각에 매달리거나, 생각을 억누르려 하지 않고 그냥 생각이 마음을 통하여 지나가도록 하는데" 있다.
쉐리 반 디크

마음을 지배하는 한 가지 길은 마음을 고요하게 하는 법을 배우는 것이다.
린다번

마음은 침착하고 통솔되었을 때만 올바른 사고를 할 수 있는 법이다.

N. V. 피일

마음이 점차 순화(純化)되면 점점 행복감이 싹트게 된다는 것을 우리는 경험으로 안다. 　　　　　　　　　　　　　　　　　　　　　달라이 라마

편안(便安)한 마음이 진정한 재산(財産)이다. 　　　　　　　웨인 다이어

마음에 거리낌이 없으면 심신(心身)이 모두 편안하다.

소심(小心)한 인간은 정직할 수 없다. 　　　　　　　　　라로슈프코우

마음의 평화가 가장 큰 즐거움이다.
(There is no luxury than peace of mind.) 　　　　서양 격언

평안(平安)은 마음속에서 오는 것이니 밖에서 찾지 말라. 　　불타(佛陀)

남이 알아주지 않아도 좋다. 자기만의 삶의 방식으로 살면 그걸로 충분하다. 마음이 가는 대로 사는 것만으로 행복하다. 　　　마츠우라 에이코

성공에 대한 집착과 욕망을 모두 털어버리고 세상을 겸허하게 바라볼 수 있게 되었을 때 마음의 평화가 내게로 찾아왔다. 　　　　　　김창준

겸허(謙虛)한 마음을 가지면 세상이 전혀 다르게 보인다. 　　가야노 다케시

각자가 걸어가고 있는 그 길이 각자에게 있어 필연(必然)의 길임을 명심하라. 　　　　　　　　　　　　　　　　　　　　　　마츠우라 에이코

행복은 사실(事實)과는 무관하며, 마음가짐이나 태도에서 비롯된다.
　　　　　　　　　　　　　　　　　　　　　　　　　　데이비드 호킨스

뇌(腦)는 행복해지기 위해 마음을 속인다.　　　　　　　이케가야 유지

마음먹기에 따라서는 모든 곳이 극락(極樂)이 될 수 있다.
樹下石上皆極樂(수하석상개극락)

마음이 가난한 자는 복이 있나니, 천국(天國)이 저희 것임이라.
(Blessed are the poor in the spirit, for theirs is the kingdom of heaven.)
　　　　　　　　　　　　　　　　　　　　　　　　마태복음

인생의 즐거움은 마음을 비우는 데서 생긴다. 樂出虛(낙출허)

'홀가분한 마음'은 결코 이룰 수 없는 소망(所望)을 포기(抛棄)할 때 얻어지는 마음이다.
　　　　　　　　　　　　　　　　　　　　　　　　윌리엄 제임스

운(運)이 나쁠 때는 마음을 비우는 수밖에 없다.　　　　　　　　남덕

마음을 비우면 세상이 보인다.　　　　　　　　　　　　　　달라이 라마

지금 당신이 외부적인 어떤 것으로 인해 고통을 받는다면 당신은 자신을 괴롭히는 것이 외부적인 것이 아니라 그것에 대한 당신의 판단이라는 사실을 깨달아야 한다. 모든 것은 마음가짐에 달려 있다.
　　　　　　　　　　　　　　　　　　　　　　마르크스 아우렐리우스

행복한 삶은 평화롭고 안정된 마음의 바탕 위에서 이루어진다.
　　　　　　　　　　　　　　　　　　　　　　　　달라이 라마

각자의 마음이 평화로워지지 않으면 참된 세계의 평화는 있을 수 없다.
　　　　　　　　　　　　　　　　　　　　　　　유네스코 헌장 中

〈3〉

인간에게 가장 큰 욕구는 타인(他人)으로부터 이해받고, 인정받고, 신뢰받고, 존경받는 것을 의미하는 심리적 욕구이다.　　　　　스티븐 코비

사람들을 따뜻하게 대하면 마음이 통하는 법이다.　　　　　M. 말쯔

좋은 사람이란 마음에 맞지 않는 사람도 끌어당기는 사람이다.
　　　　　쿠보 도시로

누구나 기분 좋은 사람, 기분 좋은 곳에 마음이 끌린다.　　　단 카스터

"착한 사람도 나쁜 기분이 들 수 있다"는 점을 명심하라.　　브루스 패튼

자기 마음을 가지고 남의 마음을 헤아릴 경우, 피차 아무런 틀리는 점이 없다.　　　　　중용(中庸)

내 마음속을 남이 모른다고 여기지 말라. 마음속의 것은 기어이 나타나고야 마는 것이다. 우리의 행동은 늘 마음의 표현이기 때문이다.
　　　　　태공망(太公望)

여자의 마음은 달라지기 때문에 여자도 모른다.　　　　　김승호

내가 원하는 것을 말하지 않으면서 상대가 내 마음을 읽어주기를 기다리거나 탓하지 말고, 내가 바라는 것을 상대에게 분명하고 솔직하게 표현하라.
　　　　　제이 세티

가진 것이 없어도 자꾸만 주려는 마음, 베풀려는 마음을 가진 사람이 진정한 부자(富者)이다.　　　　　지광

줄 만큼 없다고 생각하더라도 베풀기 시작하라. 희생하는 마음이면 그리 기분이 좋지 않지만, 충만한 마음으로 베풀면 기분이 매우 좋다.
론다 번

적선(積善)은 재물(財物)로도 하고, 마음으로도 한다. 평소에 성질(性質) 안 내는 것도 적선이고, 고통을 들어주는 것도 적선이다. **조용헌**

마음에 상처받은 사람들은 남에게 쉽게 상처를 준다. 상처받은 사람에게 도움의 손길을 뻗어라. **존 맥스웰**

불쌍히 여기는 마음이 없는 것은 사람이 아니고, 부끄러운 마음이 없으면 사람이 아니며, 사양하는 마음이 없으면 사람이 아니며, 옳고 그름을 아는 마음이 없으면 사람이 아니다. 불쌍히 여기는 마음은 어짊의 극치이고, 부끄러움을 아는 마음은 옳음의 극치이고, 사양하는 마음은 예절의 극치이고, 옳고 그름을 아는 마음은 지혜의 극치이다.
(無惻隱之心 非人也 無羞惡之心 非人也 無辭讓之心 非人也 無是非之心 非人也. 惻隱之心 仁之端也 羞惡之心 義之端也 辭讓之心 禮之端也 是非之心 智之端也) **맹자(孟子)**

자신이 아닌 다른 이의 성공을 배 아파하지 않고 기뻐해 줄 수 있는 사람은 부모밖에 없다. 상대의 성공에 적으나마 찬사(讚辭)를 보낼 수 있는 사람은 마음이 크게 열려 있는 사람이다. **고철종**

마음이 넓으면 몸이 편안하다. 心廣體胖(심광체반)

마음을 좋게 먹을수록 몸과 마음이 더욱 편안해질 것이다. **M. H. 테스터**

마음이 평온하면 내면(內面)의 안내(案內)를 들을 수 있는 능력이 커지고, 창조적인 아이디어가 떠오르게 된다. **사나야 로만, 듀엔 패커**

마음이 조급할 때는 별것 아닌 일이 쉽게 큰일로 부풀려진다. **리처드 칼슨**

마음공부는 나쁜 생각이 나려고 하는 마음을 좋은 마음으로 바꾸어 나를 고요하게 만들어주는 일이다. **장응철**

무엇보다도 '지금 이 순간'에 마음의 평화를 느끼는 것이 중요하다.
바바하리 다스

평온하고 고요한 마음 상태로 지낸다면, 외부의 환경요인(環境要因)은 큰 영향을 미치지 못할 것이다. **달라이 라마**

조용한 마음은 영감(靈感)과 직관(直觀)을 많이 경험하게 되고, 오랫동안 씨름해 오던 중요한 문제에 대한 해답을 발견할 수 있다. **조셉 베일리**

인간의 마음은 정원(庭園)과 같다. 훌륭한 인생을 살고 싶다면 스스로 마음의 정원을 일구어 잡된 생각을 뽑아내고 맑고 올바른 생각을 심어서 잘 가꾸어야 한다. **제임스 알렌**

인간에게 고유한 마인드 컨트롤(mind control) 능력을 어떻게 이용하는가에 따라 활기찬 노년(老年)을 맞이할 것인가, 아니면 쇠퇴하고 말 것인가가 결정된다. **베티 프리단**

萬相而不如心相(만상이불여심상)
〈관상, 수상 등 일만 가지 상이 제아무리 좋다 해도 마음의 상(相)인 심성(心性)이 좋은 것만 못하다는 말로 마음을 깨끗하고 바르게 잘 닦아야 복(福)도 오고, 복을 지켜나갈 수 있다는 뜻〉

悉知是人 悉見是人(실지시인 실견시인)
〈허공계에 있는 모든 존재들이 우리들의 마음을 다 알고 다 보고 있다는

뜻〉 　　　　　　　　　　　　　　　　　　　　　　금강경(金剛經)

우리가 사랑했고, 우리를 사랑했던 사람들은 우리의 마음과 정신에 언제나 살아 있다. 　　　　　　　　　　　　　엘리자베스 퀴블러 로스

재미있는 인생(人生)을 보냈으므로 언제 죽어도 괜찮다고 생각할 정도로 늘 심리적(心理的) 결제(決濟)를 해둔다. 　　　　　　　　　　소노 아야코

언제라도 안녕할 수 있는 마음의 준비와 여분의 삶을 뜻밖의 선물로 받아들이는 마음으로 그렇게 삶을 살아야 한다. 　　　　마르크스 아우렐리우스

【만남, 대면, 모임, 안녕, 이별, 작별, 접촉, 헤어짐】

인생(人生)의 큰 승부(勝負)는 인복(人福)으로 결판(決判)이 난다고 볼 수 있다. 부모를 잘 만나야 하고, 자식을 잘 만나야 하고, 남편을, 부인을 잘 만나야 하고, 사장을, 직원을, 감독을, 선수를 잘 만나야 하고, 대통령을, 손님을, 친구를, 이웃을 잘 만나야 한다. 　　　　　　　　　　　　　김승호

모든 만남은 운명(運命)이다. 　　　　　　　　　　　　마츠우라 에이코

배우자(配偶者)를 만나는 일이야말로 팔자고 운명이라고 생각한다. "순간의 선택이 평생을 좌우한다." 선택했으면 맘에 안 들고 힘들어도 이해하고 참는 것이 순리이다. 내가 누구를 선택해 사는 것은 상대방 때문이 아니라, 나 때문인 경우가 더 많다. '딴 남자를 또는 딴 여자를 만나면 모든 것이 달라질 것이다.'라는 생각은 분명히 꼭 그렇지만은 않다. 내 팔자(八字)나 취향(趣向)이 그래서 지금과 같은 배우자를 만나는 경우가 많다.
　　　　　　　　　　　　　　　　　　　　　　　　백운산(白雲山)

대사(大事; 결혼)는 때의 놀음이다. 때를 기다리면 좋은 인연을 만날 것이다.
주역

인복이란 사람을 많이 만나는 데서 온다. 운명(運命)의 영토(領土)를 넓히는 게 중요하다. 세상에 나만 잘난 게 아니므로 겸허(謙虛)한 마음으로 교류(交流)를 넓혀야 한다. 모든 종류의 사람이 다 쓸모가 있는 법이다. 김승호

인생(人生)이란 어떤 사람을 어떻게 만나느냐에 따라 달라질 수 있다.
폴 스미스

친밀(親密)하게 지내는 사람들이 많을수록 좋은 일이 일어날 가능성이 커진다.

지도자는 반드시 보통(普通) 사람들과 계속 접촉(接觸)해야 한다.
달라이 라마

관계를 바꾸려면 피하지 말고 대면(對面)하라. 존 맥스웰

직접 만나서 이야기하는 것이 악감정(惡感情)을 해소하는 최상의 방법이다.
링컨

세상의 인연이란 묘한 것이다. 언제 다시 만나게 될지 모르는 게 사람의 인연이다. 그러니 사람은 후덕(厚德)하게 대하는 법을 배울 필요가 있다.
리허

인간관계에서 제일 중요한 것은 헤어질 때 어떻게 헤어지느냐는 것이다.
이호준

"행운은 사람의 얼굴을 하고 온다." 누구에게든 최선(헤어지는 순간에조차)을

다하라.   **연준혁, 한상복**

아무리 하찮은 사람을 만나든 대단한 사람을 만나든, 같은 태도(態度)로 대하는 것이 중요하다.   **데이비드 프로스트**

모든 일에 인정을 남겨두어야 뒷날 서로 좋은 낯으로 보게 된다.
凡事留人情 後來好相見(범사유인정 후래호상견)

'만났을 때가 작별(作別)'이라면 사람에게 친절히 대하라.   **송원**

만상(萬象)이 인연이 닿으면 생하고, 인연이 다하면 없어진다.   **탄허(吞虛)**

사람이 만났다 인연이 다하면 이별하는 것은 당연한 일이다.   **백운산**

만나기 싫은 사람은 그냥 안 만나면 된다. 싫은 사람과 만날 시간에 행복해지는 일을 하라.   **사이터 히토리**

당신을 우울하게 만드는 사람들과는 백날 만나봐야 아무런 도움이 되지 않는다. 긍정적(肯定的)이지 않은 사람과는 절교(絶交)하라.   **리처드 템플러**

친하지도 않은 사람들을 만나는 것보다는 외로움이 낫다. **로저 로젠블라드**

모임, 거절(拒絶)할 수 없으면 즐겨라.   **호사이 아리나**

노인(老人)들의 경우 고독(孤獨)과 면역력(免疫力)이 밀접한 상관성(相關性)을 보여주고 있다. 상황에 따라서는 사회적 접촉(接觸)이 고독한 사람들의 건강상태를 개선(改善)하는데 긍정적으로 작용할 수 있다.   **도리스 매틴**

노년이 되면 대체로 인간관계의 중요성이 덜해진다. 어쩌면 이것은 사람들과 어쩔 수 없이 해야 하는 이별(離別)을 덜 고통스럽게 하려는 자연의 자비로운 섭리(攝理)인지도 모른다. 물론 사랑과 우정은 삶을 가치 있게 만드는 중요한 부분이지만 행복의 유일한 요소는 아니다.   앤서니 스토

오랫동안 못 만나게 되면 우정은 소원(疏遠)해진다. 정말 좋은 친구는 일생을 두고 사귀는 친구다.   피천득(皮千得)

우리가 진정으로 만나야 할 사람은 그리운 사람이다. 어느 시인의 표현처럼 "그대가 곁에 있어도 나는 그대가 그립다."는 그런 사람이다.   법정

진정한 친구란 십 년 동안 만나지 못했더라도 방금 헤어졌다 다시 만난 것처럼 대화(對話)를 계속 이어나갈 수 있는 사람이다.

가족에게 친절하지 않으면 떨어진 뒤에 후회한다.   주자(朱子)

우리는 이승에 잠시 머물며 서로 만나고, 사랑하고, 나눈다. 삶의 귀중한 순간, 그러나 휙 지나가버리는 덧없는 순간이다. 우리가 돌보는 손길과 기쁜 마음과 사랑을 서로 나눈다면 우리는 서로 풍요와 행복을 만들어주는 셈이 된다. 그러면 지금 이순간은 나중에 생각해도 두고두고 값진 순간이 될 것이다.   디팩 초프라

우리는 누구나 난데없이 엄청난 행운을 만날 수도 있고, 별안간 죽음을 맞을 수도 있다.   틱낫한

언제라도 안녕할 수 있는 마음의 준비와 여분(餘分)의 삶을 뜻밖의 선물로 받아들이는 마음으로 그렇게 삶을 살아야 한다.   마르크스 아우렐리우스

진리(眞理)를 만나기 위해서는 진실(眞實)해져야 한다.   B. S. 라즈니쉬

【만족, 자족, 충분, 풍족】

삶의 비밀(秘密)은 '이만하면 충분(充分)하다'는 사실을 알고 만족하는 것이다. 이만하면 충분하다는 마음을 가지라.
　　　　　　　　　　　　　　　　　　　　　　　　빈센트 라이언

상황(狀況)에 상관없이 자족(自足)하는 법을 배워서 행복을 누려야 한다.
　　　　　　　　　　　　　　　　　　　　　　　　조엘 오스틴

만족(滿足)이라는 말은 곧 감사의 마음을 가지라는 것이다. 우리는 허전한 마음을 채우기 위해 항상 무언가를 더 가지려고 하지만, 감사의 마음을 가질 때라야 허전했던 마음이 충만해지는 것을 느낄 수 있다.
　　　　　　　　　　　　　　　　　　　　　　　　M. J. 라이언

과거에 대한 정서(情緖)들을 안정과 만족으로 바꿀 수 있는 것은 감사(感謝)하는 마음과 용서(容恕)하는 마음이다.　　　　　마틴 셀리그만

일생의 가장 커다란 만족감과 행복은 재물(財物)을 통해서가 아니라 사람을 통해 찾아온다. 깨끗하고 겸허한 마음으로 사람들을 사랑하라.　임선영

사람들에게 필요한 존재가 된다는 것만큼 만족스러운 게 없다.
　　　　　　　　　　　　　　　　　　　　　　　　조지 베일런트

다른 사람을 도울 때 느끼는 만족감(helper's high)은 마음의 건강을 넘어 심장(心臟)까지 튼튼하게 지켜준다고 한다.　　　　　윤대현

다른 사람들의 삶을 풍요롭게 하는 행위(行爲)는 그런 행위를 하는 당사자(當事者) 개인에게 끊임없는 만족감을 제공한다.　미하이 칙센트미하이

훌륭한 인간관계는 쌍방에게 만족스러운 것이어야 한다.　버트런드 러셀

행복은 자기만족에서 얻어지는 것이 아니라, 가치 있는 일에 충실할 때 얻어지는 것이다.　　　　　　　　　　　　　　　　　　　　　　헬렌 켈러

행복한 삶은 자신의 대표 강점(強點)을 활용하여 주된 활동 영역 속에서 충분한 만족을 얻는 삶을 말한다.　　　　　　　　　　　　　　　마틴 셀리그만

수고하지 않는 한가한 인생보다 고된 노동이 훨씬 만족스럽다. 존 매캐인

만족을 자아내는 몰입을 많이 경험하는 사람일수록 덜 우울해진다.
　　　　　　　　　　　　　　　　　　　　　　　　　　　　마틴 셀리그만

몰입(沒入)할 수 있는 것이 있어야 삶의 가치를 느끼게 된다. 조금이라도 거기에 재미와 만족을 느낄 수 있다면 행복한 일이다.　　사이토 시케타

열정이나 사랑을 투자할 수 있는 추구할 만한 무엇에 심취하며 살아가라. 그것이 만족스러우면 우정이나 다른 인간관계를 적당한 거리에서 바라볼 수 있다.　　　　　　　　　　　　　　　　　　　　　　　　알랭 드 보통

뭔가 다른 일이 더 재미있을 것이라는 생각이 일단 머리에 떠오르면 무엇을 해도 만족을 느낄 수 없다.　　　　　　　　　　　　　　　조셉 메일러

나의 선택보다 더 나은 선택은 늘 존재할 수밖에 없음을 인식하고, 적당한 선택에 만족하는 법을 아는 것은 불확실한 세상을 살아가는 데 꼭 필요하다.
　　　　　　　　　　　　　　　　　　　　　　　　　　　　게르트 기거렌처

선택의 폭(幅)이 적을수록 가진 것에 대한 만족도가 더 크다. 베리 슈워츠

만족하는 법을 배우는 것은 수많은 선택의 연속인 우리의 삶을 즐겁게 살아가는 중요한 요인이다.　　　　　　　　　　　　　　　　　　베리 슈워츠

네 몫에 만족하라. 인간이 매사에서 남보다 뛰어난다 함은 있을 수 없는 일이 아닌가?   이솝

절약하면 항상 풍족하고, 사치하면 항상 부족하다.
約則常足, 侈則常不足(약즉상족, 치즉상부족)   전황(田況)

우리는 욕망에서 벗어나 자신이 현재 가진 것에 만족할 수 있어야 한다.
    틱낫한

가장 부유(富裕)한 사람은 지금 가지고 있는 것에 만족하는 사람이다.
    아일랜드 속담

인생(人生)의 만족(滿足)들 대개가 위대한 업적(業績)을 전혀 필요로 하지 않는다. 가을날 숲속을 거니는 즐거움을 누리기 위해서 특별한 재능(才能)이 필요하지 않다. 당신의 어린아이를 애정을 담아 안아주기 위해서 당신이 탁월(卓越)하지 않아도 된다. 당신이 음악, 독서, 스포츠를 즐기기 위해서 유명(有名)할 필요가 없다.   데이비드 번즈

마음이 밝아지면 얼굴 표정도 밝아진다. 사람의 표정이 밝으면 사람의 운명은 좋은 쪽으로 흘러가는 건 당연하다. 밝고 환한 표정에서 기(氣)는 살아난다. 정신건강을 위해서는 자족하는 마음이 반드시 있어야 한다.
    정현우

모든 인간관계 가운데 가장 지속적이고 만족스런 관계는 가족이다.
    벤저민 플랭클린

행복을 원한다면 만족하는 법을 배워라.   페르시아 금언

우리는 남들과 비교(比較)를 덜할수록 더 만족하게 된다.   베리 슈워츠

자신의 풍요로운 삶을 위해서는 굳이 남들의 인정(認定)을 받으려 할 필요가 없다. 남들이 인정해 주지 않아도 나 자신이 당당하고 만족하면 그것만으로 충분하다.   이종선

결과에 대해 초연(超然)함을 유지하는 일은 진정한 만족과 수용(受容)의 핵심이다.   안젤레스 에리엔

분수를 지켜 만족함을 알면 욕됨이 없고, 멈출 줄을 알면 위태함이 없다.
知足不辱 知止不殆(지족불욕 지지불태)   노자(老子)

우리는 근심과 걱정에 마음을 빼앗긴 채 언젠가는 사정이 나아지기를 바라면서 만족을 뒤로 미룬다. 그러나 그러는 동안 삶은 우리 손에서 스르르 빠져나가고 있다.   리처드 칼슨

욕심을 버려서 뜻을 한가롭게 하고, 근심을 버려서 마음을 편안하게 하고, 몸을 고단하게 하여 지루함을 없애고, 자기가 처한 환경에 만족한 생활을 한다면 정신과 육체가 모두 건전하여 천수(天壽)를 다하고 백 세까지 살 것이다.   황제내경(黃帝內經)

낙천적이고 긍정적이고 감사하는 마음을 가진 사람은 모든 일에 부정적이고 불만이 많은 사람보다 삶에 대한 만족도와 성취도가 높다.
                                                   닐르 C. 넬슨

진정한 행복과 삶의 만족은 '인격형성'에서 비롯된다.   마틴 셀리그먼

훌륭한 경력을 쌓는데 만족하지 말고, 훌륭한 인생을 살도록 하자.
                                                        밴 크로치

인간의 불행(不幸)을 죄다 한데 모아놓고 각자가 똑같이 나누어 갖기로 한

다면 다들 자기 자신 본래의 몫을 되찾는 것으로 만족하려 들 것이다.
소크라테스

최선(最善)을 다했다면 실망하지 말고 그것으로 만족할 줄 아는 사람이 되자.
미야자키 신지

행복은 매일 밤 잠자리에 들 때 오늘 하루가 충분히 만족스러웠고, 다음 날 아침에 일어나면 또 새로운 하루를 시작할 수 있다는 사실에 설레는 데 있다.
레베카 팅클

지금 이 순간이 전부임을 기억하라. 누가 뭐래도 내 인생이다. 바로 이 순간, 넓고 충만하고 풍성한 삶을 살아라.
샤론 스톤

인생을 최대한 만끽(滿喫)하며 누려라.

만족(滿足)하는 마음은 능력(能力)이다.
제임스 앨런

만족할 줄 알면 항상 즐겁고, 참을 줄 알면 늘 편안하다.
知足常樂 能忍自安(지족상락 능인자안)
권계전서(勸戒全書)

행복이란 만족에 지나지 않는다. 당신이 만족하고 있으면 당신은 행복한 것이다.
E. 휘일러

이렇게 하고 살고 있는 것만으로 충분(充分)하다.
월트 휘트맨

【말, 발설, 스피치, 어휘, 언급, 언어, 언행, 이야기】

〈1〉

말을 아끼고 삼가는 방법을 익혀라.   톰 피터스

하고 싶은 말을 다할 필요는 없다. 상대(相對)에 따라 헤아려가며 하라.

고생담, 푸념, 실패담, 험담(險談)은 말하지 않는 게 좋다.   사토 도미오

결코 거짓말을 하지 말고, 네가 누구에게 들은 말은 다른 사람에게 전하지 말라.   헨리 데이비드 소로

말에도 인격(人格)이 있다.   김석준

신뢰를 쌓는 가장 좋은 방법은 일관성(一貫性) 있는 말과 행동이다. 이영직

男兒一言重千金(남아일언중천금)
〈남자의 말 한마디는 신의가 있어야 한다는 뜻〉

강력한 의지(意志)가 없다면 양심(良心)이 무슨 말을 해도 소용없다.
          새무얼 스마일즈

마음에 없는 말은 절대로 하지 말라.   로저 로젠블라드

가는 말이 고와야 오는 말이 곱다.   한국 속담

고맙다는 말을 최대한 자주 하라.   M. J. 라이언

말은 절대로 함부로 해서는 안 된다. 언제나 부드럽고 유연해야 한다.
정현우

인(仁)을 갖춘 사람은 말이 거침없이 나오지 않는다. 인을 실천(實踐)하기 어려우니 어찌 말이 거침없이 나올 수 있으랴.
공자(孔子)

입은 재앙을 불러들이는 문이다. 口禍之門(구화지문)
풍도(馮道)

내뱉은 말과 행동들은 다시 돌아온다. 좋든 싫든 업보(業報)를 피할 길이 없다.
데이비드 린치

말을 삼가면 후회(後悔)할 일이 없어진다.
주역(周易)

말하기 좋다 하고 남의 말 말을 것이
남의 말 내 하면 남도 내 말 하는 것이
말로서 말이 많으니 말 말음이 좋아라.
청구영언(靑丘永言)

말하지 않은 것은 번복(翻覆)할 수 있지만, 이미 말해 버린 것은 번복할 수 없다.
솔로몬 이븐 가비롤

부정적(否定的)인 말은 사용하지 마라.
사토 도미오

부정적인 말을 삼가는 데서 그치지 말고 긍정적인 말을 해야 한다.
조엘 오스틴

젊어서부터 비관적(悲觀的) 내용보다 낙관적(樂觀的) 긍정적 단어를 많이 사용하고 어휘력(語彙力)이 유창(流暢)한 사람이 장수하고 치매도 적게 걸린다.
미네소타대학 데이비드 스노던 박사 연구팀

소리는 그 자체로 힘을 가지고 있어서 반복(反復)해서 어떤 소리를 내면 효과가 있다. "말이 씨가 된다."는 속담(俗談)이 바로 이것이다.   조용헌

말은 암시적(暗示的)인 힘을 갖고 있으며, 그 말을 입 밖으로 내는 것에 효과가 있다.   N. V. 피일

좋은 입버릇이 인생(人生)을 바꾼다.   사토 도미오

자기(自己) 자신에 대해 그 어떤 것도 낙담(落膽)한 표정으로 말하지 말라. 실패(失敗)를 염두(念頭)에 둔 어떤 말도 하지 말라.   월러스 D. 워틀스

사람들은 가능한 한 자신들의 불행(不幸)을 확대해서 말한다. 그렇게 함으로써 동정(同情)을 얻고 싶기 때문이다.   B. S. 라즈니쉬

눈물은 슬픔의 말없는 언어(言語)다.   볼테르

사람들과 잘 어울리는 핵심은 '잘난 척하지 않기'와 '이야기를 질질 끌지 않기'이다.   사이토 다카시

남의 말에 끼어들거나 가로막지 말라.   리처드 칼슨

말을 너무 많이 하지 말고, 남의 말을 가로막지 말라. 누군가 어리석게 말한다 해도 네가 그의 행동에 책임질 필요가 없다면 내버려두어라.   헨리 데이비드 소로

상대방(相對方)이 많이 말하도록 기회를 줘라.   데일 카네기

말을 주고받는 행위는 인간만이 누릴 수 있는 즐거움이다.   다까하시 사치에

상대방의 말에 반드시 반응(끄덕임, 미소, 맞장구 등)하라.　　　　　공문선

대화할 때는 절대 딴 데를 쳐다보지 말라. 몸가짐과 시선, 동작 등 '온몸으로 상대의 말을 경청(傾聽)하고 있음'을 보여줘야 한다.　　　톰 버틀러 보던

다른 사람의 말에 귀 기울이지 않는 태도는 스스로 마음을 빈곤하게 만드는 것이다.　　　　　　　　　　　　　　　　　　　　　마쓰시다 고노스케

사람은 누구나 남이 하는 얘기보다는 자기가 하는 얘기에 더욱 만족을 느낀다.　　　　　　　　　　　　　　　　　　　　　　　　헨리 레니에

말을 잘해야 인간관계(人間關係)가 좋아진다.　　　　　　　　　김홍걸

말을 잘한다는 것은 상황에 들어맞는 말을 하고, 유머가 있고, 말을 짧게 할 줄 안다는 것이다.　　　　　　　　　　　　　　　　　　　조용헌

말하기 전에 먼저 군불부터 지펴라.　　　　　　　　　　　　　공문선

사교(社交)의 기본은 잡담(雜談)이다.　　　　　　　　　　사이토 다카시

낯선 사람도 내가 먼저 말을 걸면 십년지기(十年知己)가 된다.　　이정숙

여성(女性)은 '남의 이야기 하는 것'을 좋아한다.　　　쿠보 도시로(久保俊郞)

여성은 말을 많이 할수록 기분(氣分)이 나아진다.　　　　　　　존 그레이

여자에게 입을 놀리게 하는 방법은 알지만 입을 다물게 하는 방법은 아무도 모른다.　　　　　　　　　　　　　　　　　　　　　　　아나톨 프랑스

당사자(當事者) 앞에서 할 수 없는 말은 뒤에서도 하지 말라.　　　　이정숙

다른 사람에 대해 이야기할 때는 그들이 우리와 한 방(房)에 같이 있는 것처럼 가정(假定)하고 말해야 한다.　　　　조 비테일

〈2〉

말이 적으면 근심이 없고, 말을 삼가면 허물이 없다.
寡言無患, 愼言無尤(과언무환, 신언무우)

自繩自縛(자승자박) 〈"자기의 줄로 자기를 묶는다."는 말로 자기 자신의 언행이나 생각 때문에 스스로 얽매여 곤란을 겪는 것을 뜻함〉

자신의 언행(言行)에 책임을 져야 한다.　　　　돈 딩크마이어

행할 수 있는 사람이라 해서 반드시 말을 잘할 수 있는 것은 아니고, 말을 잘할 수 있는 사람이라 해서 반드시 행할 수 있는 것은 아니다.　　**사마천**

언행일치(言行一致)의 삶이야말로 개인적 가치의 가장 중요한 기초가 된다.
　　　　스티븐 코비

말을 할 때는 세 번 생각해 보고 말하라.
〈三思一言(삼사일언); Think three times before you speak.〉

말이 많으면 곤궁에 처하는 경우가 많으니 가슴에 품고 있음만 못하다.
多言數窮 不如守中(다언삭궁 불여수중)　　　　도덕경(道德經)

무심히 한 말이 뜻하지 않은 화(禍)를 불러들일 수가 있는 것이니, 말을 삼가야 한다.　　　　공자(孔子)

빤히 안다 하여도 모든 일을 다시 한 번 생각해 보고 말하는 것이 좋다.
김충현

세상에서 가장 힘든 일은 모든 사람들이 생각하지 않고 말하는 것을 생각하면서 말하는 것이다.
알랭

말할 필요가 없는 것은 말하지 않고 견뎌라.
레이 죠셉

다언(多言)은 덕(德)의 적(賊)
문중자(文中子)

지나간 이야기는 정도껏 한다.
소노 아야코

같은 말을 반복(反復)해서 듣는 것보다 더 지루한 일은 없다. 조금 부족하다고 생각할 때 말을 멈춰라.
이정숙

오늘 하루 동안 내 입에서 나온 사소한 말에서부터 행동까지 되돌아보는 시간은 참으로 값지다. 자아성찰(自我省察)로 얻은 지혜는 앞으로 겪게 될 더 많은 사람과의 사귐에서 순조롭게 대처하는 방법을 알려준다.
주역(周易)

말하지 않고도 능히 상대가 알 수 있게 하는 것이야말로 의사소통에 가장 능한 사람이다.
쩡스창

이야기를 할 때는 분명하고 밝은 목소리로 말하라.
쿠보 도시로

말투가 좋지 않으면 말하는 사람의 의도와 전혀 다른 의미로 변질된다.
이정숙

상황의 좋고 나쁨은 다름 아닌 자신의 행동과 말투에서 비롯된다. 내게 부족함을 보태고 흉(凶)함을 길(吉)함으로 바꾸기 위해서 더욱더 바르게 행해야 하는 것은 이 때문이다.
주역(周易)

말을 하기 쉽게 하지 말고, 알아듣기 쉽게 하라.
이정숙

"돈이 전부는 아니다."고 말들 하지만, 많은 사람들은 돈이 전부인 것처럼 살고 있다.
리 아이젠버그

진실(眞實)된 말은 사람을 움직인다. 노닥거리는 말은 힘이 없다. "머리가 아닌 가슴으로 말하라."
김종대

누군가에게 충고(忠告)를 할 때 자존심(自尊心)을 세워주지 않으면 아무리 좋은 말도 소용없다.
장쓰안

남에게 말을 할 때 "내가 이 말을 들으면 기분이 어떨까?"를 먼저 생각해 본 후에 말해야 안전하다.
이정숙

내가 듣기 싫어하는 말은 남도 듣기 싫어하는 법이다.
이정숙

상대편이 두고두고 괘씸해 할 말은 위험하다.
이정숙

함부로 내뱉은 말은 상대방의 가슴속에 수십 년 동안 화살처럼 꽂혀 있다.
롱펠로우

가슴 아픈 이야기는 끝까지 가시로 남는다.
고철종

가까운 사람이 준 상처는 더 깊다.
고철종

분노(忿怒)가 폭발했을 때 가장 무서운 것은 행동 조절(調節)이 불가능해진다는 점이다. 다른 때라면 절대로 입 밖에 내지 않았을 끔찍한 말도 한다.
로널드 T. 포터

사람은 화가 나면 미리 의도하고 있던 것 이상의 것을 말한다. A. 미어즈

화가 날수록 말을 삼가라.
틱낫한

가족(家族)끼리라면 무슨 말을 해도 좋다고 생각해서는 안 된다.
소노 아야코

스스로 화를 통제하지 못해 하지 말아야 할 말을 해버려 인간관계가 깨지거나 큰 낭패를 당할 수도 있다. 적당할 때 자리를 피하거나 스스로 말을 끊으면 다 잃지는 않는다.
이정숙

다른 사람과 싸울 때 마지막에 상대방이 한 행동과 말에 반응한다.
타카다 아키가즈

일일이 다 말하려고 하지 말고, 때로는 입을 다물고 침묵하라. 이정숙

입과 지갑은 닫는 것이 득(得)
일본 속담

만약 모든 사람의 충고대로 집을 짓는다면 비뚤어진 집을 짓게 될 것이다.
덴마크 속담

좋은 말도 다하지 마라. **好言不可說盡**(호언불가설진)
〈좋은 말이라고 다하면 들은 사람은 반드시 소홀히 여긴다는 뜻〉

진정한 가르침은 거의 전적으로 비언어적(非言語的)이다. 존 카바트 진

궁극적인 도(道)는 언어를 초월한다. 도는 말 없음이다.   라즈니쉬

수행(修行)은 말이 아니고 실천이다.   법전

누가 무슨 말을 하든, 또는 무엇을 하든지 나는 변함없이 올바른 태도를 유지해야 한다.   마르크스 아우렐리우스

〈3〉

말을 하는 것은 이해(理解)의 시작이며, 말을 하지 않는 것은 오해(誤解)의 시작이다.   와다 히로미

말하지 않으면 모른다. 내가 적극적으로 표현할 때 상대방도 비로소 알아준다.   호사이 아리나

요구(要求)하기 위해서는 정확하게 말할 수 있어야 한다.   필립 C. 맥그로

다른 사람의 기분을 상하게 할 말이라면 그것이 재치 있든가 가혹하든 간에 삼갈 것이다.   새무얼 스마일즈

문제가 될 만한 말은 생각 없이 함부로 말하지 말아야 한다.   시경(詩經)

마음이 고약하면 남의 말이 고약하게 들린다.   이정숙

우매(愚昧)한 자의 귀에는 현인의 말도 어리석게 들린다.   에우리피데스

인생이란 묘한 것이어서 과거에 들은 선인(先人)들의 여러 말들이 언젠가는 크게 도움이 된다.   마쓰시다 고노스케

내 비위를 거스르는 말이 곧 나를 위한 것이 된다.　　　　니베지마 니오시게

"사람은 언제 말해야 하는가?" 더는 침묵이 용인(容認)되지 않는 바로 그때 말해야 한다. "사람은 무엇을 말해야 하는가?" 자신의 손으로 이룬 것, 자신이 이미 극복(克服)한 일만을 차분하고 담담하게 말해야 한다.　　니체

체험(體驗)이 담기지 않은 말은 모두 공허(空虛)하다.　　　　오쇼 라즈니쉬

문제가 생기면 바로 해결하라. 일단 해결하고 나면 다시는 언급(言及)하지 말라.　　　　존 맥스웰

원칙(原則)을 열심히 실천하라. 누구에게도 발설(發說)하지 말고, 오직 당신을 위해 즐거운 마음으로 하루하루 열심히 실천해 나가라.　　리처드 템플러

입 다물어라. 성공한 뒤에 말해라.　　　　로버트 링거

말이 많은 사람은 실천력이 부족하다. (Talkers are no good doers.)
　　　　섹스피어

남에게 보이기 위한 말과 행동은 공허(空虛)하다. 행복과 성공적인 삶은 현재 해야 할 일을 하는 데서 온다.　　　　보경

개인의 행복을 위해서는 행동뿐 아니라 말도 통제(統制)하는 훈련을 해야 한다.　　　　새무얼 스마일즈

상대방이 전혀 관심을 갖지 않고 원하지도 않는 말을 하는 것은 아무런 도움이 되지 않는다.　　　　밴 크로치

침묵하는 것보다 나은 것만 이야기하라.　　　　새무얼 스마일즈

말하기 전에 먼저 그 말이 어떤 의미를 갖는지 생각하라.   **밴 크로치**

충분히 생각하고 나서 말하라. (Think today and speak tomorrow.)

글을 쓰면서 지혜를 넓혀라. 말을 하면 생각이 흩어지지만, 글을 쓰면 생각이 모인다.   **발타자르 그라시안**

글을 잘 쓰려면 마음에 있는 말을 그대로 옮겨놓으면 된다.   **이광수**

말하기 전에 반드시 머릿속에서 먼저 정리(整理)하라.   **문용린**

스피치(speech)는 짧을수록 좋다.
〈성인(成人)들이 집중하는 시간은 8초 동안에 불과하다.〉

말이 많으면 반드시 잃는 게 많다. 言多必失(언다필실)

말이 많은 것은 힘들게 들어온 운(運)이 입으로 줄줄 새어나가는 것이다.   **김승호**

때와 장소에 어긋난 말은 소음(騷音)일 뿐이다.   **유재화**

말로는 할 수 있으나 실천할 수 없는 것은 군자는 말하지 않는다.
可言也 不可行 君子弗言也(가언야 불가행 군자불언야)   **예기(禮記)**

자신이 해줄 수 없는 일은 절대 장담(壯談)하지 말라.   **미야자키 신지**

당신이 더욱 진실할수록 다른 사람도 당신의 말에 동조(同調)할 수 있고, 더욱 안심하고 자기 자신에 관한 이야기를 할 수 있게 된다.   **스티븐 코비**

좋은 친구란 진지(眞摯)하게 이야기를 들어주는 사람이다. 　　쿠보 도시로

진짜 말 잘하는 사람은 잘 듣는 사람이다. 　　공문선

여유롭고 자연스럽게 적나라(赤裸裸)한 자기 자신을 지켜보는 것 – 이것이 마지막 언어이다. 　　틸로빠

할 말이 없을 때가 가장 행복(幸福)하다. 　　정도령(正道靈)

가장 말 잘하는 사람은 바로 말 안 하는 사람이다. 　　노자(老子)

【맑음, 깨끗함, 결벽, 청결, 청아, 투명, 흐림】

차분하고 맑은 정신으로 확신(確信)을 느낄 수 있는 결정(決定)이 좋은 것이다. 　　조셉 베일리

일생의 가장 커다란 만족감과 행복은 재물(財物)을 통해서가 아니라 사람을 통해 찾아온다. 깨끗하고 겸허한 마음으로 사람들을 사랑하라. 　　임선영

신앙(信仰)은 정신을 맑게 해서 영적(靈的)으로 한 단계에서 다음 단계로 쉽게 건너갈 수 있게 해주는 가장 훌륭한 길이다. 　　달라이 라마

세상을 사는 데에 지나치게 결벽(潔癖)해서는 안 된다. 　　채근담(菜根譚)

지나친 청결(淸潔)은 면역체계(免疫體系)의 균형을 무너뜨린다.
　　아보 도오루, 오니키 유타카

무의식적인 분노(憤怒)는 현실을 완전히 곡해(曲解)하여 자신을 망가뜨리고,

본심(本心)의 청아(淸雅)한 빛을 찾지 못하게 한다. 달라이 라마

리더들이 투명하게 행동하지 않으면 금세 평판을 잃게 된다. 잭 레슬리

지도자들이 깨끗해지지 않고서는 부패가 뿌리 뽑히지 않는다.
제임스 울펜슨

윗물이 흐리면 아랫물도 흐리다. 논어(論語)

윗물만 맑아가지고는 충분하지가 않다. 집요하게 관리하지 않으면 금방 원위치(原位置)가 되는 것이 부패다. 고건(高建)

물의 상징성(象徵性)
물은 투명(솔직)하고, 낮은 곳으로 흐르며(겸손), 서로 섞인다(친화력).

양심이 깨끗하지 않으면 진정한 행복을 얻을 수 없다. 벤저민 프랭클린

항상 맑고 밝은 마음으로 살아가야 한다. 언제 어느 경우가 되었든 긍정적(肯定的)인 삶을 사는 것이 무엇보다 중요하다. 지광

기쁨과 슬픔을 많이 겪은 뒤에 맑고 침착한 눈으로 인생을 관조(觀照)하는 것도 좋은 일이다. 피천득

【맛, 미(味)】

쓴맛, 단맛을 모두 맛보는 것이야말로 한 인간이 성장(成長)해 나가는 방법이다.
오쇼 라즈니쉬

눈물과 함께 빵을 먹어보지 않은 사람은 인생의 참다운 맛을 못 본다.
괴테

인생을 살맛나게 해주는 건 꿈이 실현되리라고 믿는 것이다.
파울로 코엘료

인간미(人間味) 넘치는 따뜻한 관심표명(觀心表明)은 친절의 징표(徵標)로서 우리가 다른 사람에게 베풀 수 있는 가장 큰 선물이다.   톰 피터스

보답을 기대하지 않고 오로지 누군가의 행복을 간절히 바라는 자세로 살아가는 것이야말로 인간으로서 참된 행복을 맛보는 길이다.
다까하시 사치에

고통을 맛보지 않으면 우리는 연민(憐憫)의 정(情)을 기를 수가 없고, 고통이 무엇인지 모르는 사람은 진정한 행복이 무엇인지도 알 수 없다.   틱낫한

눈물은 인정(人情)의 발로이며, 인간미의 상징(象徵)이다.   피천득(皮千得)

독서는 고요하고, 여유 있으며, 자세하게 해야 마음이 그 가운데 들어가 독서의 묘미(妙味)를 얻을 수 있다.   독서록(讀書錄)

70세든, 80세든, 90세든, 100세든 각 나이를 인생의 다른 맛을 음미(吟味)할 기회로 여긴다면 나이 먹는다는 사실이 다른 가치(價値)로 다가올 것이다.
뉠르 C. 넬슨

인생의 매운맛과 고통을 충분히 경험해 본 늙은이가 젊은이에게 해줄 수 있는 충고는 "희망을 갖고 자신 있게 전진하라."는 것이다.
새무얼 스마일즈

유머감각이 없으면 인생의 참맛을 모른다.   김홍걸

살맛나는 세상을 만드는 길은 마음의 여유를 갖는 데 있다.   정홍태

세상의 쓴맛 단맛 다 알고 보면, 밥맛이 그중 제일이라네.   이밀(李密)

현재(現在)를 놓치면 현재의 달콤함은 다시 맛볼 수 없다.   에밀리 디킨슨

【망설임, 머뭇거림, 우유부단, 주저】

과거(過去)만 보고 머뭇거리기에 우리의 인생은 너무나 짧다. 현재(現在)를 열심히 살면서 희망에 찬 시선으로 미래(未來)를 보라.   마이클 린버그

이 세상에서 얻을 수 있는 성공(成功)의 대부분은 망설이고, 머뭇거리고, 주저(躊躇)하고, 동요(動搖)하는 가운데 놓치고 만다.   윌리엄 베넷

일생 동안 우리 곁에 다가온 기회는 우리가 머뭇거리는 사이 그냥 지나가 버리고 만다.

위기(危機)의 순간에 부딪히면 다른 사람들은 불안과 회의(懷疑)로 아무런 행동도 취할 수 없지만, 강력한 비전(vision)을 지닌 사람은 주어진 과제를 수행하는 데 조금도 주저하지 않는다.   미하이 칙센트미하이

문제에 당면(當面)했을 때 신속한 의사결정을 주저하는 사람은 기업 내에서 결코 높은 지위(地位)에 승진(昇進)할 수 없는 사람이다.   H. B. 메이나아드

지나치게 망설이는 사람은 여하튼 찬스를 잃을 뿐이다.   이소사끼 시로

우유부단(優柔不斷)은 악(惡) 중의 악이다.   타나베 쇼이치(田邊昇一)

우유부단함이 습성화되어 있는 사람보다 불행한 사람은 없다.
                                                         윌리엄 제임스

용기(勇氣)는 대담함에 의해 자라고 공포(恐怖)는 망설임에 의해 커진다.
                                                                  로마 속담

잘못이 있으면 즉시 고치기를 꺼리지 마라. 過則勿憚改(과즉물탄개) 논어

만족하지 못하고 조마조마하며 안절부절못하는 성격은 마음의 행복과 평화에 치명적이다.
                                                                  새무얼 스마일즈

나의 선택보다 더 나은 선택은 늘 존재할 수밖에 없음을 인식하고, 적당한 선택에 만족하는 법을 아는 것은 불확실한 세상을 살아가는 데 꼭 필요하다.
                                                                  게르트 기거렌처

하나를 선택(選擇)하면 미련(未練)을 두지 말고 나머지 것을 과감(果敢)하게 버릴 줄 알아야 한다.
                                                                  지광

완벽하게 하려고 망설이면서 안 하는 것보다는 헤매더라도 하는 게 낫다.
                                                                  정경화

머뭇거리면 좋은 기회 다 놓친다. (Don't delay, the golden moments fly.)

【매일, 나날, 일상, 하루】

매일(每日) 매일의 소중함보다 더 소중한 것은 없다.   괴테

하루하루 그 자체가 중요하며, 결과적으로 인생(人生)의 질(質)을 결정한다. 하루를 평생처럼 살아라.
로빈 S. 샤르마

하루 종일 어떤 생각을 하느냐에 따라 그 사람의 모습이 정해진다.
랄프 왈도 에머슨

그날 할 수 있는 모든 일을 그날하고, 모든 일을 효과적으로 하라.
월러스 D. 워틀스

행복은 매일 밤 잠자리에 들 때 오늘 하루가 충분히 만족스러웠고, 다음 날 아침에 일어나면 또 새로운 하루를 시작할 수 있다는 사실에 설레는 데 있다.
레베카 팅클

하루하루 주어진 일, 일상(日常)에서 일어나는 일, 지금 하는 일에 성심(誠心)을 다해 보라. 습관을 들이면 모든 일에 감사할 수 있게 된다. 어렵고 힘든 일이 생기거나, 몸이 아플 때가 아니면 평범한 것에 감사하기란 쉽지 않다.
M. J. 라이언

우리가 좀 더 행복해질 수 있는 한 가지 방법은 전반적인 삶뿐만 아니라 매일의 일상에서 해야 하는 일을 줄이고, 하고 싶은 일을 늘리는 것이다.
탈벤 샤하르

당신의 가치와 행복을 확인시켜 주는 작은 일을 매일매일 찾아서 하라.
마이클 린버그

아무리 일상적인 삶을 살아가는 사람이라 하더라도 최소한 10년은 내다보며 살아야 한다.
정현우

어떤 활동이 즐거움과 의미를 준다고 해도 하루 종일 그 일을 한다면 행복할 수 없을 것이다.   탈벤 샤하르

매일 매일이 마지막 날인 것처럼 살되, 내 삶이 백 년 동안 계속될 것처럼 계획(計劃)을 세우는 것이다.   C. S. 루이스

하루를 좋게 시작하고 그 좋은 감정을 느끼고 있으면, 끌어당김의 법칙에 따라 계속해서 기분이 좋아질 상황과 사람들을 끌어당기게 된다. **밥 도일**

인간의 삶에는 미리 해결할 수 없으면서 반드시 해야 하는 일이 세 가지가 있는데, 미리 잠을 자두는 것, 미리 먹어두는 것, 미리 운동해 두는 것이다. 이것은 매일 매일 규칙적으로 해결할 수밖에 없다.   **하루야마 시게오**

많은 사람들이 마치 영원히 살 것처럼 하루를 산다. 아무 의미 없이 시간을 낭비하는 것이다.   로버트 링거

100년을 살아보니 원대한 목표도 좋지만 하루하루를 열심히 사는 게 가장 중요하더라.   유동식

삶을 잘 사는 비법은 한 가지다. 주어진 나날을 최대한 활용하는 것이다.
                                                        칼 필레머

죽어가는 사람들은 우리에게 온 힘을 다해 하루하루를 살아가라고 알려준다.   엘리자베스 퀴블러 로스

너무나도 많은 사람들이 자기의 행복을 단념하고, 또 행복을 잃은 것으로 여겨 하루하루의 생활에 목적을 찾아내려 하지 않는다.   M. 말쯔

하루하루 살아가면서 기쁘고 즐겁게 살아야 한다. 짜증내고 불쾌하게 살아봐야 아무 이득(利得)이 없는 게 사람의 삶이다.   정현우

어떤 상황에서도 화내지 않고 온전히 하루를 보내라.   **댄 펜웰**

화를 너무 오래 품고 있는 것은 건강에 아주 해롭다. 화를 하루 이상 품고 있어서는 안 된다.   **틱낫한**

웃음이 없이 보낸 하루는 낭비한 하루다.
(A day without laughter is a day wasted.)

인간의 행복은 대단한 행운보다는 날마다 일어나는 작은 일에서 올 때가 더 많다.   **벤저민 프랭클린**

날마다 새로워지는 것은 운(運)을 버는 것이다. 운이 들어오는 입구(入口)를 넓히기 위해서는 모든 것에 도전하라.   **김승호**

과거에 연연하지 않는다. 과거는 바꿀 수 없기 때문이다. 대신 매일을 최고(最高)의 작품(作品)으로 만든다.   **조슈아 우든**

일상(日常)의 소중함은 그것을 잃어버리기 전에는 깨닫기 어렵다.
    스티븐 브래드너

나이를 먹으면 일 년은 짧고 하루는 길다.   **베이컨**

행복한 노년(老年)을 위한 처방이 있다면 일상(日常)을 즐기는 것이다.
    박상철

하루하루를 오늘이 마지막 날인 것처럼 살라.   **에카르트 폰 히르슈하우젠**

나이를 먹어갈수록 하루하루가 더욱 절실해지니까 나이도 먹어볼 만하다.
    임옥인

비가 와도 좋고 해가 떠도 좋고, 날이면 날마다 좋은 날이다.

기분 좋은 하루는 내가 만든다. 　　　　　　　　　　　　이종선

하루를 미소와 함께 시작하자!

살아 있음에 감사하고, 소소한 일상의 기쁨에 감사하라. 　　　칼 필레머

【먼저, 미리, 우선】

해야 할 일이 많을 때에는 가장 불쾌한 것부터 먼저 실행해야 한다.
　　　　　　　　　　　　　　　　　　　　　　　　존 퀸시 아담스

일은 귀찮은 것부터 먼저 한다. 　　　　　　　　　　노가미 히로유키

시급(時急)하고 중요한 일부터 먼저 하라. 　　　　　　　스티븐 코비

큰일을 먼저 해야 한다. 그러고 나면 작은 일은 스스로 처리된다.
　　　　　　　　　　　　　　　　　　　　　　　　　　데일 카네기

쉬운 일만 골라하는 잘못을 범하지 않으려면 항상 우선순위 목록을 작성해 놓아야 한다. 　　　　　　　　　　　　　　　앨프레드 웨스트 2세

중요 가치가 명확해야 우선순위(優先順位)도 명확해진다. 　브라이언 트레이시

인간관계에서는 양(量)보다 질(質)이 우선이다. 　　　　　　우종민

인격(人格)은 인생에서 최우선 명제(命題)가 아닐 수 없다. 　　김승호

결정된 의사결정은 항상 대체안(代替案; 구제책)을 미리 마련해 두어야 한다.

피터 드러

세 시간 일찍 가는 것이 일 분 늦는 것보다 낫다.
(Better three hours too soon than a minute too late.)

프란시스 베이컨

First come, first served. 先着者(선착자) 優先(우선) : 빠른 놈이 장땡

속담

닥쳐서 허둥대면 늦는다. 미리 보고 멀리 봐야 한다. 정민

무엇인가 닥쳐오고 있다는 걸 안다면 지금 준비해야 한다. 마윈(馬雲)

상상은 예방(豫防) 조치적(措置的) 판단에 없어서는 안 되는 것이다.

민감한 신경시스템을 가지고 있는 사람은 최악의 상황이 일어났을 때 받을 충격을 줄이기 위해 미리 시나리오를 생각하고 대비하는 게 현명하다.

일자 샌드

나중에 후회하기보다는 미리 조심하는 게 낫다.
(It's better to be safe than sorry.)

서양 속담

손을 댈 때에는 먼저 손을 뺄 것을 생각하라. 채근담(菜根譚)

만일 감자를 얻을 수 있게 해달라고 기도하려면 우선 괭이부터 챙겨라.

삶은 미리 준비할 수 있는 게 아니다. 삶이란 리허설(rehearsal) 없는 공연(公演)이다.

오쇼 라즈니쉬

미리 아무리 많은 생각을 하더라도, 어느 한순간에 발생하는 무한한 가능성과 인생의 혼돈(混沌)에는 완벽하게 대비할 수 없다.   로버트 그린

세상에는 미리 할 수 없는 일들이 많으므로 성실하게 이 순간을 사는 것이야말로 진정한 삶의 자세다.   장쓰안

【멋】

아무리 좋은 옷을 입고 멋을 부려도 내면(內面)에서 우러나오는 향기(香氣)와 색깔이 없다면 멋쟁이라 칭할 수 없는 법이다.   김종필(金鍾泌)

아무리 멋진 문장(文章)과 글도 등가량(等價量)의 진실(眞實)을 담고 있지 못하면 감동을 줄 수 없다.   구상(具常)

건강(健康)은 어디까지나 멋진 인생을 보내기 위한 수단(手段)일 뿐 그 자체가 목적(目的)은 아니다.   오츠 슈이치

윗자리에 있는 사람은 어느 한구석에 매력적(魅力的)인 면이 없어서는 안 된다.   중앙일보 경제문제연구소

참 멋이란 세련(洗練)된 인격(人格)에서 풍겨 나오는 총체적인 아름다움이다.   윤치영

만물이 제 모습을 다투어 뽐내지만 결국은 각기 자기의 근본자리로 돌아간다.   도덕경

살아라. 마치 당신이 죽었었던 것처럼 살아라. 그리고 당신이 죽을 때, 마치 당신이 다른 삶, 더 높고 더 멋진 삶으로 들어가고 있는 것처럼 죽어라.

B. S. 라즈니쉬

주어진 삶을 살아라. 삶은 멋진 선물(膳物)이다. 거기에 사소한 것은 아무것도 없다.
플로렌스 나이팅게일

【명랑함, 쾌활함】

성공한 사람들은 대부분 명랑(明朗)하고 쾌활(快活)한 성격을 지니고 있다.
리처드 템플러

하루하루 살아가면서 기쁘고 즐겁게 살아야 한다. 짜증내고 불쾌하게 살아봐야 아무 이득(利得)이 없는 게 사람의 삶이다.
정현우

힘든 현실에 부딪힐 때라도 계속 유쾌(愉快)한 표정을 지으며 웃을 수 있어야 한다.
데브라 벤튼

유머는 일을 유쾌하게, 교제(交際)를 명랑하게, 가정(家庭)을 밝게 만든다.
카네기

항상 맑고 밝은 마음으로 살아가야 한다. 언제 어느 경우가 되었든 긍정적(肯定的)인 삶을 사는 것이 무엇보다 중요하다.
지광

운(運)을 끌어당기는 가장 쉽고 단순한 행위는 명랑함과 친절이다. 김승호

할 일이 있고, 쾌활하며, 양심에 거리낌이 없고, 사랑하는 사람들과 가까이 있을 수 있다면 이보다 더 편안한 노년(老年)은 없다. 벤저민 프랭클린

【명상, 묵상, 선, 참선】

〈1〉

삶의 참 목적은 우리 내면(內面)에 있는 순수한 영혼인 신성(神性)을 깨닫는 데 있다.
이승훈(李承薰)

자기 본성(本性)을 발견하고, 밝혀내는 유일한 방법이 명상이다.
B. S. 라즈니쉬

명상(瞑想)의 목적은 영혼(靈魂)의 안정(安靜)이다.
김승호

명상의 진짜 목적은 몸과 마음 안에 내재된 능력을 끌어내어 삶에 더 충실해지고, 침착해지고, 좀 더 깨어 있는 삶을 살기 위한 것이다.
마이클 포셀

명상은 정사토납(靜思吐納; 마음을 고요히 하여 들숨과 날숨을 관찰함)이나 타좌취기(打坐聚氣; 정좌하여 기를 모음) 등의 방식을 통해 의식(意識)을 긍정적으로 변화시키고, 정신적 능력을 가장 높은 경지로 끌어올린다. 또한 심신(心身)을 안정(安靜)되게 함으로써 정신적으로 조화(調和)와 중용(中庸)의 경지를 유지하게 하는 것이다.
란메이(藍梅)

명상에서 호흡(呼吸)은 조금도 의식하지 말아야 하며, 터럭만큼의 힘도 들여서는 안 된다. 코를 통해 가볍고(輕), 가늘고(細), 깊고(深), 길고(長), 고르게(均) 호흡하여 자연스럽게 자신의 복부(腹部)까지 도달해야 하며, 자신의 귀에 호흡소리가 들리지 않는 것이 정확한 호흡방법이다.
란메이

명상에 대한 범어(梵語) 사마디(Samadhi; 三昧)는 조화롭고 평온한 마음가짐을 가리키는 정신적 평형(平衡)을 의미한다. 그 가운데에서 우주(宇宙)의 기

본적 통일성(統一性)이 체험(體驗)되는 것이다. **프리초프 카프라**

명상의 궁극적(窮極的)인 목적은 인간의 의식(意識)을 초월(超越)한, 우주의 큰 의식과 일체화(一體化)시킨다는 점이다.

기도와 명상은 신(神)과 교류(交流)하는 수단이다. **J. B. W.**

명상은 영적(靈的)인 대상(對象)에게 귀를 기울이는 한 가지 방법이지만, 기도는 그 대상에게 이야기하는 구체적인 방법이다. **쥬디스 올로프**

기도(祈禱)를 통해 나 자신이 우주 안의 모든 것과 연결되어 있음을 깨달을 때, 그 기도의 본래목적은 달성된다. 우리는 그 안에서 외면적(外面的)인 것들에 영향 받지 않는 진정한 기쁨을 만나게 될 것이다. **틱낫한**

명상수련은 잡념(雜念)이 일어나는 것을 억제해야 한다. 모든 생각, 모든 관심을 끊어버려야 한다. 그래서 명상은 묵상(黙想)이라고도 한다. **김승호**

묵상(Contemplation)은 명상의 한 방법이며, 가부좌를 틀고 하는 명상보다 질이 낮거나 열등한 것이 아니다. **데이비드 호킨스**

침묵(沈默)은 놀라울 정도로 마음을 성장시킨다. **구사나기 류슌**

가끔씩 조금이라도 시간을 따로 내어 침묵을 체험하라. **디팩 초프라**

고요한 시간을 이용해서 너 자신의 소리에 귀를 기울여라. 그리하여 무익한 생각들과 혼잡한 말들 뒤에 숨어 있는 영혼의 깊은 샘물을 찾아내라.
헨리 데이비드 소로

규칙적(規則的)으로 명상을 하면 마음이 가라앉고 머릿속에 끊임없이 떠오르는 잡념에서 벗어나게 되며, 세상을 있는 그대로 보게 한다. 또 우리가 살면서 느끼는 걱정과 다급함이 사실은 그리 중요하지 않다는 사실을 깨닫는다.
댄 뷰트너

정기적인 명상은 스트레스를 해소하고 마음의 평안을 가져오는데 심오한 효과가 있다.
탈벤 샤하르

우리들이 긴장을 풀고 있을 때나 초점(焦點)을 집중(集中)시키고 있을 때(명상이나 기도 등) 들리는 내부(內部)의 소리를 믿어야 한다.
마이클 뉴턴

집중할 때 뇌가 안정되기 때문에 명상을 꾸준히 반복하여 집중력을 키울수록 각성(覺醒)이 더 잘 이루어진다.
이승헌

집중력은 세속적(世俗的)인 성공에 필수적인 반면에 명상은 정신적(精神的) 성공에 필수적이다.
제임스 앨런

집중(集中)과 명상은 완전히 반대이다. 집중은 마음을 한데 모으는 일이요, 명상은 마음 밖에서 생각의 흐름을 그냥 지켜보는 무심(無心)의 일인 것이다.
오쇼 라즈니쉬

명상은 직관(直觀)이나 잠재의식(潛在意識)을 각성시킨다.
란메이(藍梅)

명상을 통해 마음을 가라앉히면 직관의 소리를 더 잘 들을 수 있다.
랜덜 피츠제럴드

명상은 옳은 선택과 결단을 위한 수련이기도하다.
윤종모

명상하는 중에 옳다고 느껴지는 결론일 때 그렇게 하라.
브하그완 쉬리 라즈니쉬

명상(瞑想)은 눈을 감고 아무것도 생각하지 않는 것이다.   호사이 아리나

하루에 20분만이라도 명상을 하면 나머지 시간 동안 평화와 평정을 유지할 수 있다.   로빈 S. 샤르마

정기적(定期的) 명상은 통찰력(洞察力)을 깊게 해줄 것이다.   잭 캔필드

몸과 마음은 깊이 연관되어 있다. 명상은 마음의 불안을 감소시키고, 신체의 면역력을 강화한다. 명상을 하면 고요한 마음 상태에서 평화와 기쁨을 경험할 수 있다.   틱낫한

우리 모두를 자유롭게 하는 것은 자비(慈悲)와 명상뿐이다.   마하 고사난다

명상을 해서 평안, 기쁨을 체험하면 혼자만 누리지 말고 세상과 함께하라.   오쇼 라즈니쉬

〈2〉

명상은 평온(平穩)한 내면으로 향해 가는 길이다. 명상을 할 때 무엇인가를 성취해야 한다는 압박감을 버리고 어느 것에도 얽매여서는 안 된다. 온전히 고요해질 때 당신의 본래 모습과 만나고 있음을 느낄 수 있다.   안젤름

곰팡이 난 책에서가 아니라 명상에서 진리(眞理)를 찾으라.   페르시아 속담

비우는 것, 이것이 명상(冥想)의 전부다.   오쇼 라즈니쉬

마음을 비우면 세상이 보인다.   달라이 라마

인간 불행의 유일한 원인은 자신의 방에 고요히 머무는 방법을 모른다는 것이다.   파스칼

명상을 어쩌다 한 번씩 수행해서는 깨달을 수 없다. 명상은 밤낮없이 항상 해야 하는 것이다.   오쇼 라즈니쉬

습관적인 명상은 영혼을 풍요롭게 한다.   제임스 아서레이

영혼(靈魂)에게는 휴식과 명상이 곧 음식이다.   브하그완 쉬리 라즈니쉬

명상 속에서 자신의 깊은 내면(內面) 속으로 들어가 자신의 맑고 깊은 영성(靈性)과 만나면 보다 높은 자아(自我)를 인식(認識)하게 된다.   윤종모

진정한 명상이란 눈을 감고 앉아서 집중하거나 상상하는 것이 아니라, 자신의 내면을 성찰(省察)하여 참회(懺悔)하고 회개(悔改)하는 것을 말한다.
                                                                               W. Y. 에반스 웬츠

진정한 자기수행 없이, 이웃에 봉사(奉仕)하는 희생(犧牲) 없이, 그저 무위도식(無爲徒食)하며 살아가는 수행자는 아무런 가치가 없다.   달라이 라마

부처의 삶을 살지 않고 그냥 부처가 되겠다고 죽을 때까지 화두(話頭)만 붙들고 참선(參禪)해 가지고는 부처가 되지 않는다.   무산(조오현)

명상은 상황(狀況)과 사물(事物)들을 명확하게 보는 것이며, 각각의 상황에 알맞게 신중히 처신(處身)하는 것이다.   존 카바트 진

명상은 인간성(人間性) 전체(全體)를 계발(啓發)한다.

우리 자신 속으로 들어가 명상, 침묵, 자연과 함께함으로써 에너지를 얻을

수 있다. 리처드 모리스 벅

죽기 두려운 것은 언제 어느 순간에 죽음이 닥쳐올지 모르기 때문이다. 잘 죽고 싶다면 잘 살아야 하는 것도 중요하지만, 죽는 순간의 마음 상태도 중요하다. 죽어가면서 명상을 하면 비할 데 없이 높은 정상(頂上)에 이를 수도 있다. 달라이 라마

명상수행(瞑想修行)은 삶을 즐기는 가장 지혜로운 길이다. 틱낫한

앉아서 하는 명상뿐 아니라 어떤 장소에서도, 어느 순간에도 중단 않고 행하는 행위명상(行爲冥想)이 중요하다. 무량

입가에 가벼운 미소를 띠고 천천히 느긋하게 걷는 명상이 행선(行禪)이다. 틱낫한

수행은 말이 아니고 실천(實踐)이다. 법전

수행(修行)이 성공적이었는지는 어느 정도로 내면(內面)의 평화(平和)를 느끼는지가 그 기준이 될 수 있다. 에크 하르트 톨레

선(禪)의 상태에 들어서면 사물(事物)을 꿰뚫어보는 눈이 생기고 집중력이 향상되며 마음이 평안(平安)해진다. 조셉 패런트

흙에 앉아 있으면 느껴지는 자연과의 합일(合一)에서 오는 그 깊고 깊은 무심(無心)의 경지는 참선할 때의 그 안심(安心)과 다름이 아니다. 법전

마음을 지배하는 한 가지 길은 마음을 고요하게 하는 법을 배우는 것이다. 린다번

고요한 시간을 이용해서 너 자신의 소리에 귀를 기울여라. 그리하여 무익한 생각들과 혼잡한 말들 뒤에 숨어 있는 영혼의 깊은 샘물을 찾아내라.
헨리 데이비드 소로

독서와 고독과 명상이 내게 평화(平和)를 가져다준다.   알프레도 게바라

마음이 고요해지면, 어떤 처지(處地)에서나 편안(便安)하다.   대학(大學)

평온하고 고요한 마음 상태로 지낸다면, 외부의 환경요인(環境要因)은 큰 영향을 미치지 못할 것이다.
달라이 라마

매일매일 일상(日常)을 살아가면서 평상심(平常心)을 갖는 것, 그것이 진정한 참선(參禪)이다. 그것이 수행(修行)의 진정한 본질(本質)이다.   숭산

【명성, 명예, 스타, 유명, 이름, 익명, 인기, 체면】

명성(名聲)이나 이름이 그냥 얻어지는 것은 아니다. 名不虛傳(명불허전)

이웃이 내 이름을 부를 때 어떤 느낌을 가질까 진지하게 생각해 보아야 한다. 내 이름에 담긴 이미지는 누가 대신 만들어주지 않는다. 오직 내가 이루어가야만 한다.
지광

인생을 살아가면서 어떤 윤리관(倫理觀)을 지니고 명예(名譽)롭게 처신하는 것은 중요한 일이다.
에드 베글리 주니어

익명(匿名)은 사람을 잔인(殘忍)하게 만든다.   시라이시 다카시

명예롭고 평화롭게 인생을 살고 싶다면 큰일뿐만 아니라 작은 일에서도

극기심(克己心)을 발휘하는 방법을 배워야 한다.   **새무얼 스마일즈**

정치인은 대중(大衆)의 생각을 알아내 인기(人氣)를 끌 게 아니라, 옳은 일을 해서 인기를 얻어야 한다.   **발터 셸**

자신을 대단한 존재로 여기며 살면 명예나 체면(體面)이 상실되는 시기(時期)에 쉽게 감정이 상하여 나약해진다.   **리처드 바크**

세상에서 일컫는 성공이란 단지 유명세(有名稅)에 지나지 않는다.   **데이비드 호킨스**

남과 비교하며 덧없는 명성과 부(富)에 대한 집착(執着)과 상실감(喪失感)으로 스스로 행복을 걷어차는 것만큼 어리석은 짓은 없다.   **롤프 도벨리**

명성(名聲)은 흘러가버리는 것이다.   **리 아이아코카**

과거에 아무리 견고(堅固)하게 보였던 것들이라도 사실은 한낱 흘러가는 구름일 뿐이다.   **스티븐 레빈**

스타(star)는 항상 새로운 스타에게 자리를 양보해야 한다.   **최종태(崔鍾泰)**

'스타'로 불리는 사람들이 자신의 삶을 힘들고 고통스럽게 여기는 것은 대중(大衆)이 심어준 자아(自我) 이미지(image)가 환상(幻想)이라서 당연하다.   **제임스 힐먼**

명성이란 결국 잠시 왔다가 사라지는 풀잎과 같은 것일 뿐이니 겸손(謙遜)해야 한다.   **단테**

끊임없이 앞만 보고 달려온 사람일수록 갑자기 허탈감에 빠질 위험이 있다.

우종민

실제로 죽음에 직면했을 때 타인의 생각 따위는 더 이상 중요하지 않다. 인생에서 성공을 했는지의 여부도 관심이 없다. 죽음 앞에서 무엇인가를 성취해야 한다는 명예심은 결국 위선(僞善)일 수 있다.   안젤름

모든 인간은 오직 현재의 이 순간만을 살고 있을 뿐이다. 그 밖의 생애(生涯)는 이미 지나가버렸거나 아직 오지 않은 미지의 것임을 기억하라. 당신의 생애는 짧은 한순간에 불과하며 몸담고 있는 곳은 지구상(地球上)의 한 모퉁이일 뿐이다. 죽은 후에 자신의 명성이 오래도록 남기를 바라는 것은 이미 오래전에 사라져버린 사람들 기억 속에 당신의 이름이 남아 있기를 바라는 것과 마찬가지다.   마르쿠스 아우렐리우스

본질적인 면에서 삶을 관찰해 보면 명성도 명예도 모두 헛된 것이다. 진짜 중요한 것은 "매 순간을 기쁨으로 채웠는가?" 그것이 중요하다. "목욕을 하고, 차를 마시고, 청소를 하고, 산책을 하고, 나무를 심고, 친구와 이야기를 나누고, 사랑하는 이와 조용히 앉아 있고, 달을 바라보고, 새소리를 들으면서 그대는 행복했는가?"가 중요하다.   오쇼 라즈니쉬

인생은 단 한 번 사는 거고 게다가 얼마만큼 살지 예측할 수 없는 것이다. 이런 귀한 인생을 누구 눈치 보거나 체면 따지면서 낭비하지 말고, 남에게 피해(被害)를 주지 않는 한 자기가 좋아하는 일을 하면서 최대한 즐기며 살아야 한다.   이언

【모범, 모델, 본보기, 솔선수범】

아이는 자신과 감정적으로 좋은 관계를 맺고 있는 사람을 특히 강하게 모방(模倣)한다. 그러니 그 첫 번째가 당연히 부모일 수밖에 없다. 그러므로 부모

는 자신들이 바라는 바대로 모범(模範)을 보이는 것이 중요하다. 린 복

집안을 다스리는 기본원칙은 성실이며 부모 자신이 모범을 보여야 한다.
역경(易經)

좋은 아버지가 있다면 자연히 그 아들도 좋은 아들이 될 것이다.
브하그완 쉬리 라즈니쉬

손님을 어떻게 대접하는지 보면 주인의 수준을 알 수 있다. 윌리엄 J. 오닐

선생이 무엇을 가르치느냐보다는, 선생이 어떤 사람이냐가 더 중요하다.
칼 맨닝거

진정한 가르침은 거의 전적으로 비언어적(非言語的)이다. 존 카바트 진

한 사람을 벌줌으로써 여러 사람이 경계(警戒)토록 본보기로 삼는다.
一罰百戒(일벌백계)

리더십의 첫째는 실력(實力)이 있어야 하고, 둘째는 사심(私心)이 없어야 하며, 셋째는 솔선수범(率先垂範)해야 한다. 사공일(司空壹)

부하(部下), 더구나 특별히 총명하고 젊고 야심적인 부하는 권력 있는 상사를 거울삼아 그들 자신의 인격을 형성하는 경향이 있다. 그러므로 권력은 있으나 도덕적으로 부패한 상사의 존재만큼 조직에 있어서 성원(成員)을 타락시키고 조직 그 자체를 파괴(破壞)로 유인(誘引)하는 요인은 없다고 해도 좋다. 윗물이 흐리면 아랫물도 흐리다. 上濁(상탁)이면 下不淨(하부정)이다.
논어(論語)

지도자들이 깨끗해지지 않고서는 부패가 뿌리 뽑히지 않는다.

제임스 올펜슨

'남다름'이 바로 성공적인 창업 모델(model)이다. 쑤린

어떤 일을 솔선(率先)해서 적극적(積極的)으로 하는 사람과 그렇지 못한 사람 간의 차이는 50%가 아니라 5,000% 이상이 난다. 스티븐 코비

【모습】

현재 우리의 모습은 과거에 우리가 했던 생각의 결과다. 붓다

하루 종일 어떤 생각을 하느냐에 따라 그 사람의 모습이 정해진다.
랄프 왈도 에머슨

욕구된 것이 성취된 모습, 동경(憧憬)하고 있는 입장(立場)에 이미 서 있는 실황(實況)을 마치 현실인 것처럼 이미지(Image)로서 마음의 눈에 그려보아야 한다. C. M. 브리스톨

지금 큰 꿈이 없고 구체적인 미래의 모습을 그리지 못했다고 자괴감(自愧感)을 느낄 필요는 전혀 없다. 방시혁

자녀(子女)를 지금 모습 그대로 인정하라. M. J. 라이언

사람들은 자기가 가장 존경(尊敬)하는 사람을 닮아가게 된다.

겉모습만으로 사람을 평가하는 것만큼 어리석은 일은 없다. 세르반테스

사람의 외모(外貌) 가운데 가장 호감(好感)을 주는 것은 친절과 배려를 나타

내는 미소(微笑)이다. 미소는 가장 인간적인 표현이다.   **손홍빈(孫洪彬)**

자신의 노여움을 달래기 위해서는 남들이 노여움을 터뜨렸을 때의 모습을 조용히 눈여겨봐야 한다.   **세네카**

세상사(世上事)에 휩쓸려 살아가면서도 가끔 자신의 모습을 점검하는 게 중요하다.   **미하이 칙센트미하이**

만물이 제 모습을 다투어 뽐내지만 결국은 각기 자기의 근본자리로 돌아간다.   **도덕경(道德經)**

【모욕, 모멸, 멸시, 경멸, 굴욕, 업신여김, 욕】

모든 사람이 저마다 세상에서 제일이라고 생각한다는 점을 잊지 마라. 사람들은 정말 하찮은 일로 모멸감(侮蔑感)을 느낀다.   **톰 피터스**

인간이란 친절을 받으면 쉽게 잊어도 모욕을 당하게 되면 결코 잊지 않는다.
    C. M. 브리스톨

절대 남에게 굴욕감(屈辱感)을 주지 말라.   **조셉 텔루슈킨**

여성들은 아주 조그마한 모욕(侮辱)이나 실수도 결코 잊어버리는 법이 없다.
    필립 체스터필드

배우자(配偶者)를 모욕하지 말라.   **조셉 텔루슈킨**

친숙(親熟)은 경멸(輕蔑)을 낳는다.   **서양 속담**

아무리 친해도 남의 약점은 농담으로라도 들추어서는 안 된다.   **이정숙**

가장 큰 형벌(刑罰)은 이웃과 세상과 가족들에 의해서 멸시(蔑視)받는 것이다.
   E. W. 하우

모자란 사람은 겸손한 사람을 경멸한다. 진정으로 겸손한 사람은 그 부드러움만큼이나 강한 사람이다.   **고철종**

나는 내가 확실하게 알지 못하는 사실에 대해서는 남들에게 퍼뜨리지 않을 것이고, 내가 확신하지 못하는 것을 가지고 남을 비난하거나 경멸하는 어조의 말을 하지 않을 것이다.   **틱낫한**

어떤 사회에나 인품이 낮은 인간이 있는 법이다. 그러한 소인(小人)에 대해서도 특별히 혐오감을 나타내는 것 같은 시늉은 하지 말고, 일정한 거리를 두고(不可近 不可遠) 적당히 교제해 나가면 좋다.   **송명신 언행록**

남을 욕(辱)하면 나도 남의 욕을 듣게 된다.   **대학(大學)**

군자는 교제가 끊겨도 서로 험담(險談)을 하지 않는다.   **사마천(司馬遷)**

돈과 지체가 있으면 친척도 두려워하고, 가난하면 친척도 업신여긴다.

스스로 업신여기면 다른 사람도 나를 업신여기게 된다.   **격언**

살면서 봉착(逢着)하게 되는 짜증나는 일이나 당신을 모욕하는 사람이 있다면 함부로 화를 내거나, 필요 이상으로 과장되게 행동하지 말고, 그냥 무시하라.   **데이비드 시버리**

위대함의 최종적 증거는 분개하지 않고 모욕을 참는 데 있다.   **E 허버드**

모욕당한 것은 계속 기억하지 않는 한 아무것도 아니다. 공자(孔子)

오래 살면 욕(辱)됨이 많다. 장자(莊子)

족(足)함을 알면 욕을 보지 않는다. 노자(老子)

【목적, 목표】

〈1〉

목적(目的)은 궁극적(窮極的)으로 성취(成就)하고자 하는 결과(結果)를 말하며, 목표(目標)는 일정기간(一定期間)에 성취하려는 결과를 말한다.

목적의식이 있는 목표는 성과를 더 높이도록 도와준다. 존 고든

일단 자기 자신의 삶의 목적이 무엇인지 알게 되면, 그것을 중심으로 모든 활동을 조직할 수 있다. 잭 캔필드

인생에서 가장 중요한 것은 '확고한 목표'를 설정하는 일이다. 많은 사람들이 원하지 않는 인생을 살아가는 것은 확실한 목표를 설정해 두지 않았기 때문이다. 사토 도미오

목표를 세우는 것이야말로 인생에 가장 강력한 동기(動機)가 된다. 목표를 세우라. 그리고 그것을 실현하라. 댄 클라크

목표는 약간 높게 분명히 타나베 쇼이치(田邊昇一)

명확한 장기적 목표는 크건 작건 모든 행동의 방향을 제시해 주므로 중요

한 결정을 내리기가 한결 쉬워질 것이다.　　　　　　　　　　로버트 그린

기준(基準)과 표준(標準)은 항상 높은 수준(水準)으로 세워져야 하며, 달성(達成) 가능한 것이어야 한다.　　　　　　　　　　　　　　피터 드러커

목표 위주의 경영관리(經營管理) 방법으로서만 우리가 어느 정도로 발전(發展)하고 있는가를 좀 더 구체적으로 알 수 있는 것이다.　럭샌 스피처 리만

확실(確實)한 목표를 세워야 실천전략(實踐戰略)이 나올 수 있다.

원칙(原則)은 목표달성을 위한 '가장 위대한 전략'이다.　　　　　이영직

목표가 분명하면 시간과 관심과 노력을 총집중할 수 있지만, 목표가 불분명하거나 목표가 없다면 구체적인 노력을 경주할 수 없다.　　　　지광

세세한 부분까지 명료(明瞭)하게 그릴 수 있다면 틀림없이 성취하게 되어 있다. 즉 보이는 것은 이룰 수 있으며, 보이지 않는 것은 이룰 수 없다.
　　　　　　　　　　　　　　　　　　　　　　　　이나모리 가즈오

목표는 단순(單純)하고 현실적(現實的)인 것이라야 한다.　　M. H. 테스터

목표는 구체적(具體的)이어야 한다.　　　　　　　　　　　지그 지글러

목표가 잘 이루어지기 위해서는 목적과 사명이 분명하고 간단해야 한다.
　　　　　　　　　　　　　　　　　　　　　　　　　　　피터 드러커

목표를 성취하기 위해서는 우선 간절히 원해야 한다.
　　　　　　　　　　　　　　　　　　　조바이델, 이하레아카라 휴렌

모든 것을 할 수는 없어도, 무언가는 할 수 있다. 　　　　　　헬렌 켈러

인생(人生)의 비극(悲劇)은 목표를 달성하지 못하는 데 있는 것이 아니라, 달성할 목표가 없는 데 있다. 　　　　　　벤저민 메이스

사람은 어떤 경우에 있든지 뚜렷한 생활 목표가 있어야 한다. 　　이관구

목적이 없는 나날이 계속되는 한 생활은 붕괴(崩壞)되지 않을 수 없다.
　　　　　　디일 카네기

매일 쉬지 않고 목표 하나에만 골몰하면 당신의 염원은 현실적인 것에 일보 일보 가까워질 수가 있다. 자기의 염원(念願)을 끊임없이 되풀이한다는 것은 암시(暗示)를 잠재의식 속에 깊이 심는 방법이다. 　　C. M. 브리스톨

원하는 것을 결정하고 글로 적은 뒤, 반복해서 계속 보라. 그러고는 매일매일 그 목표들을 향해 더 가까이 나아가게 해줄 무언가를 해라.
　　　　　　잭 캔필드

나는 할 수 있다는 신념을 지니는 습관이 당신의 목표를 달성시킨다. 당당하게 그대의 길을 걸어가라. 남들이야 무어라 떠들든 개의치 말라. 　단테

목표를 달성하는 길은 목표를 이루기 위해 당장 시작해야 할 일을 하는 것뿐이다.

성공한 사람과 실패한 사람의 차이는 자신이 원하는 목표를 실현하기 위해 지체하지 않고 행동으로 옮기는 '실행 능력'의 차이에 있다.
　　　　　　미야자키 신지

천천히 서둘러라. 그럼 곧 목표에 도달할 것이다. 　　　　밀라레파

살아가는 기술(技術)이란 하나의 목표(目標)를 골라 그리로 힘을 집중(集中)시키는 일이다.
　　　　　　　　　　　　　　　　　　　　　　　　앙드레 모로아

목적의 불변성은 성공의 비결이다.
(The secret of success is constancy to purpose.)　　벤자민 디즈렐리

목적지에 도착하려면 한 길로만 가라.　　　　　　　　　　세네카

마음속에 최종목표를 쉬지 않고 반복하여 분명하게 그려보라. 그리고 마음속에 어떤 상황에 대한 '안전대책'을 만들어두라. 이렇게 하면 그 상황에 봉착할 때 상황 자체가 낯설지 않을 것이다. 또 그 상황이 겁나거나 두렵지 않게 된다.　　　　　　　　　　　　　　　　　　　스티븐 코비

원래(元來)의 목적에 초점을 맞추면 하찮은 것에 의해 균형감각을 잃게 되는 일은 없다.　　　　　　　　　　　　　　　　　　로저 로젠블라드

리더는 누구나 공감(共感)할 수 있는 목표를 세워야 한다. 복잡하지 않고 간결한, 모호하지 않고 분명한 큰 그림의 목표를 세우는 것이 중요하다.
　　　　　　　　　　　　　　　　　　　　　　　　조엘 피터슨

분명한 목표가 없는 회의(會議)는 피하도록 하라.　　　　티모시 페리스

경영자가 회사를 위해 가져야 할 세 가지 분명한 목표는 지속성, 이윤 그리고 성장이다.　　　　　　　　　　　　　　　　　　　　로버트 헬러

〈2〉

최고의 업적을 달성하는 사람들은 언제고 보다 더 곤란(困難)한 목표를 스스로 설정(設定)한다.　　　　　　　　　　　　　　　　　필립 마아빈

무한(無限) 경쟁에서 살아남는 길은 무엇이든 최고(最高)의 수준(水準)을 목표로 설정하고 부단히 도전하는 것이다.
최종현(崔鍾賢)

싫어하는 일을 수행하려면 분명한 목적과 사명이 필요하다. 자신이 하고 싶지 않을 때도 필요한 것이라면 그 일을 해내는 강한 의지(意志)가 필요하다.
스티븐 코비

유별나게 큰 목표를 갖게 되면 아드레날린(Adrenalin)이 생성된다. 이 아드레날린은 목표를 이루는데 동반되는 피할 수 없는 고난이나 시련을 극복할 수 있도록 인내할 힘을 준다.
티모시 페리스

높은 목표를 달성하기 위해서는 우선 달성 가능성 있는 목표로 세분(細分)하고, 점진적으로 최종목표를 향해 나아가는 것이 유리하다.
이케가야 유지

최종목표에 지나치게 집착하다 보면 오히려 실력 발휘에 방해가 된다.
미하이 칙센트미하이

도전(挑戰)할 목표를 한 가지 정하고 도전하라.
아트 윌리암스

100년을 살아보니 원대한 목표도 좋지만 하루하루를 열심히 사는 게 가장 중요하더라.
유동식

막연해지기 쉬운 최종목표가 아니라 달성 가능한 현실적인 작은 목표들을 가져야 구체적인 행동이 일어난다.
이영직

사람들은 무슨 일이든지 쉬운 것은 가치 있는 목표로서 받아들이지 않는다. 목표는 매우 어렵고 힘든 것이어야 한다고 생각한다.
오쇼 라즈니쉬

인생(人生)에게는 목적(目的)이나 의의(意義)가 반드시 있어야만 한다고 억단(臆斷)하지는 않겠다.　　　　　　　　　　　　　　　　　임어당(林語堂)

목표를 세워놓지 않더라도 자기 일에 충실하면 생각지 않은 과실(果實)도 딸 수 있다.　　　　　　　　　　　　　　　　　　　이을호(李乙浩)

인생의 최종목표는 몇 번이고 바뀔 수 있고 목표에 이르든 못하든 행복할 수 있는 일을 하는데 집중한다면 그사이 최종목표가 바뀌어도 행복은 유지될 수 있다.　　　　　　　　　　　　　　　　　크리스 헤드필드

능력 범위 내의 것을 욕구 목적으로 삼는 것이 중요하다. 무리하고 불합리한 욕구는 삼가야 한다. 또한 참고 견디는 마음가짐과 절대적인 신념을 갖는 것이 중요하다.　　　　　　　　　　　　　　　　C. M. 브리스톨

목표를 달성하고 싶으면 그것을 기록(記錄)하라.　　　헨리에트 앤 클라우저

글로 쓴 목표가 글로 쓰지 않은 목표보다 성취에 더 효과가 있다.
　　　　　　　　　　　　　　　　　　　　　　미국 도미니칸대학 연구

일단 목표를 기록하고 나면 무의식적으로 두뇌는 목표를 달성하는 쪽으로 움직인다.　　　　　　　　　　　　　　　　　헨리에트 앤 클라우저

날마다 눈을 감고 목표를 이미 이룬 듯 상상하라.　　　　클레멘트 스톤

마음속에 그린 그림이 뚜렷하고 확고할수록 거기에 대해 생각하는 시간이 많아지고, 그림에 집중하기가 쉬워진다. 그 목표 뒤에는 그것이 이미 내 것이라는 불굴(不屈)의 신념(信念)이 있어야 한다.　　　월러스 D. 워틀스

끝을 보고야 말겠다는 강력한 의지가 목표 달성을 이끈다.　　보도 새퍼

목표를 지니고 있으면 의지(意志)의 힘이 강해진다. 목표를 보다 뚜렷이 하면 의지는 더한층 강해진다.   A. F. 오즈번

인간은 체력의 한계를 느끼거나 체력이 완전히 소진되었다 해도 확고한 신념과 강인한 투지를 잃지 않는다면, 객관적으로는 설명할 수 없는 신비롭고 새로운 힘이 솟아나 목표에 도달할 수 있다.   케임브리지대학 교수들

당신이 목전(目前)의 활동을 초월해서 원대(遠大)하고 서서히 전개되는 목적(目的)을 갖는 한 당신은 고립(孤立)된 개인이 아니라 인류를 문명적(文明的) 존재로까지 이끌어온 수많은 사람들 중의 한 사람인 것이다. 당신이 이러한 관점을 취한다면, 당신의 개인적 운명이 어떠한 것이든 간에 확실하고 깊은 행복이 당신 곁에서 결코 떠나지 않을 것이다. 삶은 모든 시대(時代)의 위인(偉人)들과의 교제(交際)가 될 것이며 개인의 죽음은 이미 하찮은 사건에 지나지 않을 것이다.   버트런드 러셀

스스로 중요하게 여기는 어떤 목적(目的)을 위해 움직이는 것이야말로 진정한 삶의 기쁨이다.   조지 버나드 쇼

여유롭고 평온하며 목적이 뚜렷한 사람의 성격은 천성적(天性的)인 것처럼 보이나 실제로는 꾸준한 자기수양(自己修養)의 결과이다.   제임스 앨런

'빈곤의식'을 가진 사람은 자신이 곤경(困境)에 처한 것을 매번 '주변의 탓'으로 돌리지만, 목적을 지닌 사람은 변함없이 남을 위해 베풀며 번영(繁榮)의 흐름에 승차(乘車)하는 확실한 길을 택한다.   웨인 다이어

어떤 일을 성사시키기 위해서는 기회를 포착하도록 해야 한다. 그런데 인생목표가 무엇인지를 알지 못한다면 급한 일을 처리하는 데만 주로 시간을 보내게 된다.   스티븐 코비

그의 눈에서 목적(目的)을 잃어버리지 않은 침착한 사람은 목적 없이 뛰어 다니는 사람보다도 항상 빠른 것이다. 〈렛씽〉

인생이 견디기 어려운 건 환경 때문만이 아니다. 의미와 목적을 상실했을 때 역시 인생은 견디기 어려워진다. 〈빅토르 E. 프랑클〉

인생의 목표는 이기는 것이 아니다. 인생의 목표는 성장과 나눔에 있다. 〈하롤드 쿠쉬너〉

우리의 궁극적인 목표는 '좋은 죽음'이 아니라 마지막 순간까지 '좋은 삶'을 사는 것이다. 〈아툴 가완디〉

어떤 것이라도 삶을 희생시킬 정도로 가치 있는 것은 없다. 삶은 그 자체가 목적이다. 〈오쇼 라즈니쉬〉

어떤 노인(老人)이든 목표를 설정해야만 한다. 살아가는 즐거움이란 스스로가 발견할 수밖에 없다. 〈소노 아야코〉

목적의식과 가족, 이웃 간의 사랑은 장수비결에서 중요한 요소다. 〈댄 뷰트너〉

행복을 찾는 유일한 길은 행복을 인생의 목적으로 하지 말고 행복 이외의 딴 목적을 인생의 목적으로 삼는 것이다. 〈존 스튜어트 밀〉

자기 자신을 이미 죽은 것으로 보고 인생을 살 때, 생(生)은 새로운 의미로 빛을 발하고, 삶의 목표가 바뀌며, 마음이 열리고, 낡은 집착과 헛된 겉치레의 안개에 싸였던 정신이 투명해지기 시작한다. 모든 순간은 있는 그대로 소중하다. 달리 아무것도 필요치 않다. 〈스티븐 레빈, 온드리아 레빈〉

삶의 목적이 무엇일까? 거기엔 아무런 목적도 없다. 그대는 단지 삶을 즐길 수 있을 뿐이다. 그대가 만일 어느 순간을 놓쳤다면 그대는 그 순간을 영원히 놓쳐버린 것이다.   B. S. 라즈니쉬

인류의 목표는 인간의 야만성(野蠻性)을 순화시키고, 인간생활을 고상(高尙)하게 하는 데 있어야 한다.   희랍 비문(碑文)

【몰두, 몰입, 열중, 전념, 집중】

우리가 오랜 기간에 걸쳐 어느 분야에 어떤 방법으로 주의를 집중(集中)하는가에 따라 결과적으로 우리의 인생이 달라진다.   미하이 칙센트미하이

집중과 몰입(沒入)은 성공의 첫 번째 조건이다.   장쓰안

하나의 비전(vision)을 가진 사람이 여러 개의 비전을 가진 사람보다 항상 앞서간다.   랠프 우즈

자신이 잘하는 일에 집중해야 성공적인 결과를 낼 수 있다.
     요르마 올릴라

자신이 잘하지 못하는 분야(分野)를 파고들지 말라.   로저 로젠블라드

너무 일찍 한 분야에 집중하기보다 개방적(開放的)으로 다양(多樣)하게 충분히 경험하고 늦게 시작해도 최고가 될 수 있다.   데이비드 엡스타인

남들과 똑같은 것을 추구하는데 몰두하지 말라. 당신 말곤 아무도 할 수 없는 것을 하라. 그 밖의 것은 과감히 생략해 버려라.   헨리 데이비드 소로

정신을 집중시켜서 노력하면 어떠한 어려운 일도 성공한다.
精神一到 何事不成(정신일도 하사불성)   주자(朱子)

몰입할 수 있는 것이 있어야 삶의 가치를 느끼게 된다. 조금이라도 거기에 재미와 만족을 느낄 수 있다면 행복한 일이다.   사이토 시케타

원하는 것에 집중하는 한 기적(奇蹟)은 계속 일어난다.   조 비테일

집중력은 근육(筋肉)과도 같아서 사용할수록 강해진다.   릭 핸슨

인생의 최종목표는 몇 번이고 바뀔 수 있고 목표에 이르든 못하든 행복할 수 있는 일을 하는데 집중한다면 그사이 최종목표가 바뀌어도 행복은 유지될 수 있다.   크리스 헤드필드

세상은 어차피 불공평(不公平)하다는 사실을 받아들이고 일상(日常)에 집중할 때 더 나은 삶을 살 수 있다.   롤프 도벨리

가슴 뛰는 삶을 살아라. 자신이 가장 잘하는 일에 집중하라. 다른 사람이 변화를 만들어주기를 기다리지 말고, 스스로를 변화시켜라.
        로빈 S. 샤르마

어떤 일에 대해 강한 흥미(興味)를 갖는 것이 정신집중에 중요하다.
        가야노 다케시

무엇이든 열중(熱中)하면 그것을 더 많이 얻게 된다는 사실은 우주비밀(宇宙秘密)의 하나다.   조 비테일

주의를 집중하면 무작위(無作爲)로 떠오르는 생각 역시 통제할 수 있다.
        조 디스펜자

'마음 챙김'은 지금 하고 있는 일이 무엇이든 그것에 집중하다가 마음에 여러 가지 생각이 떠오르면 즉시 알아차리고 그것에 대하여 아무런 판단을 하지 않고 다시 집중하는 일로 돌아오는 것이다. 쉐리 반 디크

집중은 연습(練習)이다. 리사 헤인버그

어떤 문제가 마음속에서 맴돌며 떠나지 않을 때 이를 물리치는 가장 좋은 방법은, 그러한 병적(病的)인 환상(幻想)이 지쳐서 떨어져 나갈 때까지 보통 이상으로 철두철미하게 그 문제를 생각하는 것이다. 버트런드 러셀

과학(科學)은 남들이 다 하는 뻔한 연구가 아니라 자신만의 독창적인 연구에 집중할 때 획기적인 성과가 나온다. 세르주 아로슈

어떤 연구에 몸담게 되면 한 우물을 파는 정신이 필요하다. 이호왕(李鎬汪)

만일 아이디어가 성숙해서 엄밀한 검토를 가할 단계가 되었으면 어떤 일이 있든 간에 그 아이디어에 매달려 집중해야 한다. E. 레보노

어떤 일이든 몰입(沒入)의 요소들만 존재한다면 얼마든지 즐길 수 있다. 일견 따분하고 재미없는 일이라 할지라도 상상 밖으로 엄청난 성취감과 만족감을 선사할 수 있는 원천(源泉)이 될 수 있다. 미하이 칙센트미하이

무엇에 몰두하지 못하는 경험은 결국 거기로부터 오는 기쁨과 보람을 느낄 수 없게 한다. 피트 데이비스

지금 이 순간에 집중하지 않으면 마음은 과거에 대한 집착과 미래에 대한 걱정 사이에서 정처 없이 방황(彷徨)한다. 이승헌

지금 당신이 하고 있는 일이 중요한 것인지 아닌지 곰곰이 생각해 보라.

만약 그 일이 중요한 것이라면 그 일에 더욱 전념(專念)하라. **리처드 템플러**

과거의 상처(傷處)는 잊어라. 아무것도 바꿀 수 없기 때문이다. 무언가 다른 일에 집중하라. **개리 D. 맥케이**

버리는 것은 마음과 에너지를 자유롭게 해준다. 성공을 위해 가장 중요한 일에만 파고든다면 집중하기가 쉬워진다. **리사 헤인버그**

언젠가 미래에 할 예정이거나 해야만 하는 일이 백 가지가 된다고 해도 지금 할 수 있는 한 가지 일에 초점을 맞추시오. 당신이 영원한 현재(現在)의 차원(次元)에 들어가면, 당신이 많은 수고를 들이지 않아도 신기하게 변화가 찾아오는 일이 많아진다. **에크하르트 톨레**

아직도 오지 않은 미래를 헤매느라고 자기 삶의 한순간도 알차게 살지 못하고 말게 되므로, 설거지를 할 때에는 설거지만 해야 한다. **틱낫한**

살아가는 기술이란 하나의 목표를 골라 그리로 힘을 집중시키는 일이다. **앙드레 모로아**

목표가 분명(分明)하면 시간과 관심과 노력을 총집중할 수 있지만, 목표가 불문명하거나 목표가 없다면 구체적인 노력을 경주(傾注)할 수 없다. **지광**

세계사(世界史)에 남을 만한 위대하고 당당한 업적(業績)은 모두가 무엇인가 열중이 가져온 승리다. **에머슨**

한 가지 포인트(Point)에 집중하고 전력(全力)을 다해야만 인류사회(人類社會)에 발붙일 수 있다. **런정페이**

대부분의 위대(偉大)한 성과는 한 가지에 대한 지속적(持續的)인 몰두(沒頭)와

갑작스런 통찰력(洞察力)이 결합되었을 때 이루어진다.   **리처드 코치**

정신적이든, 육체적이든 무엇인가 힘든 과제(課題)를 꾸준히 수행하면 기억력과 집중력 등 뇌(腦)의 기능을 키울 수 있다.   **리사 펠트만 배럿**

언제나 유장한 태도로 일에 열중하는 자세가 중요하다.   **도로디 카아네기**

집중력은 정신상태(精神狀態)가 침착(沈着)할 때 일어난다.   **J. V. 서어니**

마음의 평정(平靜)을 잃으면 현재(現在)에 몰입할 수 없다.   **안셀름 그륀**

인생길에서 어떤 처지(處地)에 놓여 있든지 간에 먼저 침착함과 평온을 길러둠으로써 생각의 힘을 집중시키는 방법을 터득해야 한다.   **제임스 앨런**

집중력은 세속적(世俗的)인 성공에 필수적인 반면에 명상(瞑想)은 정신적 성공에 필수적이다.   **제임스 앨런**

우리들이 긴장을 풀고 있을 때나 초점을 집중시키고 있을 때(명상이나 기도 등) 들리는 내부(內部)의 소리를 믿어야 한다.   **마이클 뉴턴**

집중할 때 뇌(腦)가 안정되기 때문에 명상을 꾸준히 반복하여 집중력을 키울수록 각성(覺醒)이 더 잘 이루어진다.   **이승헌**

선(禪)의 상태에 들어서면 사물을 꿰뚫어보는 눈이 생기고 집중력이 향상되며 마음이 평안해진다.   **조셉 패런트**

한 가지 일에 깊이 열중하는 사람은 하루하루의 정진(精進)을 통해 저절로 영혼(靈魂)이 닦여지고 깊이 있는 인격을 형성하게 된다.   **이나모리 가즈오**

행복한 노년의 비결은 '지금 할 수 있는 일'에 집중하는 것이다.　**하정화**

만족을 자아내는 몰입을 많이 경험하는 사람일수록 덜 우울해진다.
마틴 셀리그만

몰입을 더 많이 경험(經驗)하는 사람일수록 행복감도 크다.
미하이 칙센트미하이

삶은 지적(知的), 영적(靈的), 감정적(感情的)으로 몰입해 있을 때 더 여유 있고 훨씬 행복하다.　**리 아이젠버그**

생활(生活)에 있어서 인간의 행복(幸福)은 자기의 일에 몰두하는 것이다.
톨스토이

【몸, 신체, 심신, 육체】

몸은 우리로 하여금 인생을 경험할 수 있게 해주는 도구(道具)이므로 몸에 대해 감사하라. 운동과 휴식, 영양섭취, 기분전환과 같이 특별한 방법으로 몸을 존중하고 보살피라.　**안젤레스 에리엔**

身外無物(신외무물) 〈몸 이외에는 다른 것이 없다는 말로, 육체가 망가지면 인생은 아무것도 아니니 평소에 건강을 잘 돌보라는 뜻〉

밝고 적극적인 태도는 몸에 이롭다. 실제 즐거운 일이 없어도, 기분이 좋지 않아도 상관이 없다. 일부러 신나게 몸을 흔들며 춤추고, 기분이 유쾌해지도록 노력해 보라. 그러면 그 '즐겁다'는 신호가 뇌에 전달되어, 연달아 건강한 생리반응이 일어나게 된다. 이것이 우리 몸의 큰 특징이다.
M. H. 테스터

부정적(否定的) 사고(思考)는 신체기관에 공해(公害)와 같은 존재다.

다니엘 G. 에이멘

기분이 우울할 때는 몸을 움직여라. 제임스 아서레이

유아기(幼兒期)의 따뜻한 신체(身體) 접촉은 건강한 성인(成人)으로 성장하는 데 반드시 필요하다. 해리 할로

몸은 머리보다 훨씬 많은 것을 기억한다. 어린 시절에 몸으로 기억한 것은 좀처럼 잊히지 않는 법이다. 무라카미 가즈오

신체기관이 쇠약해지면 가장 먼저 나타나는 증상이 바로 만성(慢性) 피로(疲勞)다. 아보 도오루, 오니키 유타카

잠이 부족하면 틈틈이 보충하라. 낮잠은 심신(心身)의 피로를 풀어준다. 아보 도오루, 오니키 유타카

몸이 원하는 만큼 자는 게 좋다. 주디스 호스트먼

항시 몸을 따뜻하게 하는 것이 보약(補藥)보다 낫다. 남덕

면역력(免疫力)은 몸이 따듯할수록 활성화(活性化)되므로 적당한 운동을 습관화하면 도움이 된다. 아보 도오루, 오니키 유타카

사람의 몸에는 "사용하지 않으면 퇴화(退化)한다."는 대원칙(大原則)이 있다. 다까하시 사치에

젊을 때 100년 쓸 몸을 만들어라. 더 오래 살기 위해서가 아니라 지금 몸으로 100년을 살기 위해서다. 젊은 나이에 삶의 방식(方式)을 바꾸어야 한다.

사람들의 성격(性格)이 서로 서로 다른 것은 몸속에 있는 오장(五臟)이 다른 탓이다.
정현우

분수(分數)를 알아 살아가면 몸에 욕된 일이 없다. 安分身無辱(안분신무욕)
명심보감(明心寶鑑)

마음에 거리낌이 없으면 심신(心身)이 모두 편안하다.

마음을 좋게 먹을수록 몸과 마음이 더욱 편안해질 것이다.　M. H. 테스터

몸과 마음은 깊이 연관되어 있다. 명상은 마음의 불안을 감소시키고, 신체의 면역력을 강화한다. 명상을 하면 고요한 마음 상태에서 평화와 기쁨을 경험할 수 있다.
틱낫한

마음과 몸을 푸근히 여유 있는 기분으로 하는 일은 긴장(緊張)과 혼잡(混雜)의 이 시대에서 가장 필요한 일이다.
단 카스터

마음이 넓으면 몸이 편안하다. 心廣體胖(심광체반)

몸에 물어 편안(便安)한 느낌과 자신감이 들면 뜻대로 시행(施行)하라.

【무관심, 무시, 내버려두다, 소홀】

상황(狀況)을 무시(無視)하는 법을 터득하는 것은 내적(內的) 평화(平和)에 이르는 탁월한 길 중 하나이다.
로버트 소여

현명한 사람이라면 무시하고 넘어가는 일들이 많아야 한다.   에머슨

관련 없거나, 중요하지 않거나, 실행에 옮길 수 없는 모든 정보(情報)와 장애물(障碍物)들을 무시하는 법을 터득하는 건 꼭 필요하다.   티모시 페리스

새로운 아이디어는 무리하게 틀 속에 맞춰 넣을 필요는 없고, 정관(靜觀)하면서 성장하는 그대로 맡겨두는 것이 좋다. 만일 그것이 성장하지 않으면 무시해 버려도 좋다.   E. 레보노

사소한 것들을 실천하라. 그런 다음 조금 더 중요한 일로 옮겨가라. 멀리 있는 것을 목표로 삼되 가까이 있는 것을 무시하지 말라.   에픽테토스

문(門) 하나가 닫히면 이내 다른 문이 열린다는 것은 특별할 것 없는 인생의 규칙이다. 그러나 닫힌 문에 연연하여 열린 문을 소홀(疎忽)히 한다는 것이 인생의 비극이다.   앙드레 지드

근심 걱정은 소홀히 여긴 데서 생긴다.   설원(說苑)

여론(輿論)을 무시(無視)하면 반드시 패(敗)한다.

당신이 어느 날 마주칠 불행은 당신이 소홀히 보낸 지난 시간의 보복이다.   나폴레옹

대화(對話)를 잘하려면 사람을 무시(無視)하는 태도부터 바꾸어야 한다. 무시당하는 말은 바보도 알아듣는다.   이정숙

사람은 열 번 된다. (어떤 경우에도 사람을 무시하지 말라는 뜻)   **속담**

친근감은 무시를 낳으며, 또한 따분함을 낳는다.   B. S. 라즈니쉬

태도가 나쁘다고 상대를 비난하는 것은 무의미하다. 무시당했다고 해서 한탄(恨歎)하는 것만큼 부질없는 일도 없다.   소노 아야코

나쁜 일은 그냥 흘러가게 내버려두라.

살면서 봉착하게 되는 짜증나는 일이나 당신을 모욕하는 사람이 있다면 함부로 화를 내거나, 필요 이상으로 과장되게 행동하지 말고, "그냥 무시하라."   데이비드 시버리

다른 사람들이 어떻게 생각할까 따위의 걱정에서 벗어나라. 사람들은 남의 일에 대해 그다지 관심이 없다.   티모시 페리스

사랑의 반대는 무관심이고, 행복의 반대는 지루함이다.   티모시 페리스

가장 좋은 부부관계는 두 사람 모두 자신에게는 관심(觀心)이 없는 것이라 해도 상대방이 관심을 갖는 것에 함께 관심을 기울여주고 지지(支持)해 주는 관계다.   리처드 템플러

관심을 가져주는 것이 서로 간에 상처(傷處)를 주지 않겠다는 무관심(無關心)보다 낫다.

【무리, 무모, 무의미, 과격】

리더는 결코 무모하거나 충동적인 행동을 피해야 한다.   앨런 액슬로드

무모(無謀)한 일을 하지 않는 것이 지혜(智慧)의 특징이다.   H. D. 도로우

제대로 알지 못한 것들, 무리하는 것들은 꼭 후회로 돌아온다.   이종선

자기 입장에서 일방적(一方的)으로 판단하고 결론을 내리면 문제가 발생할 수 있다.

능력 범위 내의 것을 욕구목적(欲求目的)으로 삼는 것이 중요하다. 무리하고 불합리한 욕구는 삼가야 한다.   C. M. 브리스톨

지나친 욕심(慾心)과 분수(分數)에 넘치는 일을 하게 되면 반드시 화근(禍根)이 오게 됨을 잊지 말라.   김정휴

일단 불가능하다고 판단되면 손을 대지 않는다.   중앙일보 경제문제 연구소

자신이 감당(堪當)할 수 없는 리스크가 있는 일에 모험하지 마라.   장쓰안

한번 예외(例外)를 둔다고 죽지는 않지만, 조금씩 조금씩 삶을 갉아 먹는다.
                                                        로버트 링거

절대로 무의미(無意味)한 모험을 해서는 안 된다.   유태 격언

무리(無理)하게 추진하는 일은 대체로 어긋나는 경우가 더 많다. 우리는 자신이 지닌 능력만큼만 해낼 수 있으며, 해낼 수 없다고 해서 우울(憂鬱)해 할 필요는 없다.   줄수 홀랜드

될 수 없는 것은 시도하지 말아야 한다.   쿠르트 테퍼바인

몸은 쓰지 않으면 금세 좋지 않아지므로 건강에는 조금 무리하는 게 좋다.
                                                        다카하시 사치에

나이가 들수록 과격(過激)한 운동은 피하라.   하루야마 시게오

무리하지 말라. 노년(老年)에는 무엇보다 건강이 중요하니까.　**조지 베일런트**

【무의식, 잠재의식】

일단 목표를 기록(記錄)하고 나면 무의식적(無意識的)으로 두뇌(頭腦)는 목표를 달성하는 쪽으로 움직인다.　**헨리에트 앤 클라우저**

매일 쉬지 않고 목표 하나에만 골몰하면 당신의 염원은 현실적인 것에 일보 일보 가까워질 수가 있다. 자기의 염원(念願)을 끊임없이 되풀이한다는 것은 암시(暗示)를 잠재의식 속에 깊이 심는 방법이다.　**C. M. 브리스톨**

잠재의식(潛在意識)을 활용하는 가장 유효한 방법은 마음속에 영상(映像)을 그리는 일이다.　**C. M. 브리스톨**

욕구(慾求)된 것이 성취(成就)된 모습, 동경(憧憬)하고 있는 입장(立場)에 이미 서 있는 실황(實況)을 마치 현실인 것처럼 이미지(Image)로서 마음의 눈에 그려보아야 한다.　**C. M. 브리스톨**

"나는 부자가 될 것이다."라고 말하지 않고, "나는 부자다."라고 이미 꿈을 이룬 것처럼 계속 긍정적으로 말해야 하는 것은 스스로가 확신(確信)을 가지고 주장할 때 그 말이 잠재의식 속에 자리 잡아 현재(顯在)의 삶이 그렇게 변해 가기 때문이다. 이 법칙은 어느 곳에나 적용된다.　**로버트 A. 러셀**

우리의 습관(習慣)은 무의식에 새겨져 있어서 잠재의식이 바뀌지 않는 한 고쳐지지 않는다.　**리사 리비**

역경(逆境)이나 위기(危機)에 직면했을 때 우리들의 무의식적 행동이 항상 최상(最上)의 것이 된다.　**에머슨**

무의식적인 분노(憤怒)는 현실을 완전히 곡해(曲解)하여 자신(自身)을 망가뜨리고, 본심(本心)의 청아(淸雅)한 빛을 찾지 못하게 한다.   달라이 라마

우리의 의식적(意識的)인 의지(意志)는 무의식 속에서 일어나는 충동(衝動)을 거부(拒否)할 수 있다.   제프리 슈바르츠

사람들은 무의식중에 자신이 이상적(理想的)으로 생각하는 사람에게 이끌린다.   제임스 아서레이

명상(瞑想)은 직관(直觀)이나 잠재의식을 각성(覺醒)시킨다.   란메이(藍梅)

【문제, 난제】

〈1〉

문제(問題)가 일어났을 때 거기에 얼굴을 외면(外面)하지 않고, 확고한 태도로 상대(相對)하는 사람이 결국은 승리(勝利)한다.   E. 휠러

성공(成功)한 사람들은 어려운 문제에 부딪히면 온갖 방법을 가리지 않고 신속하게 대처(對處)하는 자들이다.   리허

우리의 임무(任務)는 명료(明瞭)하다. 남들이 그냥 지나쳐버리는 문제를 해결하는 것이다.   제임스 다이슨

문제란 당신이 최선(最善)을 다할 기회(機會)이다.   듀크 엘링턴

어떤 문제가 생겼을 때 이를 위기(危機)라고 생각하지 않고 인생경험(人生經驗)이라고 보기 시작하면 문제는 사라진다.   존 고든

마음속에 큰일을 계획하고 있더라도 우선은 현실에 닥친 문제를 해결하는 데 충실하라.
주역(周易)

이 세상에 당신이 도저히 참을 수 없는, 인내의 한계를 초월하는 문제는 결코 존재하지 않는다.
마르크스 아우렐리우스

큰 문제를 앞에 두었을 때는 인내심을 갖는 것이 중요하다.
달라이 라마

무슨 일이든 장벽(障壁)에 부딪히면 우선 자신의 생각을 바꿔야 한다. 생각을 자유롭게 바꿀 수 있는 넓은 마음을 가져야 한다.
마쓰시다 고노스케

어떤 난제(難題)에도 대책(對策)은 있다.
단 카스터

문제의 해결은 문제를 명료(明瞭)하게 하여 해결책이 자명(自明)하도록 만드는 것이다.
허버트 사이먼

문제를 경고(警告)해 주는 신호(信號)에서 무언가를 배우지 못한다면, 결국에는 문제가 초래한 결과를 통해 배울 수밖에 없다.
제이 세티

문제해결에 익숙한 사람은 아무리 작은 일이라도 세심한 주의를 기울여서 체크한다. 사실(事實)을 있는 그대로 포착(捕捉)하는 것은 그렇게까지 중요한 것이다.
E. 호오네트

자기 입장에서 일방적(一方的)으로 판단하고 결론을 내리면 문제가 발생할 수 있다.

내일의 문제를 어제의 해법(解法)으로 풀어낼 수는 없다.
마윈(馬雲)

우리 시대(時代)의 문제는 과거 우리가 익숙했던 것과는 전혀 다른 모습으

로 미래가 다가오고 있다는 데 있다. 　　　　　　　　　　　　폴 발레리

어떤 문제에 직접 뛰어들었다고 해서 늘 그 문제가 해결되는 것은 아니다. 그러나 문제에 직접 맞서지 않고서는 절대로 그 문제를 해결할 수 없다.
　　　　　　　　　　　　　　　　　　　　　　　　　제임스 볼드윈

결과는 어떻게 되든 일단은 해보자는 정신이 중요하다. 크고 작은 난제들을 하나씩 해결하며 극복해 가는 데서 향상이 보장된다.　　이소사끼 시로

어떤 일에 부닥쳐서 이 일을 어떻게 하면 되나? 어떻게 하면 되나? 하고 애를 써서 노력하지 않는 사람은 나도 그 사람을 어떻게 할 도리가 없다.
　　　　　　　　　　　　　　　　　　　　　　　　　공자(孔子)

천재를 만드는 것은 문제의 해결책을 끊임없이 생각하는 것이다.　　뉴턴

눈앞에 닥친 문제들을 실천 가능한 것부터 하나하나 해결해 나가는 것이 중요하다. 　　　　　　　　　　　　　　　　　　　　　제인 구달

문제에 당면했을 때 신속한 의사결정을 주저(躊躇)하는 사람은 기업 내에서 결코 높은 지위(地位)에 승진할 수 없는 사람이다.　　H. B. 메이나아드

타인(他人)에게 맡기는 것이 최선인 문제와 스스로 챙겨야 할 문제를 구별(區別)할 줄 알아야 한다. 　　　　　　　　　　　　　　로버트 그린

뛰어난 사람을 고용하라. 그러면 다른 문제는 아무것도 없다. 하지만 뛰어난 사람을 뽑지 못하면 그보다 더 큰 문제는 없다. 　　　　딕 몰리

기업의 성과는 문제(問題)를 해결(解決)함으로써 얻어지는 것이 아니라, 기회(機會)를 개발(開發)함으로써 얻어지는 것이다. 　　　　피터 드러커

성공한 사람은 당면 문제 위주가 아니라 미래 기회 위주이다. **스티븐 코비**

인간이 겪는 대부분의 큰 문제들은 좀 더 작은 문제를 쉽게 다루지 않고 '진실을 따르지 않아' 생기는 것이다. 더욱이 대부분의 사람들은 문제가 저절로 사라질 거라는 엄청난 착각을 하고 있다. **M. 스캇팩**

현재 지니고 있는 문제는 어디를 가나 따라다닌다. **제임스 아서레이**

빈부의 격차가 지나친 것은 문제가 되지만 어느 정도의 불평등은 성장의 동력이 된다. **앵거스 디턴**

문제의식(問題意識)을 갖고 치열(熾烈)하게 일하는 사람들의 노력이 합쳐져 역사(歷史)가 만들어지고 나라의 운명(運命)이 바뀐다. **김태효**

민주제도(民主制度)에서는 단지 훌륭한 지도자(指導者)를 여하히 선택(選擇)하는가 만이 문제이다. **윌리엄 제임스**

〈2〉

우리들이 일생을 어떻게 보내며 살아가야 하는가에 대한 문제의 책임은 전적으로 우리들 각자에게 있으며, 다른 어느 누구도 그 책임을 대신 져주지 않는다. **조슈아 에이브람스**

진정한 삶의 문제는 혼자서 감당할 수밖에 없다. **서광원**

일을 어떻게 처리하면 좋을지 확신이 서지 않을 때 생각하는 시간 여유를 갖다 보면 문제의 핵심을 좀 더 명확하게 파악하게 된다. **잭 그린버그**

곤란(困難)한 문제는 조급히 해결해 버리려고 서두르지 말고, 한 걸음 물러

서서 정관(靜觀)하는 것이 현명한 일이다.　　　　　　　　　C. P. 슈바프

삶의 속도가 느려지면 삶을 더 명확하게 볼 수 있다. 당면(當面)하고 있는 문제는 변하지 않았지만, 그 문제를 보는 우리의 시각(視覺)이 변하는 것이다.
　　　　　　　　　　　　　　　　　　　　　　　　　　조셉 베일리

우리가 생각하는 문제는 문제가 아닌 경우가 대부분이다.　　　루이스 해이

불평불만(不平不滿)은 우리를 억울하고 불쌍한 사람으로 만들 뿐, 문제해결에는 아무런 도움이 되지 않는다.　　　　　　　　　　　　　　　쑤린

화를 내는 것은 문제를 해결하지도 못하고, 자신의 분노를 누그러뜨리지도 못한다.　　　　　　　　　　　　　　　　　　　　　　도리스 매틴

나에게 닥친 인간관계의 문제를 해결할 사람은 오직 나뿐이다.
　　　　　　　　　　　　　　　　　　　　　　　　　　데이비드 시버리

문제가 될 만한 말은 생각 없이 함부로 말하지 말아야 한다.　시경(詩經)

돈이 개입된 문제에는 너무 빨리 대답해선 안 된다.　　　　로버트 링거

복잡(複雜)한 문제를 단번에 푸는 해법은 없다. 하나씩 차근차근 해결해야 한다.　　　　　　　　　　　　　　　　　　　　　　　　레흐 바웬사

복잡한 문제에 언제나 복잡한 해결책이 필요하진 않다.　게르트 기거렌처

복잡한 문제는 단순하게 핵심(核心)만 보아야 한다. 핵심이 보이면 그 핵심을 꿰뚫을 수 있는 원칙(原則) 하나를 수립하라.　　　　　　　　이영직

문제를 해결하는데 납득이 가는 해결방법이 오직 하나밖에 없을 수가 있다. 이런 때는 우물쭈물 망설이지 말고 행동으로 옮길 일이다.　　　E. 호오네트

문제가 생기면 바로 해결하라. 일단 해결하고 나면 다시는 언급(言及)하지 말라.　　　존 맥스웰

사소(些少)한 문제로 괴로워하는 것은 그 사소한 문제를 자신의 내부에서 키우기 때문이다.　　　리처드 칼슨

어떤 문제가 마음속에서 맴돌며 떠나지 않을 때 이를 물리치는 가장 좋은 방법은, 그러한 병적(病的)인 환상(幻想)이 지쳐서 떨어져 나갈 때까지 보통 이상으로 철두철미하게 그 문제를 생각하는 것이다.　　　버트런드 러셀

문제는 잠 속에서 풀어라. (Sleep on the problem.)
〈풀리지 않는 문제는 잠잘 때 품고 자라는 뜻〉

걱정의 원인이 되고 있는 일 이외(以外)의 것에 흥미(興味)를 가질 수 있는 능력은 실로 큰 은혜이다. 그러나 다른 문제에 마음을 돌리지 못하고 걱정거리가 자기 자신을 완전히 지배하게 만드는 사람은 현명하지 못한 행동을 하는 것이며, 따라서 행동(行動)이 필요한 순간이 닥쳤을 때 문제를 제대로 처리하지 못한다.　　　버트런드 러셀

평소(平素) 행복한 감정을 가지고 있을 때 덤으로 딸려오는 부산물(副産物) 중 하나는 골치 아픈 문제들이 저절로 해결된다는 것이다.　　　리처드 칼슨

사람들이 겉으로는 자기를 꽤나 비판하는 듯해도 사실 내적(內的)으로는 자기가 살아가는 방식에 아무 문제가 없으며, 아마도 이 세상에서 자신이 제일 옳으며, 모든 문제는 외부(外部) 세계 탓이요, 다른 사람들의 이기심과 부당함 때문이라고 믿는다.　　　데이비드 호킨스

우리가 직면(直面)한 중대한 문제들은 우리가 그 문제들을 발생시킨 그 당시에 갖고 있던 사고방식을 가지고는 해결할 수 없다.   앨버트 아인슈타인

진화(進化)는 현재의 문제를 풀라고 기억(記憶)을 준 것이다. 기억은 앞으로 일어날 일을 예측하도록 도와준다.   베르너지퍼, 크리스티안 베버

통제(統制)를 할 수 없는 문제에 관해서는 웃으면서 편안하게 받아들이고, 싫더라도 기꺼이 인정해 가며 사는 방법을 배우라.   스티븐 코비

행복한 부부의 상당수는 많은 문제를 '옷장 속'에 감춰둔다.   존 고트먼

삶을 문제로 만들어낸 것은 다름 아닌 바로 그대이다. 별들을 보라, 거기 문제는 없다. 나무들을 보라, 거기 어떤 문제도 없다. 모든 것이 일어나게 내버려두라.

삶이란 해결해야 할 문제가 아니다. 삶은 단지 경험(經驗)되어야 할 신비(神秘)일 뿐이다.   B. S. 라즈니쉬

인생의 문제들에 과도하게 집착할 필요가 없다. 주어진 대로 살면 되는 것이다.   김승호

생각 없이 사는 것도 문제요, 생각에만 빠져 사는 것도 문제다.   조용헌

어떤 문제에 부닥쳐 괴롭더라도 꿋꿋이 참고 견디어내는 것이 바로 행복(幸福)이다.   마르크스 아우렐리우스

문제들을 '그냥 지나가도록' 하는 법을 터득하기만 하면 삶은 순조로워진다.   리처드 칼슨

손 쓸 수 없는 문제로 고민하지 말라.   사이토 히토리

유쾌(愉快)하게 나이 들어갈 수 있고, 건강(健康)하게 살아갈 수만 있다면 – 그 모든 것들은 정말 중요한 문제가 되지 못한다. 그것이 무엇이든.
                                                    로저 로젠블라드

생각만 잘하면 모든 문제가 해결된다.   바바라 버거

【물】

上善如水(상선여수)
〈최고의 선(善)은 물과 같으므로 인간만사(人間萬事) 물 흐르듯 순리(順理)에 따라야 한다는 뜻〉   노자(老子)

물의 상징성(象徵性)
물은 투명(솔직)하고, 낮은 곳으로 흐르며(겸손), 서로 섞인다(친화력).

물은 깊을수록 소리가 없다.   한국 속담

물방울도 오래 떨어지면 돌을 뚫는다. 水滴石穿(수적석천)

물과 아이는 트는 대로 간다.   한국 속담

물은 건너보아야 알고, 사람은 지내보아야 안다.   한국 속담

엎질러진 물은 거두어 담을 수 없고, 흘러간 구름은 되찾기 어렵다.
覆水不可收, 行雲難重尋(복수불가수, 행운난중심)   이백(李白)

같은 강물에 두 번 발을 담글 수 없다. 　　　　　　　　　헤라클레이토스

장강의 뒷 물결이 앞 물결을 밀어낸다. 長江後浪推前浪(장강후랑추전랑)
　　　　　　　　　　　　　　　　　　　　　　　　　　　　중국 속담

물이 불보다 무섭다. 　　　　　　　　　　　　　　　　　　한국 속담

밀물은 썰물로 바뀌게 마련이다. 　　　　　　　　　　　　영국 속담

고달픈 인생을 행복하게 만들기 위해서는 사소한 것에 연연하지 말고 인생을 물 흐르듯이 살아가라. 　　　　　　　　　　　　　　리처드 칼슨

항상 바른길을 가고, 바르게 생각하고, 바르게 행동한다면 당신은 마치 고요하게 흘러가는 강물처럼 조용하고 행복하게 일생을 마칠 수 있을 것이다.
　　　　　　　　　　　　　　　　　　　　　　　마르크스 아우렐리우스

【미련, 연연】

하나를 선택(選擇)하면 미련(未練)을 두지 말고 나머지 것을 과감(果敢)하게 버릴 줄 알아야 한다. 　　　　　　　　　　　　　　　　　　지광

미련은 짧게, 단념은 빨리 　　　　　　　　　　　　　　　　　탈무드

문(門) 하나가 닫히면 이내 다른 문이 열린다는 것은 특별할 것 없는 인생의 규칙이다. 그러나 닫힌 문에 연연(戀戀)하여 열린 문을 소홀히 한다는 것이 인생의 비극이다. 　　　　　　　　　　　　　　　　　앙드레 지드

살아가면서 자꾸 과거를 돌아보지 마라. 그게 후회로 가득해서는 더더욱

안 된다. 　　　　　　　　　　　　　　　　　　　　청샤오거

더 이상 어쩔 수 없는 일을 놓고 애석(哀惜)해하면서 삶의 소중한 순간을 낭비하지 말자. 　　　　　　　　　　　　　　　　　리처드 칼슨

포기를 한 것에는 어떤 미련도 갖지 마라. 깨끗하게 단념하라. 보도 새퍼

과거에 연연하지 않는다. 과거는 바꿀 수 없기 때문이다. 대신 매일(每日)을 최고의 작품(作品)으로 만든다. 　　　　　　　　　　　　조슈아 우든

가장 성공적인 삶은 가장 잘 죽는 것이다. 보람 있는 삶을 살거나 섭리(攝理)와 순리(順理)를 깨치면 편안(便安)한 마음과 모습으로 잘 죽을 수 있다. 사람은 어떻게 살든지 간에 죽을 때에는 절대로 원한이나 미련 없이 편안하게 잘 죽어야 그 사람의 영혼이 좋은 곳으로 갈 수가 있게 되고, 영혼이 좋은 곳으로 잘 들어가야 그 자신과 가족 또는 자손들에게 오래도록 좋게 된다. 　　　　　　　　　　　　　　　　　　　　　　손회장

벚꽃은 어떻게 아무 미련 없이 떠날 수 있을까? 아마도 그건 살아 있는 동안, 최선을 다해 열심히 살았기 때문이리라. 　　　　　오즈 슈이치

사소한 것에 연연하지 말라. 　　　　　　　　　　　　　　리처드 칼슨

【미루다】

해야 할 일은 특별한 시간을 만들어서라도 행해야지, 그렇지 않으면 늘 다른 일이 있어 미루게 된다. 　　　　　　　　　　　　달라이 라마

다음으로 미루면 무슨 일이든지 미루는 나쁜 버릇이 생긴다. 　　법정

세상만사(世上萬事) 무슨 일이든 할 수 있을 때에 가장 빠른 시기에 실행하는 것이 현명하다.

무슨 일이든 너무 오랫동안 미루지 마라.

기왕에 할 일이라면 빨리 해치워야 좋다.   섹스피어

생각날 때 즉시 하라!

일은 당겨서 하고 먹는 것은 미루어서 먹어라.   한국 격언

일이란 밀려서 되는 경우가 많다.   최창조

모든 일에는 나름대로 때가 있다.   몽테뉴

모든 일을 다 마칠 때까지 삶을 즐기는 것을 미루는 대신 살아가는 과정(過程) 그 자체(自體)를 즐겨라.   리처드 칼슨

【미움, 시기, 원한, 저주, 증오, 질투, 혐오】

사람들은 서로 가까운 사이일수록 더 미워하기 쉽다.   오츠 슈이치

욕망이 같으면 서로 미워하게 되고, 근심하는 바가 같으면 서로 가까워진다. 同欲者相憎, 同憂者相親(동욕자상증, 동우자상친)   전국책(戰國策)

소용(所用)이 없는 자를 미워하고, 소용이 있는 자를 사랑하는 것이 인지상정(人之常情)이다.   강본융삼(岡本隆三)

공사(公事)에 밉거나 곱거나 사정(私情)을 앞세우면 안 된다.   한비자

어떤 사회에나 인품이 낮은 인간이 있는 법이다. 그러한 소인(小人)에 대해서도 특별히 혐오감(嫌惡感)을 나타내는 것 같은 시늉은 하지 말고, 일정한 거리를 두고 적당히 교제해 나가면 좋다.   송명신언행록(宋名臣言行錄)

하찮은 사람에게도 원한(怨恨)을 사지 말라.   춘추좌씨전(春秋左氏傳)

상대편이 두고두고 괘씸해 할 말은 위험하다.   이정숙

미움은 미움 받는 사람보다 그를 미워하는 사람에게 더 큰 해악(害惡)을 끼친다.   쑛쑛

누군가를 미워하거나 저주하는 일은 자신을 미워하고 저주하는 일이 된다. 누군가를 사랑하는 일은 자기 자신을 사랑하는 일이 된다.   사토 도미오

Curses 'like chickens' come home to roost.
〈저주(詛呪)는 '새 새끼처럼' 둥지로 돌아온다.: 남 잡이가 제 잡이〉   속담

나와 맞지 않는 사람에게는 미움을 받고 빨리 떨어져 나가도록 만드는 편이 좋다.   고코로야 진노스케

지난 일에 대한 후회와 자책(自責), 분노(忿怒)와 증오(憎惡)는 해로울 뿐만 아니라 사람을 한없이 파괴시킨다. 우리에게 남겨진 과거의 유일한 용도(用途)는 그것을 통해서 무언가를 배울 수 있다는 것이다.   M. H. 테스터

성공한 사람은 모두가 다 그럴 만한 노력(努力)을 했기 때문에 그 사람의 성공이 있게 된 것이다. 불평(不平), 질투(嫉妬), 시기(猜忌)보다는 노력하는 쪽을 택하라.   클레어 채

남을 증오하고 비난하며 보내기에는 우리에게 남아 있는 시간이 너무나도 아깝고 소중하다. 　　　　　　　　　　　　　　　　　　　　　　　잭 콘필드

이해(理解)하면 용서(容恕)하는 마음이 저절로 일어난다. 　　　데이비드 호킨스

사이가 안 좋은 사람에게 먼저 호의(好意)를 베풀라. 　　　　조셉 텔루슈킨

미운 사람을 용서함으로써 스스로를 자유(自由)롭게 만들어야 한다.
　　　　　　　　　　　　　　　　　　　　　　　　　　　　　로스웰

【민감, 둔감, 예민함】

사람들은 매우 상처(傷處)받기 쉽고 내적(內的)으로 민감(敏感)하다. 이 점은 나이나 경험에 별 상관이 없는 것 같다. 　　　　　　　　스티븐 코비

우리는 자신의 행위를 이성(理性)과 사고(思考)를 통해 다스린다고 믿고 싶어 하지만, 실제로는 그때그때 느끼는 감정(感情; emotion)이 우리 행동을 좌지우지하는 경우가 많다. 　　　　　　　　　　　　　　　　로버트 그린

느낌(감정)은 사실(事實)이 아니다.

높은 민감성을 가진 사람들은 자기를 즐겁게 하기 위해 타인에게 의존할 필요가 없으므로 혼자 있는 시간이 유익하다고 생각하며, 충분한 자유를 누리며 살아갈 수 있다. 　　　　　　　　　　　　　　　　　일자 샌드

민감한 성향(性向)은 결함(缺陷)이 아니다. 그것은 오히려 당신의 인격(人格)을 풍성(豊盛)하게 만들어주는 특성(特性)이다. 　　　　　　　일자 샌드

때를 기다리는 것은 중요하다. 그러나 변화의 징조(徵兆)와 신호(信號)에 민감하게 반응하고 대비하는 사람과 손 놓고 시간을 보내다가 때가 되면 적당한 방편(方便)을 취하는 사람은 차이가 확연하다. 　　　　　임선영

민감하거나 날카로운 것만이 재능은 아니다. 사소한 일에 흔들리지 않는 둔감함이야말로 살아가는 데 힘이 되는 중요한 재능이다. 　　와타나베 준이치

세상을 사는 데에 지나치게 결벽(潔癖)해서는 안 된다. 　　　　　채근담

사소한 문제로 괴로워하는 것은 그 사소한 문제를 자신의 내부에서 키우기 때문이다. 　　　　　리처드 칼슨

사소한 것에 골치 썩이지 말자. 　　　　　리처드 칼슨

둔감(鈍感)한 사람이 예민(銳敏)한 사람보다 더 느긋하고 여우로우며 건강(健康)한 삶을 누릴 수 있다. 　　　　　와타나베 준이치

다른 이에게 친근하고 따뜻한 감정을 갖게 되면 저절로 마음이 느긋해진다.

둔감력은 두 사람의 관계를 지탱해 주는 큰 힘이다. 　　와타나베 준이치

매사(每事)에 예민하고 자기가 정해 놓은 틀에서 벗어나려 하지 않는 사람은 좀처럼 변하지 못한다. 　　　　　와타나베 준이치

마음이 조급할 때는 별것 아닌 일이 쉽게 큰일로 부풀려진다.
　　　　　리처드 칼슨

무슨 일이든지 가장 좋은 뜻으로 해석하고, 반감(反感)을 극복하는 것이 정신적인 건강에 도움이 된다. 　　　　　노먼 V. 피일

우연히 떠오르는 부정적(否定的)인 생각 때문에 고민하거나 너무 심각하게 받아들일 필요가 없다.
리처드 칼슨

민감한 신경시스템을 가지고 있는 사람은 최악의 상황이 일어났을 때 받을 충격을 줄이기 위해 미리 시나리오를 생각하고 대비(對備)하는 게 현명하다.
일자 샌드

걱정과 안달과 짜증은 목적달성에 이바지하지 못하는 감정이다.
버트런드 러셀

언제나 유장(悠長)한 태도로 일에 열중하는 자세가 중요하다.
도로디 카아네기

꿈이 크면 클수록 오랜 시간이 걸리므로 둔감력(鈍感力)이 더 많이 필요하다.
우에니시 아키라

정말 의연(毅然)한 사람은 남이 나를 칭찬하거나 비난하는 말에 일일이 신경 쓰지 않는다.
라로슈푸코

행복(幸福)해지려면 다른 사람을 지나치게 의식(意識)하지 말라.
알베르 카뮈

편안(便安)한 마음이 진정한 재산(財産)이다.
웨인 다이어

【민주사회, 민주제도, 민주주의】

민주주의(民主主義)의 기본 신조(信條)는 인간의 존엄성(尊嚴性)에 있다.

민주주의는 지성(知性)과 교양(敎養)에 최대의 가치(價値)를 두고 있다.
로버어트 J. 해비거어스트

민주주의를 성공시키는 두 가지 요소(要素)는 첫째, 대중(大衆)이 자기 대표를 선정(選定)할 수 있는 지적(知的) 수준(水準)을 가져야 하고 둘째, 사회 안정(安定) 세력(勢力)인 중류계급(中流階級)이 튼튼해야 한다. 존 듀이

민주주의는 서서히 움직인다. 그 이유 중의 하나는 민주적 지도자는 그의 그룹보다 월등하게 우월(優越)하지 않기 때문이다. 죠지 M. 베어

민주제도(民主制度)에서는 단지 훌륭한 지도자(指導者)를 여하히 선택하는가만이 문제이다. 윌리암 제임스

민주주의에 있어서는 누구나 자기의 견해(見解)를 표현할 수 있는 권리(權利)를 가지고 있다는 사실은, 그것을 실천할 동등(同等)의 책임(責任)을 가지고 있다고 하는 필연적(必然的)인 사실을 동반하고 있다. 죠지 M 베어

민주주의는 기회(機會)의 균등(均等)으로 실현(實現)된다.

절충(折衷)과 타협(妥協)을 전제로 한 의사결정 방법에 지나지 않는 다수결원리(多數決原理)는 민주주의를 실현하는 수단일 뿐 그 자체가 민주주의의 본질(本質)은 아니므로, 다수결이 악용(惡用)되는 경우 주권자(主權者)인 국민에게는 1인 독재보다 더 위험하게 변질(變質)될 수도 있다. 허영

중요한 의사결정에 소수(少數)의 반대의사(反對意思)를 배제(排除)해서는 안된다. 항상 건설적으로 수용(受容)할 줄도 알아야 한다. 피터 드러커

민주사회에서 가장 중요한 덕목은 타협(妥協)이다. 안병욱(安秉煜)

민주주의의 힘은 대화(對話)를 통해서 나온다. 　　　　　　　**강원룡(姜元龍)**

민주주의는 수단(手段) 내지 절차(節次)의 존중(尊重)이지 목적(目的)만을 제일의(第一義)로 하는 것이 아니다. 　　　　　　　**헌법재판소 결정문 중**

모든 성공적인 민주주의는 성문화(成文化)되지 않은 규범(規範)과 사회적 양식(良識)에 의존한다. 　　　　　　　**윤평중**

민주주의는 나쁘지만 다른 체제(體制)는 더 나쁘다. 　　　　　　　**윈스턴 처칠**

자본주의에 대한 두려움은 사회주의로 하여금 자유(自由)의 영역을 확충하도록 만들고 있으며, 사회주의에 대한 두려움은 자본주의로 하여금 평등(平等)의 조건들을 확대시키도록 만들고 있다. 　　　　　　　**W. J. 듀란트**

부자(富者)들이 계속 욕심을 부리면 자본주의와 민주주의는 망한다.
　　　　　　　빌 게이츠 시니어

민주주의는 근본적으로 위인(偉人)을 경원(敬遠)할 가능성이 많다. 　**톡크빌**

보는 사람이 없는 곳에서도 법을 지키는 성숙(成熟)된 사회가 민주사회다. 민주사회의 시민(市民)은 지배주체(支配主體)로 격상(格上)하기 위해 부단한 각성과 노력이 필요하다. 　　　　　　　**한승헌(韓勝憲)**

【믿음, 신뢰, 신용, 신의, 확신】

인생을 살맛나게 해주는 건 꿈이 실현되리라고 믿는 것이다.
　　　　　　　파울로 코엘료

믿는 일이 운명(運命)을 만든다.　　　　　　　　　　　C. M. 브리스톨

자신의 직관(直觀)을 믿어라.　　　　　　　　　　　　잭 캔필드

직관력을 단련하다 보면 내적확신(內的確信)이 당신을 인도(引導)하게 되는 시기가 온다. 인생전반(人生全般)에 걸쳐 그렇다.　　　쿠르트 테퍼바인

살다 보면 인생의 찬란한 태양이 떠오를 때가 있다. 그런데 이것도 포기하지 않는 사람에게 온다. 그러니 모든 일은 잘될 거라는 믿음을 버리면 안 된다. 희망을 가지라.　　　　　　　　　　　　　　　　보경

성공(成功)을 위해서는 가능성(可能性)에 대한 믿음이 중요하다.

무슨 일이든 할 수 있다고 생각하는 사람이 해내는 법이다. 의심하면 의심하는 만큼 밖에는 못 하고, 할 수 없다고 생각하면 할 수 없는 것이다.
　　　　　　　　　　　　　　　　　　　　　　　　　정주영

진심으로 그 사실(事實)을 확신(確信)하는 사람들이 간혹 실제로 행운(幸運)을 잡는 경우를 여러 번 보았다.　　　　　　　　　브라이언 오마호니

가진다고 믿어라. 그러면 가지게 된다.　　　　　　　　라틴 격언

무언가를 하려고 할 때 '이건 쉬운 일이다. 나는 할 수 있다.'라고 생각하라.
　　　　　　　　　　　　　　　　　　　　　　　　　에밀 쿠에

만일 당신이 실패하기를 원한다면 처음 시작할 때부터 실패할 것이라고 믿으면 틀림없이 실패한다.　　　　　　　　　　　로버트 헬러

우리는 항상 믿는 대로 행동한다.　　　　　　　　알렉산더 로이드

인간관계(人間關係)에서 가장 중요한 요소는 바로 신뢰(信賴)다.　　**존 맥스웰**

상부(上部)가 자기를 절대 신뢰할 만한 인물(人物)로 예상하고 있다고 깨닫는 사람은 대개 그 신뢰를 배반(背反)하려고 하지 않는다.　　**C. A. 세라미**

신뢰성은 성실성(誠實性)보다 훨씬 더 중요하다.　　**스티븐 코비**

男兒一言重千金(남아일언중천금)
〈남자의 말 한마디는 신의가 있어야 한다는 뜻〉

신뢰를 쌓는 가장 좋은 방법은 일관성(一貫性) 있는 말과 행동이다.　**이영직**

똑같은 원칙(原則)들을 가지고 모든 사람들을 대하라. 당신이 그렇게 하면 사람들은 당신을 신뢰할 것이다.　　**스티븐 코비**

사람은 신용(信用)하되, 사람의 행위(行爲)는 신용하지 마라.

믿되 검증하라. (Trust but verify.)　　**로널드 레이건**

신용의 제일보(第一步)는 '약속을 지키는 일'이다.　　**구영한(邱永漢)**

인간에게 가장 큰 욕구는 타인으로부터 이해받고, 인정받고, 신뢰받고, 존경받는 것을 의미하는 심리적 욕구이다.　　**스티븐 코비**

부모가 자식의 문제를 진심으로 함께 걱정하고, 또 자녀를 한 사람의 인격체(人格體)로 대한다는 사실을 자녀가 알게 되면, 부모 자식 간에는 강력한 사랑과 신뢰가 형성된다.　　**스티븐 코비**

삶의 가장 큰 행복은 우리 자신이 사랑받고 있다는 믿음으로부터 온다.

빅토르 위고

얼핏 시시껄렁해 보이는 대화(對話)들은 관계(關係)의 신뢰와 응집력(凝集力)을 더욱 깊게 만들어준다.   **에카르트 폰 히르슈하우젠**

대부분의 여성들은 신뢰하는 사람에게는 자신의 감정(感情)을 스스럼없이 토로한다. 이에 반해 남성들은 자신의 감정을 쉽게 열어 보이지 않는다.
       도리스 매틴

조직(組織)이란 상호(相互)의 신뢰를 바탕으로 해야 한다. 우리 각자가 동료로서 또 한 인간으로서 지켜야 할 불문율(不文律)을 지킬 때 신뢰는 형성되는 것이며, 상호 이해(理解)에 바탕을 둘 때 가능하다.   **피터 드러커**

지도자의 자질 중 가장 중요한 것은 국민들의 신뢰를 얻는 일이다.
       리콴유

국가 영도력(領導力)은 국민의 신뢰를 바탕으로 형성되는 것이며, 국민의 신뢰는 바로 진실(眞實)에서 생기는 것이다.   **한국대학 총장 협회**

그들에게 확신을 주기 위해서는 먼저 당신이 믿어야 한다.   **윈스턴 처칠**

지도자가 신망(信望)을 잃으면 추종자(追從者)가 없게 된다. 신뢰란 말에 대한 확신이고 성실, 정직함에 대한 믿음이다.   **피터 드러커**

믿음을 얻지 못하면 정권(政權)이 존속할 수 없다.   **공자(孔子)**

리더에 대한 신뢰는 '결과(結果)가 있는 결정(決定)'에서 나온다.   **서광원**

권력은 옳다고 확신하는 일을 관철(貫徹)해 내는 것에서 생겨난다. **메르켈**

신뢰는 그것이 만들어지기까지는 매우 어려운 고난을 겪어야 하지만 사라질 때는 너무도 쉽게 허물어진다.   브하그완 쉬리 라즈니쉬

한번 금간 신뢰를 다시 회복하는 것은 굉장히 어렵다.   데이비드 립튼

'고객신뢰'가 기업의 가장 큰 자산(資産)이다.   거스너

사람은 자기가 믿고 싶은 것을 믿는다.   V. 하워드

나는 내가 확실하게 알지 못하는 사실에 대해서는 남들에게 퍼뜨리지 않을 것이고, 내가 확신하지 못하는 것을 가지고 남을 비난하거나 경멸하는 어조의 말을 하지 않을 것이다.   틱낫한

정보의 양이 급속히 증가하면 그 현상에 대한 맹목성(盲目性)이 확산된다.
    하이데커

흔들리면 믿음이 아니다.

신뢰를 동반한 암시(暗示)는 강인한 힘을 지닌다.   A. L. 패리스

무언가를 성취(成就)한 사람들은 하나같이 "어떻게 해내야 하는지"는 몰랐다. 단지 "해낼 것"이라는 점만 믿었다.   밥 프록터

믿음을 가지고 인내하면 언젠가는 바라는 것을 이룰 수 있다.   모하메드

최악의 상태라도 인간은 희망을 잃어버리면 안 된다. 나쁜 일이 좋은 일에 연결되는 일도 있을 수 있음을 믿지 아니하면 안 된다.   아키바

한계(限界)는 마음에서 나온다. 스스로 할 수 있다고 100퍼센트 믿는다면

그것을 할 수 있다. 　　　　　　　　　　　　　　아널드 슈워제네거

원하는 것을 얻을 수 있다고 믿어라. 그것이 합리적인 것이기만 하면 반드시 얻게 된다. 　　　　　　　　　　　　　　에밀 쿠에

권위주의(權威主義)와 자존심(自尊心)은 남들이 알아주고, 인정해 주고, 굽실거리기를 바라는 마음인 반면, 권위와 자존감(自尊感)은 스스로에 대한 확신과 자부심으로 인해 자연스럽게 타인으로부터 존중을 얻는다. 　노정태

차분하고 맑은 정신으로 확신을 느낄 수 있는 결정이 좋은 것이다.
　　　　　　　　　　　　　　　　　　　　　　　　　　조셉 베일리

가능성을 믿어야 노력할 수 있고 진보(進步)할 수 있다. 　이나모리 가즈오

어떤 것이 가능하다고 믿지 않으면 그것을 실현할 수 없다. 　사나야 로만

우리가 할 수 있다는 것을 믿는 순간, 우리는 정말로 할 수 있다.
　　　　　　　　　　　　　　　　　　　　　　　　　　조 비테일

ㅂ
(비읍)

【바보, 멍청이, 무식, 무지, 미련, 어리석음, 어수룩함, 우매, 우직】

인생은 한 권의 책과 같다. 어리석은 이는 그것을 마구 넘겨버리지만, 현명한 사람은 열심히 읽는다. 단 한 번밖에 읽지 못한다는 것을 알고 있기 때문이다. 상 파울

이미 어리석은 일을 다 끝내놓고 난 다음에 현명해진다고 해서 무엇 하겠는가? 그러한 지혜는 아무 쓸모도 없다. B. S. 라즈니쉬

어리석은 사람은 이미 발생한 일도 모르고, 현명한 사람은 아직 발생하지 않은 미래까지 내다본다.
愚者暗于成事, 智者見于未明(우자암우성사, 지자견우미명) 사마천(司馬遷)

우매(愚昧)한 자의 귀에는 현인의 말도 어리석게 들린다. 에우리피데스

우물 가운데 있는 개구리는 바다를 말해도 알지 못한다.
井中之蛙 不知大海(정중지와 부지대해)

대중(大衆)의 지혜는 순식간에 어리석음으로 변할 수 있다.

니컬러스 크리스태키스

말을 너무 많이 하지 말고, 남의 말을 가로막지 말라. 누군가 어리석게 말한다 해도 네가 그의 행동에 책임질 필요가 없다면 내버려두어라.
헨리 데이비드 소로

대화(對話)를 잘하려면 사람을 무시(無視)하는 태도부터 바꾸어야 한다. 무시당하는 말은 바보도 알아듣는다.
이정숙

모든 사람은 무식하다. 다만 무식한 분야(分野)가 다를 뿐이다. 윌 로저스

겉모습만으로 사람을 평가하는 것만큼 어리석은 일은 없다. 세르반테스

백 가지에 부지런하면 복(福)은 손바닥 안에 있다. 남에게 좋은 일을 하는 것도 부지런한 사람이 한다. 그러나 부지런함엔 반드시 지혜가 따라야지 어리석게 부지런하면 몸만 고달프다.
법전

인생은 고달프다. 멍청하면 인생은 더 고달파진다.
(Life is tough. It's tougher, if you are stupid.)
속담

무지하면 당한다.
리 아이젠버그

무지(無知)의 응보(應報)는 반드시 있다.

무모(無謀)한 일을 하지 않는 것이 지혜의 특징이다. H. D. 도로우

지혜로운 사람은 세상(世上)에 자기(自己)를 잘 맞추는 사람이고, 어리석은 사람은 세상을 자기에게 맞추려고 하는 사람이다.
신영복

책은 약과 같다. 잘 읽으면 어리석음을 고칠 수 있다.
書猶藥也, 善讀之可以醫愚(서유약야, 선독지가이의우) 　　　　　　설원(說苑)

화가 난다고 나중에 해가 되는 어리석은 행동(行動)을 하지 않는 것이 효율적(效率的)으로 행동하는 것이다. 　　　　　　쉐리 반 디크

갈등(葛藤)을 통해서 얻을 수 있는 것은 별로 없다. 정면충돌(正面衝突)은 어리석은 일이다. 　　　　　　톰 피터스

노여움은 어리석음에서 시작되어 후회로 끝난다. 　　　　　　독일 속담

아무리 어리석은 여자라도 현명(賢明)한 남자를 다룰 수가 있다. 그러나 어리석은 사내를 다루려면 매우 현명한 여자가 필요하다. 　　　　　　키플링

웃음을 아끼는 것만큼 손해 보는 일이 없고, 울음을 참는 것만큼 어리석은 일이 없다. 　　　　　　지원

지나간 일을 후회하면서 괴로워하는 사람은 어제를 잃어버리는 동시에 오늘도 잃어버리는 어리석음을 범하는 것이다.

실수하는 게 인간이다. 그러나 실수를 인정하지 않으면 바보다. 　　키케로

정보(情報)가 많다고 해서 무조건 좋은 것은 아니다. 모르는 게 약(藥)이 될 수 있다. 　　　　　　마츠우라 에이코

갈망(渴望)하라. 여전히 우직(愚直)하게. (Stay Hungry, Stay Foolish.)
　　　　　　스티브 잡스

성공 조건의 하나는 약간 어수룩한 데 있다. 　　　　　　이태리 속담

미련한 사람은 먼 곳에서 행복을 찾고, 현명한 사람은 바로 자기 발밑에서 행복을 키운다. **박상철**

행복의 90%는 오직 건강(健康)에 달려 있다. 따라서 수입, 지식, 명예, 승진 등 다른 것을 위해 건강을 희생하는 것은 가장 바보스러운 짓이다. 이 모든 것은 항상 건강 뒤에 놓여야 한다. **쇼펜하우어**

어제의 나는 바보였다. 중요한 것은 오늘이다. **오마타 간타**

똑똑한 자는 생각을 바꾸지만 어리석은 자는 그렇게 못한다. **스페인 속담**

【반대, 반발, 반작용】

중요한 의사결정에 소수(少數)의 반대의사(反對意思)를 배제(排除)해서는 안 된다. 항상 건설적으로 수용(受容)할 줄도 알아야 한다. **피터 드러커**

반대하고 비판(批判)하는 부하(部下)를 두어라. **한비자(韓非子)**

당신이 동의(同意)하지 않는 견해(見解)에도 귀 기울여라. **조셉 텔루슈킨**

지도자가 민심(民心)을 바로 읽지 못하면 국민은 지도자에게 등을 돌릴 것이다. **김수환(金壽煥)**

악인(惡因)을 이미 만들어놓고 선과(善果)를 기대할 수 없다. **조용헌**

혁명적 폭력(暴力)은 폭력적 반동(反動)을 초래한다. **아놀드 토인비**

모든 작용에는 반작용(反作用)이 따른다. **세예드 호세인나스르**

사물(事物)에는 반드시 양면(兩面)이 있다. 　　　　　　　카미코 타다시(神子侃)

부자(富者)가 되고 싶다면 가난(家難)을 생각하지 말아야 한다. 반대되는 것을 생각함으로써 원하는 것을 얻을 수는 없다. 　　　　　월러스 D. 워틀스

어느 한 부분이 지나치게 과대(過大)해지면 그 반대편에서 반발(反撥)이 생겨나기 마련이다. 　　　　　　　　　　　　　　　　　　W. J. 듀란트

무슨 일이든 극(極)에 달하면 반드시 반전(反轉)을 맞는다.
물극필반(物極必反) 　　　　　　　　　　　　　　　　　　주역(周易)

여러 가지 상반(相反)된 경험을 거치며 삶을 살아보지 못한 사람은 삶을 별로 깊이 이해하지 못한다. 　　　　　　　　　　　　바그완 슈리 라즈니시

【반복, 되풀이】

성공(成功)은 날이면 날마다 반복된 자그마한 노력들의 총합(總合)이다.
　　　　　　　　　　　　　　　　　　　　　　　　　　　로버트 콜리어

반복(反復)은 습관(習慣)을 낳는다.

지금의 우리는 반복적인 행동의 결과물이다. 따라서 탁월(卓越)함은 행동이 아니라 습관이다. 　　　　　　　　　　　　　　　　　　　탈벤 샤하르

새로운 습관을 형성하기 위해서는 21일 이상 반복적으로 실행해야 한다.
　　　　　　　　　　　　　　　　　　　　　　　　　　브라이언 트레이시

원하는 것을 결정하고 글로 적은 뒤, 반복해서 계속 보라. 그러고는 매일

매일 그 목표들을 향해 더 가까이 나아가게 해줄 무언가를 해라.
잭 캔필드

자신이 원하는 것을 반복해서 생각하는 것은 엄청난 위력(偉力)을 발휘한다. 그 생각은 명확해야 하며, 동요되지 않아야 한다.
사나야 로만, 듀엔 패커

무언가를 제대로 이해하려면 대개 반복이 필요하다.
에카르트 폰 히르슈하우젠

배우기 위해서 반복은 필수적이다. 브라이언 트레이시

말똥도 세 번 굴러야 제자리 선다.
〈무슨 일이나 여러 번 해봐야 자리가 잡힌다는 뜻〉 한국 속담

다듬고 또 다듬어라. 어니스트 헤밍웨이

한 번 자르기 위해 두 번을 재라. 목수(木手)의 규칙(規則)

누구나 단순(單純)한 반복 작업을 싫어하여 안 하게 되지만, 쌓이면서 성과(成果)가 보이는 일은 계속하게 된다. 오오하시 에츠오

성공하는 사람은 좋은 습관(확고한 루틴)의 반복을 통해 성장하고 변화하고 정상에 선다.
보도 새퍼

소리는 그 자체로 힘을 가지고 있어서 반복해서 어떤 소리를 내면 효과가 있다. "말이 씨가 된다."는 속담이 바로 이것이다. 조용헌

어떤 일에 실패했을 때는 반드시 교훈(敎訓)을 얻어야 한다. 교훈을 얻지

못하면 실패는 교훈을 얻을 때까지 반복된다. 장쓰안

한번 있었던 일은 또 일어날 수 있다. 톰 피터스

한번 일어난 일은 다시는 일어나지 않을 수도 있으나, 두 번 일어난 일은 반드시 다시 일어난다.

인간은 마치 고장 난 축음기판이나 마찬가지로 같은 줄을 자꾸만 되풀이한다. 바그완 슈리 라즈니시

같은 말을 반복해서 듣는 것보다 더 지루한 일은 없다. 조금 부족하다고 생각할 때 말을 멈춰라. 이정숙

진정한 지혜(智慧)는 실수를 하지 않는 것이 아니라, 같은 실수를 되풀이하지 않는 방법을 터득하는 것이다. 리처드 템플러

역사(歷史)를 모르는 민족은 역사를 되풀이할 운명(運命)에 있다. 산타나야

역사의 실패를 극복(克服)하는 한, 역사는 반복되지 않는다. 김순덕

모든 것을 남의 탓으로 돌리고 사는 한 잘못은 개선되지 않고 계속 반복된다. 지광

삶이 꿈과 멀어질수록 지루하고 똑같은 일상(日常)의 반복으로 전락(轉落)하고 만다. 마이클 린버그

인생에서 상승(上昇)과 하강(下降)은 반복된다. 제임스 아서레이

계속 반복해서 끈질기게 노력하라. 밴 크로치

【반성, 뉘우침, 돌아보다, 사과, 성찰, 자책, 참회, 후회, 회개, 회한】

〈1〉

삶은 너무 짧다. 그래서 하고 싶은 일이 있으면 지체(遲滯)하지 말고 곧바로 실천해야 한다. 그렇지 않으면 나이 먹어 후회한다.   헨리 데이비드 소로

20년 뒤를 상상해 보라. 당신은 지금 한 일보다 하지 않은 일을 더 후회(後悔)하고 있을 것이다.   마크 트웨인

죽음의 순간에 우리를 후회하게 만드는 것은 우리가 잘못한 일이 아니라 우리가 하지 못한 일이다.   랜디 포시

봄에 씨를 뿌리지 않으면 가을에 후회한다.
春不耕種秋後悔(춘불경종추후회)   주자(朱子)

우리의 생각이 과거에 머물고 부정적(否定的)일 때 후회라 하고, 긍정적(肯定的)일 때 추억이라고 한다. 우리의 생각이 미래에 머물고 부정적일 때를 걱정이라 하고, 긍정적일 때를 희망이라고 한다.

즐거운 추억에 잠길 수 있다면 돈이 없어도, 혼자 있어도 인생의 마지막 장(場)을 충실하게 보낼 수 있다. 따라서 인생은 즐거운 추억을 만드는 일이라고도 할 수 있다. 그러나 현재를 긍정적, 낙천적으로 살아가지 않으면 즐거운 추억을 만들 수 없다. 현재에 충실하면서 즐거운 추억을 회상할 수 있는 삶이 되도록 노력하는 것이 좋다. 또한 절대 후회는 하지 말아야 한다. 후회하지 않고 추억을 회상하는 삶을 살자.   사토 도미오

그 누구도 결코 완벽할 수 없다. 지나간 일을 바라보며 자신을 책망하지

말고 다시 일어나 새롭게 시작하라. 자책(自責)은 부질없는 짓이다.
리처드 템플러

일생을 통해 하등 도움이 안 되는 감정이 두 가지가 있다. 이미 일어난 일에 대한 자책감과 아직 일어나지 않은 일에 대한 섣부른 걱정이 바로 그것이다.
웨인 다이어

인생에서 전반(前半)의 삶은 두려워하지 말아야 하고, 후반의 삶은 후회하지 말아야 한다.
위단(于丹)

"결혼을 하는 편이 좋은가, 하지 않는 편이 좋은가" 묻는다면 나는 어느 편이나 후회할 것이라고 대답하겠다.
소크라테스

살아가면서 자꾸 과거를 돌아보지 마라. 그게 후회로 가득해서는 더더욱 안 된다.
청샤오거

가족에게 친절하지 않으면 떨어진 뒤에 후회한다.
주자(朱子)

효도하지 않으면 부모님이 돌아가신 뒤에 후회한다.
주자(朱子)

시험(試驗)에 합격하지 못했거나 거래(去來) 한 건을 성사시키지 못했다고 인생의 마지막 순간에 후회하진 않을 것이다. 그러나 부모, 배우자, 자녀, 친구와 더 많은 시간을 갖지 못했다면 반드시 후회할 것이다.
바버라 부시

우리는 무언가를 잃은 후에야 비로소 그 소중함을 느낀다. 나중에 후회하면서 괴로워하지 말고, 지금 감사(感謝)할 수 있을 때 더 많이, 더 자주 감사하라.
M. J. 라이언

제대로 알지 못한 것들, 무리하는 것들은 꼭 후회로 돌아온다.
이종선

나중에 후회하기보다는 미리 조심하는 게 낫다.   **서양 속담**

실수나 잘못을 사과하는 리더는 잃는 것보다 얻는 것이 더 많다.
    하버드 대학

내적인 안정감(安定感)을 별로 가지지 못한 사람은 사과를 할 수 없다.
    스티븐 코비

사과(謝過)하기 가장 좋은 때는 사과해야겠다는 마음이 생긴 바로 그때다. 마음속에 담아둔 사과는 회한(悔恨)을 낳는다.   **고철종**

노여움은 어리석음에서 시작되어 후회로 끝난다.   **독일 속담**

흔히 욱하는 성질이 폭발하면 자신만의 세계에 빠지고 만다. 하지만 몇 시간 혹은 하루 정도 시간이 흐르면 엄청난 죄책감(罪責感)과 후회가 밀려든다.
    로널드 T. 포터 에프론

말을 삼가면 후회할 일이 없어진다.   **주역(周易)**

취중(醉中)에 함부로 한 말은 술 깬 뒤에 후회한다.   **주자(朱子)**

오늘 하루 동안 내 입에서 나온 사소한 말에서부터 행동까지 되돌아보는 시간은 참으로 값지다. 자아성찰(自我省察)로 얻은 지혜는 앞으로 겪게 될 더 많은 사람과의 사귐에서 순조롭게 대처하는 방법을 알려준다.   **주역(周易)**

〈2〉

과오(過誤)는 대현(大賢)이라도 면할 수 없는 것이다. 과오가 없음을 존중할 것이 아니라, 과오를 잘 고치는 것을 존중해야 한다.   **왕양명(王陽明)**

인위적(人爲的)인 역경(逆境)은 대다수가 자신이 조장(助長)한 것이기 때문에 우선 자신을 반성하고 잘못을 철저하게 고치면서 남의 탓을 하지 않는 게 가장 중요하다.　　　　　　　　　　　　　　　　　　　　**시부사와 에이치**

성공을 원한다면 반드시 반성(反省)하는 습관을 길러야 한다.　　**장쓰안**

사람은 자신을 수시로 돌아볼 줄 알아야 한다.　　　　　　　　　**달마**

진정한 명상(瞑想)이란 눈을 감고 앉아서 집중하거나 상상하는 것이 아니라, 자신의 내면을 성찰(省察)하여 참회(懺悔)하고 회개(悔改)하는 것을 말한다.
　　　　　　　　　　　　　　　　　　　　　　　　W. Y. 에반스 웬츠

자신의 잘못을 인정하고 참회하는 길은 진리로 나아가는 위대한 길이다. 통절(痛切)한 참회는 업장(業障)을 녹여준다. 업장이 녹아질 때 영혼은 맑아진다.　　　　　　　　　　　　　　　　　　　　　**W. Y. 에반스 웬츠**

미래의 올바른 행동은 과거에 대한 최고의 사과다.　　　　　**로빈 퀴버스**

참회하는 방법은 오직 변화(變化)다.　　　　　　　　　　　**데이비드 호킨스**

당신이 만약 불행하거나 또는 불행의 의식이 있다면 조용히 가슴에 손을 얹고, 당신의 세계관이나 인생관(人生觀)을 반성해 볼 필요가 있다.　**B. 럿셀**

한 번의 반성(反省)이 열 부적(符籍) 안 부럽다.　　　　　　　**주역(周易)**

깨달음으로 가는 방법 중 좋은 것은 반성이다.　　　　　**정도령(正道靈)**

살아가는데 아무 쓸모도 없는 것을 쫓느라 우리에게 주어진 짧은 시간을 낭비할 이유가 없다. 남의 평판(評判)을 의식하거나, 사회적 분위기에 휩쓸리거나, 순간적인 울분(鬱憤)을 해소하기 위해 가치가 없음을 알면서도 추구하기를 그치지 못하는 일이 과연 없다고 할 수 있나 돌아보라.
위단(于丹)

노년기에 가져야 할 삶의 주요한 기준은 "죽을 때 후회하지 않을 삶을 사는 것"이라고 생각한다.
이승헌

단순히 이 세상에 태어나서 살다가 세상을 떠나는 것 외에 다른 어떤 의미나 중요성을 두지 않는 삶이야말로 후회스러운 인생이라고 할 수 있다.
제인 폰다

환상(幻想)만 품은 채 노력하지 않으면 결국 아무것도 이루지 못하고 후회만 남기고 만다.
위동회이(于東輝)

지난 일에 대한 후회와 자책(自責), 분노(憤怒)와 증오(憎惡)는 해로울 뿐만 아니라 사람을 한없이 파괴시킨다. 우리에게 남겨진 과거의 유일한 용도는 그것을 통해서 무언가를 배울 수 있다는 것이다.
M. H. 테스터

우리는 직장에서 물러나 잃어버린 과거에 대한 회한(悔恨)과 실망으로 길고도 쓸쓸한 노년을 보내다가 어느덧 문뜩 생의 마지막 날에 다다르게 된다.
황경식

과거를 지나치게 곱씹다 보면 '현재'를 살 수 없게 된다. 과거에 일어났던 일을 후회하고, 창피해하고, 죄책감을 느끼거나 화를 내는 시간만큼 현재를 경험할 수 없다.
리처드 칼슨

지나간 일을 후회(後悔)하면서 괴로워하는 사람은 어제를 잃어버리는 동시에 오늘도 잃어버리는 어리석음을 범하는 것이다.

안 좋은 기억으로 스스로를 괴롭히지 말아야 한다. 좋지 않은 일들을 기억해서 자책(自責)하지 말아야 한다. 장쓰안

과거를 반성하는 것은 바람직하지만, 지금 존재하지 않는 과거의 회한 때문에 오늘까지 불행하게 느낄 필요는 없다. 윤종모

완전(完全)한 인간이란 있을 수 없다. 따라서 이제까지의 생활을 헛되이 살아왔다 하더라도 자책하는 생각은 아무런 소용도 되지 않는다. M. 말쯔

절대 후회하지 마라. 좋았다면 추억이고 나빴다면 경험이다. 캐롤 터킹턴

후회 없는 인생을 살고 싶다면 꾸준히 책을 읽어라. 사이토 다카시

자기반성은 적당하게 해야 오래 산다. 로저 로젠블라드

후회를 덜 한다면 그대의 인생은 훨씬 더 좋아질 것이다. 베리 슈워츠

내일 아침엔 내가 이 세상에 없을 수도 있지 않나? 오늘 하루가 내겐 가장 소중하다. "오늘 하루 후회 없이 살았다." 하며 잠들자. 한길로

【받아들임, 감수, 수용, 포용】

받아들인다는 것은 상황(狀況)을 있는 그대로 인정(認定)하고 그 안에서 마음을 고요하게 하는 것이다. 스베인 마이렝

자신의 삶을 책임지고 싶다면 앞에 놓인 상황을 '벗어나거나, 변화시키거나, 전적으로 받아들이는' 세 가지 중에서 한 가지를 선택하고 그 결과에 따르는 것이다. 에크하르트 톨레

상황을 인정하고 받아들이면 어느 정도는 거기에서 자유(自由)로워질 수 있다.
에크하르트 톨레

고통(pain)을 있는 그대로 받아들이지 않아서 일어나는 여분의 고통스러운 감정은 괴로움(suffering)이다.
리네한

수용(受容; acceptance)을 하면 고통(苦痛)만 느끼고 괴로움을 멈추거나 감소시킬 수 있다. 수용은 상황을 찬성하거나 변화를 원하지 않는다는 것이 아니고 현실을 인정(認定)하는 것만을 의미한다.
쉐리 반 디크

우리가 어찌지 못하는 일이 있다는 진실(眞實)을 받아들이지 못하기에 인간은 늘 고통을 만들어낸다.
아잔차

고통(苦痛)을 피하지 말고 통과(通過)하라. 지혜는 고통을 받아들임으로부터 나온다. 어떤 경우라도 편한 마음으로 있으라.
B. S. 라즈니쉬

참다운 마음의 평화는 최악의 사태를 감수(甘受)하는 데서 얻어지며, 이는 또 심리학적으로 에네르기(energy)의 해방을 의미한다.
임어당(林語堂)

고통에서 벗어나기 위해서는 있는 그대로를 받아들이고, 과거에 집착하지 말고, 마음이 만든 허구(虛構)에서 벗어나라.
에크하르트 톨레

무슨 일이 일어날 것인가가 두려워 비겁하게 냉담한 상태로 있는 것보다는 대담하게 예상되는 불운(不運)의 노예가 되는 위험을 감수하는 편이 낫다.
헤로도투스

고통이란 삶을 있는 그대로 받아들이려 하지 않기 때문이다.
바바 하리 다스

고통이나 운명(運命)을 의식적(意識的)으로 받아들이는 것은 인간의 가장 큰 능력(能力) 중 하나가 될 수 있다. **빅토르 프랑클**

마음을 열고 있는 그대로를 받아들일 줄 아는 사람이 '운(運)'이 잘 따르는 사람'이다. **마츠우라 에이코**

행복이란 존재하고 있는 것을 그대로 받아들일 때 일어난다. **오쇼 라즈니쉬**

어느 종교이건 참 종교라면 다른 종교도 포용할 줄 알아야 한다. **강원룡**

능히 참을 수 없는 일을 참고, 포용(包容)하지 못하는 일을 포용함은, 오직 식견과 기량(器量)이 보통 사람보다 뛰어난 사람만이 가능하다. **정이(程頤)**

인생이 마음먹은 대로 풀리지 않는다면, 받아들일 때이다.
엘리자베스 퀴블로 로스

변화(變化)하는 모든 것을 받아들이자. **미야자키 신지**

최악(最惡)의 상황을 미리 예상하고 이를 받아들인다면, 설령 그 최악의 결과가 현실이 되더라도 결과에 초연(超然)해질 수 있다. **윌리엄 제임스**

최악의 시나리오를 받아들였을 때 마음의 평화가 찾아온다.
데이비드 케슬러

결과에 대해 초연함을 유지하는 일은 진정한 만족과 수용의 핵심(核心)이다.
안젤레스 에리엔

중요한 의사결정(意思決定)에 소수의 반대의사(反對意思)를 배제(排除)해서는 안 된다. 항상 건설적으로 수용(受容)할 줄도 알아야 하다. **피터 드러커**

오늘 선택한 것의 결과는 오랜 시간이 지나야 알 수 있으므로 어느 정도의 불확실성은 삶의 자연스러운 일부분으로 받아들여야 한다.   **일자 샌드**

부부(夫婦)는 상대를 변화시키려고 엄청난 에너지를 쏟아붓지만, 각자 가진 가치관과 세계관은 쉽게 변하지 않는다. 이 점을 인정하고 상대를 '있는 그대로' 받아들이는 것이 성공적인 결혼 생활의 첫걸음이다.   **카를 융**

내가 나 자신이 되고 싶은 것처럼, 다른 사람 역시 그 자신이 되고 싶어 하므로 다른 사람을 나의 틀에 끼워 맞추려 하지 말고, 있는 그대로 받아들여라.   **윤종모**

모든 불행과 갈등(葛藤)의 씨앗은 이왕 받아들여야 할 것을 빨리 받아들이지 못하는 데서 온다.   **우종민**

사람들과 잘 어울려 사는 최상의 비결(秘訣)은 무한한 인내(忍耐)와 포용력(包容力)을 갖추는 것이다.   **장쓰안**

다른 사람을 너그럽게 수용하면 평생 외롭지 않다.   **주역(周易)**

운명의 무늬가 어떻게 엮어지든 다가오는 것은 모두 받아들여라. 이 세상에 당신의 욕심을 완전하게 채워주는 것이 어디 있겠는가?
   마르쿠스 아우렐리우스

오르막과 내리막, 그것이 삶이라는 것을 받아들인다면 우리 마음은 더 쉽게 평화로울 수 있을 것이다.   **라마 예쉬**

공허(空虛)함을 반겨라.   **윌리엄 브리지스**

죽음에 대해서 무관심하거나 두려워하거나 당황하지 말고, 침착하게 받아

들여라.　　　　　　　　　　　　　　　　　　마르크스 아우렐리우스

평상심(平常心)은 세상사를 담담하게 받아들일 수 있게 만든다.　　장쓰안

무슨 일이건 다 받아들여야 한다. 그리고 중요한 것은 최선(最善)을 다하는 것이다.　　　　　　　　　　　　　　　　　　엘리너 루즈벨트

【발견, 찾아내다】

모든 위대한 발견(發見)은 생각보다 직감(直感)이 앞서는 사람들에 의해 이루어졌다.　　　　　　　　　　　　　　　　　찰스 H. 파크허스트

기회(機會)는 기다리는 것이 아니라 조직(組織)의 내부에서나 외부에서 찾을 수 있도록 해야 한다.　　　　　　　　　　　　　　피터 드러커

많은 사업(事業)이 최초엔 손더듬이 하는 가운데에서 돈벌이의 재료(材料)를 발견하고 그것을 키워 성공시킨 것이다.

관심(觀心)이 있으면 보이지 않았던 것이 보인다.　　　　　　　종선

성공한 사람들은 일들이 잘못되어 가면 자기 입장을 변호하거나 자신의 무지함을 유지하려 하기보다는 그 이유를 찾아내고, 고치려고 하는 일에 더 열심이다.　　　　　　　　　　　　　　　　　　잭 캔필드

우리 세대의 가장 위대(偉大)한 발견은 인간이 자신의 마음자세를 바꿈으로써 삶을 바꿀 수 있다는 사실을 발견한 것이다.　　　　윌리엄 제임스

해보려고 애쓰는 시도가 없으면 얻는 것도 없다.　　　노벨 평화위원회

사는 즐거움은 우리 스스로 만들고 찾아내야 한다.   **법정(法頂)**

진정한 내면(內面)을 발견하고 싶다면, 고요하고 편안한 시간을 만들려고 노력해야 한다.   **달라이 라마**

자기 본성(本性)을 발견하고, 밝혀내는 유일한 방법이 명상이다.
    B. S. 라즈니쉬

어떤 노인(老人)이든 목표를 설정해야만 한다. 살아가는 즐거움이란 스스로가 발견할 수밖에 없다.   **소노 아야코**

긴 세월이 흘러간 뒤에 비로소 인생이 행복하다는 것을 안 사람은 모두 자신의 천국(天國)을 발견한 자라 하겠다.   **로버트 모리슨 마키버**

【발달, 발전, 번영, 비약, 고양, 나아지다, 성장, 융성, 진보, 진전, 진화, 향상, 흥하다】

과학(科學)에 있어서의 위대한 진보(進步)는 새롭고 대담한 상상력에서 나온다.   **존 듀이**

모험(冒險) 없는 발전과 비약(飛躍)은 있을 수가 없다.   **정주영(鄭周永)**

결과는 어떻게 되든 일단은 해보자는 정신이 중요하다. 크고 작은 난제들을 하나씩 해결하며 극복해 가는 데서 향상이 보장된다.   **이소사끼 시로**

지금보다 나아질 수 있는 기회(機會)라면, 그리고 그것에 이끌린다면 잡아라. 더 큰 기회를 향한 첫걸음이 될 수도 있다.   **월러스. D. 워틀스**

거대(巨大)한 기업발전은 적자생존(適者生存)을 의미한다.　　　　**록 펠러**

조직은 윗자리에 있는 한 사람의 능력 이상으로 쉽게 성장해 버린다.
　　　　　　　　　　　　　　　　　　　　　　　피터 드러커

당신이 하는 일이 무엇이건 간에 거기에 정통(精通)하고 있어야 한다.
– 이것은 발전을 위한 가장 강력하고 좋은 책략(策略)이다.　　**E. 휠러**

철저(徹底)함은 인간의 발전(發展)을 가속화시키고 잠재능력을 이끌어낸다.
　　　　　　　　　　　　　　　　　　　　　　　제임스 앨런

구체적이지 않으면 내실(內實) 있는 발전을 이룰 수 없다.　**응우옌 민 짜엣**

어떤 대상을 진전(進展)시키는 데는 그것을 직접 개선하는 방법과 그것을 저해(沮害)하고 있는 원인을 제거하는 방법 두 가지가 있다.　　**E. 레보노**

유기체(有機體)의 한 부분이 발전하려면 그 발전의 결과가 다른 부분에도 이익을 주어야 발전이 허락된다. 자연은 총체적(總體的)인 균형(均衡)을 최우선적으로 생각하기 때문이다. 세상은 주거니 받거니 하면서 전체적으로 진화하는 법이다. (이를 생물학에서는 '동반진화'라고 한다.)　　**김승호**

사회(社會)는 다양(多樣)한 부문에서 다양한 노력이 총화(總和)를 이루어야 발전한다.　　　　　　　　　　　　　　　　　　　　　　　**장기표**

동서고금을 막론하고 국가발전의 동력(動力)은 사회의 혜택을 더 많이 받았고 더 중요한 역할을 맡은 상층(上層) 집단(集團)의 노블레스 오블리주(Noblesse oblige; 높은 신분에 상응(相應)하는 도덕적 의무)이다.　　**송복**

한 국가의 번영(繁榮)을 결정짓는 것은 교양(敎養) 있는 시민이 많은가 히는

것이다.　　　　　　　　　　　　　　　　　　　　**새무얼 스마일즈**

나라가 장차 흥(興)하려면 백성은 반드시 스승과 어른을 공경(恭敬)하는 법이다.　　　　　　　　　　　　　　　　　　　　**순자(筍子)**

어떤 문명(文明)의 발생과 융성(隆盛) 그리고 쇠퇴(衰退)와 몰락(沒落)도 그 민족의 천부적(天賦的) 자질(資質)에 좌우되는 것이다.　　**W. J. 듀란트**

빈부의 격차가 지나친 것은 문제가 되지만 어느 정도의 불평등은 성장의 동력이 된다.　　　　　　　　　　　　　　　　　　　　**앵거스 디턴**

'빈곤의식(貧困意識)'을 가진 사람은 자신이 곤경(困境)에 처한 것을 매번 '주변의 탓'으로 돌리지만, 목적을 지닌 사람은 변함없이 남을 위해 베풀며 번영의 흐름에 승차(乘車)하는 확실한 길을 택한다.　　**웨인 다이어**

실패를 내 탓으로 돌리는 사람이 성장(成長)한다.
(실패의 원인을 자신에게서 찾아라.)　　　　　　　　　　**시라이시 다카시**

못 견딜 가혹(苛酷)한 시련(試鍊)도 어떤 사람에게는 그저 좌절(挫折)과 절망(切望)의 시간이 아닌 창조와 향상의 시간이 된다.　　　　　**정민**

인간에게 욕구가 있기 때문에 세계는 진보하는 것이다.　**C. M. 브리스톨**

어떠한 일을 새로운 차원의 경지(境地)로 발전시키기 위해서는 혼신(渾身)의 힘을 다하지 않으면 안 된다.　　　　　　　　　　　　**피터 드러커**

약한 점을 보완(補完)할 수 있는 유일한 길은 강한 점을 계발(啓發) 발전시킴으로써만 가능하다.　　　　　　　　　　　　　　　　**피터 드러커**

인간(人間)은 항상 인간을 만나면서 지내야 발전하는 법이다. 운(運)이란 밖으로부터 오기 때문이다.　　　　　　　　　　　　　　　　　김승호

자연의 선택에 의해 진화되어 온 것은 무엇이든 이기적일 수밖에 없다. 우리는 자식들에게 이타주의를 가르쳐주지 않으면 안 된다.　　　리처드 도킨스

계산적(計算的)인 인간관계는 발전하지 못한다.　　　　　　이소사끼 시로

자기 사고(思考)의 바탕을 바꿀 수 없는 사람은 현실 문제도 바꿀 수 없으며, 결국 아무런 진보도 해낼 수 없다.　　　　　　　　　　스티븐 코비

인간은 영적인 진화를 거듭하기 위해서 이 세상에 왔다.　　M. H. 테스터

영혼(靈魂)의 진화(進化)라는 목적이 있기 때문에 고통을 감수(甘受)할 가치가 있다.　　　　　　　　　　　　　　　　　　　　　　　　게리 주커브

우리 의식(意識)이 자라는 것이 우리의 진화 과정의 일부이다.
　　　　　　　　　　　　　　　　　　　　　　　　　리처드 모리스 벅

진화는 개개인적(個個人的)으로 일어난다.　　　피에르 테야르 드 샤르댕

우리의 진화는 우리가 영혼에 귀 기울이고 거기에 따라 행동하는 것에 달렸음을 잊지 말아야 한다.　　　　　　　　　　　　　　　　개리 주커브

진화된 사람은 어떤 환경에 처하든지 냉정을 유지하며 느긋하다.
　　　　　　　　　　　　　　　　　　　　　　　　　G. I. 구르디예프

모든 영혼은 세상의 진화에서 중대한 역할을 맡아야 한다.
　　(꼭 대단한 인물이 되어야 한다는 뜻은 아니다.)　　피에르 테야르 드 샤르댕

각 개인의 영적의식(靈的意識)의 진화는 전 인류의 의식수준의 진보에 기여한다.
데이비드 호킨스

나는 의식적(意識的) 노력으로 삶을 고양(高揚)시키는 능력보다 더 고무적(鼓舞的)인 것을 알지 못한다.
헨리 데이비드 소로

모든 상황을 자신의 인격(人格)을 발전시키는 실질적(實質的)인 기회로 이용하라.

참다운 학문(學文)이란 자기를 향상(向上)시키는 것이 아니어서는 안 된다.
근사록(近思錄)

【밝다, 밝아지다, 찬란하다, 트이다, 환하다】

집은 밝아야 한다.
정현우

인생이란 힘겹고 어두운 것이 아니며, 밝고 즐거운 것이다. 이시이 카다오

항상 마음을 밝게 가져야 한다. 마음이 어두우면 운명도 어둡고, 마음이 밝으면 운명도 밝아지는 법이다.
김승호

마음이 밝아지면 얼굴 표정도 밝아진다. 사람의 표정이 밝으면 사람의 운명은 좋은 쪽으로 흘러가는 건 당연하다. 밝고 환한 표정에서 기(氣)는 살아난다. 정신건강을 위해서는 자족하는 마음이 반드시 있어야 한다.
정현우

인생의 성공을 판단할 수 있는 진실한 기준은 "나로 인해 세상이 좀 더 밝고 좋아졌는가."이다.
M. H. 테스터

현실을 밝게 하려고 애쓰고 있으면 반드시 장래는 밝아진다. **이시이 카다오**

밝고 적극적인 태도는 몸에 이롭다. 실제 즐거운 일이 없어도, 기분이 좋지 않아도 상관이 없다. 일부러 신나게 몸을 흔들며 춤추고, 기분이 유쾌해지도록 노력해 보라. 그러면 그 '즐겁다'는 신호가 뇌에 전달되어, 연달아 건강한 생리반응이 일어나게 된다. 이것이 우리 몸의 큰 특징이다.
M. H. 테스터

얼굴의 분위기가 평화롭고 따듯하고 자애(慈愛)롭고 의욕에 차고 신명(神明)이 나고 밝아야 한다. **정현우**

웃는 얼굴로 있으면 자연히 생각이 밝아진다. 이것은 아주 편리한 현상이다.
마타 간타

이야기를 할 때는 분명하고 밝은 목소리로 말하라. **쿠보 도시로(久保俊郞)**

언제 어디서나 인사성(人事性)이 밝아야 한다. **김승호**

어려움을 극복하고 고통을 잊어버리고 항상 새롭고 밝게 살아가는 태도가 장수(長壽)의 첩경이다. **박상철**

모든 걸 포기(抛棄)하는 순간 트이는 인생도 있다. **마츠우라 에이코**

모든 것은 나의 탓이라고 돌릴 때 마음에 쌓인 앙금이 녹아내려 얼굴이 밝아진다. **지광**

햇빛 찬란(燦爛)한 산봉우리의 장관(壯觀)을 마음껏 즐겨라. **오쇼 라즈니쉬**

항상 맑고 밝은 마음으로 살아가야 한다. 언제 어느 경우가 되었든 긍정적

(肯定的)인 삶을 사는 것이 무엇보다 중요하다.　　　　　　　　　　지광

【방법, 방식, 방안, 길, 답, 도구, 무기, 수단】

〈1〉

우리 모두 생계(生計)를 꾸려나가는 방법도 배워야 하겠지만 동시에 인생을 살아가는 방법(方法)도 배워야 한다.　　　　　　　　　　윈스턴 처칠

사는 방법은 두 가지가 있다. 되는 대로 그냥 저냥 살아가는 것, 아니면 인생에서 무언가를 이루기 위해서 더 나은 길을 찾아 성실히 사는 것이다. 더 나은 것을 이루며 살겠다는 생각은 자기 자신의 삶만이 아니라, 다른 사람들의 삶, 더 나아가 인류의 미래까지 더 나아지게 만든다.　　　줄리안 헉슬리

"무언가를 하길 원한다."는 의지(意志)만 있으면, '그것을 하기 위한 방법'은 찾게 될 것이다.　　　　　　　　　　　　　　　　　　지그 지글러

스스로 포기 않는 이상, 길은 있기 마련이다.　　　　　　정수영(鄭周永)

길이 없으면 길을 만들라.　　　　　　　　　　　　　사무엘 스마일즈

결과가 마음에 들지 않는다면 다시 한 번 방법을 바꾸면 된다. 그렇게 하는 동안에 정말로 올바른 길을 찾아낼 수 있을 것이다.　　마쓰시다 고노스케

결과를 바꿀 수 있는 유일한 방법은 행동을 바꾸는 것뿐이다.　잭 캔필드

고통을 겪는 것만이 고통에서 벗어날 수 있는 유일한 길이다.
　　　　　　　　　　　　　　　　　　　　　　　　데이비드 케슬러

지금 하고 있는 일에 답(答)이 있다.   이종선

무언가를 성취(成就)한 사람들은 하나같이 '어떻게 해내야 하는지'는 몰랐다. 단지 '해낼 것'이라는 점만 믿었다.   밥 프록터

마땅히 해야만 한다면 아무리 큰 어려움이 있어도 해결할 방법을 찾아야 한다.   쩡스창

작가(作家)의 길은 쓰고, 쓰고, 또 쓰는 것임을 알라.   엘버트 하버드

자신에게 일어난 일은 100퍼센트 내 책임이라 여길 때 답이 보인다.
                                                                                                            사이토 히토리

생각하는 방법이 바뀌면 인생이 바뀐다.   구사나기 류슌

자기 기분을 좋게 하는 최고의 방법은 다른 사람의 기분을 좋게 해주는 것이다.   마크 트웨인

친구를 가질 수 있는 유일한 길은 딴 사람의 친구가 되는 일이다.   에머슨

유머는 두 사람 사이를 이어주는 지름길이다.   빅토르 보르주

복(福)은 받는 것이 아니라, 짓는 것이다. 복덕(福德)을 짓는 최상의 방법은 남에게 베푸는 것이다.   월호

진정한 자비심(慈悲心)은 물질(物質)을 나눠주는 것이 아니라, 마음이 행복해지는 방법을 가르쳐주는 것이다.   달라이 라마

돈은 인생의 편리한 도구(道具) 가운데 하나이지만, 돈에 휘둘려 삶의 중심

- 가치 있는 성숙한 인생 - 을 잃지 말라. 　　　　　　　　리 아이젠버그

건강은 어디까지나 멋진 인생을 보내기 위한 수단일 뿐 그 자체가 목적은 아니다. 　　　　　　　　오츠 슈이치

교육(敎育)이 고소득(高所得)을 올릴 수 있는 수단이기는 해도 행복을 증진시키는 수단은 아니다. 지능(知能)도 행복에 아무런 영향을 끼치지 않는다.
　　　　　　　　마틴 셀리그만

마음을 지배하는 한 가지 길은 마음을 고요하게 하는 법을 배우는 것이다.
　　　　　　　　린다번

텅 비워라. 그게 지혜롭게 사는 길이다. 　　　　　　　　원철

자기 본성을 발견하고, 밝혀내는 유일한 방법이 명상이다. B. S. 라즈니쉬

신앙(信仰)은 정신을 맑게 해서 영적으로 한 단계에서 다음 단계로 쉽게 건너갈 수 있게 해주는 가장 훌륭한 길이다. 　　　　　　　　달라이 라마

기도(祈禱)를 이해하고 적용하면 가장 강력한 행동(行動)의 도구(道具)가 된다.
　　　　　　　　마하트마 간디

깨달음으로 가는 방법 중 좋은 것은 반성(反省)이다. 　　　　　　　　정도령(正道靈)

충돌하지 않는 유일한 길은 거기에 내가 없는 것이다. 　　　　　　　　B. S. 라즈니쉬

상황(狀況)을 무시(無視)하는 법을 터득하는 것은 내적(內的) 평화에 이르는 탁월한 길 중 하나이다. 　　　　　　　　로버트 소여

인생길에서 어떤 처지에 놓여 있든지 간에 먼저 침착함과 평온(平穩)을 길러둠으로써 생각의 힘을 집중시키는 방법을 터득해야 한다. **제임스 앨런**

마음의 평정(平靜)을 지키는 유일한 길은 경험을 쌓는 것뿐이다.
브라우니 와이즈

도리(道理)에 맞는 일을 하는 것이 가장 편하고, 가장 득이 되는 삶의 방식(方式)이다. **사이토 히토리**

신뢰를 쌓는 가장 좋은 방법은 일관성(一貫性) 있는 말과 행동이다. **이영직**

〈2〉

안 되는 이유(理由)보다 될 수 있는 방안(方案)을 찾자. **구자경(具滋暻)**

모든 것을 "어떻게 하면?" 하고 생각해 본다. **노가미 히로유키**

더 이상 상황을 바꿀 수 없을 때, 그것을 보는 관점과 대응(對應)하는 방법을 바꿔라. **리사 헤인버그**

어떤 대상을 진전(進展)시키는 데는 그것을 직접 개선하는 방법과 그것을 저해(沮害)하고 있는 원인을 제거하는 방법 두 가지가 있다. **E. 레보노**

약(弱)한 점을 보완할 수 있는 유일한 길은 강(强)한 점을 계발(啓發) 발전시킴으로써만 가능하다. **피터 드러커**

책만 읽고 상황이 좋아지기를 바라는 것은 있을 수 없다. 배운 것을 수련(修鍊)하고 방안(方案)을 찾아야 한다. **쉐리 반 디크**

성공한 사람들은 어려운 문제(問題)에 부딪히면 온갖 방법을 가리지 않고 신속(迅速)하게 대처(對處)하는 자들이다. 　　　　　　　　　　리허

똑똑한 사람은 모든 것을 직접 겪어보지 않고도 자신에게 최선(最善)의 길을 선택한다. 반면 똑똑하지 못한 사람은 하나부터 열까지 몸소 부딪쳐봐야 자신에게 최선의 길이 무엇인지 깨닫는다. 　　　로버트 기요사키

결정을 내리기 전에 가능한 한 많은 정보(情報)를 모으는 것은 확실히 좋은 방법이다. 　　　　　　　　　　　　　　　　　　리처드 칼슨

밀어서 안 되면 당겨라. 　　　　　　　　　　　　타카다 아키가즈

당신은 파도를 멈출 수 없다. 그러나 파도를 타는 법을 배울 수 있다.
　　　　　　　　　　　　　　　　　　　　　　존 카밧진

풀을 뽑을 때에는 단숨에 뽑아라. 　　　　　　　타카다 아키가즈

지금 이 자리에는 이 길밖에 없다고 생각되는 것이라면 아무리 불완전(不完全)한 플랜(plan)이라도 활용하라. 　　　　　　V. 하워드

노력도 중요하지만, 노력이 모든 것을 해결해 주지는 않는다. 노력보다 중요한 것은 올바른 방향과 방법이다. 　　　　　　　　롭 무어

무슨 일이든지 옳은 방법으로 하지 않으면 결국은 발목이 잡혀 대가(代價)를 치르게 된다. 　　　　　　　　　　　　　　　로버트 버포드

항상 부드러운 방법으로 모든 일을 처리하라. 　　　토마스 제퍼슨

직접 만나서 이야기하는 것이 악감정을 해소하는 최상의 방법이다. 링컨

다른 사람의 말에 흔들리지 않고 직접 확인한 사실에 근거하여 행동하라. 그것이 '느리지만 빠른' 방법이다.   로버트 링거

자기 자신의 경험을 통한 결론일 때는 남들이 그렇게 했든 하지 않았든 상관하지 말고 모든 수단을 동원해서 그렇게 하라.   브하그완 쉬리 라즈니쉬

스트레스를 극복(克服)하는 가장 기본적인 방법은 스트레스를 받는 상황에 익숙해지는 것이다.   이케가야 유지

어떤 문제가 마음속에서 맴돌며 떠나지 않을 때 이를 물리치는 가장 좋은 방법은, 그러한 병적(病的)인 환상(幻想)이 지쳐서 떨어져 나갈 때까지 보통 이상으로 철두철미하게 그 문제를 생각하는 것이다.   버트런드 러셀

생각한들 방법이 없는 일은 생각하지 마라.   세키 보쿠오

명예롭고 평화롭게 인생을 살고 싶다면 큰일뿐만 아니라 작은 일에서도 극기심(克己心)을 발휘하는 방법을 배워야 한다.   새무얼 스마일즈

행복은 무르익은 과일처럼 요행한 환경의 작용에 의해 저절로 입속으로 굴러들어오는 것이 아니다. 행복해지기를 원하는 사람은 피할 수 있는 불행과 피할 수 없는 불행, 질병과 갈등, 투쟁과 가난과 악의(惡意)로 가득 찬 세계에서 각 개인에게 맹공(猛攻)을 퍼붓는 불행의 무수한 원인들을 극복하는 방법을 찾지 않으면 안 된다.   버트런드 러셀

우리가 좀 더 행복해질 수 있는 한 가지 방법은 전반적(全般的)인 삶뿐만 아니라 매일의 일상(日常)에서 해야 하는 일을 줄이고, 하고 싶은 일을 늘리는 것이다.   탈벤 샤하르

행복을 찾는 유일한 길은 행복을 인생의 목적으로 하지 말고 행복 이외이

딴 목적을 인생의 목적으로 삼는 것이다. 존 스튜어트 밀

자기야말로 자신(自身)의 주인(主人)이므로 남의 이목(耳目)에 초점을 맞출 것이 아니라, 자신에게 떳떳한 삶을 살아가는 것이야말로 행복의 지름길임을 잊어서는 안 된다. 월호

진정으로 행복해질 수 있는 길은 마음을 편하게 먹는 것이 가장 중요하다.
 정현우

【방향】

젊은 날의 우연(偶然)한 일이 일생의 방향을 좌우한다. 사무엘 스마일즈

명확(明確)한 장기적 목표(目標)는 크건 작건 모든 행동의 방향(方向)을 제시해 주므로 중요한 결정을 내리기가 한결 쉬워질 것이다. 로버트 그린

목적지에 도착하려면 한 길로만 가라. 세네카

아무리 작은 노력이라도 그것이 하나의 방향으로 오랫동안 누적(累積)되면 큰 결과를 낳을 수 있다. 루돌프 줄리아니

노력도 중요하지만, 노력이 모든 것을 해결해 주지는 않는다. 노력보다 중요(重要)한 것은 올바른 방향과 방법(方法)이다. 롭 무어

닥쳐서 허둥대면 늦는다. 미리 보고 멀리 봐야 한다. 정민

잘못된 방향으로 힘차게 나아가는 것은 전혀 가지 않는 것보다 나쁘다. 잘못된 것을 알면서 그 길을 가는 대신 문제(問題)의 주변(周邊)을 탐색(探索)

하는 일에 똑같은 노력을 기울여야만 한다. E. 레보노

마음의 목소리에 귀 기울일 때 최선의 방향(方向)을 찾을 수 있다.

역사는 하나의 방향으로 고집스럽게 흘러간다. 세기(世紀)를 거듭하면서 인류는 개인의 자유(自由)를 다른 어떤 가치보다도 최우선에 놓는 흐름을 만들어냈다. 자크 아탈리

우리가 생각하는 것은 가능성(可能性)만 있으면 현실(現實)이 된다. 계속해서 바른 방향으로 생각만 하면 말이다. 에밀 쿠에

【배려, 베풀다, 보살핌, 보시, 나눔, 대접, 박대, 선행, 자선, 적선】

〈1〉

남에게 대접(待接)을 받고자 하는 대로 너희도 남을 대접하라. 누가복음

우리는 우리가 하는 대로 대접 받는다. 필립 C. 맥그로

인격력(人格力)의 핵심은 배려(配慮)다. 조용헌

참다운 인격자는 사소한 행위에도 그 누구에게 건 타인에 대한 배려가 완벽하다. 사무엘 스마일즈

성공으로 이끄는 인간관계의 출발점은 타인을 배려할 줄 아는 능력에서 시작된다. 존 맥스웰

자기 기분을 좋게 하는 최고의 방법은 다른 사람의 기분을 좋게 해주는 것이다.   마크 트웨인

줄 때는 즐겁게 주어라. (베풂의 법칙)   톰 버틀러 보던

기대한 것 이상(以上)을 주어라.   잭 캔필드

복은 받는 것이 아니라, 짓는 것이다. 복덕(福德)을 짓는 최상의 방법은 남에게 베푸는 것이다.   월호

다른 사람들의 삶을 풍요롭게 하는 행위는 그런 행위를 하는 당사자 개인에게 끊임없는 만족감을 제공한다.   미하이 칙센트미하이

이타심(利他心)을 기르면 사물을 보는 시야도 넓어진다.   이나모리 가즈오

인생의 목표는 이기는 것이 아니다. 인생의 목표는 성장과 나눔에 있다.   하롤드 쿠쉬너

인간 최고의 미덕(美德)은 남을 배려하고 남을 돕는 마음이다.   정명섭

많이 베풀수록 많은 축복이 찾아오는 법이다. 그러나 즉시는 아니다.   로버트 기요사키

베푼 만큼 거두기 힘들다.   고철종

재산을 남에게 맡기면 도리어 그에게 문전박대(門前薄待)를 받는다.   W. Y. 에반스 웬츠

줄수록 받는 반면, 주는 것을 멈췄을 때 관계의 흐름은 단절되고 응고한다.

디팩 초프라

줄만큼 없다고 생각하더라도 베풀기 시작하라. 희생하는 마음이면 그리 기분이 좋지 않지만, 충만한 마음으로 베풀면 기분이 매우 좋다.   론다 번

사람이 핑계를 찾기 시작하면 일생 단 한 번도 남에게 베풀 여유는 생겨나지 않을 것이고, 사람이 늙어 한 시대의 어른 되었는데도 아랫사람에게 베풀 아무것도 없다면 그 사람은 잘못 살아도 크게 잘못 산 사람이다.   이문열

자신보다 현명(賢明)한 사람에게 충고와 도움을 구하고, 자신보다 부족(不足)한 이들에게는 선행(善行)을 베풀라.   주역(周易)

남아서 베푸는 게 아니라 베푸니까 넉넉한 거다.   보경

남모르게 선행(善行)을 하는 것은 상상(想像) 이상(以上)의 힘으로 운(運)을 변화시킨다.   타카다 아키가즈

선행을 쌓으면 반드시 생각지도 아니한 경사가 찾아온다.
積善之家 必有餘慶(적선지가 필유여경)   역경(易經)

리더(leader)는 조그만 관심과 배려, 친절을 통해 지속적인 명성과 평판이 조금씩 쌓이는 것이다.   앨런 액슬로드

사람들이 나를 얼마나 좋아하느냐는 내가 다른 이의 행복을 얼마나 많이 생각하느냐에 달려 있다.   달라이 라마

〈2〉

누구보다 가까이 있고 누구보다 나를 잘 아는 가족이니까 나를 십분 이해

해 주리라는 믿음은 혼자만의 오해(誤解)이다. 오히려 가족일수록 더 섬세한 보살핌과 자상(仔詳)한 배려가 필요하다. 　　　　　　　　최일도

사랑이란 아무런 기대나 조건 없이 다른 사람을 배려하고, 그들이 잘되기를 바라는 것이다. 　　　　　　　　잭 콘필드

꾸짖고 나서 반감(反感)을 사는 그런 꾸중을 해서는 안 되며, 꾸짖은 다음의 따듯한 보살핌이 반드시 중요하다. 　　　　　　　　마쓰시다 고노스케

사이가 안 좋은 사람에게 먼저 호의(好意)를 베풀라. 　　　　조셉 텔루슈킨

받기보다는 주는 데에 더욱 마음을 기울임으로써 모든 인간관계들을 개선할 수 있다. 　　　　　　　　J. B. W.

상대의 약점을 감싸고 보완해 줄 때 인간의 가치가 빛난다. **사이토 히토리**

만일 죄(罪)를 지었다면 그 죄를 상쇄할 수 있는 선행(善行)을 베풀도록 하라. 　　　　　　　　조셉 텔루슈킨

세상을 위해 베푸는 것은 빚을 갚는 일이다. 　　　　이나모리 가즈오

되도록이면 다른 사람을 이해해 주고, 도와주고, 베풀어주고, 양보하는 자세로 사는 것이 좋다. 　　　　　　　　정현우

다른 차(車)가 내 차선으로 들어오려고 할 때 들어오지 못하게 안간힘을 쓰는 사람이 있다면 신(神)은 그런 사람을 선택하겠는가? 신이 선택하는 사람은 웃으면서 브레이크를 밟는 사람이다. 절대 끼워주지 않으려고 안간힘을 쓰는 사람은 하늘이 싫어한다. 　　　　　　　　사이토 히토리

사려(思慮) 깊음이 가장 큰 선(善)이다.   에피쿠로스

예의의 핵심은 상대방에 대한 존중(尊重)과 배려이며, 존중과 배려의 원천은 여유(餘裕)다. 결국 예의는 마음의 여유에서 나온다.   전광진, 한문철

대화(對話)할 때는 그 사람이 되어라.   로빈 S. 샤르마

손님을 집 밖까지 배웅하라.   조셉 텔루슈킨

자신도 모르게 우러나오는 친절을 베풀자.   마츠우라 에이코

손님을 어떻게 대접하는지 보면 주인의 수준을 알 수 있다.   윌리엄 J. 오닐

베풀면 언젠가 반드시 돌아온다.   사이토 히토리

부자(富者)의 인격(人格)은 어떤 곳에 돈을 베푸느냐를 보면 알 수 있다.
          강본융삼

도움이 필요한 사람에게 자선을 베푸는 것도 중요하지만, 자선을 베풀 때 상대의 자존심을 상하지 않게 하는 것도 중요하다.   조셉 텔루슈킨

자선(慈善)을 베풀 때, 오른손이 하는 일을 왼손이 모르게 하라.   성경(聖經)

대가(代價)를 바라지 않고 좋은 일을 하는 것이 진정한 적선(積善)이다.
좋은 일은 몰래 해야 진정한 복(福)이 된다.   삼중(三中)

적선은 재물(財物)로도 하고, 마음으로도 한다. 평소에 성질(性質) 안 내는 것도 적선이고, 고통을 들어주는 것도 적선이다.   조용헌

잘 받아주는 것도 보시(布施)이다.

마음을 수양(修養)하는 것은 태어났을 때보다 조금이라도 아름다운 마음을 가지고 죽는 것이라고 할 수 있다. 그것은 친절한 배려의 마음이 서서히 싹트고 조금이나마 이타심(利他心)이 생겨나는 상태이다. 원래 가지고 태어난 마음을 아름답게 변화시켜 나가고자 노력하는 과정에 인간의 존엄성이 있으며, 삶의 본질이 있다고 본다. 이나모리 가즈오

가진 것이 없어도 자꾸만 주려는 마음, 베풀려는 마음을 가진 사람이 진정한 부자이다. 지광

여유가 생길 때까지 기다리지 말고 지금 당장 베푸는 삶을 시작하라. 조엘 오스틴

여유 시간은 없지만 베풀 시간은 많다. 조셉 텔루슈킨

삶의 속도가 빠르면 다른 사람들에 대한 배려심이 줄어든다. 리처드 와이즈먼

죽음은 모든 것을 앗아간다. 죽은 다음에 무얼 할 수 있겠는가? 죽음이 모든 것을 앗아가 버릴 때까지 아껴두는 것보다 모든 것을 나누고 모험을 거는 것이 좋지 않은가? 오쇼 라즈니쉬

성공은 돈이나 지위가 아니라 그 사람의 선행(善行)으로 판단해야 한다. 조지 L. 로저스

다른 사람을 위해 사는 삶만이 진정 가치가 있다. 아인슈타인

모든 것은 죽음과 함께 사라지나 선행(善行)만은 남는다. 스페인 속담

살아 있는 동안, 아직 능력이 있을 때 선한 일을 하라.

마르크스 아우렐리우스

즐거운 일보다 친절을 베푸는 행위에서 행복을 얻을 수 있다.

마틴 셀리그만

【버릇, 습관, 습성, 관성, 타성】

삶은 습관(習慣)이다. 좋은 습관은 행복의 첫걸음이다.   존 고든

반복(反復)은 습관을 낳는다.

새로운 습관을 형성하기 위해서는 21일 이상 반복적으로 실행해야 한다.

브라이언 트레이시

처음에는 우리가 습관을 만들지만, 그다음에는 습관이 우리를 만든다.

존 드라이든

지금의 우리는 반복적인 행동(行動)의 결과물(結果物)이다. 따라서 탁월(卓越)함은 행동이 아니라 습관이다.

탈벤 샤하르

욕망이나 의식적인 생각들이 아니라 습관이 행동을 좌우한다.

존 아사라프

성숙(成熟)한 사람이 되기 위해서는 부정적(否定的)인 감정을 이기는 방법을 배워야 한다. 긍정적인 감정을 가꾸는 일은 '마음의 습관'이다. 사랑이 느껴지지 않을 때도 사랑하고, 불만스럽더라도 친절하게 행동하며, 감사(感謝)의 마음이 생기지 않을 때도 감사의 태도(態度)를 보여야 한다. 이렇게

마음의 습관을 가꾸다 보면 내키지 않은 일일지라도 기꺼이 행할 수 있도록 생각과 태도가 바뀐다.   M. J. 라이언

성격(性格)이 운명을 만들고, 습관이 성공을 결정한다.   맥스웰 몰츠

성격은 어떤 습관을 들이느냐에 따라 다르게 형성(形成)된다.   쉬브 케라

운(運)이 좋은 사람들은 좋은 태도나 행동, 습관 등으로 운이 찾아들 수 있는 기회(機會)를 스스로 만든다.   랜덜 피츠제럴드

성공을 원한다면 반드시 반성(反省)하는 습관을 길러야 한다.   장쓰안

하루하루 주어진 일, 일상에서 일어나는 일, 지금 하는 일에 성심(誠心)을 다해 보라. 습관을 들이면 모든 일에 감사(感謝)할 수 있게 된다. 어렵고 힘든 일이 생기거나, 몸이 아플 때가 아니면 평범한 것에 감사하기란 쉽지 않다.   M. J. 라이언

감사하는 습관은 부(富)가 흘러갈 통로(通路)로 작용한다.   월러스 워틀스

생각은 습관을 통해서 저절로 일어나므로 생각이 일어나지 못하게 막으려는 것은 무의미한 일이다. 어차피 생각은 다시 돌아온다.   데이비드 호킨스

운명(運命)을 바꿀 수 있는 핵심은 '지금당장 생각과 습관을 바꿀 것'과 '다른 사람에게 좋은 일을 많이 할 것'이다.   조용헌

생각이 바뀌면 행동이 바뀌고, 행동이 바뀌면 습관이 바뀌며, 습관이 바뀌면 인격이 바뀌고, 인격이 바뀌면 운명이 바뀐다.   윌리엄 제임스

습관적인 명상(瞑想)은 영혼을 풍요롭게 한다.   제임스 아서레이

자주 화를 내면 화(火)가 사라지는 것이 아니라 더 쉽게 내부에서 끓어오르게 된다.   에카르트 폰 히르슈하우젠

화내는 것도 습관이다. 그 연결고리를 끊어라.   틱낫한

우리의 습관은 무의식에 새겨져 있어서 잠재의식이 바뀌지 않는 한 고쳐지지 않는다.   리사 리비

나쁜 습관을 극복하는 중요한 비결의 하나는, 그것에 대치(代置)될 새로운 습관을 만들어가는 것이다.   레이 죠셉

환자(患者)는 계속 아프려는 관성(慣性)이 있다.   김영길

면역력은 몸이 따듯할수록 활성화되므로 적당한 운동을 습관화하면 도움이 된다.   아보 도오루, 오니키 유타카

습관(習慣)을 만들려면 '하고 싶게끔' 만들거나, '할 수밖에 없는' 상황을 만든다.   오오하시 에츠오

버릇이란 고약해서 남이 해주어 버릇하면 자신의 능력을 접어둔 채 의존(依存)하려는 타성(惰性)이 생긴다.   법정

좋은 습관의 핵심은 내가 정한 해결책을 행동으로 옮기는 것이다.   윌리엄 제임스

성공하는 사람은 좋은 습관(확고한 루틴routine)의 반복을 통해 성장하고 변화하고 정상에 선다.   보도 새퍼

인생이란 습관화된 행동의 누적(累積)이다.   노가미 히로유키

지금 당장 하는 습관을 가져라.   쉬브 케라

다음으로 미루면 무슨 일이든지 미루는 나쁜 버릇이 생긴다.   법정

좋은 습관은 많은 희생(犧牲)을 쌓아 올림으로써 길러지는 것이다. 에머슨

끝까지 해내는 힘을 기르면 성공 습관이 생긴다.   노가미 히로유키

일이란 결과로 얘기해야지 과정으로 얘기하는 것이 아니다. 그 결과를 만들어내는 것이 맺고 끊는 마무리 습관이며, 오늘 할 일을 내일로 미루지 않는 마음가짐이다.   전옥표

하버드대학 졸업장(卒業狀)보다 독서습관이 더 중요하다.   빌 게이츠

대가(大家)가 되려면 반드시 습관의 힘을 빌려야 한다.   오오하시 에츠오

행복이란 습관이다. 불행해지고 싶지 않으면 행복해지는 습관을 키워라.
                                                                                 E. 하버드

【버리다, 내버려두다, 놓아버리다, 비우다, 제거, 치워버리다】

하나를 선택하면 미련을 두지 말고 나머지 것을 과감(果敢)하게 버릴 줄 알아야 한다.   지광

어떤 대상(對象)을 진전(進展)시키는 데는 그것을 직접 개선(改善)하는 방법과 그것을 저해(沮害)하고 있는 원인을 제거(除去)하는 방법 두 가지가 있다.
                                                                                         E. 레보노

자를 것을 자르지 않으면 도리어 그 화(禍)를 입는다. 　　　　　사기(史記)

집착(執着)을 버리면 행복과 평화가 저절로 따라온다. 　　안젤레스 에리엔

버리는 것은 마음과 에너지를 자유롭게 해준다. 성공을 위해 가장 중요한 일에만 파고든다면 집중하기가 쉬워진다. 　　　　　리사 헤인버그

구함에 집착하면 고통이 따르고, 구함을 버리면 즐거움이 온다.
有求皆苦 無求皆樂(유구개고 무구개락)

과거(過去)를 잊지는 말고, 놓아버려라. 과거를 놓아버리는 것은 과거를 잊는 것이 아니라, 집착을 그만둔다는 것이다. 그 대신 미래를 바꾸고자 노력하라. 　　　　　닐 도날드 월쉬

운(運)이 나쁠 때는 마음을 비우는 수밖에 없다. 　　　　　남덕

나쁜 일은 그냥 흘러가게 내버려두라.

버리는 일에 익숙해지라. 그래야 만사(萬事)가 새로워진다. 　　　지광

비우는 것, 이것이 명상(冥想)의 전부다. 　　　　　오쇼 라즈니쉬

아무것도 소유하지 않기로 결심하는 순간 자유로워져서 정말로 중요한 것을 볼 수 있게 된다. 　　　　　지오반니 베르나도네

잡동사니는 새로운 에너지가 생기는 것을 막으므로 치워버려라. 　존 고든

정리(整理)는 버리는 것을 고르는 게 아니라 남길 것을 고르는 것이다.
(단기간에, 단숨에, 완벽하게 버리는 것이 중요하다. 그 물건을 만져보고 두근거림이 있는 물건

만 남기면 된다.)   곤도 마리에

주변(周邊)을 잘 정리 정돈(整頓)하라. (방을 청소하고, 오랫동안 쓰지 않았던 것들을 과감히 버린다.)
                                                마츠우라 에이코

버리는 기술은 생활(生活)의 기술(技術)이다.   다쓰미 나기사

버리고 살아라.   헨리 데이비드 소로

살면서 버려야 할 것을 제때 버릴 줄 아는 사람이야말로 성숙하고 지혜로운 인간이다.

나의 시각(視覺)만이 옳다는 생각을 버려라.   리처드 칼슨

그대가 놓아버리기 시작할 때 거대한 에너지의 해방(解放)이 그대 속에서 일어날 것이다. 모든 것들이 사라질 때 본래(本來)의 자신이 얼마나 고요하고 평화로우며 미묘한 기쁨 속에 있는지를 알게 될 것이다.   달마

텅 비워라. 그게 지혜롭게 사는 길이다.   원철

전체(全體)를 받기 위해서는 그대는 비워 있어야 한다. 무한히 비워 있어야 한다. 오직 그때에만 전체를 받을 수 있다.   오쇼 라즈니쉬

마음을 비우면 세상이 보인다.   달라이 라마

인생의 즐거움은 마음을 비우는 데서 생긴다. **樂出虛**(낙출허)

【벌, 법, 죄】

최대다수(最大多數)의 최대행복(最大幸福)이야말로 도덕(道德)및 입법(立法)의 기초이다. **제레미 벤담**

자유(自由)란 법이 허용하는 한도 내에서 어떤 일이라도 할 수 있는 권리(權利)이다. **몽테스끄**

우리는 자유롭기 위하여 법률의 속박(束縛)을 받고 있다. **키에르 케고르**

법은 만들기가 어려운 것이 아니라, 시행하기가 어렵다. 법을 만드는 것은 시행하기 위함이다. 시행할 수 없는 법을 만들어서는 안 된다. **세종대왕**

시대(時代)의 흐름에 따라 법(法)은 바뀌어야 한다.

벌(罰)은 모든 죄(罪)에 본래부터 갖추어져 있다. **B. S. 라즈니쉬**

벌은 예고(豫告)되어야 하고 반드시 실천(實踐)에 옮겨져야 한다. **노무현**

법(法)을 다루는 사람이 뇌물(賂物)을 먹는다면 공정(公正)한 법집행이 불가능하다. **최대교(崔大敎)**

판검사(判檢事)부터 법을 지켜야 한다. **야마구치 요시타다(山口良忠)**

권력(權力)에 용기(勇氣) 없는 법조인(法曹人)은 존재가치가 없다. **최대교**

법관(法官)은 구도자(求道者)의 마음으로 아무리 작은 부분에도 최선을 다하는 인격적(人格的) 기초가 중요하다. **윤관**

사법관(司法官)으로서의 청렴(淸廉)한 본분(本分)을 지킬 수 없다고 생각될 때는 사법부를 용감히 떠나야 한다.　　　　　　　　　　　　**김병로(金炳魯)**

무슨 일이든지 옳은 방법으로 하지 않으면 결국은 발목이 잡혀 대가(代價)를 치르게 된다.　　　　　　　　　　　　　　　　　　**로버트 버포드**

역사(歷史)는 모든 민족(民族)에게 기회를 주지만 그 기회를 선용(善用)하지 않는 민족에게는 반드시 무거운 징벌(懲罰)을 내린다.　　**아놀드 토인비**

인간의 7대 죄악(罪惡)
(1) 노력 없는 부(富)
(2) 양심 없는 쾌락
(3) 인격 없는 지식
(4) 도덕 없는 장사
(5) 인간성 없는 과학
(6) 희생 없는 종교
(7) 원칙 없는 정치　　　　　　　　　　　　　　　　　　　　　　**간디**

만일 죄를 지었다면 그 죄를 상쇄(相殺)할 수 있는 선행(善行)을 베풀도록 하라.　　　　　　　　　　　　　　　　　　　　　　**조셉 텔루슈킨**

보는 사람이 없는 곳에서도 법을 지키는 성숙된 사회가 민주사회(民主社會)다. 한 사람을 벌줌으로써 여러 사람이 경계(警戒)토록 본보기로 삼는다.
一罰百戒(일벌백계)

법을 지키는 법치국가(法治國家)가 바로 선진국이다.　　**강영훈(姜英勳)**

만약 그대가 그대의 양심(良心)이 명(命)하는 바에 따라서 생활할 수만 있다면, 그 이상의 큰 행복은 없을 것이다.　　　　**마르크스 아우렐리우스**

【법칙, 룰(rule), 물리, 섭리, 원리, 이치】

법칙(法則)은 만물(萬物)을 지배한다.　　　　　　　　　데모크리토스

천하의 물(物)에는 반드시 그렇게 된 까닭과 당연히 그래야만 될 법칙이 있다. 이것이 곧 리(理)다.

우주(宇宙)는 모든 일을 저절로 해낸다. 풀은 애를 써가면서 자라나지 않는다. 자연스럽게 자라난다. 이것이 섭리(攝理)다.　　　　　　　론다 번

신(神)이 세상을 운용(運用)하는 원리(原理)는 모든 경우에 적용되는 예외(例外)가 없는 보편적(普遍的) 원리를 말한다.

적자생존(適者生存)의 법칙은 잔인한 약육강식(弱肉强食)에 근거를 둔 것이 아니라, 자연 전체를 다스리는 신선(新鮮)하고 공평(公平)한 법칙에 근거를 두고 있다.　　　　　　　　　　　　　　　　　　　　　제임스 앨런

적자생존이라는 자연의 기본원리(基本原理)에서 고통(苦痛)은 필연적으로 따라 나온다.

'공존(共存)의 섭리(攝理)'는 우주 대자연(大自然)의 절대(絶對) 법칙이다.
(지구에 수백만 종의 생물이 살고 있듯이, 사회 역시 공존의 섭리가 작용한다.)　　김승호

신(神)은 결코 주사위를 굴리지 않는다.
〈언제든지 법칙대로만 한다는 뜻 : God never plays dice.〉

같은 원인(原因)은 항상 같은 결과(結果)를 생산하는 게 자연법칙이다.
　　　　　　　　　　　　　　　　　　　　　　　월러스 D. 워틀스

세상사(世上事) 사필귀정(事必歸正)이다.
〈무슨 일이든지 결국 올바른 이치대로 되고 만다.〉

운명(運命)에는 인간의 지혜가 만들어낸 자(尺)로는 도저히 잴 수 없는 엄연한 룰(rule)이 있다.　　　　　　　　　　　　　　　　　　　　몽테뉴

성실(誠實)한 인격(人格)은 행복의 원리이고, 성공의 원리이며, 건강의 원리이다.　　　　　　　　　　　　　　　　　　　　　　　　　안병욱(安秉煜)

세상사는 인연법칙(因緣法則)이 한 치의 오차(誤差)도 없이 굴러가고 있다. 인(因)은 직접적 원인이며, 연(緣)은 간접적인 원인이다. 내 마음가짐이나 노력이 인이고, 나의 배경(背景)이나 주변 환경이 연이다. 일단 주어진 연을 감수(甘受)하면서 지금의 인을 새롭게 만들어나가야 한다. 그래야만 삶이 업그레이드(Upgrad)되는 것이다.　　　　　　　　　　　　　　　　월호

매사에 일관되게 행동하고 말하면 나중에는 기대하지 않은 큰 보상(報償)을 받을 수 있는 '일관성(一貫性)의 법칙'이 있다.

무슨 일이든 성공하기 위해서는 먼저 대가를 치러야 한다는, 대가 선지불(代價 先支佛)의 법칙이 있다.

얻기 위해서는 주어야 한다는 것이 우주의 법칙이다. 당신이 원하는 것이 있다면 "내가 이것을 얻기 위해서 주어야 하는 것은 무엇일까?"를 자신에게 물어보라. 모든 것은 대가가 있다.　　　　　　　사나야 로만, 듀엔 패커

"마음에 강렬하게 그린 것이 현실로 나타난다."는 '우주의 법칙'은 자나 깨나 끊임없이 '엄청나게 많이' 생각하고 바라야 한다.　이나모리 가즈오

뛰어난 재능이나 능력이 있어야만 부자가 되는 것은 아니다. 그들이 부자

가 되는 것은 특정한 법칙에 따라 행동하기 때문이다.   월러스 D. 워틀스

최선을 다하고 결과는 우주의 섭리에 맡기는 게 현명하다. 당신이 어떤 생각을 하고 어떤 노력을 하더라도 결과는 당신의 지배권을 벗어난다. 세상사(世上事)란 원래 그렇다. 전력을 다해 일하고 결과는 잊어라.
바바라 버거

인생은 세상이치(世上理致) 그대로 돌아가는 것이 아니다. 모순투성이 그 자체가 바로 인생인 것이다.   마츠우라 에이코

문(門) 하나가 닫히면 이내 다른 문이 열린다는 것은 특별할 것 없는 인생의 법칙이다. 그러나 닫힌 문에 연연하여 열린 문을 소홀히 한다는 것이 인생의 비극이다.   앙드레 지드

하늘의 이치(理致)가 어느 누구의 인생도 오르막만 만들지 않고 또 내리막만 만들지 않았기 때문에 산다는 것 자체가 행복과 불행이 공존(共存)할 수밖에 없다.   백운산(白雲山)

사물(事物)에는 반드시 양면(兩面)이 있다.   카미코 타다시(神子侃)

어느 한 부분이 지나치게 과대(過大)해지면 그 반대편에서 반발(反撥)이 생겨나기 마련이다.   W. J. 듀란트

모든 작용에는 반작용(反作用)이 따른다.   세예드 호세인나스르

무슨 일이든 극(極)에 달하면 반드시 반전(反轉)을 맞는다.
物極必反(물극필반) : 달도 차면 기운다.(속담)   주역(周易)

밀물은 썰물로 바뀌게 마련이다.   영국 속담

만물(萬物)은 강대하고 성장(盛壯)하면 반드시 노쇠하게 마련이다.
物壯則老(물장즉노) 　　　　　　　　　　　　　　　　　　　노자(老子)

노년(老年)이 되면 대체로 인간관계의 중요성이 덜해진다. 어쩌면 이것은 사람들과 어쩔 수 없이 해야 하는 이별(離別)을 덜 고통스럽게 하려는 자연의 자비로운 섭리인지도 모른다. 물론 사랑과 우정은 삶을 가치 있게 만드는 중요한 부분이지만 행복의 유일한 요소는 아니다. 　　　앤서니 스토

죽음을 거스를 수 없는 자연(自然)의 섭리로 받아들이는 것이 바로 존엄성(尊嚴性) 있는 죽음의 기본 요소다. 　　　　　　　　　셔윈 B. 뉴랜드

자연의 섭리(攝理)인 죽음을 두려워하는데 시간을 낭비하지 말고, 언제나 행복의 가능성이 있음을 알고 마음 편히 지내라. 　　　　　　　M. 말즈

【벗, 우정, 친구】

친구 관계는 우연(偶然)에 의해 맺어질 때가 많다. 　　　라이프치히 대학 연구

지금 나의 좋은 친구(親舊)들도 한때는 낯선 사람들이었다. 　　쿨렌 하이타워

벗은 인연(因緣)으로 맺어지는 것이지, 억지로 만들어지는 것은 아니다.
(Friends are born, not made.) 　　　　　　　　　　　　　헨리 아담스

친구란 당신의 모든 것을 알고 그러면서도 당신을 좋아하는 사람이다.
　　　　　　　　　　　　　　　　　　　　　　　　　　　엘버트 허버드

친구를 가질 수 있는 유일한 길은 딴 사람의 친구가 되는 일이다.
　　　　　　　　　　　　　　　　　　　　　　　　　　　　　에머슨

547

부(富)나 지위(地位)는 우리를 친구로부터 고립(孤立)시키기 쉽다. A. 미어즈

친구 간의 우정(友情)도 형편이 비슷해야 지속된다. 고철종

함께 있을 때 기분 좋은 친구를 사귀라. 토니야 레이맨

친구가 몇 명인지보다 얼마나 질(質) 좋은 관계를 맺고 있는지가 중요하다.
로버트 월딩거

사귀어서 도움이 되는 친구는 강직한 인물, 성실한 인물, 교양이 있는 인물이다. 논어(論語)

돈을 빌려주면 돈도 친구도 잃게 된다. 세익스피어

긍정적인 유대감(紐帶感)을 주는 사람들과 어울려라. 다니엘 G. 에이멘

가장 지독한 고독은 진정(眞正)한 친구가 없는 것이다. 프랜시스 베이컨

친하지도 않은 사람들을 만나는 것보다는 외로움이 낫다.

나는 고독만큼이나 친해지기 쉬운 벗을 찾아내지 못했다.
헨리 데이비드 소로

스스로 자기 자신의 친구가 될 수 없을 때 고독이 찾아온다.
바바 하리 다스

관계를 소홀히 하면서 우정이 저절로 돈독해지기를 기대할 수 없다. 얻으려면 대가를 치러야만 한다. 존 맥스웰

논쟁(論爭)에서 이기는 것보다 친구를 얻는 편이 더 낫다.　　　　　조 오웬

세상에는 기묘(奇妙)한 우정이 존재한다. 서로 잡아먹을 것처럼 하면서도 헤어지지도 못하며 일생을 그대로 지내는 인간이 있다.　　도스토예프스키

적을 용서하는 자는 무척이나 넓고 장쾌(壯快)한 마음을 지닌 큰 사람으로 보인다. 하지만 그런 그도, 친구를 용서하기란 훨씬 어려운 법이다.　니체

원수를 사랑하려고 애쓰기 전에 먼저 친구들에게 더 잘하도록 노력하라.
　　　　　　　　　　　　　　　　　　　　　　　　　　　마크 트웨인

친구의 성공을 진심으로 기뻐하라.　　　　　　　　　　　　존 맥스웰

추억을 공유(共有)하는 것은 서로의 유대감(紐帶感)을 키워준다.　존 맥스웰

좋은 친구란 진지하게 이야기를 들어주는 사람이다.　　　　쿠보 도시로

당신의 가장 친한 친구는 당신의 배우자(配偶者)여야 한다.　지그 지글러

행복한 결혼 생활을 결정하는 가장 큰 요인은 부부간의 '우정의 깊이'이다.
　　　　　　　　　　　　　　　　　　　　　　　　　　　　존 고트먼

어떤 친구를 사귀는지 보면 그 사람을 알 수 있는 것처럼, 어떤 책을 읽는지 보아도 그 사람을 알 수 있다. 책도 벗이기 때문이다. 그리고 사람이든 책이든, 가장 좋은 벗을 사귀어야 한다.　　　　　　새무얼 스마일즈

자식을 모르겠거든 자식의 친구를 보라.　　　　　　　　　순자(荀子)

미소(微笑)는 밑천이 하나도 들지 않지만 소득은 크고, 미소는 아무리 주어

도 절대로 줄지 않고, 받는 사람은 더욱 풍성해진다. 미소는 가정을 행복하게 만들고, 친구들에게 우정을 심어준다. 윤종모

사람은 고통(苦痛)을 겪지 않고서는 언제까지나 평범함과 천박함에서 벗어나지 못한다. 모든 고통은 차라리 인생의 벗이다.

인간의 가장 좋은 친구는 자기상(自己像)이다. 건전(健全)한 생활을 누리려면 건전한 자기상이 필요하다. 만일 자기를 좋은 인간이라고 생각하고, 자기 자신의 모습에 만족을 느낄 수 있다면, 당신은 동요(動搖) 없는 안정감에 넘친 생활을 할 수 있다. M. 말쯔

오랫동안 못 만나게 되면 우정은 소원(疏遠)해진다. 정말 좋은 친구는 일생을 두고 사귀는 친구다. 피천득(皮千得)

진정한 친구란 십 년 동안 만나지 못했더라도 방금 헤어졌다 다시 만난 것처럼 대화(對話)를 계속 이어나갈 수 있는 사람이다.

진정한 친구란 다른 사람은 다 가버리는데 거꾸로 나를 향해 들어오는 사람이다. 월터 윈첼

친구가 되어줄 수 있다는 것은 인간이 가질 수 있는 가장 큰 재능(才能) 중 하나다. 존 맥스웰

진정한 친구는 항상 친구가 되어준다. 존 맥스웰

【변명, 자기 정당화, 탓, 핑계】

성공한 사람들은 일들이 잘못되어 가면 자기 입장을 변명(辨明)하거나 자신

의 무지(無知)함을 유지하려 하기보다는 그 이유를 찾아내고, 고치려고 하는 일에 더 열심이다. 잭 캔필드

내 인생에 변명은 없다. 아프면 아플 수밖에 없는 거다. 겪어야 하는 건 겪으면 되고, '뭣 때문에'라고 이유를 대는 것은 시간 낭비다. 그 시간에 스트레칭이라도 한 번 더 하겠다. 강수진

서른이 넘었으면 자기 인생을 부모 탓으로 돌리지 말라. 로저 로젠블라드

'빈곤의식(貧困意識)'을 가진 사람은 자신이 곤경(困境)에 처한 것을 매번 '주변의 탓'으로 돌리지만, 목적을 지닌 사람은 변함없이 남을 위해 베풀며 번영의 흐름에 승차하는 확실한 길을 택한다. 웨인 다이어

사람들이 겉으로는 자기를 꽤나 비판하는 듯해도 사실 내적(內的)으로는 자기가 살아가는 방식에 아무 문제가 없으며, 아마도 이 세상에서 자신이 제일 옳으며, 모든 문제는 외부 세계 탓이요, 다른 사람들의 이기심과 부당함 때문이라고 믿는다. 데이비드 호킨스

모든 것을 남의 탓으로 돌리고 사는 한 잘못은 개선되지 않고 계속 반복된다. 지광

실수에 대한 주도적(主導的)인 해결방법은 그것을 즉시 인정하고 수정(修正)해서 그로부터 교훈(敎訓)을 얻는 것이다. 그러나 실수를 인정하지 않고, 그것을 고치지 않고, 또 그것으로부터 교훈을 얻으려 하지 않으면 이것은 또 하나의 큰 실수이다. 스티븐 코비

자신에게 일어난 일은 100퍼센트 내 책임이라 여길 때 답이 보인다. 사이토 히토리

실패를 내 탓으로 돌리는 사람이 성장한다. (실패의 원인을 자신에게서 찾아라.)
시라이시 다카시

스스로를 기만(欺瞞)하지 마라. 스스로에게 무자비할 정도로 정직하라. 변명과 자기 정당화(自己 正當化)는 그만두어야 한다. **잭 캔필드**

나의 몰락(沒落)은 누구의 탓도 아니다. 나 자신의 탓이다. 내가 나 자신의 최대의 적이었고, 나 자신의 비참한 운명의 원인이었다. **나폴레옹**

당신이 옳지 않을 때는 재빨리 또한 단호히 이를 인정하라. **디일 카네기**

사람이 핑계를 찾기 시작하면 일생 단 한 번도 남에게 베풀 여유는 생겨나지 않을 것이고, 사람이 늙어 한 시대의 어른 되었는데도 아랫사람에게 베풀 아무것도 없다면 그 사람은 잘못 살아도 크게 잘못 산 사람이다.
이문열

어둠을 탓하기보다는 촛불을 켜는 것이 낫다. **중국 속담**

안 되는 이유(理由)보다 될 수 있는 방안(方案)을 찾자. **구자경(具滋曔)**

【변화, 바꾸다, 바뀌다, 뒤바뀌다, 달라지다, 반전, 변전, 변질, 변환, 전환】

〈1〉

변화를 두려워하지 말라. 그것은 자연의 필연적인 과정이다.
마르크스 아우렐리우스

변화(變化)하는 모든 것을 받아들이자. 　　　　　　　　　미야자키 신지

변화에 적응(適應)하는 종(種)만이 살아남는다. 　　　　　　　전옥표

잘나가는 사람은 변화에 강하다. 　　　　　　　　　　시라이시 다카시

바깥세상에서 일어나는 변화는 기회(機會)이다. 　　　　　　피터 드러커

조직(組織)은 언제나 환경의 변화에 맞추어 바뀌어야 한다. 　　로버트 헬러

우리 중 누구도 자신의 어제를 바꿀 수는 없다. 하지만 우리 모두 자신의 내일은 바꿀 수 있다. 　　　　　　　　　　　　　　　　잭 캔필드

가슴 뛰는 삶을 살아라. 자신이 가장 잘하는 일에 집중하라. 다른 사람이 변화를 만들어주기를 기다리지 말고, 스스로를 변화시켜라. 　로빈 S. 샤르마

필요할 때 재빠른 행동(行動)은 당신의 삶을 변화시킬 수 있다. 　잭 캔필드

성공(成功)하는 사람은 노력하면 실현할 수 있는 일에 모든 정성과 관심을 쏟지만 아무리 노력해도 절대 변하지 않는 일에는 절대 관심을 두지 않는다.
　　　　　　　　　　　　　　　　　　　　　　　　　미야자키 신지

비전이란 한번 정하면 고정불변(固定不變)의 것이 되는 그런 형태여서는 안 된다. 즉 전혀 다른 비전으로 바뀔 수도 있어야 하는 것이다. 　톰 피터스

자기 사고(思考)의 바탕을 바꿀 수 없는 사람은 현실 문제도 바꿀 수 없으며, 결국 아무런 진보도 해낼 수 없다. 　　　　　　　　　스티븐 코비

많은 사람들이 인생을 변화시키는 데는 몇 달 또는 몇 년이 걸린다고 생각

하지만, 결심하는 그 순간 삶을 변화시킬 수 있다. 몇 달 또는 몇 년이 걸리는 것은 그 결정을 유지하는 데 쏟아야 하는 노력이다.　로빈 S. 샤르마

인간을 행복하게 만드는 것이 무엇인지에 대한 인식(認識)은 살면서 여러 차례 변한다.　대니얼 길버트

쓸모 있는 것과 쓸모없는 것은 얼마든지 뒤바뀔 수 있다.　위단(于丹)

우리의 습관(習慣)은 무의식(無意識)에 새겨져 있어서 잠재의식이 바뀌지 않는 한 고쳐지지 않는다.　리사 리비

인간에게 가장 힘든 일은 자신을 알고 자신을 변화시키는 일이다.
　알프레드 아들러

성공한 사람은 보통 사람들 중에서 끊임없이 자신을 고쳐나갔던 사람이다. 처음에는 남들과 비슷했지만, 서서히 자신을 변화시켜 앞서간 것이다.
　김승호

"마음먹기에 따라 인생은 얼마든지 바뀔 수 있고, 또 바꿀 수 있다."는 마음가짐이 중요하다.　무라카미 가즈오

단순한 원칙(原則) 하나가 당신의 미래(未來)를 바꾼다.　이영직

변화 중에도 흔들려서는 안 되는 원칙이 있으니, 바른 인생관(人生觀)과 덕성(德性)이다. 이 두 가지는 변치 않되, 목표를 이루는 방법은 적절한 조정과 변화 속에서 찾아내야 한다.　주역(周易)

남모르게 선행(善行)을 하는 것은 상상(想像) 이상(以上)의 힘으로 운을 변화시키다.　타카다 아키기즈

운(運)이란 생기기도 하고 없어지기도 한다. 그래서 운을 벌어야 한다고 말하는 것이다.   김승호

불평불만(不平不滿)을 끊으면 운도 좋은 쪽으로 변할 것이다.   김승호

자신이 우위(優位)라고 자각하면 인간의 태도는 점점 변하게 된다. 그것은 그 사람이 훌륭한 사람인가 아닌가 하는 문제가 아니라 인간의 본성(本性)이 그런 것이기 때문이다.   타카다 아키가즈

기도(祈禱)는 신(神)을 변화시키는 것이 아니라, '그대'를 변하게 만든다. 기도를 하게 되면 겸손(謙遜)해진다.   오쇼 라즈니쉬

진정한 신앙(信仰)은 삶의 변화로 나타나야 한다.   이수영

참회(懺悔)하는 방법은 오직 변화(變化)다.   데이비드 호킨스

아침 햇살은 하루 종일 빛나지 않는다.   벤저민 프랭클린

같은 강물에 두 번 발을 담글 수 없다.   헤라클레이토스

밀물은 썰물로 바뀌게 마련이다.   영국 속담

무슨 일이든 극(極)에 달하면 반드시 반전(反轉)을 맞는다.
物極必反(물극필반) : 달도 차면 기운다.(속담)   주역(周易)

음(陰)이 극에 달하면 양(陽)이 나타나고, 양이 극에 달하면 음이 나타난다.
陰極則陽生 陽極則陰生(음극즉양생 양극즉음생)   중국 격언

때가 무르익으면 패배를 승리로 전환할 수 있다.   장쓰안

人間萬事 塞翁之馬(인간만사 새옹지마)
〈중국의 고사(故事)에서 유래된 말로 사람의 길흉화복(吉凶禍福)이란 일정한 것이 아니어서 그 다양한 변화는 예측할 수 없으므로, 재앙도 슬퍼만 할 것이 못 되고 복도 기뻐만 할 것이 못 된다는 뜻〉 **회남자(淮南子)**

우리에게 닥치는 사건(事件)은 언제나 일시적인 현상일 뿐이다. 한마디로 덧없는 것이다. 모든 것은 변하기 마련이다. **조셉 패런트**

어떤 일도 시간이 지나면 전체 상황(狀況)이 변하게 마련이다. **쩡스창**

〈2〉

인생(人生)이 견딜 수 없게 되었을 때 우리는 상황이 변화할 것을 기대한다. 그러나 가장 긴요하고 가장 효과적인 변화, 즉 자신(自身)의 태도(態度)를 바꿔야 한다는 점엔 거의 생각이 미치지 못한다. **L. 비트겐슈타인**

사람이 원래 가지고 있는 태도는 좀처럼 변하지 않는다. **윌리엄 J. 오닐**

피할 수 있는 시련이라면 그 원인을 제거하는 것이 현명하지만, 변화시킬 수 없는 상황이라면 그에 대한 자신의 태도를 선택할 수는 있다.
빅터 프랭클

더 이상 상황(狀況)을 바꿀 수 없을 때, 그것을 보는 관점(觀點)과 대응(對應)하는 방법을 바꿔라. **리사 헤인버그**

걱정은 미래를 변화시킬 힘이 전혀 없다. **웨인 다이어**

당신이 변화시키거나 영향을 미칠 수 없는 것들에 시간을 낭비하지 말라.
로버드 그린

자신의 삶을 책임지고 싶다면 앞에 놓인 상황을 '벗어나거나, 변화시키거나, 전적으로 받아들이는' 세 가지 중에서 한 가지를 선택(選擇)하고 그 결과에 따르는 것이다.
에크하르트 톨레

미래란 미리 정해져 있는 것이 아니라, 변화시킬 수 있는 것이다.
마이클 탤보트

이것저것 두드려보다 보면 달라질 수 있다. 가만히 있으면 그냥 그대로다.
김승호

태풍을 뒷바람으로 바꿔라.
노먼 V. 피일

과거(過去)에 대한 정서(情緖)들을 안정과 만족으로 바꿀 수 있는 것은 감사(感謝)하는 마음과 용서(容恕)하는 마음이다.
마틴 셀리그만

결과에 따라서만 감사하던 자세를 미리 무조건 감사하는 자세로 바꾸면 그 에너지는 감사할 수 있는 상황을 강력하게 끌어들이므로, 당신은 이제까지 경험하지 못했던 많은 변화들을 체험하게 될 것이다.
뇔르 C. 넬슨

하고많은 수행(修行) 중 가장 큰 수행은 바로 '사람은 상대방을 억지로 변화시킬 수 없다'는 것을 깨닫는 '결혼'이라는 수행이다.
사이토 히토리

부부(夫婦)는 상대(相對)를 변화시키려고 엄청난 에너지를 쏟아붓지만, 각자 가진 가치관과 세계관은 쉽게 변하지 않는다. 이 점을 인정하고 상대를 '있는 그대로' 받아들이는 것이 성공적인 결혼 생활의 첫걸음이다.
카를 융

부부생활이라는 수행을 잘 해나가려면 상대방에게 절대 기대를 걸지 말아야 하고, 상대방을 변화시키려고도 하지 마라.
사이토 히토리

고칠 수 없는 것은 참아야 한다.
(What can't be cured must be endured.)   서양 격언

인간관계를 좋게 유지하려면 상대방을 바꾸려 하지 말고 자신을 바꾸는 수밖에 없다.   사이토 히토리

당신은 가장 많은 시간을 함께 보내는 사람들처럼 된다.   잭 캔필드

나를 보다 좋은 사람으로 변화할 수 있도록 이끌어주는 관계야말로 최고의 관계이다.   신영복

〈3〉

우리 인생을 움직이는 보이지 않는 커다란 두 힘은 '운명'과 '인과응보의 법칙'이다. 인간은 운명의 지배를 받는 한편, 자신의 좋은 생각과 좋은 행동으로 운명을 변화시킬 수 있는 존재이다.   이나모리 가즈오

삶을 바꾸려면 마음을 바꿔라.   존 템플턴

역사(歷史)를 바꾸는 사람은 무언가 결단(決斷)을 하는 사람이다.   정현민

단 한 사람의 위대한 변화가 한 사회의 운명, 더 나아가 인류의 운명을 바꿔놓을 것이다.   이케다 다이사쿠

언젠가 미래에 할 예정이거나 해야만 하는 일이 백 가지가 된다고 해도 지금 할 수 있는 한 가지 일에 초점(焦點)을 맞추시오. 당신이 영원한 현재의 차원에 들어가면, 당신이 많은 수고를 들이지 않아도 신기하게 변화가 찾아오는 일이 많아진다.   에크하르트 톨레

사람에게는 장단점이 있고, 기세(氣勢)에는 성쇠가 있는 법이다.
오자(吳子)

급전직하(急轉直下)와 같은 운명의 변전(變轉)은 모든 시대, 모든 나라, 모든 사람이 겪을 수 있다.
단테

부귀빈천(富貴貧賤)이 물레바퀴 돌듯 한다.
한국 속담

오르막과 내리막, 그것이 삶이라는 것을 받아들인다면 우리 마음은 더 쉽게 평화로울 수 있을 것이다.
라마 예쉬

자신의 인생행로(人生行路)에서 변화하는 현실 그 자체를 외면(外面)해서는 안 된다.
로버트 버포드

문명(文明)이 발달한 곳일수록 임신율(姙娠率)이 낮아진다.
버트런드 러셀

디지털(digital) 혁명, 인공지능, 생명공학 등 첨단기술(尖端技術)의 발전이 우리 삶에 근본적(根本的)인 변화를 가져오고 있지만, 사람들이 옛날 사고방식에 갇혀 변화를 제대로 읽어내지 못하고 있다.
요게슈바어

머지않아 AI(Artificial Intelligence: 人工知能)가 인류의 지능과 능력을 뛰어넘고, 모든 산업을 바꾸게 될 것이다.
손정의

변환(變換)의 가장 흥미로운 특징은 그것이 예상치 못한 방식으로 온다는 것이다.
윌리엄 브리지스

우리 세대의 가장 위대한 발견은 인간이 자신의 마음자세를 바꿈으로써 삶을 바꿀 수 있다는 사실을 발견한 것이다.
윌리엄 제임스

인간은 스스로 변화의 필요성을 절감할 때 가장 많이 변화한다.
밀턴 에릭스

마음공부는 나쁜 생각이 나려고 하는 마음을 좋은 마음으로 바꾸어 나를 고요하게 만들어주는 일이다.
장응철

현재의 상황에서 몹시도 벗어나고 싶은 많은 사람들이 정작 자기 자신을 달라지게 하는 데에는 소홀하며, 그 때문에 결국 제자리에서 벗어나지 못한다.
제임스 앨런

아무것도 변하지 않을지라도 나 스스로가 변하는 순간 우주가 변한다.
오노레 발자크

똑똑한 자는 생각을 바꾸지만 어리석은 자는 그렇게 못한다. 스페인 속담

아무것도 안 바꾸면 아무것도 안 바뀐다.
박병원

생각의 작은 변화만으로도 멋진 삶이 가능하다.
짐론

운명(運命)을 바꿀 수 있는 핵심은 '지금 당장 생각과 습관을 바꿀 것'과 '다른 사람에게 좋은 일을 많이 할 것'이다.
조용헌

실제로 인생이 변하려면 실천(實踐)해야 한다.
위동회이

사람은 나이가 아무리 많아도 변할 수 있다.
오모테 사부로

진정 우리의 삶에 변화를 가져오는 것은 실천이다.
로라 데이

【보답, 보상】

세상은 당신이 생각하는 것에 대해서는 보상(報償)을 해주지 않고, 당신이 행(行)하는 것에 대해서만 보상을 해줄 뿐이다.　　　　　　　잭 캔필드

추진력과 정력과 악착스러움이야말로 출세(出世)에 따르는 자질(資質)이며, 많은 보답(報答)을 받을 수도 있다.　　　　　　　E. 레보노

매사에 일관(一貫)되게 행동하고 말하면 나중에는 기대하지 않은 큰 보상을 받을 수 있는 '일관성의 법칙'이 있다.

누가 보든지 안 보든지 자신만 열심히 정성(精誠)을 다해 일하면 반드시 그 보답(報答)이 자신에게 돌아온다.

이 세상 고락만사(苦樂萬事)가 다 내가 저지르고 내가 받는 것이다.　청담

제가 뿌린 씨는 제가 거둔다. (As a man sows, so he shall reap.)
　　　　　　　　　　　　　　　　　　　　　동·서양 속담

인내(忍耐)는 쓰나 그 열매는 달다.　　　　　　　　장자크 루소

큰일이든 작은 일이든 가급적 공익(公益; 사랑)을 추구하는 사람이 되라. 남을 위한 일은 반드시 하늘로부터 보상받을 것이다. 적어도 남에게 해를 끼치지 않아야 한다.　　　　　　　　　　　　김승호

잘못된 길을 가면 그 과보(果報)가 필연적으로 따라오게 되어 있다.

역사에도 인과응보(因果應報)가 있다.　　　　　　　탄허(呑虛)

죽고 사는 것이 명(命)이 있으니, 죽게 되면 죽을 뿐이다. 어찌 한번 죽어 국가에 보답하기를 아낄까 보냐.   이순신(李舜臣)

존경(尊敬)이란 자신이 준 것에 대한 보답이다.   캘빈 쿨리지

조그만 덕(德)을 쌓는 일은 결국 큰 보답으로 돌아오게 마련이다. 될 수 있으면 많은 사람들이 호의(好意)를 받고 은혜(恩惠)를 입었다고 생각하도록 해야 한다.   톰 피터스

선행을 쌓으면 반드시 생각지도 아니한 경사가 찾아온다.
積善之家 必有餘慶(적선지가 필유여경)   역경(易經)

남모르게 덕행을 쌓은 사람은 뒤에 그 보답을 저절로 받는다.
陰德陽報(음덕양보)   회남자(淮南子)

모든 선물(膳物)은 준 사람에게로 돌아간다.   데이비드 호킨스

베풀면 언젠가 반드시 돌아온다.   사이토 히토리

많이 베풀수록 많은 축복이 찾아오는 법이다. 그러나 즉시는 아니다.
  로버트 기요사키

베푼 만큼 거두기 힘들다.   고철종

선(善)이 항상 보상받는 것은 아니다.

대가(代價)를 바라지 않고 좋은 일을 하는 것이 진정한 적선(積善)이다.

능력주의(能力主義)가 강화되면서 승자(勝者)는 더 큰 보상을, 패자(敗者)는 디

큰 벌칙을 받고 있다. 앵거스 디턴, 앤 케이스

누가 당신에게 도움을 주거든 기꺼이 받아라. 받는 것을 자꾸 거절하면 복이 달아난다. 기꺼이 받고 받은 그 이상으로 되돌려주도록 하라. 김영식

종교(宗敎)가 궁극적으로 지향하는 것은 현실적 보상(報償)이 아니라 아무리 어려운 현실일지라도 의미(意味) 있는 것으로 받아들이는 것이다. 정진홍

우리가 다른 사람을 너그럽게 받아들이고 인정(認定)할 때 사실은 우리 자신에게 그렇게 하는 것이다. 데이비드 호킨스

현명한 행동이 결국 행복을 가져다준다. 즉 행복은 '바르게 산' 결과다.
로버트 링거

항상 바른길을 가고, 바르게 생각하고, 바르게 행동한다면 당신은 마치 고요하게 흘러가는 강물처럼 조용하고 행복하게 일생을 마칠 수 있을 것이다.
마르크스 아우렐리우스

보답을 기대하지 않고 오로지 누군가의 행복을 간절히 바라는 자세로 살아가는 것이야말로 인간으로서 참된 행복을 맛보는 길이다.
다까하시 사치에

【보람, 영광】

나의 노력이 다른 사람을 위해 어떤 의미(意味)를 지닌다는 희망(希望)을 품었을 때 비로소 인생의 보람을 느낀다. 드와이트 아이젠하워

스스로 중요하게 여기는 어떤 목적을 위해 움직이는 것이야말로 진정한

삶의 기쁨이다.　　　　　　　　　　　　　　　　　　조지 버나드 쇼

인생에는 공짜가 없다. 강자(强者)가 되고 싶다면 강인한 투지로 꾸준히 노력하는 끈기를 체득하라. 땀과 노력, 심지어 피를 흘리는 대가를 치르면서 목표를 실현할 수 있다는 것은 인간만이 누릴 수 있는 영광(榮光)이요, 희망(希望)이다.　　　　　　　　　　　　　　　　케임브리지 대학 교수들

무엇에 몰두(沒頭)하지 못하는 경험은 결국 거기로부터 오는 기쁨과 보람을 느낄 수 없게 한다.　　　　　　　　　　　　　　　피트 데이비스

몰입(沒入)할 수 있는 것이 있어야 삶의 가치를 느끼게 된다. 조금이라도 거기에 재미와 만족을 느낄 수 있다면 행복한 일이다.　　사이토 시케타

수고하지 않는 한가한 인생보다 고된 노동이 훨씬 만족스럽다. **존 매캐인**

역경(逆境)을 겪어본 사람만이 진정으로 기쁨을 향유(享有)할 수 있다.
　　　　　　　　　　　　　　　　　　　　　　　리처드 셰퍼드

사람은 기분 좋은 과거를 추억할 때 심리적으로 편안해진다.
　　　　　　　　　　　　　　　　　　　　　　　팀 와일드처트

세월은 충실히 살아온 사람에게 보람을 갖다 주는데 그리 인색하지 않다.
　　　　　　　　　　　　　　　　　　　　　　　　　　　　피천득

죽음의 순간에 겪는 경험은 우리가 어떻게 살았느냐와 밀접한 관계가 있다. 알차고 보람된 일상생활을 하는 게 가장 중요하다.　　달라이 라마

국가(國家)의 참된 영광은 사람들이 조그만 가정(家庭)에서 얼마나 행복을 누리고 있는 가로 측정(測定)되어야 한다고 생각한다.　　윈스턴 처칠

【보물, 보배, 희귀재, 재물】

인간의 가치는 그 소유물(所有物)에 있는 것이 아니라 인격(人格)에 있다.
오스카 와일드

인격이야말로 한평생 통용(通用)되는 유일한 보배(寶貝)다. 사무엘 스마일즈

시간(時間)이야말로 진정으로 유일한 희귀재(稀貴材)다. 아무도 시간을 생산할 수도, 팔 수도, 축적할 수도 없다. 자크 아탈리

매일(每日) 매일의 소중함보다 더 소중한 것은 없다. 괴테

현재(現在)만이 인간이 소유할 수 있는 유일한 것이며, 가장 중요한 것은 현재를 어떻게 살아가는가이다. 마르크스 아우렐리우스

身外無物(신외무물) 〈몸 이외에는 다른 것이 없다는 말로, 몸이 가장 소중하니 건강을 잘 돌보라는 뜻〉

건강(健康)은 가장 큰 가치(價値)다.

일생의 가장 커다란 만족감과 행복은 재물(財物)을 통해서가 아니라 사람을 통해 찾아온다. 깨끗하고 겸허한 마음으로 사람들을 사랑하라. 임선영

세상에서 가장 소중한 것은 언제나 가족(家族)뿐이다. 김종필(金鍾泌)

家有一老 世有一寶(가유일노 세유일보)
〈가정에 노인 한 사람이 있으면, 보물 하나 있는 것이나 다름없다.〉

우리 집에 보물은 없다. 보물이 있다면 오로지 청백(청렴하고 결백함)뿐이다.

吾家無寶物, 寶物惟淸白(오가무보물, 보물유청백)　　　　김계행(金係行)

편안한 마음이 진정한 재산(財産)이다.　　　　웨인 다이어

세계에서 가장 소중(所重)한 것은 당신 자신이다.　　　　단 카스터

황금(黃金)이 귀한 것이 아니라, 편안하고 즐거운 삶이 값진 것이다.
　　　　명심보감(明心寶鑑)

【복, 축복, 행복】

〈1〉

모든 국민(國民)은 인간으로서의 존엄과 가치를 가지며, 행복(幸福)을 추구할 권리를 가진다.　　　　대한민국 헌법

국가(國家)의 참된 영광(榮光)은 사람들이 조그만 가정(家庭)에서 얼마나 행복을 누리고 있는 가로 측정되어야 한다고 생각한다.　　　　윈스턴 처칠

인간은 언제나 즐겁고 행복해야 할 권리(權利)가 있다.　　　　오마타 간타

최상(最上)의 정부(政府)란 국민을 행복하게 해주고자 바랄 뿐만 아니라, 행복하게 해줄 수 있는 방법을 알고 있는 정부를 말한다.　　　　쇼펜하우어

최대다수(最大多數)의 최대행복이야말로 도덕(道德)및 입법(立法)의 기초이다.
　　　　제레미 벤담

복(福)받은 삶을 사는데 필수적인 한 가지 요소는 낙천적인 견해를 갖는 것

이다. 낙천적인 견해를 갖기 위해서는 우리는 행동을 조심해야하고, 다른 사람들을 배려하고, 우리가 지닌 소중한 것들에 감사할 줄 알고, 베풀려는 마음을 지니고, 해로운 사람들과 생각을 피해야 한다. 　　랜덜 피츠제럴드

'완전한 행복' 혹은 '영원한 행복'만을 생각해 왔기 때문에 우리는 많은 행복을 놓쳐버렸다. 　　J. B. W.

진정한 행복이란 우리가 항상 느낄 수 있는 것이 아니라, 이따금 맛보는 느낌들이다. 　　J. B. W.

행복은 작은 데에서 찾고, 뜻은 높은 데에 두어야 한다. 　　박태진

행복(幸福)의 기준은 사람마다 다르다. 　　사이토 히토리

인간을 행복하게 만드는 것이 무엇인지에 대한 인식(認識)은 살면서 여러 차례 변한다. 　　대니얼 길버트

성공한 뒤 행복을 찾겠다는 건 난센스(nonsense)다. 　　조벽, 최성애

지금 당장 행복해질 수 있다. 행복하기로 결정만 하면 된다. 웃어라, 그리고 행복하다고 느껴라. 　　조 비데일

자기에게 행복할 조건(條件)들이 얼마든지 있다는 사실을 알 때 누구나 진정으로 행복할 수 있다. 　　틱낫한

행복의 첫째 비결은 "자신을 다른 사람과 비교하지 말라." 　　프랑수아 를로르도

자기야말로 자신의 주인(主人)이므로 남의 이목(耳目)에 초점을 맞출 것이 아

니라, 자신에게 떳떳한 삶을 살아가는 것이야말로 행복의 지름길임을 잊어서는 안 된다.   월호

행복해지려면 다른 사람을 지나치게 의식(意識)하지 말라.   알베르 카뮈

다른 사람의 태도 때문에 내가 행복하거나 불행할 필요는 없다.   윤종모

나는 다른 사람의 인정(認定)을 받아야만 행복해질 수 있다고 하는 환상(幻想)을 말끔히 씻어버려라.   J. B. W.

남들이 만들어놓은 행복을 추구하려 애쓰지 말고, 본인이 행복한 상황을 정의(定義)하여 이를 끊임없이 추구하는 과정 속에서 행복이 찾아올 것이다.
                                                                  방시혁

먼 훗날 인생의 힘든 순간들을 돌이켜보면 그런 시련(試鍊)의 순간을 통해 우리를 복받기에 합당한 사람으로 단련(鍛鍊)시켰음을 깨닫게 될 것이다.
                                                              조엘 오스틴

어두운 면 없이 행복한 삶은 절대 존재할 수 없다.   칼융

고통 없이 어찌 행복의 기쁨을 알겠는가?   망고수투 부텔레지

어떤 문제에 부닥쳐 괴롭더라도 꿋꿋이 참고 견디어내는 것이 바로 행복(幸福)이다.   마르크스 아우렐리우스

행복은 걱정과 문제에 관심을 쏟지 않고, 마음을 편히 쉬게 할 때 자연스럽게 형성되는 것이다. (정보를 흡수하되 거기에 매달리지 않고 흘려보낸다는 의미이다.)
                                                              리처드 칼슨

행복한 삶을 살고 싶다면 절대 추측하지 마라. 근거 없이 속앓이를 하지 말고 사실에만 충실하라. 전후사정(前後事情)을 정확히 알 때까지 섣불리 판단하지 마라.　　　　　　　　　　　　　　　　　　　　　　**바바라 버거**

행복이란 개념에는 참되게 살아온 개인의 삶이 포함된다.　　**마틴 셀리그만**

항상 바른길을 가고, 바르게 생각하고, 바르게 행동한다면 당신은 마치 고요하게 흘러가는 강물처럼 조용하고 행복하게 일생을 마칠 수 있을 것이다.
　　　　　　　　　　　　　　　　　　　　　　　　　　마르크스 아우렐리우스

현명한 행동이 결국 행복을 가져다준다. 즉 행복은 '바르게 산' 결과다.
　　　　　　　　　　　　　　　　　　　　　　　　　　　　　　로버트 링거

모든 덕과 행복의 근본(根本)은 올바른 생각이다.　　　　**벤저민 프랭클린**

양심이 깨끗하지 않으면 진정한 행복을 얻을 수 없다.　　**벤저민 프랭클린**

진정한 행복과 삶의 만족은 '인격형성'에서 비롯된다.　　　**마틴 셀리그먼**

인간 최대의 행복은 인격(人格)이다.　　　　　　　　　　　　　　　**괴테**

〈2〉

행복을 찾는 유일한 길은 행복을 인생의 목적(目的)으로 하지 말고 행복 이외의 딴 목적을 인생의 목적으로 삼는 것이다.　　　　　　**존 스튜어트 밀**

행복해지고 싶다면 자신에게 적합한 꿈을 품고 살아야 한다.　　**데카르트**

지나친 기대, 헛된 기대에 눈이 멀면 우리에게 주어진 진정한 축복(祝福)들

을 볼 수 없다. "어떤 결과가 나와도 괜찮다."고 생각하라.　M. J. 라이언

다른 사람에 대한 기대치(期待値)를 최대한 낮추고, 자신의 행복을 누구에게도 맡기지 말라.
　　　　　　　　　　　　　　　　　　　　　　　　알랭 드 보통

무엇이 마음에 들면 당장 그것을 취하라. 다른 어떤 것이나 어떤 사람이 당신을 행복하게 해줄지도 모른다는 기대를 버리라.　에카르트 폰 히르슈하우젠

행복은 사실(事實)과는 무관하며, 마음가짐이나 태도에서 비롯된다.
　　　　　　　　　　　　　　　　　　　　　　　　데이비드 호킨스

행복은 원래 인생의 일부분이다. 성실하게 살면 행복은 자연히 따른다.
　　　　　　　　　　　　　　　　　　　　　　　　위단(于丹)

모든 복의 근원은 인생을 최대한 열심히 사는 것이다.　랜던 피츠제럴드

행복의 비밀은 눈앞의 현실에 온통 최선을 다하는 것이다.　마하 고사난다

행복은 자기만족에서 얻어지는 것이 아니라, 가치(價値) 있는 일에 충실할 때 얻어지는 것이다.
　　　　　　　　　　　　　　　　　　　　　　　　헬렌 켈러

무조건 참고 견딘다고 저절로 행복해지는 것은 아니다. 나 스스로 아주 구체적(具體的)으로 애쓰지 않으면 좋은 삶은 결코 오지 않는다.　김정운

당신의 가치와 행복을 확인시켜 주는 작은 일을 매일매일 찾아서 하라.
　　　　　　　　　　　　　　　　　　　　　　　　마이클 린버그

행복한 사람이 불행한 사람과 다른 점은 그들이 자신의 경험을 삶을 풍요롭게 만드는 방식으로 다룰 줄 아는 양식을 지녔다는 것이다.

로빈 S. 샤르마

평소 행복한 감정을 가지고 있을 때 덤으로 딸려오는 부산물중 하나는 골치 아픈 문제들이 저절로 해결된다는 것이다. 리처드 칼슨

인생에 있어서 좋은 일들은 단독으로 오지 않고, 겹쳐서 오는 수가 많다. (The good things of life are not to be had singly, but come to us with a mixture.) 〈복불단행(福不單行)〉 J. 랜돌프(John Randolph)

짐승들은 건강하고 먹을 것이 충분하기만 하면 행복하다. 그러나 대부분의 인간은 그렇지 못하다. 버트런드 러셀

행복은 대체로 장(腸)의 운동이 어떠냐에 달려 있다. 임어당(林語堂)

밤에 잠을 잘 자는 것이 행복과 가장 밀접한 것으로 조사됐다.
〈영국 성인을 대상으로 삶의 행복지수(Living Well Index)를 조사한 결과〉
옥스퍼드 이코노믹스

행복의 90%는 오직 건강에 달려 있다. 따라서 수입, 지식, 명예, 승진 등 다른 것을 위해 건강을 희생하는 것은 가장 바보스러운 짓이다. 이 모든 것은 항상 건강 뒤에 놓여야 한다. 쇼펜하우어

복(福) 중에는 건강(健康) 복이 제일(第一)이다. 한국 속담

건강은 행복의 한 조건일 뿐 전부는 아니지만, 건강을 잃으면 순수하고 지속적인 행복을 누리기는 어렵다. 벤저민 프랭클린

행복을 위한 조건으로 가장 중요한 것은 건강과 돈이다. 백운산(白雲山)

돈이란 남에게 행복하게 보일 수 있는 온갖 것들을 준다.   레니에

교육이 고소득을 올릴 수 있는 수단이기는 해도 행복을 증진시키는 수단은 아니다. 지능도 행복에 아무런 영향을 끼치지 않는다. 마틴 셀리그만

철학(哲學)의 진수(眞髓)는 자기의 행복이 밖에서의 일로 가능한 한 좌우되지 않도록 마음을 써가며 사는 일이다.   에픽테토스

외적(外的)인 상황이 아니라 우리 생각만이 행복을 좌우한다. 바바라 버거

여건이나 환경은 중요한 것이 아니다. 행복은 왕(王)과 신하(臣下)를 가리지 않는다.   M. H. 테스터

복(福)이 있는 사람이라면 어디에 머물든 그곳의 풍수(風水)는 분명 좋을 것이다.   쩡스창

중년(中年)에 갓 들어설 무렵까지도 유년기(幼年期)를 어떻게 보냈는가가 중요하게 여겨질 수 있으나, 노년(老年)에 접어들면 유년기의 행복은 더 이상 중요하게 여겨지지 않는다.   조지 베일런트

행복이란 습관이다. 불행해지고 싶지 않으면 행복해지는 습관을 키워라.
   E. 하버드

삶은 습관(習慣)이다. 좋은 습관은 행복의 첫걸음이다.   존 고든

노래를 부르면 행복해지고 건강해진다. 에카르트 폰 히르슈하우젠

유머가 없는 생활은 건강과 행복에 전혀 도움이 되지 않는다.
   데이비드 호킨스

유머는 세상을 행복하게 만드는 밑거름이다. 마크 트웨인

미소(微笑)는 밑천이 하나도 들지 않지만 소득은 크고, 미소는 아무리 주어도 절대로 줄지 않고, 받는 사람은 더욱 풍성해진다. 미소는 가정을 행복하게 만들고, 친구들에게 우정을 심어준다. 윤종모

웃는 집안에 복이 들어온다. 笑門萬福來(소문만복래)

We don't laugh because we're happy, we're happy because we laugh.
행복하기 때문에 웃는 것이 아니라, 웃기 때문에 행복해 지는 것이다.
윌리암 제임스

일부러라도 미소를 지으면 더 큰 행복감을 느끼고, 슬픈 표정을 지으면 더 슬퍼지고, 화나는 표정을 지으면 실제로 화가 난다. 송길원

〈3〉

행복에 대한 동화적(童話的)인 개념, 즉 어떤 일이 일어나면 영원히 행복해질 것이라는 믿음은 불가피하게 실망(失望)으로 이어진다. 행복한 삶은 어떤 일생일대(一生一大)의 사건으로 만들어지는 것이 아니다. 그보다는 꾸준히 경험이 쌓이면서 조금씩 더 행복해지는 것이다. 탈벤 샤하르

행복해지기 위해서 행복에 그렇게 많이 집착할 필요는 없다. 어떤 때는 그것에 대해서 아주 잊어버려야 한다. 어떤 때는 불행을 즐겨야 한다. 불행 또한 삶의 일부이며 그것은 아름다운 것이다. 행복과 불행을 같이 즐김으로써 균형이 유지되는 것이다. B. S. 라즈니쉬

피할 수 없는 것들과 친해지면 행복도 피할 수 없게 된다. 칼 야스퍼스

집착(執着)을 버리면 행복과 평화가 저절로 따라온다.   **안젤레스 에리엔**

욕망(慾望)을 채움으로써가 아니라 욕망을 자제(自制)함으로써 행복해진다는 것을 깨달았다.   **존 스튜어트 밀**

행복의 비밀은 희망을 포기(抛棄)하는 것이다.   **B. S. 라즈니쉬**

포기하고 자제할 마음만 있다면 유쾌하고 행복한 삶을 누릴 방법이 도처(到處)에 있다.   **알베르트 아인슈타인**

만족하지 못하고 조마조마하며 안절부절못하는 성격은 마음의 행복과 평화에 치명적이다.   **새무얼 스마일즈**

사람은 낮은 곳을 보고 사는 삶이 가장 행복한 법이다.   **정도령(正道靈)**

자기(自己)만을 소중(所重)하게 여기는 태도는 스스로를 안달하게 만들고, 자기만을 소중히 여기는 태도에서 나오는 행동으로는 절대로 행복해질 수 없다.   **달라이 라마**

어떤 활동이 즐거움과 의미를 준다고 해도 하루 종일 그 일을 한다면 행복할 수 없을 것이다.   **탈벤 샤하르**

행복만큼 권태(倦怠)를 불러오는 것은 없다.   **오쇼 라즈니쉬**

사랑의 반대는 무관심이고, 행복의 반대는 지루함이다.   **티모시 페리스**

그대들 가운데서 참말로 행복해질 수 있는 사람은 남을 위해 노력하려는 길을 찾는 사람뿐이다.   **알베르트 슈바이처**

즐거운 일보다 친절(親切)을 베푸는 행위에서 행복을 얻을 수 있다.
마틴 셀리그만

행복의 첫 번째 원칙은 어떤 일을 할 것, 둘째 어떤 사람을 사랑할 것, 셋째 어떤 일에 희망을 가질 것이다.
칸트

확실하게 행복한 사람이 되는 단 하나의 길은 사람을 사랑하는 것이다.
레프 니콜라예비치 톨스토이

남을 행복하게 해줘야만 우리가 행복해질 수 있다는 말은 도덕적인 얘기가 아니라 과학적인 얘기다.
김주환

'더불어 사는 것'이야말로 인간이 누릴 수 있는 '참 행복'이다.
백운산

인간은 혼자서는 행복해질 수 없으므로 인간관계 속으로 들어갈 용기가 필요하다.
알프레드 아들러

인간관계는 고민의 원천도 되지만 살아가는 기쁨이나 행복 또한 준다.
기시미 이치로

행복한 삶에서 가장 중요한 것은 사람과 사람 사이의 진실함과 성실함, 그리고 청렴함에 있다.
벤저민 프랭클린

일생의 가장 커다란 만족감과 행복은 재물(財物)을 통해서가 아니라 사람을 통해 찾아온다. 깨끗하고 겸허한 마음으로 사람들을 사랑하라.
임선영

인생의 참의미를 느끼게 하는 가장 큰 원동력은 자기 주변에 있는 사람들을 행복하게 만드는 것이다.
마셜 로젠버그

개인의 행복은 가족, 친구, 이웃을 비롯해 주변(周邊)에 행복한 사람이 많고 가까울수록 더 커진다. 〈태도가 상냥하고, 기분 좋은 감정을 전해 주고, 주위 사람들의 어려움을 흔쾌히 도와주기 때문이다.〉　　　하버드대 연구팀

우선 내 옆에 인연된 사람에게 만이라도 정성을 다하고 잘 지낸다면 그 인연으로 더 좋은 인연이 파생되어 행복과 성공을 잡을 수 있다. 백운산

복(福)은 바란다고 거저 얻어지는 것이 아니고 복받을 일을 많이 해야 얻어지고, 화(禍)는 피하고 싶다고 해서 거저 피해지는 것이 아니고 화를 입을 만한 짓을 하지 않아야 한다.　　　묵자(墨子)

복은 받는 것이 아니라, 짓는 것이다. 복덕(福德)을 짓는 최상의 방법은 남에게 베푸는 것이다.　　　월호

선행을 쌓으면 반드시 생각지도 아니한 경사가 찾아온다.
積善之家 必有余慶(적선지가 필유여경)　　　역경(易經)

많이 베풀수록 많은 축복이 찾아오는 법이다. 그러나 즉시는 아니다.
　　　로버트 기요사키

보답을 기대하지 않고 오로지 누군가의 행복을 간절히 바라는 자세로 살아가는 것이야말로 인간으로서 참된 행복을 맛보는 길이다.
　　　다까하시 사치에

누가 당신에게 도움을 주거든 기꺼이 받아라. 받는 것을 자꾸 거절하면 복이 달아난다. 기꺼이 받고 받은 그 이상으로 되돌려주도록 하라.
　　　김영식

세상에서 가장 중요한 때는 바로 지금이고, 가장 중요한 사람은 바로 당신

곁에 있는 사람이며, 가장 중요한 일은 당신 곁에 있는 사람을 행복하게 해주는 것이다. 　　　　　　　　　　　　　　　　　　　　　　톨스토이

행동이 항상 행복을 가져다주지는 않지만, 행동하지 않으면 절대 행복을 찾을 수 없다. 더 많이 행동할수록 운명과 더 강하게 연결될 것이다.
　　　　　　　　　　　　　　　　　　　　　　　　　　　　　로버트 링거

미래를 위한 준비는 중요하지만, 막연한 미래의 행복을 위해 오늘의 행복을 희생하지는 마라. 　　　　　　　　　　　　　　　　　　　　윤종모

지금 이 순간 우리에게 주어진 것들에서 행복을 찾으라. 　　　칼 필레머

가족과 책이 있으면 그것만으로도 충분하게 행복할 수 있다. 　　　한수산

가족, 그것은 삶에서 누릴 수 있는 가장 큰 축복(祝福)이다.

부모의 행복은 가장 불행한 자녀의 행복지수(幸福指數)만큼이다.
〈아무리 행복한 일이 많아도 자녀가 불행하면 부모는 행복할 수가 없다.〉

夫和婦順 萬福滋生(부화부순 만복자생)
남편이 화목하고 부인이 순량하면 만복이 더욱 불어난다.

행복한 삶을 누리려면 남녀의 질적(質的) 수준(水準)이 균형(均衡)이 이뤄져야 한다. 　　　　　　　　　　　　　　　　　　　　　　조용욱(趙容郁)

행복한 부부의 상당수는 많은 문제를 '옷장 속'에 감춰둔다. 　　존 고트먼

행복한 결혼은 누구에게나 아무런 노력도 없이 저절로 이루어지는 것은 아니다. 　　　　　　　　　　　　　　　　　　　　　　　　노만 V. 피일

기혼자가 미혼 남녀보다 더 행복하다고 단정 짓기에는 무리가 있는 듯하나, 폭넓은 사회생활과 결혼이 행복을 증진시켜 줄 가능성이 큰 것은 사실이다.
마틴 셀리그만

〈4〉

내면(內面)의 계발(啓發)이 행복을 가져다주지는 않지만, 행복해지려면 반드시 갖춰야 할 필요조건이다.
마틴 셀리그먼

마음이 가난한자는 복이 있나니, 천국(天國)이 저희 것임이라.
(Blessed are the poor in the spirit, for theirs is the kingdom of heaven.)
마태복음

지고(至高)의 행복은 무심(無心)에서 나온다.
이지관(李智冠)

행복한 삶은 평화롭고 안정된 마음의 바탕 위에서 이루어진다.
달라이 라마

종교에 깊이 빠지면 남이 보기엔 이상하지만 본인(本人)은 무한한 행복을 느낀다.
하루야마 시게오

뇌(腦)는 행복해지기 위해 마음을 속인다.
이케가야 유지

행복은 결코 외부조건에 달려 있지 않다. 정신적 수양을 통해 인간은 늘 행복해지는 능력을 얻을 수 있다.
하워드 C. 커틀러

치통(齒痛)을 앓을 때 우리는 치통이 없으면 행복하겠다고 생각하지만 치통이 사라진 후에도 우리는 행복하지 않을 경우가 많다.
틱낫한

수양(修養)을 하면 행복하게 다시 태어남을 맛보게 된다.   달라이 라마

어려움 속에서도 행복할 수 없다면 영혼을 수련하는 일에 무슨 의미가 있겠는가?   마하 소사난다

진정한 행복이란 그 어떤 감정(感情)이 일어나든 언제나 편안할 수 있는 능력이다.   앤디 퍼디컴

진정으로 행복해질 수 있는 길은 마음을 편하게 먹는 것이 가장 중요하다.   정현우

실생활(實生活)에서 중대한 결정을 내릴 때는 불행한 사람보다 행복한 사람이 더 현명(賢明)하게 판단한다.   마틴 셀리그만

현명한 자는 찬스(chance)를 행복으로 바꾼다.   G. 산타야나

진실로 복(福) 있는 자는 자기 적성에 맞는 직업(職業)을 일찍 택한 자이다.   전성철

이 세상에서 가장 행복한 사람은 자기가 가장 좋아하는 일을 하는 사람이다.   윤무부

우리가 좀 더 행복해질 수 있는 한 가지 방법은 전반적인 삶뿐만 아니라 매일의 일상에서 해야 하는 일을 줄이고, 하고 싶은 일을 늘리는 것이다.   탈벤 샤하르

재능(才能)을 갖고 태어난 사람은 그 재능을 발휘하면서 가장 큰 행복을 느낀다.   괴테

인생의 최종목표(最終目標)는 몇 번이고 바뀔 수 있고 목표에 이르든 못하든 행복할 수 있는 일을 하는데 집중한다면 그사이 최종목표가 바뀌어도 행복은 유지될 수 있다.   크리스 헤드필드

생활에 있어서 인간의 행복은 자기의 일에 몰두하는 것이다.   톨스토이

삶은 지적(知的), 영적(靈的), 감정적(感情的)으로 몰입해 있을 때 더 여유 있고 훨씬 행복하다.   리 아이젠버그

몰입을 더 많이 경험하는 사람일수록 행복감도 크다.   미하이 칙센트미하이

나의 사는 모습이 남에게 귀감(龜鑑)은 못 되지만 건강하게 살고 있다는 것 그 자체만으로도 나는 행복하다.   어느 산속의 자연인

행복은 있는 그대로의 자기 자신과 평화롭게 함께하는 데 있다.

이 세상보다 더 좋은 세상은 있을 수 없다. 동물 중 사람만 빼놓고는 모두 삶을 즐기고 있다. 아무 이유 없이 그저 행복해 하라.   오쇼 라즈니쉬

성공이 행복을 가져다주는 것이 아니라, 행복 그 자체가 성공이다. 지금 이 순간을 즐기는 마음이 행복의 시작이다.   아잔 브람

커다란 축복(祝福)이 내리기를 기다리지 말라. 모든 작은 기쁨들의 총합(總合)이 커다란 축복이다. 먹을 때는 먹는 것을 즐겨라. 걸을 때는 걷는 것을 즐기라. 얼마나 아름다운 세상인가.   B. S. 라즈니쉬

인간은 걸으면서 자신의 실존(實存)에 대한 행복한 감정을 되찾는다.
    다비드 르 브르통

인간의 행복은 대단한 행운보다는 날마다 일어나는 작은 일에서 올 때가 더 많다.
벤저민 프랭클린

행복해지기 위해 필요하다고 생각했던 것 없이도 우리는 행복해지기로 결정(決定)할 수 있다. 그러면 행복해질 것이다. 행복은 체험이 아니라 결정이다.
닐 도널드 월시

나의 행복은 내 스스로 만들어나간다.
박동명(장애인)

하늘의 이치(理致)가 어느 누구의 인생도 오르막만 만들지 않고 또 내리막만 만들지 않았기 때문에 산다는 것 자체가 행복과 불행이 공존(共存)할 수밖에 없다.
백운산

화(火)는 예기치 못한 큰일을 당해 생길 수도 있지만, 대개는 일상에서 부딪치는 자잘한 문제 때문에 일어난다. 따라서 화를 다스릴 때마다 우리는 일상에서 잃어버린 작은 행복들을 다시금 되찾을 수 있다.
틱낫한

"화를 느끼되 표현하지 말라."는 동양(東洋)의 방식은 행복을 여는 또 다른 열쇠다.
마틴 셀리그먼

개인의 행복을 위해서는 행동뿐 아니라 말도 통제(統制)하는 훈련을 해야 한다.
새무얼 스마일즈

할 말이 없을 때가 가장 행복하다.
정도령(正道靈)

남에게 보이기 위한 말과 행동은 공허(空虛)하다. 행복과 성공적인 삶은 현재 해야 할 일을 하는 데서 온다.
보경

〈5〉

행복이란 만족에 지나지 않는다. 당신이 만족하고 있으면 당신은 행복한 것이다.
E. 휘일러

행복을 원한다면 만족(滿足)하는 법을 배워라.
페르시아 금언

돈은 어느 수준에 이르기까지는 우리의 행복을 증진시키는 힘을 갖는다는 점에 대해서 나는 부인하고자 하지 않는다. 그러나 어느 수준을 넘어섰을 때 나는 돈의 그와 같은 기능은 정지되고 만다고 생각한다. **버트란드 러셀**

상황에 상관없이 자족하는 법을 배워서 행복을 누려야 한다. **조엘 오스틴**

행복은 매일 밤 잠자리에 들 때 오늘 하루가 충분히 만족스러웠고, 다음 날 아침에 일어나면 또 새로운 하루를 시작할 수 있다는 사실에 설레는 데 있다.
레베카 팅클

행복은 감사하는 마음과 공존(共存)하는 것이 역사의 교훈이다. **김형석**

본질적인 면에서 삶을 관찰해 보면 명성도 명예도 모두 헛된 것이다. 진짜 중요한 것은 '매 순간을 기쁨으로 채웠는가?' 그것이 중요하다. '목욕을 하고, 차를 마시고, 청소를 하고, 산책을 하고, 나무를 심고, 친구와 이야기를 나누고, 사랑하는 이와 조용히 앉아 있고, 달을 바라보고, 새소리를 들으면서 그대는 행복했는가?'가 중요하다.
오쇼 라즈니쉬

아무것도 필요 없는 사람이야말로 가장 행복한, 거의 신(神)에 가까운 사람이다.
소크라테스

만나기 싫은 사람은 그냥 안 만나면 된다. 싫은 사람과 만날 시간에 행복

해지는 일을 하라. 사이터 히토리

모든 존재는 필연적으로 영원히 혼자다. 그것을 인정하고 살아가는 것이 최대의 행복이다. D. H. 로렌스

슬퍼해 본 적이 없는 사람은 진정으로 행복할 수가 없다. B. S. 라즈니쉬

내가 지금 행복한 건 고생(苦生)을 해봤기 때문이다. 고생은 가치(價値)를 알게 해준다. 어디를 가나 불평(不平)이 많은 사람은 고생을 모르고 자란 사람들이더라. 강수진

고통을 맛보지 않으면 우리는 연민(憐憫)의 정(情)을 기를 수가 없고, 고통이 무엇인지 모르는 사람은 진정한 행복이 무엇인지도 알 수 없다. 틱낫한

참된 행복은 시련(試鍊)과 고통(苦痛) 끝에만 온다. 김수환(金壽煥)

내면(內面)의 평안(平安)은 사랑(大慈)과 연민(大悲)의 마음을 키우는 데 있다. 남의 행복을 바라면 바랄수록 더욱더 행복감을 느낀다. 남에게 친밀하고 친절한 감정을 기르면 마음은 절로 편안해진다. 달라이 라마

진정한 자비심(慈悲心)은 물질을 나눠주는 것이 아니라, 마음이 행복해지는 방법을 가르쳐주는 것이다. 달라이 라마

가장 훌륭한 예술(藝術)은 남들을 행복하게 해주는 것이다.
(The noblest art is that of making others happy.) P. T. 바넘

타인(他人)을 행복하게 해주는 사람이야말로 참으로 행복한 사람이다.
(He is truly happy who makes other happy.)

진정으로 행복한 사람은 다른 누군가를 위해서 어떻게 봉사(奉仕)할 것인가를 추구하고 찾아내는 사람이다.　　　　　　　　　　앨버트 슈바이처

좋은 일은 몰래 해야 진정한 복(福)이 된다.　　　　　　삼중(三中)

인간이 불행한 이유는 지금 갖지 않은 것을 바라기 때문이다. 이 순간을 직시(直視)하고 사랑하면 어떤 상황에서도 행복할 수 있다.　　바바라 버거

너무나도 많은 사람들이 자기의 행복을 단념하고, 또 행복을 잃은 것으로 여겨 하루하루의 생활에 목적을 찾아내려 하지 않는다.　　　M. 말쯔

인간이 불행한 것은 자기가 행복하다는 것을 모르기 때문이다. 다만 그것만이 이유인 것이다.　　　　　　　　　　　　　　도스도예프스키

자기 스스로 행복하다고 생각하는 사람은 행복하다.
(He is happy that thinks himself so.)

미련한 사람은 먼 곳에서 행복을 찾고, 현명한 사람은 바로 자기 발밑에서 행복을 키운다.　　　　　　　　　　　　　　　　　　박상철

히말라야에 갈 필요가 없다. 그대의 땅에서 행복하라.　B. S. 라즈니쉬

우리들의 인생에는 아직 더 행복해질 수 있는 큰 가능성이 남아 있다.
　　　　　　　　　　　　　　　　　　　　　　　　구사나기 류슌

눈에 보이는 결과에만 빠져들어서는 행복해질 수 없다. 자신이 지금 하고 있는 일에 의미(意味)를 부여하면서 정신적, 육체적으로 건강해지는 것이 행복이다.　　　　　　　　　　　　　　　에밀리 에스파하니 스미스

인생은 짧고 생명은 유한(有限)하다. 그러므로 사는 동안은 최대한 행복하고 즐겁게 살아야 한다. 그러기 위해서는 마음이 여유롭고 자유(自由)로워야 한다.
위동회이(于東輝)

인간은 자유로움을 느낄 때 마음에 행복(幸福) 반응(反應)이 원활(圓滑)하게 일어난다는 연구보고가 있다.
운대현

고달픈 인생을 행복하게 만들기 위해서는 사소(些少)한 것에 연연(戀戀)하지 말고 인생을 물 흐르듯이 살아가라.
리처드 칼슨

인생은 단순(單純)할수록 행복하다.
장사오형

마음이 가는 대로 사는 것만으로 행복하다.
마츠우라 에이코

우리가 사랑을 할 수 있는 능력을 지녔고, 음악을 들을 수 있고, 꽃을 감상할 수 있으며, 세상을 있는 그대로 바라볼 수 있는 한 그 아무것도 우리의 행복을 막을 수 없다.
아르투르 루빈스타인

마음이 점차 순화(純化)되면 점점 행복감이 싹트게 된다는 것을 우리는 경험으로 안다.
달라이 라마

현재(現在)의 순간에 대해 감사하면서 지금 충만(充滿)한 삶을 사는 것이야말로 더없는 행복이다.
에크하르트 톨레

행복은 남의 집 정원(庭園)에서 줍는 것이 아니라, 내 집 난롯가에서 얻는 것이다.
더글러스 제럴드

행복하려면 먼저 긍정적(肯定的) 마음을 가지라.
마틴 셀리그먼

삶의 가장 큰 행복은 우리 자신이 사랑받고 있다는 믿음으로부터 온다.
빅토르 위고

사랑이 있는 고생(苦生)이 가장 값진 행복한 인생이다. 　　김형석(金亨錫)

행복한 가정(家庭)은 노력으로 이루어진다. 　　피천득(皮千得)

사랑하는 사람들과의 진실한 관계야말로 우리 삶의 진정한 축복(祝福)이다.

인생은 자기가 생각하는 것만큼 행복하지도 않지만, 또한 자기가 생각하는 것만큼 불행하지도 않다.
(We are never so happy nor so unhappy as we imagine.) 　존 밀턴

완전(完全)한 행복(幸福)은 없다.

인생의 대부분이 행복도 불행도 아닌 다행(多幸)으로 채워진다는 걸 이제 간신히 알게 됐다. 　　백영옥

긴 세월이 흘러간 뒤에 비로소 인생이 행복하다는 것을 안 사람은 모두 자신의 천국(天國)을 발견한 자라 하겠다. 　　로버트 모리슨 마키버

죽음의 고통 앞에 선 순간이야말로 평범했던 시간들이 행복했던 때였음을 깨닫게 된다.

노년의 삶을 힘들게 만드는 고통과 괴로움과 비참함에 종지부(終止符)를 찍어주는 죽음은 축복이다. 　　몽테뉴

요절(夭折)은 슬픈 손실이나, 노년(老年)이 된 뒤의 죽음은 축복해야 할 일이다. 　　아놀드 J. 토인비

늙어서 건강을 즐기는 일 - 즉 노익장(老益壯)한 것 - 은 인생 최대의 행복이다.   임어당(林語堂)

행복이란 건강은 좋고, 기억력은 나쁜 것을 말한다.   잉그리드 버그만

행복한 노년의 비결은 "지금 할 수 있는 일"에 집중하는 것이다.   하정화

행복한 노년을 위한 처방(處方)이 있다면 일상(日常)을 즐기는 것이다.   박상철

지혜로운 자는 지금 이 순간 깨어 있는 마음으로 행복하게 산다.   석가모니

해피엔딩(happy ending)이 제일 좋다.   에카르트 폰 히르슈하우젠

살아 있는 동안 행복해라. 죽어 있는 시간은 길다.   스코틀랜드 속담

【본능, 본성, 내면, 충동】

사람의 본성(本性)에는 선과 악이 섞여 있어서 선을 닦아나가면 선인이 되고, 악을 닦아나가면 악인이 된다.
**人之性也善惡混(인지성야선악혼), 修其善則爲善人(수기선즉위선인),
修其惡則爲惡人(수기악즉위악인)**   양웅(楊雄; 法言修身)

배고픔, 목마름, 불안, 분노, 성욕과 같은 기본적인 감정(感情)들은 우리의 내부에서 저절로 움직이고 있다. 그러한 타고난 감정들을 얼마나 세련되게 다듬는가는 우리의 손에 달려 있다. 감정을 조절하고 통제하라.
도리스 매틴

인간은 자기 안에 있는 동물성(動物性)을 따끔하게 질책(叱責)하고 징벌(懲罰)하여 이성(理性)에 복종(服從)시켜야 하며, 그렇게 하려면 확고한 규칙에 따라 바르게 행동하여 정신과 생활을 수양해야 한다.   제임스 앨런

남들이 하는 대로 따라하려는 충동(衝動)을 자제(自制)해야 한다.

스마트폰 중독자의 뇌는 마약 중독자의 뇌와 비슷하게 전두피질(前頭皮質)에 이상이 생겨 집중력, 합리적 판단력 등을 저하시키고 충동적인 성향이 커지게 된다.   분당서울대병원 교수팀

자신의 충동을 조절할 수 없는 사람은 자아감(自我感)에 깊은 상처를 입는다.   대니언 골민

우리의 의식적(意識的)인 의지(意志)는 무의식 속에서 일어나는 충동을 거부할 수 있다.   제프리 슈바르츠

충동을 상당한 정도로 제한하지 않고서는 문명사회(文明社會)의 유지는 불가능하다.   버트런드 러셀

충동을 조절하는 것은 '의지와 인격의 기본'이다.   대니언 골먼

지도자(指導者)란 내면에 있는 생각과 본능(本能)과 감정(感情) 사이에서 균형(均衡)을 유지할 수 있어야 한다.   G. I. 구르디예프

충동적인 감정을 피하라. 감정을 다른 사람에게 쏟아내는 태도는 아무런 도움도 되지 않는다.   개리 D. 맥케이

자신이 우위(優位)라고 자각하면 인간의 태도는 점점 변하게 된다. 그것은 그 사람이 훌륭한 사람인가 아닌가 하는 문제가 아니라 인간의 본성(本性)

이 그런 것이기 때문이다.   타카다 아키가즈

내가 아는 인간의 본성 가운데 가장 슬픈 것 중 하나는 우리 모두가 삶을 미루는 경향이 있다는 것이다. 우리는 모두 오늘 창밖에 피는 장미(薔薇)를 즐기는 대신 어떤 마술적(魔術的)인 장미정원이 지평선(地平線) 너머에 있기를 꿈꾼다.   데일 카네기

사람의 본성은 자식을 사랑하지만 사람의 수양(修養)은 그 부모를 공경(恭敬)한다.   임어당(林語堂)

청정(淸淨)한 자기 마음의 본체(本體)를 밝혀 자기해탈(自己解脫)과 이타행(利他行)을 이루는 것이 올바른 깨달음의 길이다.   탄허(呑虛)

자기 본성을 발견하고, 밝혀내는 유일한 방법이 명상이다. B. S. 라즈니쉬

명상(瞑想) 속에서 자신의 깊은 내면(內面) 속으로 들어가 자신의 맑고 깊은 영성(靈性)과 만나면 보다 높은 자아(自我)를 인식하게 된다.   윤종모

삶의 참 목적(目的)은 우리 내면에 있는 순수한 영혼인 신성(神性)을 깨닫는 데 있다.   이승훈(李承薰)

진정한 내면(內面)을 발견하고 싶다면, 고요하고 편안한 시간을 만들려고 노력해야 한다.   달라이 라마

본성(本性)을 깨친 사람에게는 인생이 허망(虛妄)하지 않다.   정탁

【봉사, 헌신, 희생】

일단 가치(價値)가 있다고 생각했을 경우엔 희생(犧牲)도 꺼리지 않는 마음가짐이 바람직하다. 아놀드 J. 토인비

행복의 90%는 오직 건강(健康)에 달려 있다. 따라서 수입, 지식, 명예, 승진 등 다른 것을 위해 건강을 희생하는 것은 가장 바보스러운 짓이다. 이 모든 것은 항상 건강 뒤에 놓여야 한다. 쇼펜하우어

미래를 위한 준비는 중요하지만, 막연한 미래(未來)의 행복(幸福)을 위해 오늘의 행복을 희생하지는 마라. 윤종모

삶의 유일한 의미는 인류(人類)에게 헌신(獻身)하는 것이다. 레프 톨스토이

당신이 다른 사람의 고통을 덜어줄 수 있는 한, 삶은 헛되지 않다. 헬렌 켈러

신(神)을 예배하는 최고의 태도는 인류에의 봉사(奉仕)인 것이다. 벤자민 프랭크린

지식인이 자기 조국을 돕는 것은 인간으로서의 기본적 의무(義務)라고 생각한다. 로버트 김(김채곤)

見危致命(견위치명)
〈나라가 위급할 때 제 몸을 아끼지 않고 나라에 바친다는 뜻〉

나라를 위해 목숨을 바치는 것은 군인의 본분이다.
爲國獻身軍人本分(위국헌신군인본분) 안중근(安重根)

국가가 여러분에게 무엇을 해줄지를 묻지 말고 - 여러분이 국가를 위해 무엇을 할지를 생각하시오.
(Ask not what your country can do for you - ask what you can do for your country.)
　　　　　　　　　　　　　　　　　　　　　　　　　　　　J. F. 케네디

가난(家難)을 물리치는 데 기여한다면, 그것이 곧 사회(社會)에 봉사하는 것이다. 가난보다 더 비참한 것은 없다. 가난은 인간의 존엄성을 떨어뜨리기 때문이다. 그러므로 우리의 의무는 사람들이 가난에서 벗어나 자기의 가족과 사회공동체를 돌볼 수 있도록 돕는 것이다.　　　　조 살리스

네 이웃을 네 몸과 같이 사랑하라.　　　　　　　　　　　　성경(聖經)

사랑이 없는 국가와 사회는 퇴보(退步)가 있을 뿐이다.　　헬렌 켈러

한 알의 밀이 땅에 떨어져 죽지 아니하면 한 알 그대로 있고 죽으면 많은 열매를 맺느니라.　　　　　　　　　　　　　　　　　　요한복음

종교의 본질이라고 할 인간의 영성(靈性)은 자기희생에서 오는 마음의 정화(淨化)에서 오는 것이다.　　　　　　　　　　　　　　　　청전

부처의 삶을 살지 않고 그냥 부처가 되겠다고 죽을 때까지 화두(話頭)만 붙들고 참선해 가지고는 부처가 되지 않는다.　　　　　무산(조오현)

진정한 자기 수행 없이, 이웃에 봉사(奉仕)하는 희생 없이, 그저 무위도식(無爲徒食)하며 살아가는 수행자는 아무런 가치가 없다.　　달라이 라마

당신이 살면서 억울할 정도로 많은 시련(試鍊)을 겪었다면, 어쩌면 그 시련을 통해 습득한 지혜가 꼭 필요한 훌륭한 목적에 봉사할 수 있는 준비를 한 것인지도 모른다.　　　　　　　　　　　　　　　　로빈 S. 샤르마

모든 인간관계(人間關係)는 자기희생이 뒤따른다.   존 맥스웰

결혼(結婚)은 남녀 모두에게 자기희생(自己犧牲)을 요구한다.   윤석철

인류를 사랑하는 것보다는 바로 당신 곁에 있는 사람을 사랑하는 것이 더 고귀하다.   지그 지글러

사랑은 한 사람에게 헌신하고, 다른 사람이 와도 흔들리지 않는 힘이다.
                                                                       게르트 기거렌처

인간 최고의 미덕(美德)은 남을 배려하고 남을 돕는 마음이다.   정명섭

불쌍히 여기는 마음 '측은지심(惻隱之心)'은 어짊의 극치로서 불쌍히 여기는 마음이 없으면 사람이 아니다.   맹자(孟子)

동정심(同情心)을 느끼는 것만으로는 부족하다. 행동을 해야 한다.
                                                                              달라이 라마

선행을 쌓으면 반드시 생각지도 아니한 경사가 찾아온다.
積善之家 必有餘慶(적선지가 필유여경)   역경(易經)

좋은 일은 몰래 해야 진정한 복(福)이 된다.   삼중(三中)

남모르게 선행(善行)을 하는 것은 상상(想像) 이상(以上)의 힘으로 운(運)을 변화시킨다.   타카다 아키가즈

자신의 능력을 활용(活用)해서 자원(自願) 봉사하라.   잭 캔필드

생(生)의 기점(起點)보다 종점(終點)에서 영혼(靈魂)의 품격(品格)을 높이기 위해

좋은 일을 하는 것이 자연과 우주가 우리에게 생명(生命)을 준 이유이다.
이나모리 가즈오

인간의 가치(價值)는 얼마나 사랑을 받았느냐가 아니라, 얼마나 주위 사람들에게 사랑을 베풀었느냐에 달려 있다. 에픽테토스

타인을 행복하게 해주는 사람이야말로 참으로 행복한 사람이다.
(He is truly happy who makes other happy.)

그대들 가운데서 참말로 행복해질 수 있는 사람은 남을 위해 어떻게 봉사(奉仕)할 것인가를 추구하고 찾아내는 사람이다. 앨버트 슈바이처

【부끄러움, 수줍음, 수치심, 창피】

부끄러움을 아는 마음은 옳음의 극치로서 부끄러운 마음이 없으면 사람이 아니다. 맹자(孟子)

사람은 누구나 창피(猖披)한 경험을 하면서 성장(成長)한다. 사이토 히토리

무엇이든 새로운 도전은 창피함을 무릅쓰는 것으로 시작된다. 한상복

수줍음은 불안(不安)의 한 형태이다. 불안을 없애기 위해서는 그 두려워하는 상황을 극복(克服)하는 체험(體驗)을 해야만 한다. 아이가 극복할 수 있으리라 예상되는 상황을 찾거나 만드는 것이 필요하다. 카린 복

수치심이란 타인의 시선을 의식하기 때문에 생기는 것이다. 사이토 다카시

수치심(羞恥心)에서 비롯된 분노에서 벗어나려면 궁극적으로 자신(自身)을

존중(尊重)해야만 한다. 로널드 T. 포터 에프론

과거(過去)를 지나치게 곱씹다 보면 '현재'를 살 수 없게 된다. 과거에 일어났던 일을 후회하고, 창피해하고, 죄책감을 느끼거나 화를 내는 시간만큼 현재를 경험할 수 없다. 리처드 칼슨

낯가림하지 않는 사람이 되라. 우라베 구니요시

행복해지려면 다른 사람을 지나치게 의식(意識)하지 말라. 알베르 카뮈

지나친 자의식(自意識)은 머릿속에서 지워라! 조금쯤 우스꽝스럽게 보인다고 큰일이 나겠는가? 인생을 즐겨라! 돈 딩크마이어

우러러 하늘에 부끄럽지 아니하고, 굽어 사람에게 부끄럽지 아니하다.
仰不愧於天 俯不怍於人(앙불괴어천 부불작어인) 맹자(孟子)

스승은 민족(民族)의 장래를 이끌어갈 민족의 지도자(指導者)를 가르치는 사람으로 하늘을 우러러 한 점 부끄러움이 없어야 한다. 김민하(金玫河)

신(神) 앞에서도 부끄러움이 없도록 남은 생애를 소박(素朴)하고 선량(善良)하게 살아가라. 오쇼 라즈니쉬

【부드러움, 유순, 유연】

말은 절대로 함부로 해서는 안 된다. 언제나 부드럽고 유연해야 한다.
정현우

칭찬은 큰소리로 요란하게, 책망은 낮은 소리로 부드럽게 하라.

케더린 2세

장수(將帥)가 된 자는 강함과 유연함을 다 갖추어야 한다. **조조(曹操)**

부드러움이 능히 강함을 이긴다. 柔能制剛(유능제강) : 以柔制强(이유제강)
삼략(三略)

모자란 사람은 겸손(謙遜)한 사람을 경멸(輕蔑)한다. 진정으로 겸손한 사람은 그 부드러움만큼이나 강한 사람이다. **고철종**

삶의 속도를 늦추면 그때그때 벌어지는 상황들에 유연(柔軟)하고 적절(適切)하게 대처할 수 있게 될 것이다. **리처드 칼슨**

항상 부드러운 방법으로 모든 일을 처리하라. **토마스 제퍼슨**

마음가짐이 공손(恭遜)하고 몸가짐이 유순(柔順)하니 반드시 대인(大人)의 도움을 받는다. **장영동**

진정한 고수(高手)는 부드러운 기(氣)를 갖고 있다. **고철종**

이 세상의 풍파(風波)를 다 겪은 사람답게 부드러운 말로 인생에 대해서 이야기하는 건강하고 지혜가 많은 늙은이처럼 훌륭한 것은 없다. **임어당**

【부러움】

다른 사람을 부러워하면 자기만 괴로워진다. **우에니시 아키라**

행복해지려면 다른 사람을 지나치게 의식하지 말라. **알베르 카뮈**

돈이 많으면 부러운 마음은 들지만 그것만으로 애정과 존경의 마음이 생기지는 않는다.
윤대현

우리는 남들과 비교(比較)를 덜할수록 더 만족하게 된다.
베리 슈워츠

네 몫에 만족하라. 인간이 매사에서 남보다 뛰어난다 함은 있을 수 없는 일이 아닌가?
이솝

한 번의 반성(反省)이 열 부적(符籍) 안 부럽다.
주역(周易)

우리는 다른 사람을 부러워하는 대신 다른 누구도 대신할 수 없고 남이 모방할 수 없는 "나만의 핵심 경쟁력은 무엇인가?"라고 스스로에게 끊임없이 물어보아야 한다.
위단(于丹)

물가에 서서 고기를 부러워하기보다는 집으로 돌아가 그물을 짜는 것이 낫다. 臨河羨魚 不如結網(임하선어 불여결망)
회남자(淮南子)

【부모, 아버지, 어머니, 자녀, 자식, 효도】

집안을 다스리는 기본원칙은 성실(誠實)이며 부모 자신이 모범을 보여야 한다.
역경(易經)

아이는 자신과 감정적으로 좋은 관계를 맺고 있는 사람을 특히 강하게 모방(模倣)한다. 그러니 그 첫 번째가 당연히 부모일 수밖에 없다. 그러므로 부모는 자신들이 바라는 바대로 모범(模範)을 보이는 것이 중요하다.
카린 빅

부모(父母)가 성숙(成熟)한 정도에 따라 자녀(子女)가 성숙한다.

부모가 서로 사랑하는 사이라는 확신(確信)을 얻는 데서 만이 어린아이의 정서적(情緖的) 안정(安定)은 굳건할 것이 기대되는 것이다.　　허버트 A. 캐롤

훌륭한 부모가 되려면 순간적인 감정에 휩쓸리지 않고 침착한 자세로 그때그때의 어려움에 대처해 나갈 줄 알아야 한다.　　조셉 베일리

자식(子息)을 편애(偏愛)하지 말라.　　조셉 텔루슈킨

자식들을 서로 다르게 이해하고, 다른 방법을 적용함으로써 모두에게 똑같이 대하라.

자녀(子女)를 지금 모습 그대로 인정하라.　　M. J. 라이언

가장 즐거운 것은 독서(讀書)만한 것이 없고, 가장 중요한 것은 자식을 가르치는 일만한 것이 없다.　　공여일록(公餘日錄)

자녀들에게 가르치는 목적은 가르치는 사람 없이도 살아갈 수 있도록 하는 것이다.　　앨버트 하버드

자연의 선택에 의해 진화(進化)되어 온 것은 무엇이든 이기적(利己的)일 수밖에 없다. 우리는 자식들에게 이타주의(利他主義)를 가르쳐주지 않으면 안 된다.
　　리처드 도킨스

자식을 모르겠거든 자식의 친구(親舊)를 보라.　　순자(荀子)

부모가 자식의 문제를 진심으로 함께 걱정하고, 또 자녀를 한 사람의 인격체로 대한다는 사실을 자녀가 알게 되면, 부모 자식 간에는 강력한 사랑과 신뢰가 형성된다.　　스티븐 코비

부모가 자녀를 진심으로 사랑하지만, 때로는 그 사랑을 표현하지 못하는 경우가 있다. 　　　　　　　　　　　　　　　　　　　　　　　스토미 오마샨

자식에게는 어머니보다 더 훌륭한 하늘의 선물(膳物)은 없다. 에우리피데스

엄마는 매일 언제나(every day, at all times) 자식의 인생을 살아주느라 자기 자신의 삶은 포기하는(give up her own life) 존재이다. 　　　채리티 베스

모성(母性)의 힘이 없었더라면 인류는 지금까지 살아남지 못했을 것이다.
　　　　　　　　　　　　　　　　　　　　　　　　　　　　　김종필

여자는 약(弱)하다. 그러나 어머니는 강(强)하다. 　　　　　빅톨 유고

부모의 행복은 가장 불행한 자녀의 행복지수(幸福指數)만큼이다.
〈아무리 행복한 일이 많아도 자녀가 불행하면 부모는 행복할 수가 없다.〉

궁합은 사장과 종업원, 부모와 자식 간, 형제 사이 등 모든 관계에 적용된다.
　　　　　　　　　　　　　　　　　　　　　　　　　　　　　　남덕

직업선택(職業選擇)은 자녀들이 스스로 하고 싶은 것을 선택하도록 내버려 두는 것이 최선이다. 　　　　　　　　　　　　　　　　　비벡 와드와

부모는 자식을 자기보다 더 나은 선택을 할 수 있는 사람으로 키웠는지 아닌지에 따라 평가(評價)된다. 　　　　　　　　　　　　　　존 매캐인

서른이 넘었으면 자기 인생을 부모 탓으로 돌리지 말라. 　로저 로젠블라드

좋은 아버지가 있다면 자연히 그 아들도 좋은 아들이 될 것이다.
　　　　　　　　　　　　　　　　　　　　　　　브하그완 쉬리 라즈니쉬

그대가 좋은 아들이었다면 어느 날엔가 아버지가 되어서도 그대는 좋은 아버지가 될 것이다. 　　　　　　　　　　　　　　　　　브하그완 쉬리 라즈니쉬

아버지의 덕(德)은 자식들에게는 가장 큰 유산(遺産)이다. 　　　　영국 속담

서로 감싸주는 것이 부자지정(父子之情)이다. 　　　　　　　논어(論語)

자신이 아닌 다른 이의 성공을 배 아파하지 않고 기뻐해 줄 수 있는 사람은 부모밖에 없다. 상대(相對)의 성공에 적으나마 찬사(讚辭)를 보낼 수 있는 사람은 마음이 크게 열려 있는 사람이다. 　　　　　　　　　　　　고철종

자식은 힘들 때 부모님을 찾지만, 부모는 힘들 때 자식에게 그걸 감춘다.
　　　　　　　　　　　　　　　　　　　　　　　　　　　　김영식

사람의 본성(本性)은 자식을 사랑하지만 사람의 수양(修養)은 그 부모를 공경(恭敬)한다. 　　　　　　　　　　　　　　　　　　　임어당(林語堂)

가고 다시 오지 않는 것은 세월(歲月)이요, 다시 볼 수 없는 것은 부모(父母)이다. 　　　　　　　　　　　　　　　　　　　　　　　설원(說苑)

효도(孝道)하지 않으면 부모님이 돌아가신 뒤에 후회한다.
不孝父母死後悔(불효부모사후회) 　　　　　　　　　　　　　주자(朱子)

부모를 왕위(王位)에 오르게 한대도 그 은혜(恩惠)는 다 갚을 수 없다.
　　　　　　　　　　　　　　　　　　　　　　　　석가모니(釋迦牟尼)

반중(盤中) 조홍(早紅)감이 고아도 보이나니
유자(柚子) 아니라도 품은즉 하다마는
품어가 반길 이 없으니 그를 설워하노라. 　　　　　　　박인로(朴仁老)

소금의 고마움은 떨어졌을 때, 아버지의 고마움은 돌아가신 뒤에 안다.
인도 속담

자기가 자식을 가져보아야 비로소 부모의 은덕(恩德)을 안다.

자녀가 없는 가족이라 해도 가족 간에 따뜻한 마음을 갖고 있으면 평화로운 분위기가 넘쳐날 것이다.
달라이 라마

부모님이 우리의 어린 시절(時節)을 꾸며주셨으니 우리는 부모님의 여생(餘生)을 아름답게 꾸며 드려야 한다.
앙투만 드 생텍쥐페리

네가 자식들에게 의지하는 것보다 자식들이 너에게 의지하는 것이 낫다. 네 수명이 다하여 죽을 때가 오거든 네 재산을 나누어주어라.
성서(聖書)

부모(父母)의 마음을 가장 편안(便安)하게 해드리는 것이 효(孝)다.

부모에게 무얼 해드리는 것만큼 부모를 대하는 태도(態度)도 중요하다.
조셉 텔루슈킨

【부정, 부패, 불의】

부정(不正)으로 재산을 모으는 것보다는 가난해도 정직(正直)하게 사는 것이 좋다.
성경(聖經)

마음에 거리낌이 없으면 심신(心身)이 모두 편안하다.
대학(大學)

양심적(良心的)인 사람은 두 다리를 뻗고 잔다.
프랑스 속담

지도자들이 깨끗해지지 않고서는 부패가 뿌리 뽑히지 않는다.
　　　　　　　　　　　　　　　　　　　　　　　　　제임스 울펜슨

윗물이 흐리면 아랫물도 흐리다. 上濁 下不淨(상탁 하부정)　　논어(論語)

윗물만 맑아 가지고는 충분하지가 않다. 집요하게 관리하지 않으면 금방 원위치(原位置)가 되는 것이 부패다.　　　　　　　　　　　고건(高建)

권력은 부패하는 경향이 있다. 절대(絶對) 권력은 절대적으로 부패한다.
(Power tends to corrupt, and absolute power corrupts absolutely.)
　　　　　　　　　　　　　　　　　　　　　　　야곱 부르크하르트, 액톤

권력이 부패하는 게 아니라 권력을 잃었을 때의 공포(恐怖)가 부패를 부채질한다.　　　　　　　　　　　　　　　　　　　　　　　존 스타인벡

불의(不義)한 일을 하고 나면 자신의 지위(地位)를 확고하게 하기 위해 더 많은 불의를 저지를 수밖에 없다.　　　　　　　　　　　양주한(楊周翰)

법(法)을 다루는 사람이 뇌물(賂物)을 먹는다면 공정(公正)한 법집행이 불가능하다.　　　　　　　　　　　　　　　　　　　　　최대교(崔大敎)

위선(僞善)은 단순한 무지보다 부패하는 힘이 더욱 강하다.
　　　　　　　　　　　　　　　　　　　　　　　　미하이 칙센트미하이

진상(進上) 퇴 물림 없다. : 갖다 바쳐서 싫어하는 사람은 없다. **한국 속담**

보수(保守)는 부패(腐敗)에서 망하고, 진보(進步)는 분열(分裂)에서 망한다.

부패야말로 국가경쟁력을 무너뜨리는 가장 큰 적이다.　　리콴유(李光耀)

불의(不義)를 보고 일어나지 못하는 민족은 죽은 민족이다.　　이승만(李承晩)

국가 흥망성쇠(興亡盛衰)의 열쇠는 〈모럴에너지(moral energy)〉이다.
〈원칙이 지켜지지 않고, 부패한 사회는 망할 수밖에 없다.〉　　랑케

유능(有能)한 지도자(指導者)는 자신에게 엄격(嚴格)하다.　　피터 드러커

곧은 사람을 등용하여 굽은 사람 위에 놓으면 굽은 사람도 능히 곧게 할 수 있다.　　논어(論語)

리더들이 투명하게 행동하지 않으면 금세 평판을 잃게 된다.　　잭 레슬리

사람이 청렴하지 못한 것은 지혜가 짧기 때문이다.　　정약용(丁若鏞)

만약 그대가 그대의 양심(良心)이 명(命)하는 바에 따라서 생활할 수만 있다면, 그 이상의 큰 행복은 없을 것이다.　　마르크스 아우렐리우스

【부정확, 불분명, 불확실, 두루뭉술하다, 막연, 맹목, 모호, 어설프다】

삶은 누구에게든 언제나 불확실(不確實)한 것이다.　　페마 초드론

아이들이 자기 삶에 대한 내적통제를 거의 경험하지 못하면 불확실성 앞에서 "절망이다. 노력해 봐야 소용없다."며 불안해한다.　　게르트 기거렌처

목표(目標)가 분명하면 시간과 관심과 노력을 총 집중할 수 있지만, 목표가 불분명하거나 목표가 없다면 구체적인 노력을 경주할 수 없다.
　　지광(志光)

무언가를 막연(漠然)히 바랄 것이 아니라, 스스로 원하는 것이 이미 갖추어져 있다고 생각하고 구체적(具體的)으로 그려야 한다. 삶에서 진정으로 원하는 것이 있다면 바라지 말고 그리도록 하라.   월호

세세한 부분까지 명료(明瞭)하게 그릴 수 있다면 틀림없이 성취하게 되어 있다. 즉 보이는 것은 이룰 수 있으며, 보이지 않는 것은 이룰 수 없다.
     이나모리 가즈오

리더는 누구나 공감할 수 있는 목표를 세워야 한다. 복잡하지 않고 간결한, 모호(模糊)하지 않고 분명한 큰 그림의 목표를 세우는 것이 중요하다.
     조엘 피터슨

분명(分明)한 목표가 없는 회의는 피하도록 하라.   티모시 페리스

부정확한 정보(情報)는 부화뇌동(附和雷同)의 효과를 가져올 수 있다.
     베리 슈워츠

정보의 양이 급속히 증가하면 그 현상에 대한 맹목성이 확산된다.
     하이데커

어설프게 아는 것은 위험한 일이다.
(Little learning is dangerous thing.)

그대가 알지 못하는 것은 아는 척하지 말라.   브흐그완 쉬리 라즈니쉬

확실하지 않은 일에 대해 비판하거나 비난하지 말라.   틱낫한

부탁은 두루뭉술하지 않고 명확해야 부담도 상처도 작아진다.   고철종

나의 선택보다 더 나은 선택은 늘 존재할 수밖에 없음을 인식하고, 적당(適
當)한 선택에 만족하는 법을 아는 것은 불확실한 세상을 살아가는 데 꼭
필요하다. **게르트 기거렌처**

오늘 선택(選擇)한 것의 결과는 오랜 시간이 지나야 알 수 있으므로 어느 정
도의 불확실성은 삶의 자연스러운 일부분으로 받아들여야 한다. **일자 샌드**

결정(決定)이라는 것은 모두 어느 정도의 불확실성을 지니고 있는 것이다.
E. 레보노

불확실한 세상에서 최선의 결정을 내리려면 훌륭한 어림셈법이 꼭 필요하다.
게르트 기거렌처

인생에서 한 가지 확실한 것은 누구나 죽는다는 것이고, 불확실한 것은
언제인지 모른다는 것이므로 항상 준비하는 자세가 필요하다. **최성균**

언제나 내 인생이 반년밖에 남지 않았다는 생각으로 살아가라. 지금 하고
싶은 일이 있다면 지금 당장 시작해 보라. 나중을 기약(期約)한다는 것만큼
불확실한 일도 없을 것이다. **마츠우라 에이코**

【분노, 분개, 노여움, 성냄, 화(火)】

⟨1⟩

화(火) 라는 것은 자기 생각만 할 때 일어난다. **호사이 아리나**

불같은 격정(激情)을 제멋대로 내버려두어서는 안 된다. 여유를 갖고 마음
을 진정(鎭靜)시켜야 한디. 성급하게 굴면 만사(萬事)가 뒤틀리고 만다.

푸블리우스 스타티우스

충동적(衝動的)인 감정을 피하라. 감정을 다른 사람에게 쏟아내는 태도는 아무런 도움도 되지 않는다.   개리 D. 맥케이

노여움은 어리석음에서 시작되어 후회(後悔)로 끝난다.   독일 속담

배우자에게 감정(憾情)을 폭발시키지 말라.   조셉 텔루슈킨

화가 날 때마다 남편은 아내에게 아내는 남편에게 감사한 일을 떠올리자.
   M. J. 라이언

진정으로 아이를 위한다면 화가 나는 바로 그 순간 감정을 절제(節制)하고 아이에게 필요한 적절한 표현(表現)을 찾아야 한다.   달라이 라마

자주 화를 내면 화(火)가 사라지는 것이 아니라 더 쉽게 내부에서 끓어오르게 된다.   에카르트 폰 히르슈하우젠

화를 내는 것은 문제를 해결하지도 못하고, 자신의 분노(忿怒)를 누그러뜨리지도 못한다.   도리스 매틴

스스로 화를 통제(統制)하지 못해 하지 말아야 할 말을 해버려 인간관계(人間關係)가 깨지거나 큰 낭패(狼狽)를 당할 수도 있다. 적당할 때 자리를 피하거나 스스로 말을 끊으면 다 잃지는 않는다.   이정숙

다른 사람들 때문에, 특히 삶에서 극히 사소한 비중(比重)을 가진 사람들 때문에 화를 내기에는 당신은 너무나 소중한 사람이다.   웨인 다이어

현실의 사건이 아닌 당신의 '거친 생각'이 화를 일으킨다는 점을 명심하라.

데이비드 D. 번즈

무의식적인 분노(憤怒)는 현실을 완전히 곡해(曲解)하여 자신을 망가뜨리고, 본심의 청아(淸雅)한 빛을 찾지 못하게 한다.
달라이 라마

사람은 화가 나면 미리 의도하고 있던 것 이상의 것을 말한다. A. 미어즈

화를 내지 않으면 화는 아예 존재하지도 않는다.

화가 날수록 말을 삼가라.
틱낫한

자신의 노여움을 달래기 위해서는 남들이 노여움을 터뜨렸을 때의 모습을 조용히 눈여겨봐야 한다.
세네카

화가 서서히 가라앉을 때까지 기다려야 한다. 결코 서둘러서는 안 된다.
틱낫한

화가 나거든 열을 세어라. 그래도 풀리지 않거든 백을 세어라.
토마스 제퍼슨

한때의 화를 참으면 오랜 근심을 면할 수 있다.
忍日時之忿, 免百日之憂(인일시지분, 면백일지우)
중국 속담

화내는 것도 습관이다. 그 연결고리를 끊어라.
틱낫한

화나는 것(감정)과 화내는 것(언행)은 다르다.
마틴 셀리그먼

만약 화를 내고 있다면 그것은 당신이 화를 내기로 택했기 때문이다.
데이비드 D. 번즈

누구나 화를 내기는 쉽다. 그러나 적절한 대상에게, 적절한 시간에, 적절한 목적으로, 적절한 만큼만, 적절한 방식으로 화를 내기란 쉽지 않다.
　　　　　　　　　　　　　　　　　　　　　　　　아리스토텔레스

화가 났을 땐 직감(直感)이 하는 말을 들을 수 없다.　　　게리 주커브

화를 처리하는 방법을 모르는 사람은 어쩔 수 없이 고통을 당하게 된다. 그는 또 주위 사람들마저도 고통스럽게 만든다.　　　　　틱낫한

진의(眞意)가 제대로 전달이 안 되고 인간적으로 화가 날 때라도 국가 지도자는 하나도 참고, 둘도 참고, 셋도 참아야 한다.　　고이즈미 준이치로

화를 벌컥 내는 것은 자기가 약하다는 것을 단적으로 보여주는 것이다.
　　　　　　　　　　　　　　　　　　　　　　　　　　달라이 라마

〈2〉

깊은 이완상태(弛緩狀態)에서는 스트레스를 받지 않고 화가 나지 않는다. 이완반응을 하기 위해서는 평상시 자동적으로 몸이 이완상태가 되도록 훈련하는 것이 좋다.　　　　　　　　　　　　　　　　릭 핸슨

분노에 대한 최상의 대응(對應)은 침묵(沈黙)이다.　　　독일 속담

위대함의 최종적 증거는 분개하지 않고 모욕을 참는데 있다.　E. 허버드

화는 예기치 못한 큰일을 당해 생길 수도 있지만, 대개는 일상(日常)에서 부딪치는 자잘한 문제 때문에 일어난다. 따라서 화를 다스릴 때마다 우리는 일상에서 잃어버린 작은 행복들을 다시금 되찾을 수 있다.　틱낫한

화를 너무 오래 품고 있는 것은 건강에 아주 해롭다. 화를 하루 이상 품고 있어서는 안 된다.
틱낫한

웃으면 젊어지고, 화내면 늙는다.
一笑 一少, 一怒 一老(일소 일소, 일노 일로)

화를 내는 내용이 타당해도 분노(憤怒)가 되면 안 된다.

화가 난 사람과는 대화가 가능하지만, 총체적 분노를 겪고 있는 사람에게는 말을 해도 소용이 없다.
로널드 T. 포터 에프론

분노가 폭발했을 때 가장 무서운 것은 행동 조절이 불가능해진다는 점이다. 다른 때라면 절대로 입 밖에 내지 않았을 끔찍한 말도 한다.
로널드 T. 포터 에프론

화가 난다고 나중에 해가 되는 어리석은 행동(行動)을 하지 않는 것이 효율적으로 행동하는 것이다.
쉐리 반 디크

한순간의 분노가 일생(一生)을 망친다.
일본 속담

어려운 상황에 분노를 일으킨다고 나아지는 건 없다. 오히려 그 상황을 더 어렵게만 만들고, 자꾸만 망가지는 자신을 보게 될 것이다.
잭 콘필드

흔히 욱하는 성질(性質)이 폭발하면 자신만의 세계에 빠지고 만다. 하지만 몇 시간 혹은 하루 정도 시간이 흐르면 엄청난 죄책감과 후회가 밀려든다.
로널드 T. 포터 에프론

화를 내서 얻을 수 있는 정신적 보상(補償)은 없다.
웨인 다이어

화를 내서 좋은 일은 세상에 어디에도 없다. 　　　　　　　　장응철

아무리 선한 뜻으로 한다 해도 화를 내지 말라. 　　　B. S. 오쇼 라즈니쉬

당신의 화를 만드는 것은 실제로 당신 생각이지 다른 이의 행동이 아니다. 왜 다른 이들이 그런 식으로 행동하는지 당신이 알아차리는 순간 화를 내지 않을 것이다. 　　　　　　　　데이비드 번즈

연민(憐憫) 말고는 그 무엇도 화를 치유(治癒)하지 못한다. 　　　　틱낫한

살면서 봉착하게 되는 짜증나는 일이나 당신을 모욕하는 사람이 있다면 함부로 화를 내거나, 필요 이상으로 과장되게 행동하지 말고, "그냥 무시하라." 　　　　　　　　데이비드 시버리

통제(統制)할 수 없는 상황이나, 이미 오래전에 발생한 사건에 대해서는 화를 내지 않는 편이 상책(上策)이다. 　　　　　　돈 딩크마이어

마음이 과거에 대한 분노에 집착해 있으면 현재에 충실한 삶을 살 여유를 가지지 못한다. 　　　　　　　　조셉 메일러

내면화된 분노(忿怒)가 우울증(憂鬱症)의 원인이다. 　　　　　　프로이드

지난 일에 대한 후회(後悔)와 자책(自責), 분노와 증오(憎惡)는 해로울 뿐만 아니라 사람을 한없이 파괴시킨다. 우리에게 남겨진 과거의 유일한 용도는 그것을 통해서 무언가를 배울 수 있다는 것이다. 　　　M. H. 테스터

수치심(羞恥心)에서 비롯된 분노에서 벗어나려면 궁극적으로 자신을 존중해야만 한다. 　　　　　　　　로널드 T. 포터 에프론

노화(老化)가 진행되면 호르몬의 변화로 감정적 안정성이 줄어 쉽게 분노하게 되고, 고집(固執)이 세지게 된다.

죽어가는 사람은 남은 귀중한 시간을 분노와 비탄(悲嘆) 속에서 지낼 수도 있고, 마지막 소중한 추억을 만드는 데 쓸 수도 있다.   매기 캘러넌

사람이 영적(靈的)으로 성장할수록 화(火)가 나는 경우는 점차 줄어든다.
    데이비드 호킨스

분노를 표출(表出)하기보다는 오히려 평온한 것처럼 행동함으로써 분노의 감정을 신속하게 누그러뜨릴 수 있다.   브래드 부시먼

어떤 상황에서도 화내지 않고 온전히 하루를 보내라.   댄 펜웰

【분수, 한계】

분수(分數)를 알아 살아가면 몸에 욕된 일이 없다. 安分身無辱(안분신무욕)
    명심보감(明心寶鑑)

사람은 그 자신의 한계(限界)를 알아야 한다.   B. S. 라즈니쉬

지나친 욕심(慾心)과 분수에 넘치는 일을 하게 되면 반드시 화근(禍根)이 오게 됨을 잊지 말라.   김정휴

서로 상반(相反)되는 가치(價値)를 모두 가지려고 하지 마라.
(지도자가 돈을 탐내는 것 등)   윤석철

사장(社長)이 정치(政治)를 직접 하거나 휩싸이게 되면 기업은 바람을 맞세

된다. 쓰보우찌 히사오

분수를 지켜 만족함을 알면 욕됨이 없고, 멈출 줄을 알면 위태함이 없다.
知足不辱 知止不殆(지족불욕 지지불태) 노자(老子)

정도를 지나침은 미치지 못함과 같다. 過猶不及(과유불급) 논어(論語)

네 몫에 만족하라. 인간이 매사(每事)에서 남보다 뛰어난다 함은 있을 수 없는 일이 아닌가?
이솝

잘난 척해도 좋을 만큼 위대(偉大)한 사람은 없다. 오마타 간타

누구도 모든 것을 다 잘할 수 있다고 생각해서는 안 된다. 피터 드러커

할 수 있는 것은 밀고 나가고 더 이상 할 수 없다고 느낄 때는 후퇴하라.
데브라 벤튼

세상 모든 것은 이미 분수가 정해져 있거늘 덧없는 인생이 저 혼자만 헛되이 애를 태운다.
명심보감(明心寶鑑)

능력 범위 내의 것을 욕구목적(欲求目的)으로 삼는 것이 중요하다. 무리하고 불합리한 욕구는 삼가야 한다.
C. M. 브리스톨

자신이 감당할 수 없는 리스크(risk)가 있는 일에 모험하지 마라. 장쓰안

무모(無謀)한 일을 하지 않는 것이 지혜(智慧)의 특징이다. H. D. 도로우

스스로의 한계를 알고 있다는 것은 약점이 아니라 강점이다.
데이비드 호킨스

나이가 들수록 과격(過激)한 운동은 피하라.　　　　　　　　하루야마 시게오

인간의 영혼은 자신에게 알맞은 분수가 어느 정도인지 파악하는 직감력(直感力)을 지녔다. 영혼이 지닌 슬기를 신뢰할 때 즐겁고 아름다운 삶을 살게 될 것이다.　　　　　　　　　　　　　　　　　　　　　　안셀름 그륀

삶의 비밀(秘密)은 "이만하면 충분(充分)하다."는 사실을 알고 만족하는 것이다. 이만하면 충분하다는 마음을 가지라.　　　　　　　빈센트 라이언

상황(狀況)에 상관없이 자족(自足)하는 법을 배워서 행복을 누려야 한다.
　　　　　　　　　　　　　　　　　　　　　　　　　　　조엘 오스틴

이렇게 하고 살고 있는 것만으로 충분(充分)하다.　　　　　월트 휘트맨

자기 분수에 맞게 살아가는 생활만큼 당당한 위엄(威嚴)과 독자성(獨自性)을 보여주는 것은 없다.　　　　　　　　　　　　　　　　　　캘빈 쿨리지

【불가피, 기왕에, 마땅히, 어쩔 수 없이, 어차피, 이왕에】

인간은 누구나 자기(自己)의 힘으로 어쩔 수 없는 운명(運命)의 지배(支配)를 받는다.　　　　　　　　　　　　　　　　　　　　　　김대중(金大中)

삶에 통달(通達)한 사람은 자기운명으로는 어찌할 수 없는 일에 연연해하지 않는다.　　　　　　　　　　　　　　　　　　　　　　　　장자(莊子)

아무리 절망적인 상황에서도, 도저히 피할 수 없는 운명과 마주쳤을 때에도 삶의 의미를 찾을 수 있다는 사실을 잊어서는 안 된다. 왜냐하면 그것을 통해 인간의 잠재력(潛在力)이 한 개인의 비극(悲劇)을 승리(勝利)로 만들

고, 곤경(困境)을 인간적 성취로 바꾸어놓을 수 있기 때문이다.
빅터 프랭클

우리가 어쩌지 못하는 일이 있다는 진실(眞實)을 받아들이지 못하기에 인간은 늘 고통을 만들어낸다.
아잔차

어찌 할 수 없는 것은 차라리 잊는 게 낫다.
독일 속담

더 이상 어쩔 수 없는 일을 놓고 애석(哀惜)해하면서 삶의 소중한 순간을 낭비하지 말자.
리처드 칼슨

마땅히 해야만 한다면 아무리 큰 어려움이 있어도 해결할 방법을 찾아야 한다.
쩡스창

기왕에 할 일이라면 빨리 해치워야 좋다.
셰익스피어

이왕 할 것이면 철저하게 하라.
타카다 아키가즈

사람들은 더 이상 바꿀 수 없는 일이나 절대로 일어나지 않을 일을 고민하느라 얼마나 많은 시간을 허비하는지 모른다. 하지만 우리를 진짜 힘들게 하는 일들은 대부분 미처 예상하지 못했던 것들이다.
에카르트 폰 히르슈하우젠

내 인생에 변명(辨明)은 없다. 아프면 아플 수밖에 없는 거다. 겪어야 하는 건 겪으면 되고, '뭣 때문에'라고 이유를 대는 것은 시간 낭비다. 그 시간에 스트레칭이라도 한 번 더 하겠다.
강수진

우리가 불가피함과 싸우는 것을 그만둘 때 우리는 에너지를 해방한다. 그 에너지야말로 우리에게 보다 풍부한 인생을 창조하여 준다.
엘시 막코믹

불가피(不可避)한 것에 논쟁을 해봤자 아무 소용이 없다. 북풍(北風)과 맞서는 가장 좋은 방법은 오버 코트(over coat)를 입는 것이다.   J. R. 로얼

피할 수 없는 것은 견딜 줄 알아야 한다.   몽테뉴

사소한 일, 있을 수 있는 일, 피할 수 없는 일에 침착함을 잃지 마라.   벤자민 프랭클린

피할 수 없으면 즐겨라. (If you can't beat them, join them.)

피할 수 없는 것들과 친해지면 행복도 피할 수 없게 된다.   칼 야스퍼스

【불만, 불평, 비난, 비판, 욕하다, 원망, 탓하다, 푸념, 한탄, 험담】

불평불만(不平不滿)은 우리를 억울하고 불쌍한 사람으로 만들 뿐, 문제해결에는 아무런 도움이 되지 않는다.   쑤린

자신에게 닥친 현실을 불평하지 말고 '당연한 일'로 받아들이는 자세를 익혀야 한다.   하루야마 시게오

자신이 선택(결정)한 일이라면 어떤 일이 있더라도 불평하지 말라.   밴 크로치

인위적(人爲的)인 역경(逆境)은 대다수가 자신이 조장(助長)한 것이기 때문에 우선 자신을 반성하고 잘못을 철저하게 고치면서 남의 탓을 하지 않는 게 가장 중요하다.   시부사와 에이치

불평불만을 끊으면 운(運)도 좋은 쪽으로 변할 것이다. 김승호

성공한 사람은 모두가 다 그럴 만한 노력을 했기 때문에 그 사람의 성공이 있게 된 것이다. 불평, 질투, 시기보다는 노력하는 쪽을 택하라.
클레어 채

내가 지금 행복한 건 고생을 해봤기 때문이다. 고생은 가치를 알게 해준다. 어디를 가나 불평이 많은 사람은 고생을 모르고 자란 사람들이더라.
강수진

다른 사람들에게 푸념해 봤자 아무 소용없다. 진정 자신을 사랑한다면 아무런 도움도 주지 못할 사람에게 불평을 늘어놓는 행동은 하지 않을 것이다.
웨인 다이어

다른 사람의 단점이나 허물을 비난하고 싶더라도 참아보자. 조셉 텔루슈킨

같은 고통도 사람마다 느끼는 무게는 전혀 다르다. 내 기준에서 남의 유약(柔弱)함을 비판하지 말라. 고철종

확실하지 않은 일에 대해 비판(批判)하거나 비난하지 말라. 틱낫한

고의(故意)로 한 것이 아닌 일에 상대방을 탓하지 마라. 데이비드 시버리

당사자(當事者) 앞에서 할 수 없는 말은 뒤에서도 하지 말라. 이정숙

상대방을 비난(非難)하기 전에 한 번 더 생각할 일이다. 그리고 그것을 말하지 말아야 한다. E. 휠러

남을 욕하면 나도 남의 욕을 듣게 된다. 대학(大學)

군자는 교제가 끊겨도 서로 험담(險談)을 하지 않는다.　　**사마천(司馬遷)**

칭찬은 비난보다 일에 대한 욕구를 더 강하게 촉진시킨다.　　**도리스 매틴**

아무것도 갖지 못한 사람보다는 많이 갖고 있으면서 더 많은 걸 갖고 싶어 하는 사람의 욕구불만이 더 크다.　　**에릭 호퍼**

욕망이 크면 클수록 불만(不滿)은 더욱 커진다.　　**스티븐 레빈**

태도가 나쁘다고 상대를 비난하는 것은 무의미하다. 무시당했다고 해서 한탄(恨歎)하는 것만큼 부질없는 일도 없다.　　**소노 아야코**

다른 사람이 자기를 어떻게 생각하며 무슨 말을 하며, 어떠한 비난을 하는지에 대해 공연히 시간을 낭비하지 마라.　　**마르크스 아우렐리우스**

정말 의연(毅然)한 사람은 남이 나를 칭찬하거나 비난하는 말에 일일이 신경 쓰지 않는다.　　**라로슈푸코**

현재 자신의 상황에 대해서 누구도 탓할 수 없다. 모든 것이 자신에게 달렸다.　　**제임스 앨런**

자기에게 잘못이 없는 연후에 남의 잘못을 나무란다.
無諸己而後非諸人(무제기이후비제인)　　**대학(大學)**

나를 대하는 상대방의 태도가 곧 나의 거울이다. 그렇기에 남을 탓할 것이 아니라 자기를 돌볼 줄 아는 지혜가 필요하다.　　**지광**

세상은 영웅(英雄)이 탄생하기를 간절히 바라지만, 영웅이 무너지기 시작하면 쉽게 돌아서서 난도질한다.　　**고철종**

不平則鳴(불평즉명) : 만물은 기울어지면 운다는 뜻으로 도처(到處)의 원망이라는 게 결국 균형을 잃는 데서 나온다는 뜻으로, 세상에 자비와 사랑이 필요한 이유가 여기에 있다.

아내는 남편과의 대화 부족을 1년 내내 불평하지만, 남성의 뇌는 마음속 감정을 말하는 것이 어렵도록 조직되어 있다. **앤 모아, 데이비드 야셀**

낙천적이고 긍정적이고 감사하는 마음을 가진 사람은 모든 일에 부정적이고 불만이 많은 사람보다 삶에 대한 만족도와 성취도가 높다.
닐르 C. 넬슨, 지니 르메어 칼라바

살면서 실수를 범했거나 잘못된 결정을 내렸다 하더라도 자신을 너무 탓하지는 말라. **칼 필레머**

안 좋은 기억으로 스스로를 괴롭히지 말아야 한다. 좋지 않은 일들을 기억해서 자책(自責)하지 말아야 한다. **장쓰안**

이루어진 일을 말하여 무엇 하며, 다된 일을 간(諫)하여 무엇 하며, 지나간 일을 탓하여 무엇 하랴. **논어(論語)**

불평만 늘어놓고 자기 자신이 아무런 노력도 하지 않는다면 그러한 불행은 앞으로도 변함없이 계속된다. **C. M. 브리스톨**

불평하면 불평할 일이 더 많이 생길 뿐이다. **론다 번**

어둠을 탓하기보다는 촛불을 켜는 것이 낫다. **중국 속담**

운명을 한탄(恨歎)하지 말라. 자기를 알고, 직면(直面)해야 할 것에 직면하라. 그리고 그것을 정복하라. **C. M. 브리스톨**

모든 것은 나의 탓이라고 돌릴 때 마음에 쌓인 앙금이 녹아내려 얼굴이 밝아진다.
지광

남을 증오(憎惡)하고 비난(非難)하며 보내기에는 우리에게 남아 있는 시간이 너무나도 아깝고 소중하다.
잭 콘필드

인생이 무상(無常)하다고 한탄할 필요는 없다. 무상한 것이 당연하다고 여기며 거기에서 출발하면 된다.
사이토 시게타

어떠한 이유(理由)로 아무리 크게 한탄할지라도 한탄은 결코 소용이 없다.
에머슨

【불안, 안절부절못하다】

아이들이 자기 삶에 대한 내적통제(內的統制)를 거의 경험하지 못하면 불확실성(不確實性) 앞에서 "절망이다. 노력해봐야 소용없다."며 불안해한다.
게르트 기거렌처

수줍음은 불안(不安)의 한 형태이다. 불안을 없애기 위해서는 그 두려워하는 상황(狀況)을 극복(克服)하는 체험을 해야만 한다. 아이가 극복할 수 있으리라 예상되는 상황을 찾거나 만드는 것이 필요하다.
카린 벡

만족하지 못하고 조마조마하며 안절부절못하는 성격(性格)은 마음의 행복(幸福)과 평화(平和)에 치명적(致命的)이다.
새무얼 스마일즈

두려운 상황을 자꾸 피하기만 하면 일시적으로 불안을 줄일 수는 있지만, 마음 깊이 잠재된 두려움은 계속 커진다. 반면 그 상황에 정면(正面)으로 대응하고자 하면 점점 너 두렵다는 생각이 사라질 것이다.
개리 D. 맥케이

위기(危機)의 순간에 부딪히면 다른 사람들은 불안과 회의(懷疑)로 아무런 행동도 취할 수 없지만, 강력한 비전(Vision)을 지닌 사람은 주어진 과제(課題)를 수행하는데 조금도 주저(躊躇)하지 않는다. 미하이 칙센트미하이

진정한 용기는 두렵더라도 앞으로 나아가서 하고자 하는 일을 해내는 것이다. 겁이 나서 무릎이 덜덜 떨려도 결국 해내야 하는 것이다.
오프라 윈프리

두려움과 정면으로 부딪칠 때 그것이 자연스럽게 사라진다. 조 비테일

최악의 시나리오를 받아들였을 때 마음의 평화가 찾아온다.
데이비드 케슬러

열의는 공포와 불안을 없애주고, 괴로울 때에 기적을 낳는다.
노먼 V. 피일

아무것도 하지 않는 상태를 즐겨라. 계속해서 일에 매달리려고 할 때 불안이 생긴다. B. S. 라즈니쉬

몸이 아플수록 외로움을 많이 타고, 불안과 우울감이 더 잘 찾아오기 때문에 간호(看護)를 해줄 수 있는 주변 사람이 있다는 것 자체는 큰 행운이다.
다비드 세르방 슈레베르

몸과 마음은 깊이 연관되어 있다. 명상(瞑想)은 마음의 불안을 감소시키고, 신체의 면역력을 강화한다. 명상을 하면 고요한 마음 상태에서 평화와 기쁨을 경험할 수 있다. 틱낫한

마음의 안정이야말로 큰일을 치르는 사람들의 성공의 열쇠이다. 백운산

【불운, 불행, 나쁜 일, 재앙, 화(禍), 화근】

하늘의 이치(理致)가 어느 누구의 인생도 오르막만 만들지 않고 또 내리막만 만들지 않았기 때문에 산다는 것 자체가 행복과 불행이 공존(共存)할 수밖에 없다.　　　　　　　　　　　　　　　　　　　　　　　백운산

보통의 불행(不幸)은 누구에게나 찾아온다.　　　　　　　　　　하지현

나쁜 일은 손잡고 몰려온다.　　　　　　　　　　　　　　　　김영식

나쁜 일은 그냥 흘러가게 내버려두라.　　　　　　　　로저 로젠블라드

행복해지기 위해서 행복에 그렇게 많이 집착할 필요는 없다. 어떤 때는 그것에 대해서 아주 잊어버려야 한다. 어떤 때는 불행을 즐겨야 한다. 불행 또한 삶의 일부이며 그것은 아름다운 것이다. 행복과 불행을 같이 즐김으로써 균형이 유지되는 것이다.　　　　　　　　　　B. S. 라즈니쉬

행복이란 습관이다. 불행해지고 싶지 않으면 행복해지는 습관을 키워라.
　　　　　　　　　　　　　　　　　　　　　　　　　　　　E. 하버드

다른 사람의 태도 때문에 내가 행복하거나 불행할 필요는 없다.　윤종모

복(福)은 바란다고 거저 얻어지는 것이 아니고 복받을 일을 많이 해야 얻어지고, 화(禍)는 피하고 싶다고 해서 거저 피해지는 것이 아니고 화를 입을 만한 짓을 하지 않아야 한다.　　　　　　　　　　　　　　　묵자(墨子)

지나친 욕심과 분수에 넘치는 일을 하게 되면 반드시 화근(禍根)이 오게 됨을 잊지 말라.　　　　　　　　　　　　　　　　　　　　　　김정휴

인간이 불행한 이유는 지금 갖지 않은 것을 바라기 때문이다. 이 순간을 직시(直視)하고 사랑하면 어떤 상황에서도 행복할 수 있다.   바바라 버거

사람의 지위(地位)도 너무 높으면 불운(不運)하다.   역경(易經)

자만심(自慢心)은 언제나 화(禍)를 부른다.
무례(無禮)한 일을 많이 한 사람은 반드시 화를 입는 것이다.   춘추좌씨전

禍不單行(화불단행) : 재앙이나 불운은 한꺼번에 겹쳐서 일어난다.
雪上加霜(설상가상): 엎친 데 덮친다.
"Misfortunes never comes singly." "Ill-luck seldom comes alone."
    한국 속담, 서양 속담

지자(智者)는 화(禍)를 면하는 것을 으뜸으로 삼는다.   삼국지(三國志)

불행 속에 들어가는 것보다는 불행 중 다행(多幸)이 낫다.

무슨 일이 일어날 것인가가 두려워 비겁하게 냉담(冷淡)한 상태로 있는 것보다는 대담하게 예상되는 불운의 노예가 되는 위험을 감수(甘受)하는 편이 낫다.   헤로도토스

자를 것을 자르지 않으면 도리어 그 화를 입는다.   사기(史記)

우유부단함이 습성화(習性化)되어 있는 사람보다 불행한 사람은 없다.
    윌리엄 제임스

모든 불행과 갈등(葛藤)의 씨앗은 이왕 받아들여야 할 것을 빨리 받아들이지 못하는 데서 온다.   우종민

당신이 어느 날 마주칠 불행은 당신이 소홀히 보낸 지난 시간의 보복이다.
나폴레옹

무심히 한 말이 뜻하지 않은 화(禍)를 불러들일 수가 있는 것이니, 말을 삼가야 한다.
공자(孔子)

입은 재앙(災殃)을 불러들이는 문이다. 口禍之門(구화지문)　　풍도(馮道)

인간이 겪는 불행 중 가장 괴로운 것은 : 상황이 어떻게 돌아가는지 매우 잘 아는데도 불구하고 그 상황을 바꿀 힘이 전혀 없다는 것이다.
(Of all men's miseries the bitterest is this ; to know so much and to have control over nothing.)
헤로도토스

통제를 할 수 없는 문제에 관해서는 웃으면서 편안하게 받아들이고, 싫더라도 기꺼이 인정해 가며 사는 방법을 배우라.
스티븐 코비

우리가 현재 고통(苦痛)을 겪고 있을지라도, 그것이 우리가 불행해야 할 이유는 아니다. 고통과 불행은 다른 것이다.
달라이 라마

과거를 반성(反省)하는 것은 바람직하지만, 지금 존재하지 않는 과거의 회한(悔恨) 때문에 오늘까지 불행하게 느낄 필요는 없다.
윤종모

불운(不運)은 되도록 빨리 잊는 것이 낫다.
조셉 패런트

사람들은 가능한 한 자신들의 불행을 확대해서 말한다. 그렇게 함으로써 동정(同情)을 얻고 싶기 때문이다.
B. S. 라즈니쉬

불평만 늘어놓고 자기 자신이 아무런 노력도 하지 않는다면 그러한 불행은 앞으로도 변함없이 계속된다.
C. M. 브리스톨

행복은 무르익은 과일처럼 요행(僥倖)한 환경의 작용에 의해 저절로 입속으로 굴러들어오는 것이 아니다. 행복해지기를 원하는 사람은 피할 수 있는 불행과 피할 수 없는 불행, 질병과 갈등, 투쟁과 가난과 악의로 가득 찬 세계에서 각 개인에게 맹공(猛攻)을 퍼붓는 불행의 무수한 원인들을 극복(克復)하는 방법을 찾지 않으면 안 된다.   버트런드 러셀

불행(不幸) 앞에 우는 사람이 되지 말고, 불행을 하나의 출발점(出發點)으로 이용할 수 있는 사람이 되라.   유리피데스

새로운 행동(行動)을 통해서만 불운을 극복할 수 있다.   괴테

생명력과 열의(熱意)를 가진 사람은 어떠한 불행이 닥치더라도 삶과 세계에 대한 관심이 되살아남으로써 모든 불행을 극복할 것이다.   버트런드 러셀

독서(讀書)의 습관을 기르는 것은 인생의 거의 모든 불행으로부터 당신을 지키는 피난처(避難處)가 마련되는 것이 된다.   서머세트 모옴

인간 불행의 유일한 원인은 자신의 방에 고요히 머무는 방법을 모른다는 것이다.   파스칼

인생은 자기가 생각하는 것만큼 행복하지도 않지만, 또한 자기가 생각하는 것만큼 불행하지도 않다.
(We are never so happy nor so unhappy as we imagine.)   존 밀턴

인생(人生)의 대부분이 행복도 불행도 아닌 다행(多幸)으로 채워진다는 걸 이제 간신히 알게 됐다.   백영옥

인간의 불행을 죄다 한데 모아놓고 각자가 똑같이 나누어 갖기로 한다면 다들 자기 자신 본래의 몫을 되찾는 것으로 만족하려 들 것이다.

소크라테스

인간이 불행한 것은 자기가 행복하다는 것을 모르기 때문이다. 다만 그것만이 이유인 것이다. 　　　　　　　　　　　　　　　　　　　도스도예프스키

【불쾌, 유쾌】

해야 할 일이 많을 때에는 가장 불쾌(不快)한 것부터 먼저 실행해야 한다. 　　　　　　　　　　　　　　　　　　　　　　　존 퀸시 아담스

가까운 사이에도 격(格) 없는 행동은 불쾌감을 낳는다. 　　　　고철종

"착한 사람도 나쁜 기분이 들 수 있다."는 점을 명심하라. 　브루스 패튼

세상에서 가장 보기 싫은 것이 겸손(謙遜)을 모르는 행위이다. 　김승호

불쾌한 감정은 단지 당신이 무언가를 부정적(否定的)으로 생각하고 있다는 걸 말해 줄 뿐이다. 　　　　　　　　　　　　　데이비드 D. 번즈

불쾌하고 기분 나쁜 생각은 빨리 잊고, 좋은 생각만 하라. 미래의 꿈과 희망을 갖고 창조적으로 살아야 한다. 　　　　　　　　　　　정현우

밝고 적극적인 태도는 몸에 이롭다. 실제 즐거운 일이 없어도, 기분이 좋지 않아도 상관이 없다. 일부러 신나게 몸을 흔들며 춤추고, 기분이 유쾌해지도록 노력해 보라. 그러면 그 '즐겁다'는 신호가 뇌에 전달되어, 연달아 건강한 생리반응이 일어나게 된다. 이것이 우리 몸의 큰 특징이다.
　　　　　　　　　　　　　　　　　　　　　　　　M. H. 테스터

힘든 현실에 부딪힐 때라도 계속 유쾌(愉快)한 표정을 지으며 웃을 수 있어야 한다.
　　　　　　　　　　　　　　　　　　　　　　　　데브라 벤튼

나쁜 일은 생각해 봐야 기분만 나빠진다.　　　로널드 T. 포터 에프론

유머는 일을 유쾌하게, 교제를 명랑하게, 가정을 밝게 만든다.　카네기

하루하루 살아가면서 기쁘고 즐겁게 살아야 한다. 짜증내고 불쾌하게 살아봐야 아무 이득이 없는 게 사람의 삶이다.
　　　　　　　　　　　　　　　　　　　　　　　　정현우

조금이라도 불쾌한 망상(妄想)을 느낀다면 즉시 탈출(脫出)하라. 가장 빠른 방법은 일어서서 걷기 시작하는 것이다.
　　　　　　　　　　　　　　　　　　　　　　　　구사나기 류슌

유쾌하게 나이 들어갈 수 있고, 건강하게 살아갈 수만 있다면 – 그 모든 것들은 정말 중요한 문제가 되지 못한다. 그것이 무엇이든.
　　　　　　　　　　　　　　　　　　　　　　　　로저 로젠블라드

【비결, 비밀, 비법】

두 사람 사이의 비밀은 신(神)의 비밀이요, 세 사람 사이의 비밀은 모든 사람의 비밀이다.
　　　　　　　　　　　　　　　　　　　　　　　　프랑스 격언

소(牛)더러 한 말은 안 나도 처(妻)더러 한 말은 난다.　　한국 속담

스스로 지키는 비밀(秘密) 이외에는 비밀이 없다.　　죠오지 버나드 쇼

술이 들어오면 비밀이 나간다.　　　　　　　　　　　　유태 격언

목적(目的)의 불변성(不變性)은 성공의 비결이다.   **벤자민 디즈렐리**

영상(映像) 그리기는 모든 성공의 놀라운 비밀이다.   **제너비브 베런드**

성공의 비결은 마음속에다 성공적인 결과를 늘 그리고 있는 것이다.
    토로

기다릴 줄 아는 것은 성공의 가장 큰 비결(秘訣)이다.   **드 메스트르**

성공적인 삶을 산 사람들이 갖고 있는 공통적(共通的)인 성공비결은 "소중(所重)한 것을 먼저 행(行)하는 것"이었다.   **E. M. 그레이**

남보다 앞서갈 수 있는 비결은 지금 당장 시작하는 것이다.   **지그 지글러**

장점(長點)을 최대한 활용(活用)하는데 성공의 비밀이 있다. 자신의 장점을 분명히 인식(認識)하라.   **문용린**

성공의 비결은 차이(差異)에 있다.   **로버트 헬러**

무엇이든 열중(熱中)하면 그것을 더 많이 얻게 된다는 사실은 우주비밀(宇宙秘密)의 하나다.   **조 비테일**

어떠한 괴로움이나 쓰라림도 극복(克復)하고 나아갈 수 있는 힘, 그것이 결국 커다란 성공을 이루는 비결이다.   **지광**

삶의 비법(秘法)은 없다. 그냥 견디고 돌파(突破)하는 수밖에 없다.   **정유선**

결혼 생활을 잘 유지하고 싶다면 싸워도 그게 뭐 대수냐는 식으로 넘어가야 한다. 부부는 씨움에 익숙해져야 한다. 말다툼, 논쟁, 의견차이가 생길

때 어떻게 소통(疏通)하는가에 바로 백년해로의 비밀이 있다.   **칼 필레머**

사람들과 잘 어울려 사는 최상의 비결은 무한한 인내(忍耐)와 포용력(包容力)을 갖추는 것이다.   **장쓰안**

행복의 첫째 비결은 "자신을 다른 사람과 비교하지 말라."   **프랑수아 를로르도**

행복의 비밀은 눈앞의 현실에 온통 최선을 다하는 것이다.   **마하 고사난다**

삶을 잘 사는 비법은 한 가지다. 주어진 나날을 최대한 활용하는 것이다.   **칼 필레머**

묵묵하게 그리고 꾸준히! 이것이 경주(競走)에서 이기는 비결이다.   **로저 로젠블라드**

비밀히 행하여진 선행(善行)은 가장 명예(名譽)로운 일이다.   **파스칼**

삶의 비밀은 '죽기 전에 죽는 것'이다.   **에크 하르트 톨레**

자기 자신을 이미 죽은 것으로 보고 인생을 살 때, 생(生)은 새로운 의미로 빛을 발하고, 삶의 목표가 바뀌며, 마음이 열리고, 낡은 집착과 헛된 겉치레의 안개에 싸였던 정신이 투명해지기 시작한다. 모든 순간은 있는 그대로 소중하다. 달리 아무것도 필요치 않다.   **스티븐 레빈, 온드리아 레빈**

삶의 비밀은 "이만하면 충분(充分)하다."는 사실을 알고 만족(滿足)하는 것이다. 이만하면 충분하다는 마음을 가지라.   **빈센트 라이언**

【비교, 다름, 차이】

⟨1⟩

우리는 남들과 비교를 덜할수록 더 만족(滿足)하게 된다.　　　베리 슈워츠

인간이 스스로를 비참(悲慘)하게 만드는 것은 남과 비교(比較)하면서 부터다.

비교를 통해서는 누구도 즐거울 수 없다. 즐거움은 비교 없는 상태이다. 비교하지 마라.　　　B. S. 라즈니쉬

남과 비교하며 덧없는 명성과 부(富)에 대한 집착(執着)과 상실감(喪失感)으로 스스로 행복을 걷어차는 것만큼 어리석은 짓은 없다.　　　롤프 도벨리

행복의 첫째 비결은 "자신을 다른 사람과 비교하지 말라."
　　　프랑수아 를로르도

남보다 뛰어나기보다는 남과 다르게 하라.　　　탈무드

충분히 만족스러운 삶을 살고, 많은 일을 실현한 사람은 단지 다른 사람보다 더 현명(賢明)한 선택(選擇)을 했을 뿐이다.　　　로빈 S. 샤르마

다른 사람의 일을 성공적으로 완수하는 것보다 비록 불완전하더라도 자신(自身)의 일을 하는 것이 더 낫다.　　　바가바드 기타(The Bhagavad Gita)

때를 기다리는 것은 중요하다. 그러나 변화의 징조(徵兆)와 신호(信號)에 민감하게 반응하고 대비(對備)하는 사람과 손 놓고 시간을 보내다가 때가 되면 적당한 방편을 취하는 사람은 차이(差異)가 확연(確然)하다.　　　임선영

좋은 때가 오기만을 기다리고 있느니보다는 그때그때를 잘 활용하는 편이 낫다. 　　　　　　　　　　　　　　　　　　　　　　　　　순자(荀子)

포기(拋棄)하지 않는 한 실패는 끝이 아니다. 실패를 두려워하는 인생보다는 도전(挑戰)하는 인생(人生)이 훨씬 더 낫다. 　　　　　　아트 윌리암스

세 시간 일찍 가는 것이 일 분 늦는 것보다 낫다. 　　　프란시스 베이컨

싸워서 이기지 못하는 것은 싸우지 않느니만 못 하다. 포기해야 할 때 포기할 줄 알아야 한다. 　　　　　　　　　　　　　　　　　　　리허

나중에 후회하기보다는 미리 조심하는 게 낫다.
(It's better to be safe than sorry.) 　　　　　　　　　서양 속담

때늦은 지혜와 선견지명(先見之明)은 하늘과 땅 차이다. 　게르트 기거렌처

정확하게 알지 못하면서 아는 척하는 것은 차라리 모른다고 하는 것보다 못하다. 　　　　　　　　　　　　　　　　　　　　　　　　　이정숙

모든 사람은 무식하다. 다만 무식한 분야가 다를 뿐이다. 　　월 로저스

한 사람과 다른 사람의 차이는 단순한 능력(能力) 차이가 아니라, 열정(熱情)의 차이다. 　　　　　　　　　　　　　　　　　　　　　　토머스 아널드

성공한 리더와 실패한 리더의 차이는 '미래를 위한 새로운 가치'를 창출(創出)했는지에 따라 구분된다. 　　　　　　　　　　　　　　　권오현

설령 어떤 시도(試圖)가 실패로 끝나더라도 시도해 보지 않은 것보다는 훨씬 낫다. 　　　　　　　　　　　　　　　　　　　　　　　　빌 게이츠

아는 것(知識)과 할 줄 아는 것(能力)과 하는 것(實行)은 다르다.
(Knowing is one thing, using is another.)

머리로 해결하는 것보다는 행동으로 해결하는 편이 빠르다. **이소사끼 시로**

억지가 사촌보다 낫다. 한국 속담

완벽하게 하려고 망설이면서 안 하는 것보다는 헤매더라도 하는 게 낫다.
정경화

언제나 옳고 정확해야 한다는 생각 때문에 아무런 아이디어도 갖지 않고 있는 것보다는 좀 모자란 아이디어라 하더라도 그것을 많이 가지고 있는 것이 더 나은 것이다. E. 레보노

차선책(次善策)이 무대책보다 나을 때가 많다. **에카르트 폰 히르슈하우젠**

여러 번 말로 듣는 것보다 한 번 보는 것이 더 낫다.
百聞不如一見(백문불여일견) (Seeing is believing.) 속담

기분 나쁘게 진실을 말하느니 침묵을 지키는 것이 낫다.
침묵하는 것보다 나은 것만 이야기하라. 새무얼 스마일즈

논쟁(論爭)에서 이기는 것보다 친구를 얻는 편이 더 낫다. **조 오웬**

알아도 모르는 척하는 것이 가장 좋다. 모르면서 아는 척하는 것이 흠이다.
노자(老子)

'차이(정보, 품질, 서비스, 인지도, 편리성, 신뢰감 등)'가 돈 번다.

성공의 비결은 차이(差異)에 있다. 로버트 헬러

성공한 사람과 실패한 사람의 차이는 '적극적인 정신자세(Positive mental attitude)' 그것 하나뿐이다. 나폴레온 힐

어떤 일을 솔선(率先)해서 적극적(積極的)으로 하는 사람과 그렇지 못한 사람 간의 차이는 50%가 아니라 5,000% 이상이 난다. 스티븐 코비

성공한 사람과 실패한 사람의 차이는 자신이 원하는 목표를 실현하기 위해 지체하지 않고 행동으로 옮기는 '실행능력'의 차이에 있다. 미야자키 신지

늦더라도 안 하느니보다는 낫다. (Better late, than never.) 서양 속담

〈2〉

사람에 대한 분별력(分別力)을 갖는 것도 중요하지만, 중요한 일과 덜 중요한 일을 구별해 내는 능력도 우리 삶에 무척 중요하다. 안셀름 그륀

잘못된 일을 완벽하게 하는 것보다, 바른 일을 평균 이하로 하는 것이 더 낫다. 로버트 링거

잘못된 합의(合意)보다는 합의가 없는 것이 더 낫다. 외교 격언

불행 속에 들어가는 것보다는 불행 중 다행(多幸)이 낫다.

"결혼을 하는 편이 좋은가, 하지 않는 편이 좋은가" 묻는다면 나는 어느 편이나 후회할 것이라고 대답하겠다. 소크라테스

결혼 그 자체는 좋다 나쁘다고 말할 수 없다. 결혼의 성공과 실패는 우리

자신에게 달려 있기 때문이다. 　　　　　　　　　　　　　모로아

남녀의 뇌는 정보처리 방식이 서로 다르기 때문에 인식방식, 우선순위 결정, 행동방식도 다를 수밖에 없다. 　　　　　　앤 모아, 데이비드 야셀

사람들의 성격이 서로 서로 다른 것은 몸속에 있는 오장(五臟)이 다른 탓이다.
　　　　　　　　　　　　　　　　　　　　　　　　　　　　정현우

다름은 틀림이 아니라 특별함이다. (부부간에도 마찬가지다.)

세상에서 제일 무서운 것은 외로움이다. 　　　　　　정도령(正道靈)

외로움보다는 싸움이 낫다. 　　　　　　　　　　　　아일랜드 속담

방어(防禦)하는 동물은 그 지역을 넘보려는 침입자(侵入者)보다 훨씬 더 맹렬하게 그곳을 방어하고, 그 결과 대개 방어자가 이긴다. 　　에드워드 윌슨

복수(復讐)는 적(敵)과 자신을 똑같은 사람으로 만든다. 용서(容恕)는 자신을 적보다 나은 사람이 되게 한다. 　　　　　　　　　벤저민 프랭클린

아무것도 갖지 못한 사람보다는 많이 갖고 있으면서 더 많은 걸 갖고 싶어 하는 사람의 욕구불만이 더 크다. 　　　　　　　　　　　에릭 호퍼

사치하면 거만(倨慢)해지고 검약하면 인색(吝嗇)해진다. 그러나 거만한 것보다는 차라리 인색한 편이 낫다. 　　　　　　　　　　　　논어(論語)

돈을 잃는 것은 조금 잃는 것이고, 명예를 잃는 것은 많이 잃는 것이며, 건강을 잃는 것은 전부를 잃는 것이다. 　　　　　　　　　　금언(金言)

약보다 음식 잘 먹는 것이 건강에 중요하고, 음식보다 마음을 편히 잘 먹는 것이 건강에 더 중요하다.
藥補不如食補, 食補不如心補(약보불여식보, 식보불여심보)　　　　　　장자

서 있는 것이 앉아 있는 것보다 낫고, 움직이는 것이 서 있는 것보다 낫다.
　　　　　　　　　　　　　　　　　　　　　　　　　　　스티븐 블래어

투병의지(鬪病意志)를 보이는 환자는 수동적(受動的)인 태도를 보이는 환자보다 더 오래 산다.　　　　　　　　　　　　　　　　　　　　마이클 탤보트

현재의 당신과 5년 후 당신의 차이점은 당신이 누구와 함께 시간을 보내는지, 어떤 책을 가까이 하는지에 달려 있다.　　　　　　　　　　찰리 존스

책을 읽는 동안 만큼은 현실을 잠시 잊을 수 있고, 답이 나오지 않는 고민을 하며 시간을 보내는 것보다 그래도 뭔가를 배울 수 있으니 더 낫다.
　　　　　　　　　　　　　　　　　　　　　　　　　　　사이토 다카시

인생은 책을 얼마나 읽었느냐에 따라 달라진다.　　　　　사이토 다카시

수고하지 않는 한가한 인생보다 고된 노동이 훨씬 만족스럽다. 존 매캐인

인간은 저마다 영적(靈的)인 진화단계(進化段階)가 다르다.　　M. H. 테스터

태어났을 때의 영혼보다 막을 내릴 때의 영혼이 더욱 높아질 수 있다면, 그 자체만으로도 우리의 인생은 충분히 가치가 있다.　　　이나모리 가즈오

【비극, 희극】

생각하는 사람에게는 세상이 희극(喜劇)이지만, 느끼기만 하는 사람에게는 비극(悲劇)이다. (The world is a comedy to those that think, tragedy to those that feel.)
루소

합리적인 인간이라면 비극은 언제나 일어날 수 있다는 것을 인지해야 한다.
아르넌 그룬버그

부부(夫婦) 사이에 일어날 수 있는 최대 비극은 상대에게 자신의 삶의 방식(方式)을 강요(强要)하는 일이다.
데이비드 시버리

인생의 비극은 목표(目標)를 달성(達成)하지 못하는데 있는 것이 아니라, 달성할 목표가 없는데 있다.
벤저민 메이스

문(門) 하나가 닫히면 이내 다른 문이 열린다는 것은 특별할 것 없는 인생의 법칙이다. 그러나 닫힌 문에 연연하여 열린 문을 소홀히 한다는 것이 인생의 비극이다.
앙드레 지드

비극에도 희망(希望)의 불꽃이 있어야 한다.
아서 밀러

아무리 절망적(絶望的)인 상황에서도, 도저히 피할 수 없는 운명과 마주쳤을 때에도 삶의 의미를 찾을 수 있다는 사실을 잊어서는 안 된다. 왜냐하면 그것을 통해 인간의 잠재력(潛在力)이 한 개인의 비극을 승리로 만들고, 곤경(困境)을 인간적 성취로 바꾸어놓을 수 있기 때문이다.
빅터 프랭클

노년의 비극은 그가 늙었다는데 있는 것이 아니라, 아직도 젊다고 생각하는데 있다.
오스카 와일드

인생은 가까이서 보면 비극이지만 멀리서 보면 희극이다.　　찰리 채플린

【빈곤, 가난, 결핍】

인간(人間)은 세 가지 것을 숨길 수가 없다. 〈기침과 가난과 사랑〉

부귀하면 남들도 모여들고 가난(家難)하면 친척도 떠나버린다.　　**문선**(文選)

그대가 가난하면 그대의 형제는 그대를 미워한다.　　쵸오서어

糟糠之妻 不下堂(조강지처 불하당)
〈가난할 때에 술지게미를 먹어가며 고생을 같이하던 아내는 존중하고 대우해 주어야 한다는 말〉
　　후한서(後漢書)

부자가 되어서 교만 없기가 가난하면서 원망 없기보다도 어렵다.　　공자

부자가 되거든 가난한 사람에게 거만(倨慢)하지 말고 그들을 비천(卑賤)하게 만들지 말라.　　헨리 데이비드 소로

정작 가난한 사람은 가진 것이 적은 사람이 아니라 더 가지려고 욕심을 내는 사람이다.　　세네카

부유하다 할지라도 가난한 듯 행동하라.　　파블로 피카소

넉넉할 때 아껴 쓰지 않으면 가난할 때에 후회한다.
富不儉用貧後悔(부불검용빈후회)　　주자(朱子)

재산이 있으면 걱정거리가 많지만, 재산이 없으면 걱정거리가 더 많다.

자신이 부자가 아니라면 부자들의 생활방식을 따르지 말라.　**데이브 램지**

사치(奢侈)스러운 자는 부유해도 늘 부족함을 느끼고, 검소(儉素)한 자는 가난한 가운데서도 늘 여유가 있다. 사치스러운 자는 마음이 항상 가난하고 검소한 자는 마음이 항상 부자다.　**신자(愼子)**

부자가 되고 싶다면 가난을 생각하지 말아야 한다. 반대되는 것을 생각함으로써 원하는 것을 얻을 수는 없다.　**월러스 D. 워틀스**

다른 사람의 말에 귀 기울이지 않는 태도는 스스로 마음을 빈곤(貧困)하게 만드는 것이다.　**마쓰시다 고노스케**

배가 고프면 화가 난다. (A hungry man is an angry man.)　**서양 속담**

백성(百姓)은 가난을 탓하지 않고, 고르지 못한 것을 탓한다.

貧困意識(빈곤의식)을 가진 사람은 자신이 곤경(困境)에 처한 것을 매번 '주변의 탓'으로 돌리지만, 목적을 지닌 사람은 변함없이 남을 위해 베풀며 번영(繁榮)의 흐름에 승차(乘車)하는 확실한 길을 택한다.　**웨인 다이어**

빈부(貧富)의 격차가 지나친 것은 문제가 되지만 어느 정도의 불평등(不平等)은 성장의 동력(動力)이 된다.　**앵거스 디턴**

만일 당신이 가난하다면 나를 포함한 많은 가난했던 사람을 기억하라. 부단한 노력과 교육을 통해 무엇이던(심지어 대통령도) 할 수 있다는 것이 바로 아메리칸 드림(American Dream)이다. 우리는 할 수 있다.　**버락 오바마**

성공의 요체(要諦)는 첫째 가난한 가정에 태어남에 있다.   **안드류 카네기**

결핍(缺乏)의 결과로 얻게 되는 절제력(節制力)은 삶에 유용(有用)하다.

눈물과 함께 빵을 먹어보지 않은 사람은 인생의 참다운 맛을 못 본다.
   괴테

부귀빈천(富貴貧賤)이 물레바퀴 돌듯 한다.   **한국 속담**

부정(不正)으로 재산을 모으는 것보다는 가난해도 정직(正直)하게 사는 것이 좋다.   **성경(聖經)**

마음이 가난한 자는 복이 있나니, 천국(天國)이 저희 것임이라.   **마태복음**

가난을 물리치는데 기여한다면, 그것이 곧 사회에 봉사하는 것이다. 가난보다 더 비참한 것은 없다. 가난은 인간의 존엄성(尊嚴性)을 떨어뜨리기 때문이다. 그러므로 우리의 의무는 사람들이 가난에서 벗어나 자기의 가족과 사회공동체를 돌볼 수 있도록 돕는 것이다.   **조 살리스**

만일 자유사회가 가난한 다수(多數)를 도울 수 없다면 부유한 소수(小數)도 구원(救援)할 수 없다.   **존 F. 케네디**

한 사회(社會)가 얼마나 위대(偉大)한가는 그 사회가 가난밖에는 아무것도 가진 것이 없는 이들을 어떻게 대하는지에 따라 알 수 있다.   **프란치스코**

음미용(吟味用) 글귀 및 글월

결실과 장미

크건 작건 간에, 꽃들이 여기저기 피어 있는 아름다운 정원을 갖고자 하는 이는 허리를 굽혀서 땅을 파야만 한다.
소망만으로 얻을 수 있는 것은 이 세상에서 극히 적은 까닭에 우리가 원하는 가치 있는 것은 무엇이건 일함으로써 얻어야 한다.
당신이 어떤 것을 추구하는가 하는 것은 문제가 아니다.
당신은 끊임없이 흙을 파야 한다.
결실이나 장미를 얻기 위해선.
에드가 게스트

우리들은 이 길을 딱 한 번 간다. 사는 동안 발끝으로 조심스럽게 걸으며 심하게 상처 입지 않은 채로 죽음에 이를 수도 있고, 자신의 목표들을 성취하고 자신의 가장 멋진 꿈들을 실현시키면서 충만하고 모든 것을 다 갖춘 완전한 삶을 살 수도 있다.
밥 프록터

초보자에게 주는 조언

시작하라. 다시 또다시 시작하라.
일어나야 할 일은 일어날 것이고, 그 일들로부터 우리를 보호해 줄 것은 아무것도 없다. 완벽주의자가 되려 하지 말고, 경험주의자가 되라.
엘렌 코트

일찍 일어나는 새

당신이 새라면 아침에 일찍 일어나야 한다.
그래야 벌레를 잡아먹을 수 있을 테니까.
만일 당신이 새라면 아침에 일찍 일어나라.
하지만 만일 당신이 벌레라면 아주 늦게 일어나야 하겠지. **쉘 실버스타인**

해답(解答)

해답은 없다.
앞으로도 해답이 없을 것이고, 지금까지도 해답이 없었다.
이것이 인생의 유일한 해답이다. **거투르드 스타인**

"오늘이 내 인생의 마지막 날이라면, 그래도 오늘 하려던 일을 하고 싶을까?" 하고 매일 나 자신에게 묻곤 했다. 며칠 연달아 "아니오"라는 대답이 나올 때는 뭔가 변화가 필요한 때라는 사실을 깨닫는다. 외적인 기대, 자부심, 수치심, 실패에 대한 두려움 등은 모두 죽음에 직면해서는 다 떨어져 나가고, 진실로 중요한 것만 남기 때문이다. **스티브 잡스**

거울이 잠재의식(潛在意識)을 약동시킨다

1. 거울 앞에 똑바로 서서 가슴을 펴고, 배에 힘을 주고, 턱을 붙이고, 머리를 올린다.
2. 거울 속의 자기 눈을 들여다보면서 바라는 것을 반드시 성취하고 말겠다고 자기 자신에게 크게 말하는 것이다.
3. 적어도 하루 두 번 이상 실천하는 습관을 붙이면 자신도 놀랄 만한 결과가 생긴다. **C. M. 브리스톨**

신속하고 건설적인 행동 전략

1. 해야 할 일이 너무 많아서 어찌할 바를 모르겠다면, 모든 일을 완전히 멈춰라.

2. 지금의 상황을 큰 그림으로 그려보라.
3. 최우선 순위의 일이 아니면 모두 지워버려라.
4. 모든 일을 하려고 하지 마라.
"코끼리 한 마리를 먹을 수 있는 유일한 방법은 한 번에 한 입씩 먹는 것"이다.
5. 시작하라. 첫걸음은 어렵지만 그거면 반(半)은 해결된다.
6. 우선순위가 높은 일에 집중하라. 어떤 일을 최우선 순위로 정했으면 나머지 7,328가지 문제는 무시해라. 다른 일이 얼마나 중요할지는 상관없다. 두 번째 일에 관심을 쏟을 수 있는 길은 최우선 순위 일을 완전히 끝마치는 것뿐이다.
7. 안정을 유지하라. 이것이 '느리지만 가장 빠른 길'이다. 차분한 상태에서 서두르지 말고 제대로 조준하라.
8. 일을 다 마칠 때까지 멈추지 마라.
9. 앞의 일을 완수하고 나서 다음 일에 들어가라. 하고 있는 일을 마치기도 전에 다음 일을 건드리기 시작하면, 다시 수많은 일에 빠져 허우적거리게 된다.

로버트 링거

내가 만난 성공한 사람들의 공통적인 다섯 가지 특징

1. 시간 약속에 철저하다. (어떤 모임이든 5~10분 전에 미리 대기하는 습관이 있다.)
2. 자신과 관계된 약속이나 일 등 매사 메모하는 습관이 생활화되어 있다.
3. 끊고 맺는 게 정확하다. (술자리에서 늘어지는 법이 별로 없고, 유형·무형의 신세를 졌다고 생각할 때 꼭 그만큼 보상을 해준다.)
4. 절대 돈을 함부로 쓰지 않는다. (음식점 같은 곳도 가격이 합리적이면서 맛있고 특이한 곳을 찾는다.)
5. 아침형 인간이 많다. (6시 이전에 기상하여 뉴스나 신문, 특히 독서에 많은 시간을 할애한다.)

백운산(白雲山)

후회할 일을 만들지 않기 위한 다섯 가지 조언

1. 정직하라. 정직하면 당당하다.
2. 기회가 묻거든 "네!" 하고 대답하라. 새로운 기회나 도전할 일이 생겼을 때 긍정적으로 받아들이면 그렇지 않은 경우보다 훨씬 후회가 적다.
3. 더 많이 여행하라. 여행을 내일로 미루지 말고, 다른 일은 포기하더라도 여행을 많이 다녀라.
4. 배우자를 고를 때는 신중 또 신중하라. 중요한 것은 빠른 결정이 아니다. 충분히 시간을 두고 평생을 함께할 수 있는지를 살펴본 후 결정하라.
5. 하고 싶은 말이 있다면 바로 지금 하라. 마음 깊숙한 곳에 있는 진심을 나눌 수 있는 유일한 순간은 그 사람이 살아 있을 때다. 칼 필레머

지금 알고 있는 걸 그때도 알았더라면

지금 알고 있는 걸 그때도 알았더라면 내 가슴이 말하는 것에 더 자주 귀 기울였으리라. 더 즐겁게 살고, 덜 고민했으리라. 다른 사람들이 나에 대해 말하는 것에는 신경 쓰지 않았으리라. 부모가 나를 얼마나 사랑하는가를 알고 또한 그들이 내게 최선을 다하고 있음을 믿었으리라. 사랑에 더 열중하고 그 결말에 대해선 덜 걱정했으리라. 설령 그것이 실패로 끝난다 해도 너 좋은 어떤 것이 기다리고 있음을 믿었으리라. 나는 어린이처럼 행동하는 걸 두려워하지 않았으리라. 더 많은 용기를 가졌으리라. 모든 사람에게서 좋은 면을 발견하고 그것들을 그들과 함께 나눴으리라. 지금 알고 있는 걸 그때도 알았더라면 나는 분명코 춤추는 법을 배웠으리라. 내 육체를 있는 그대로 좋아했으리라. 내가 만나는 사람을 신뢰하고 나 역시 누군가에게 신뢰할 만한 사람이 되었으리라. 분명코 더 감사하고, 더 많이 행복해했으리라. 지금 내가 알고 있는 걸 그때도 알았더라면.

킴벌리 커버거

인생의 황금률

네가 열었으면 네가 닫아라.

네가 켰으면 네가 꺼라.
네 일이 아니면 나서지 말라.
누군가의 하루를 기분 좋게 해주는 말이라면 하라.
하지만 누군가의 명성에 해가 되는 말이라면 하지 말라. **작자 미상**

눈 덮인 들판을 걸어갈 때는 발걸음 하나라도 이리저리 함부로 걷지 말라.
오늘 내가 걸어가는 발자국은 반드시 뒤에 오는 사람의 이정표가 될 것이다.
踏雪野中去 不須胡亂行 今日我行蹟 遂作後人程
(답설야중거 불수호난행 금일아행적 수작후인정) **이양연(李亮淵)**

지혜(智慧)로운 이의 삶

유리(有利)하다고 교만하지 말고, 불리(不利)하다고 비굴하지 말라. 무엇을 들었다고 쉽게 행동하지 말고, 그것이 사실인지 깊이 생각하여 이치가 명확할 때 과감히 행동하라. 벙어리처럼 침묵하고 임금처럼 말하며, 눈처럼 냉정하고 불처럼 뜨거워라. 태산 같은 자부심을 갖고, 누운 풀처럼 자기를 낮추어라. 역경(逆境)을 참아 이겨내고, 형편이 잘 풀릴 때를 조심하라. 재물(財物)을 오물(汚物)처럼 볼 줄도 알고, 터지는 분노(憤怒)를 잘 다스려라. 때로는 마음껏 풍류(風流)를 즐기고, 사슴처럼 두려워할 줄 알고, 호랑이처럼 무섭고 사나워라. 이것이 지혜(智慧)로운 이의 삶이니라.

잡보장경(雜寶藏經)

권학문(勸學文)

오늘 배우지 않아도 내일이 있다 이르지 말며, 금년에 배우지 않아도 내년이 있다 이르지 말아라. 날과 달은 가고, 세월은 나와 함께 늦어지지 않으니 슬프다, 늙어서 후회한들 이것이 뉘 허물이겠는가? 소년은 늙기 쉽고 배움은 이루기 어려우니 짧은 시간이라도 가볍게 여기지 말아라. 연못가에 봄풀이 돋아나는 것을 미처 깨닫지 못했는데, 뜰 앞의 오동잎이 벌써 가을소리를 전하는구나.

勿謂今日不學而有來日(물위금일불학이유내일) 勿謂今年不學而有來年 (물위금년불학이유내년)　日月逝矣歲不我進(일월서의세불아진)　嗚呼老矣是誰之愆(오호노의시수지징)　少年易老學難成(소년이노학난성)　一寸光陰不可輕(일촌광음불가경)　未覺池塘春草夢(미각지당춘초몽)　階前梧葉己秋聲(계전오엽기추성)
　　　　　　　　　　　　　　　　　　　　　　　　　주자(朱子)

인생이 꽃필 무렵에는 누구나 의기양양하다. 길이 험난해도 두렵지 않다. 등에 진 배낭에는 이상(理想)과 꿈과 오색 빛 희망이 들어 있다. 나이를 먹어가며 사회에는 여러 가지 규칙과 해야 할 일이 있음을 알게 된다. 외면할 수 없는 현실 앞에서 등에 진 꿈과 이상의 배낭이 거추장스러워지기 시작한다. 대부분의 사람들은 먹고사는 문제가 해결되고 사회적 지위가 어느 정도 안정되면 그때 다시 가져가리라 생각하고 꿈과 이상을 내려놓고 다시 앞으로 나아간다. 나이 먹을수록 생활은 안정되고 사회적으로도 인정받으며 하루하루를 즐겁게 살아간다. 나이가 점점 들면서 모든 것을 바쳤는데 돌아온 것은 배신(背信)뿐이라는 원망마저 들고, 60고개 넘어서면 어느덧 지치고 젊은 시절의 기세등등함은 찾아볼 수 없게 된다.

이제는 조용히 살면서 아름답고 편안한 말년을 보내리라 마음먹는다. 남을 원망 않고 현실 변화에 순응하면서 80세까지 걸어간다. 마지막 지점에 서 있노라면 문득 진한 슬픔이 가슴 가득 밀려온다. 20세에 배낭에 꿈과 이상과 희망을 두고 온 것이 그제야 생각난다. 한번 펼쳐보지도 못한 꿈! 공연히 제 한 몸뚱이만 이끌고 어느새 인생의 종착역에 와버린 주름진 얼굴에 두 줄기 눈물이 흐르지만 되돌아갈 수는 없다. 인생은 일방통행이기 때문이다.
　　　　　　　　　　　　　　　　　　　　　　　　　위단(于丹)

진정한 친구란

1. 당신의 가장 좋지 않은 모습을 보더라도 당신이 가장 좋았을 때를 결코 잊지 않는 사람
2. 당신을 실제의 당신보다 더 멋진 사람으로 생각하는 사람
3. 몇 시간 동안 함께 대화할 수도 있고, 몇 시간 동안 아무 말 없이 함께

있을 수도 있는 사람
4. 당신의 성공을 당신만큼이나 기뻐하는 사람
5. 자신의 진심을 말해 줄 정도로 당신을 신뢰하는 사람
6. 당신보다 더 많이 알려고도, 더 현명한 척하려고도, 훈계하려 하지도 않는 사람

존 맥스웰

꼭 필요한 사람(Indispensable Man)
가끔 당신이 중요한 존재라고 느낄 때, 가끔 당신의 자만(自慢)이 하늘을 찌를 때, 가끔 당신이 최고임을 당연시 할 때, 가끔 당신의 부재(不在)가 도저히 메울 수 없는 공백을 남길 것이라고 느낄 때, 다음의 단순한 지침을 따라 하고 본연의 겸손을 되찾으라.

양동이를 가져와 거기에 물을 채우라. 거기에 손을 집어넣어 물이 손목에 차도록 하라. 이제 손을 빼고, 거기에 얼마나 큰 구멍이 남는지 보라. 그것이 바로 당신 공백의 크기임을…

당신은 손을 넣어 원하는 만큼 물장구를 즐길 수 있다.
당신은 물을 크게 휘저을 수도 있다. 하지만 동작을 멈추고 지켜보라.
얼마나 빨리 전과 같은 상태로 되돌아오는지…

이 작은 실험이 주는 교훈은 당신이 할 바에 대해 언제나 최선을 다하라는 것.
자신을 자랑스러워하되, 이 한 가지만 기억하라.
없어서는 안 될 사람 같은 건 이 세상에 없다는 것을!

존 맥스웰

다음과 같은 때에 영혼(靈魂)은 자신의 존재를 드러낸다
1. 당신 자신이 중심을 잡고 있음을 느낄 때
2. 당신의 마음이 맑을 때

3. 시간이 멈추었다는 감각을 가질 때
4. 당신이 분명하게 자아(自我)를 의식할 때
5. 당신이 갑자기 경계선에서 해방된 자유를 느낄 때
6. 시간과 변화가 당신을 비켜간다고 느낄 때
7. 당신에게 무엇이 일어날지 알 때
8. 당신이 진리(眞理)를 감각할 때
9. 당신이 행복과 황홀감을 느낄 때
10. 당신이 다른 사람과 사랑과 침묵의 친교로써 하나 됨을 느낄 때
11. 당신의 직관(直觀)의 번뜩임이 진실로 판명될 때
12. 당신이 무한한 사랑을 받고 있다고 느끼거나 절대적으로 안전하다고 느낄 때

다음과 같은 때에 영혼은 자신의 모습을 잘 보여주지 않는다

1. 당신이 너무 지치고 스트레스를 받을 때
2. 당신이 주의를 밖으로 향할 때
3. 당신의 주의가 외부의 힘에 의해 지배될 때
4. 당신이 남들에게 당신을 생각하도록 할 때
5. 당신이 강제로 행동할 때
6. 당신이 두려움과 염려에 영향 받을 때
7. 당신이 고통 속에서 분투할 때

디팩 초프라

모든 것은 지나간다

모든 것은 지나간다.
일출(日出)의 장엄함이 아침 내내 계속되진 않으며, 비가 영원히 내리지도 않는다.
모든 것은 지나간다.
일몰(日沒)의 아름다움이 한밤중까지 이어지지도 않는다.
하지만 땅과 하늘과 천둥, 바람과 불, 호수와 산과 물, 이런 것들은 언제나

존재한다.

만일 그것들마저 사라진다면 인간의 꿈, 인간의 환상이 계속될 수 있을까. 당신이 살아 있는 동안 당신에게 일어나는 일들을 받아들이라. 모든 것은 지나가버린다. 세실 프란시스 알렉산더

자유(自由)를 더 얻는 길

1. 무슨 일에서든 줄일 것을 생각하면 그만큼 속세에서 벗어날 수 있다. 교제(交際)를 줄이면 다툼으로부터 벗어나고, 말수를 줄이면 비난을 조금밖에 받지 않는다. 분별(分別)을 줄이면 마음의 피로가 줄어든다. 줄이려고 하지 않고 늘릴 것만을 생각하는 자는 인생을 새끼줄로 꽁꽁 묶어 놓는 것과 같은 것이다.

2. 확고하게 자기의 입장을 확립시켜 외물(外物)에 지배당하지 않는다면 성공했다고 해서 기뻐 날뛰지도 않고, 실패했다고 해서 끙끙 앓는 일도 없다. 이 세계 어디를 간다 하여도 유유자적(悠悠自適)한 태도로 대처할 수 있다. 주체성을 잃고 외물에 의해 좌우되기만 한다면 벽에 부딪쳐도 화를 내고, 일이 잘되면 그것에만 집착하고, 사소한 것에도 속박되어 자유를 잃고 만다. 모리야 히로시

아빠는 잊어버린다

아가야 잘 들어라. 너는 조그마한 손을 뺨에 얹고 땀이 배어 나오는 이마에 금발의 곱슬머리를 내민 채 고요히 잠들고 있구나. 아빠는 혼자서 살짝 네 방에 들어온 것이다. 지금까지 아빠는 서재에서 책을 읽고 있다가 갑자기 후회하는 생각이 엄습해 옴을 막을 수가 없었다. 흡사 죄인과도 같은 기분으로 네 곁을 찾아든 것이다.

아빠는 이렇게 생각했지.

여태까지 나는 너에게 상당히 까다롭게 굴었다고. 네가 학교에 갈 차비를 하고 있을 때였던가 세수를 잘 안 하고 눈, 코에 물 칠만 하였다고 너를 혼내주었구나. 구두를 잘 딱지 않았다고 야단을 쳤구나. 또 네가 가지고

있는 물건을 마룻바닥에 내던졌다고 호령을 했구나. 아침 밥상에서도 잔소리를 했구나. 잘 흘린다든지, 식탁에 팔꿈치를 기댄다든지, 빵에 버터를 너무 많이 바른다든지 하고 야단을 쳤었구나.

그러고 나서 너는 놀러나가고 나는 정거장으로 가는 길이기에 같이 집을 나와서는 헤어질 때 네가 돌아보고 손을 흔들면서 "아빠 안녕히 다녀오세요!"라고 인사를 했지. 그러자 아빠는 얼굴을 찌푸리면서 "가슴을 쭉 펴라!"고 말했구나.

같은 일이 또 저녁때도 되풀이되었구나. 내가 집에 돌아오자 너는 땅바닥에 무릎을 꿇고 놀고 있었다. 너의 긴 양말의 무릎 있는 데가 구멍투성이였지. 아빠는 너를 집으로 몰고 가면서 네 동무들 앞에서 창피를 주었지. "양말 값이 비싼데 네가 번 돈으로 산 양말이라면 그렇게 함부로 신지는 않겠지!"

이것이 아빠의 입에서 나온 말이라고 생각할 때 나 스스로가 미울 지경이다. 그리고 또 이런 일도 있었지. 아빠가 서재에서 신문을 읽고 있을 때 네가 슬픈 눈빛을 하고 주저주저하면서 내 방에 들어오지 않겠니. 귀찮다는 듯이 내가 고개를 들자 너는 문 앞에서 어물어물하고 있었다. "무슨 일이야?" 하고 내가 소리치자 너는 아무 대꾸도 하지 않고 재빠르게 내 곁으로 달려와서 양손으로 내 목을 감고 나에게 입 맞추었지. 너의 작은 양쪽 팔에는 하나님이 너에게 심어주신 애정이 듬뿍 담겨져 있었어. 아무리 이쪽에서 못 본 척해도 결코 메말라버리지 않을 애정이다. 이윽고 너는 뛰다시피 하며 이층 네 방으로 가버렸지.

그런데 아가, 그 직후 아빠는 돌연히 무엇인가 말할 수 없는 불안에 휩싸여 손에 쥐고 있던 신문을 나도 모르게 떨어뜨리고 말았던 것이다. 아빠는 왜 그런 못된 습관에 배어 있었을까? 결코 너를 사랑하지 않아서가 아니다. 아빠는 아직 연소한 너에게 너무 무리한 기대를 걸었던 것이다. 너를 어른과 동렬에 놓고 생각했던 것이다. 네 속에도 선량하고 훌륭하고 진실한 것이 가득 차 있다. 너의 착한 마음씨는 마치 저 산 넘어서부터 퍼져 나오는 여명을 보는 듯하다. 네가 이 아빠에게 달려들어 안녕의 입맞춤을 해주었을 때 아빠는 분명히 그것을 알았다. 다른 것은 문제도 아니다. 아빠는 너에게 사과하려고 이렇게 네 곁에 무릎을 꿇고 있는 것이다. 아빠로서는 이것이 너에 대한 속죄의 몸부림이기도 한 것이다. 낮에 너에게 이런 것을 이야기해 보아야 네가 알 리가 없다. 그러나 내일부터는 꼭 좋은 아빠가 되고 말 테다. 너와 사이좋은 친구가 되어 너와 같이 기뻐하고 슬퍼하겠다. 잔소리가 하고 싶어지면 혀를 깨물겠다. 그리고 네가 아직 어린아이라는 점을 늘 잊지 않도록 하겠다.
아빠는 너를 다 큰 한 사람의 인간으로 보아왔던 것 같다. 이렇게 티 없는 너의 잠든 얼굴을 보고 있노라면 너는 역시 아직 갓난아이에 불과하다. 어제도 너는 엄마의 품에 안기고 어깨에 기대고 있지 않았느냐.
아빠가 너무 많은 주문을 하였던 것 같다.   W. 리빙스턴 자아네트

엄마는 그래도 되는 줄 알았습니다

엄마는 그래도 되는 줄 알았습니다.

하루 종일 밭에서 죽어라 힘들게 일해도
엄마는 그래도 되는 줄 알았습니다.

찬밥 한 덩어리로 대충 부뚜막에 앉아 점심을 때워도
엄마는 그래도 되는 줄 알았습니다.

한겨울 냇물에서 맨손으로 빨래를 방망이질해도
엄마는 그래도 되는 줄 알았습니다.

배부르다, 생각 없다, 식구들 다 먹이고 굶어도
엄마는 그래도 되는 줄 알았습니다.
발뒤꿈치 다 해져 이불이 소리를 내도
엄마는 그래도 되는 줄 알았습니다.

손톱이 깎을 수소차 없이 낡고 문드러져도

엄마는 그래도 되는 줄 알았습니다.

아버지가 화내고 자식들이 속 썩여도 끄떡없는
엄마는 그래도 되는 줄 알았습니다.

외할머니 보고 싶다.
외할머니 보고 싶다.
그것이 그냥 넋두리인 줄만…

한밤중 자다 깨어 방구석에서 한없이 소리 죽여 울던 엄마를 본 후론
아!
엄마는 그러면 안 되는 것이었습니다. 심순덕

훈민가(訓民歌)
아버님 날 낳으시고 어머님 날 기르시니 두 분 아니시면 이 몸이 살았을까.
하늘 같은 은덕(恩德)을 어디다가 갚을까. 어버이 살아계실 때 섬길 일 다
하여라.
지나간 후면 애달파도 어찌하리.
평생에 고쳐 못 할 일 이것뿐인가 하노라. 정철(鄭澈)

사랑은
종(鐘)은 누가 그걸 울리기 전에는 종이 아니다.
노래는 누가 그걸 부르기 전에는 노래가 아니다.
당신의 마음속에 있는 사랑도 한쪽으로 치워놓아선 안 된다.
사랑은 주기 전에는 사랑이 아니니까. 오스카 햄머스타인

고자장(告子章)
하늘이 장차 그 사람에게 큰일을 맡기려고 하면 반드시 먼저 그 마음과

뜻을 괴롭게 하고, 근육과 뼈를 깎는 고통을 주고, 몸을 굶주리게 하고, 그 생활을 빈곤에 빠뜨리고, 하는 일마다 어지럽게 한다. 그 이유는 마음을 흔들어 참을성을 기르게 하기 위함이며, 지금까지 할 수 없었던 일을 할 수 있게 하기 위함이다.

天將降大任於斯人也(천장강대임어사인야) 必先勞其心志(필선노기심지) 苦其筋骨(고기근골) 餓其體膚(아기체부) 窮乏其身行(궁핍기신행) 拂亂其所爲(불란기소위) 是故動心忍性(시고동심인성) 增益其所不能(증익기소불능)

맹자(孟子)

우리는 사소한 문제들을 경계해야 한다

사람들은 사소(些少)한 문제들을 심각한 문제로 확대해석하는 경향이 있다. 사실 이 세상 근심걱정의 주된 원천은 사소한 괴로움과 하찮은 불행이다. 이 세상 근심걱정의 대부분이 실존하는 것이 아니라 상상(想像)의 산물이다. 큰 걱정거리가 있으면 사소한 걱정들은 사라지게 된다. 하지만 사람들은 언제라도 걱정거리를 마음에 품고 키울 준비가 되어 있으므로, 걱정은 상상의 소산인 경우가 많다. 사람들은 자신이 지닌 많은 행복의 원천들을 잊고 상상의 소산인 걱정을 탐닉하고 우울한 생각으로 자신을 에워싼다. 그러한 습관은 인생을 우울하게 채색한다. 그리하여 점점 불평을 일삼게 되고 우울해지며 다른 사람을 배려하지 못하게 된다. 대화는 후회로 가득 차게 되고, 다른 사람들에게 모질어지며, 비사교적이 되고, 다른 사람들 역시 그러하다고 생각한다. 가슴은 고통(苦痛)의 온상이 된다. 다른 사람들뿐만 아니라 자신에게도 고통을 준다.

새무얼 스마일즈

두려움 없이 나이 들기 위한 다섯 가지 조언

1. 나이 먹는 것은 생각보다 괜찮은 일이다.
   쓸데없이 나이 듦에 대한 걱정으로 시간을 낭비하지 마라. 노년의 삶은 기회이다. 모험, 성숙의 시간이 될 수도 있다. 나이를 먹는 건 탐험과 같다.
2. 몸을 100년을 써야 할지도 모른다.

몸을 아껴라. "얼마나 오래 살든 신경 안 써"라는 변명 따위는 하지 마라. 형편없는 식습관, 운동 부족 같은 것들로 일찍 죽지는 않는다. 몇 년 혹은 몇 십 년 동안 만성질환에 시달리며 고통 받을 뿐이다.

3. **아직 오지도 않은 죽음을 미리 걱정하지 마라.**
   죽음을 걱정하느라 불안해하며 시간을 낭비하지 마라. 대신 그저 삶의 마지막 순간에 대비해 계획을 잘 세워두라.

4. **관계의 끈을 놓지 마라.**
   중년에 접어들면 의식적으로 새로운 기회와 새로운 인간관계를 만들어 유지하려고 노력해야 한다.

5. **노후의 거처를 계획해 두라.**
   노인 거주시설이 더 나은 삶을 살 수 있는 새로운 기회가 될 수도 있다.

칼 필레머

김수환 추기경 이야기

내 생각이 앞설 때면 나의 본심, 즉 내면 깊숙이 자리 잡고 있는 참마음이 무엇인가를 성찰해 보게 되었다. 인간에게 기쁨을 주는 것은 수없이 많지만 배움의 기쁨도 어느 것에 뒤지지 않는다. 넓게 보면 인간은 어떤 처지에서긴 나름대로 고통을 안고 살아간다. 고통이란 것이 괴롭기만 한 것은 아니다. 인간은 시련이나 고통을 통해 한 단계 더 성숙하고 하느님 현존을 체험한다. 따라서 고통 없이 산다고 행복한 것은 아니다. 고통을 모르고 사는 사람은 인생의 깊이가 없을 뿐만 아니라 남의 고통을 이해할 줄도 모른다. 기도는 신앙을, 신앙은 사랑을, 사랑은 가난한 사람을 위한 봉사를 낳는다. 사람이건 조직이건 위험신호는 자만심에 도취되어 있을 때 나타난다. 주님이 주시는 은혜 때문에 현세에서 고통을 겪는다는 말씀이 무뚝뚝한 나를 울렸다.

평화신문

큰 삶의 큰 파도에 부딪혀 그대가 폭풍우에 시달릴 때,
모든 것을 잃었다 생각하고 그대가 낙담했을 때,
그대가 받은 많은 은총들을 되새겨보고 그것들을 하나씩 떠올려보라.

그러면 신(神)이 그대에게 주신 모든 것에 경탄하게 될 것이다.

J. 오트만 주니어

운명을 사랑하라!
무심하라!
갓 난 송아지가 세상을 바라보듯 물끄러미 바라보라.
그 순간, 광야의 거친 '돌'이 저 밤하늘에 반짝이는 '별'이 될 것이다.

쇼펜하우어

중용가(中庸歌)

세상사 모든 일은 중용이 제일
신기한 이 중용 - 씹으면 씹을수록 맛이 나네.
사물의 중용은 서둘고 바쁠 일 없어 마음도 편하네.
넓고 넓은 이 천지에 도시와 시골 사이에 살며, 산과 내 사이에 농토를 갖네.
알맞은 학자이며 알맞은 신사, 일하는 것도 절반 노는 것도 절반
아랫사람에게도 알맞게 대하네.
집은 좋지도 나쁘지도 않고, 꾸밈도 절반 자연도 절반, 옷은 헌 옷도 새 옷도 아니고, 먹는 것도 또한 알맞게, 하인은 지나치게 총명하지도 어리석지도 않고 아내의 머리도 알맞을 정도. 그러고 나는 반 부처님이며 반 노자(老子)라는 정도.
이 몸의 반은 하나님께 보답하고 그 나머지는 자식에게 남기고,
자식의 일도 잊지는 않지만 죽으면 하나님께 드릴 말씀 이럴까 저럴까 생각도 절반 술도 알맞게 취할 정도, 꽃도 볼품은 반쯤 피인 데 있네.
반쯤 올린 돛단배 제일 안전하고, 말 고비는 조르지도 늦추지도 않고,
재물이 지나치면 근심이 있고, 가난하면 갖고 싶은 세상의 이치,
세상의 쓴맛 단맛 다 알고 보면,
밥맛이 그중 제일이라네.

이밀(李密)

마음에 호연지기(浩然之氣)를 품으니 온 세상의 바람이 상쾌하다.
인생은 고된 여행길, 나는 그저 행인(行人)일 뿐이니.　　　　소식(蘇軾)

귀거래사(歸去來辭)

돌아가련다.
고향 전원(田園)이 황폐해지려 하는데 어이 돌아가지 아니하랴.
지금껏 내가 육신(肉身)의 영달(榮達)에만 마음을 써왔음을 내 어이 한탄만하며 마냥 서러워하리오.
이미 지나간 일은 탓해야 소용없음을 깨달아 앞으로는 바른 길을 쫓는 것이 옳다는 것을 알았노라.
인생길 잘못 접어들어 헤맨 것은 사실이나 아직 그다지 멀리 온 것은 아니니, 지난 잘못을 이제부터라도 바르게 하리라.
배는 멀리 멀리 가볍게 흘러가고 옷자락은 살랑살랑 바람에 나붓거리네.
지나는 길손에게 앞길이 얼마나 남아 있나 물어보나, 새벽빛이 희미한 것이 한이로구나.
저 멀리 지붕과 처마가 바라보이매 기쁜 마음으로 한걸음에 달려가니,
머슴이 환하게 웃으며 나를 맞이하고, 어린 자식도 문 앞에서 반기는구나.
뜰 안의 우물, 대문, 변소로 가는 세 갈래 길은 온통 잡초가 무성하나, 소나무와 국화는 여전히 잘도 자라고 있구나.
어린 아들 손잡고 방에 들어서니 술 단지에 술이 그득 담겨 있어
호리병에 덜어서 술잔에 따라 홀로 마시며, 앞뜰의 나뭇가지 바라보며 미소 짓노라.
남쪽 창가에 기대고만 있어도 마음이 넉넉하여지니, 무릎만 겨우 들일 만큼 좁은 방이지만 참으로 편안하구나.
정원을 매일 거닐어도 항상 풍취가 우거지고, 문은 달아놓았어도 찾는 이 없어 늘 닫혀 있도다.
늙은 몸 지팡이 짚고 거닐다가 쉬기도 하고, 때로는 머리 들어 먼 하늘을 바라보기도 한다.
구름은 무심히 산허리를 돌아 나가고, 날다 지친 새들은 둥지로 돌아온다.

해는 뉘엿뉘엿 서산으로 저물어가고, 나는 외로이 서 있는 소나무를 어루만지며 서성이고 있노라.
돌아왔노라.
사귐도 어울림도 이제는 모두 끊으리라.
나와 어우르던 세상은 서로 맞지 않으니, 다시 나아가서 무엇을 얻으랴.
친척 이웃들과 정담을 나누며 즐기고, 거문고도 타고 책도 읽으면서 시름을 달래련다.
농부가 나에게 봄이 왔음을 알려주니, 머지않아 서쪽 밭에 나가서 할 일이 있겠구나.
때로는 수레를 불러 타기도 하고, 때로는 조각배에 노를 저으면서 깊고 조용한 골짜기를 찾아가기도 하고, 가파른 산언덕을 넘어도 가보리라.
나무들은 무럭무럭 자라나고, 샘물은 졸졸 흐르고 있으니
만물이 제철을 만나 좋건마는, 나의 생은 머지않았음을 느끼겠노라.
오호라!
이 한 몸 세상에 머물 날 그 얼마나 되리.
가고 머무는 건 내 마음대로 되는 것 아니건만, 어찌 그리 서둘러서 가려 하는가?
부귀영화(富貴榮華)도 원하는바 아니요, 죽어서 천국에 들기도 바라지 않는다.
날씨가 좋으면 홀로 거닐기도 하고, 가끔 지팡이 세워놓고 김도 매며 북돋움도 하리라.
동쪽 언덕에 올라 조용히 읊조려도 보고, 맑은 시냇가에 앉아 시도 지어보련다.
세월의 흐름 따라 기력이 다하면 천명대로 기쁘게 다시 돌아갈지니, 내 무엇을 걱정하리오.
도연명(陶淵明)

거친 음식을 먹어도 배만 부르면 그만이고,
누더기 옷을 입어도 몸만 따뜻하면 그만이고,
불평과 불만도 시간이 지나면 그만이고,
탐욕과 질투도 나이가 많아지면 그만이나.
사휴거사〈四休居士(孫昉)〉

미네소타주 의학협회의 '노인'에 대한 정의

1. 늙었다고 느낀다.
2. 배울 만큼 배웠다고 느낀다.
3. '이 나이에 그깟 일은 뭐하려고 해!'라고 말하곤 한다.
4. 내일을 기약할 수 없다고 느낀다.
5. 젊은이들의 활동에 아무런 관심이 없다.
6. 듣는 것보다 말하는 것이 좋다.
7. '좋았던 그 시절'을 그리워한다.

한밤중

한 노인이 투덜거렸다.
"한밤중에 자꾸 잠이 깨는 건 정말 성가신 일이야."
다른 노인이 말했다.
"하지만 당신이 아직 살아 있다는 걸 확인하는데 그것만큼 좋은 방법이 없지. 안 그런가?"
두 사람은 서로를 보며 낄낄거리고 웃었다.　　　　　아모노 타다시

인생을 다시 산다면

인생을 다시 산다면 다음번에는 더 많은 실수를 저지르리라.
긴장을 풀고 몸을 부드럽게 하리라. 이번 인생보다 더 우둔해지리라.
가능한 한 매사를 심각하게 생각하지 않을 것이며, 보다 많은 기회를 붙잡으리라.
여행을 더 많이 다니고 석양을 더 자주 구경하리라.
산에도 자주 가고 강물에서 수영도 많이 하리라.
아이스크림은 많이 먹되 콩 요리는 덜 먹으리라.
실제적인 고통을 많이 겪을 것이나 상상 속의 고통은 가능한 한 피하리라.
나는 시간 시간을, 하루하루를 의미 있고 분별 있게 살아온 사람 중의 하나이다.

나는 많은 순간들을 맞았으나 인생을 다시 시작한다면 나의 순간들을 더 많이 가지리라. 다른 의미 없는 시간들을 갖지 않도록 애쓰리라.
오랜 세월을 앞에 두고 하루하루를 살아가는 대신 이 순간만을 맞으면서 살아가리라.
인생을 다시 살 수 있다면 장비를 보다 간편하게 갖추고 여행길에 나서리라.
내가 인생을 다시 시작한다면 초봄부터 신발을 벗어던지고 늦가을까지 맨발로 지내리라. 춤추는 장소에도 자주 나가리라. 회전목마도 자주 타리라. 데이지 꽃도 많이 꺾으리라.
나딘 스테어(85세)

산(山)은 옛 산이로되 물은 옛 물이 아니로다.
주야(晝夜)에 흐르니 옛 물이 있을소냐
인걸(人傑)도 물과 같아서 가고 아니 오노매라.
황진이(黃眞伊)

우리는 모두 이 세상을 단 한 번 산다.
그러니 할 수 있는 일은 지금 하고, 도움을 베풀 수 있다면 상대가 누구든 상관없이 지금 베풀어라. 미루거나 무시하지 말고, 지금 움직여라.
왜냐하면 우리는 모두 이 세상을 단 한 번 살기 때문이다.
쑛쑛

선과 악은 예부터 지은 대로 보답이 되고 길흉화복은 겹치기로 찾아든다네.
평생 마음에 걸리는 일 저지르지 않았다면 오밤중에 대문 두드리는 사람 있어도 놀랄 것이 없다네.
善惡從來報有因(선악종래보유인), 吉凶禍福併肩行(길흉화복병견행)
平生不作虧心事(평생부작휴심사), 半夜敲門不吃驚(반야고문불흘경)
금병매(金甁梅)

세상 사람들이 입들만 성하여서
제 허물 전혀 잊고 남의 흉만 보는구나
남의 흉 보거라 말고 제 허물을 고치과저
인평대군(麟坪大君)

처사(處士)가 진실로 무심(無心)으로 세상에 응한다면, 좋은 집이거나 초라한 집이거나, 높은 벼슬에 오르거나 초야(草野)에 은거(隱居)하거나 간에 어딜 간들 유유자적하지 않겠는가? 그러나 만에 하나라도 유심(有心)하다면 빈천(貧賤)은 말할 것도 없고, 지극히 부귀(富貴)를 누린다 해도 유유자적(悠悠自適)할 수 없는 것이다.
임거만록(林居漫錄)

바람이 대나무에 불어왔다가 지나가면 바람소리가 남아 있지 않는다.
風來疎竹(풍래소죽) **風過而竹不留聲**(풍과이죽불유성)
덕이 높은 사람은 어떤 일이 일어나면 마음이 움직여 이에 대응하지만, 그 일이 끝나면 그 일에 집착하지 않듯이, 좋고 나쁘고를 떠나서 언제까지나 정신을 낭비하는 어리석음을 범하지 말고 마음을 비우는 법을 배우라는 뜻임.
채근담(菜根譚)

땅을 가꾸는 것만큼 나를 기쁘게 하는 것은 없다네. 그 가운데서도 밭 가꾸는 일을 최고로 꼽을 수 있지. 갖가지 채소들 중에 어떤 것은 늘 잘 자라주고, 하나가 잘 안 돼도 다른 게 잘되어서 보상 받을 수 있지. 한 해 내내 하나를 거두어들이고 나면 또 다른 걸 거두어들일 수 있다네. 나는 큰 욕심 없이 우리 집 밥상을 위해 오늘도 밭에 나가네.
토마스 제퍼슨

일생(一生)에 다시 오지 않는 오늘이요,
영겁(永劫)에 얻기 어려운 이 몸이라,
태어나 험한 길 거쳐 이 산(山)에 이르니,
오늘에야 문득 옛 근심 잊노라
김일엽(金一葉)

노여움을 없앰으로써 성정(性情)을 기르고, 잡념을 덞으로써 정신(精神)을 기르고, 말을 적게 함으로써 기운(氣運)을 기르고, 욕심을 없앰으로써 정액(精液)을 기른다.
〈옛날 길 가던 사람이 나이가 백 살이 넘어 보이는 세 노인이 김을 매고 있는 것을 보고는 그 앞으로 절을 하고, 어찌하여 그렇게 오래 살게 되었는가를 거듭 물었더니, 한 노인은 자기 안방에 못생긴 마누라가 있다는 것이고, 두 번째 노인은 저녁밥을 몇 수저씩 덜 먹는다 하였고, 마지막 노인은 저녁 잠자리에 들어서는 머리를 덮지 않는다고 하였다.〉

허균(許筠)의 현관잡기(玄關雜記)

빈손으로 왔다가 빈손으로 가니 세상사 뜬구름 같아라.
무덤을 만들고 사람들이 흩어진 후에 산은 적적하고 달은 황혼이더라.
空手來空手去 世上事如浮雲 成古墳人散後 山寂寂月黃昏
(공수래공수거 세상사여부운 성고분인산후 산적적월황혼)   작자 미상

청산은 나를 보고 말없이 살라 하고, 창공은 나를 보고 티 없이 살라 하네.
탐욕도 벗어놓고 성냄도 벗어놓고, 물같이 바람같이 살다가 가라 하네.

나옹혜근(懶翁惠勤)

해돋이

"엄마, 사는 게 뭔지 알겠어."
"응? 그게 뭔데?"
"이런 거 보는 거."   진현정

느린 춤

땅바닥에 떨어지는 빗방울 소리에 귀 기울여본 적 있나요?
이리저리 팔랑거리는 나비의 날갯짓을 따라가 본 적 있나요?
아니면 저물어가는 태양빛을 바라본 적 있나요?

천천히, 천천히
너무 빨리 춤추지 말아요.
시간은 짧아요.
음악도 머지않아 끝나겠죠.
하루하루를 바쁘게 보내시나요?

하루가 끝나 잠자리에 누웠을 때
앞으로 할 백 가지 일들이 머릿속을 스쳐 지나가나요?

천천히, 천천히
너무 빨리 춤추지 말아요.
어딘가로 너무 서둘러 가다 보면,
그곳에 가기까지 누릴 수 있는 즐거움의 반을 놓치게 돼요.
걱정과 조바심으로 보낸 하루는 포장을 뜯지도 못한 선물을 버리는 것과 같아요.
삶은 경주가 아니에요.

천천히 삶을 누리세요.
음악에 귀 기울이세요.
노래가 끝나기 전에…
티모시 페리스

인생은 뿌리나 꼭지도 없이 정처 없는 길가의 티끌과 같아 바람 따라 흩어져 날아가거니 일정한 몸 있다고는 못 하리. 그럴 바엔 땅 위에 떨어져서 형제가 됨이 하필 피를 나눈 사이뿐이랴. 즐길 기회 있으면 즐길 일이니, 말술 마련해 이웃 모으리. 젊음 겹쳐 오는 일 없고, 하루에 두 번 아침 없는 법, 때를 놓치지 않고 마땅히 힘써 살리라. 세월은 사람을 기다려주지 않거니.
人生無根帶 飄如陌上塵 分散逐風轉 此已非常身 落地爲兄弟 何必骨肉親 得歡當作樂 斗酒聚比隣 盛年不重來 一日難再晨 及時當勉勵 歲月不待人 (인생무근체 표여맥상진 분산축풍전 차이비상신 락지위형제 하필골육친 득환당작악 두주취비린 성년불중래 일일난재신 급시당면려 세월부대인)
도연명(陶淵明)의 잡시(雜詩)

삶이 그대를 속일지라도 슬퍼하거나 노여워하지 말라.
괴로움의 나날을 참고 견디면 기쁨의 날이 오고야 말리니.
마음은 늘 미래에 가 있고 현재는 한없이 우울한 것.

모든 것은 덧없이 지나가나 지나가버린 것은 그리움이 되리라!

알렉산드르 푸시킨

무조건 감사드립니다.
더욱 화목하게 살아가겠습니다.
더욱 열심히 살겠습니다.
바로 지금 행복하겠습니다.

월호

그대, 모든 소망을 버리고 어떤 욕망도 모르는 채 행복 따위는 입에도 담지 않게 될 때. 그때, 비로소 이 세상의 모든 흐름이 그대 마음을 괴롭히지 않게 되고, 그대 영혼은 평화로우리라.

헤르만 헤세

과거를 따라가지 말고, 미래를 기대하지 말라. 한번 지나간 것은 버려진 것, 또한 미래는 아직 오지 않았다. 이러저러한 현재의 일을 이모저모로 자세히 살피어 흔들리거나 움직임 없이 그것을 잘 알고 익혀라. 오늘 할 일을 부지런히 행하라. 누가 내일의 죽음을 알 수 있으랴. 진실로 저 염라왕의 무리들과 싸움이 없는 날 없거늘 밤낮으로 게으름을 모르고 이같이 부지런히 정진하는 사람 그를 일러 참으로 일야현자(一夜賢者) 고요한 분 성자라 한다.

지나가버린 것을 슬퍼하지 않고, 오지 않는 것을 동경하지 않으며, 현재에 충실히 살고 있을 때 그 안색은 생기에 넘쳐 맑아진다. 오지 않는 것을 탐내어 구하고, 지나간 과거사를 슬퍼할 때 어리석은 사람은 그 때문에 꺾인 갈대처럼 시든다.

일야현자경(一夜賢者經)

가을이 되어 나뭇잎은 다 떨어지고 줄기만 남았을 때 비로소 봄, 여름 두 철에 그처럼 무성하던 꽃이나 잎새가 한갓 헛된 것에 지나지 않았음을 알 것이다. 잎이 있을 때 그 가을을 보고, 살아 있을 때 마땅히 관 뚜껑 속의 일을 생각해야 한다.

법구경(法句經)

75세 노인이 쓴 산상수훈

내 굼뜬 발걸음과 떨리는 손을 이해하는 자에게 복이 있나니
그가 하는 말을 알아듣기 위해 오늘 내 귀가 얼마나 긴장해야 하는가를 이해하는 자에게 복이 있나니
내 눈이 흐릿하고 무엇을 물어도 대답이 느리다는 걸 이해하는 자에게 복이 있나니
오늘 내가 물컵을 엎질렀을 때 그것을 별일 아닌 걸로 여겨준 자에게 복이 있나니
기분 좋은 얼굴로 찾아와 잠시나마 잡담을 나눠준 자에게 복이 있나니
나더러 그 얘긴 오늘만도 두 번이나 하는 것이라고 핀잔주지 않는 자에게 복이 있나니
내가 사랑받고 혼자가 아니라는 걸 알게 해주는 자에게 복이 있나니
내가 찾아갈 기력이 없을 때 내 집을 방문해 준 의사에게 복이 있나니
사랑으로 내 황혼녘의 인생을 채워주는 모든 이에게 복이 있나니
하늘나라가 그들의 것이다.

그랙 맥도널드

그 사람을 가졌는가

그 사람을 가졌는가.
만리(萬里)길 나서는 날
처자(妻子)를 내맡기며 맘 놓고 갈 만한 사람
그 사람을 그대는 가졌는가.

온 세상 다 너를 버려 마음이 외로울 때에도
'너뿐이야' 하고 믿어주는
그 사람을 그대는 가졌는가.

탔던 배가 가라앉을 때
구명대(救命帶)를 서로 사양하며 '너만은 제발 살아다오' 할

그 사람을 그대는 가졌는가.
잊지 못할 이 세상을 놓고 떠나려 할 때
'너 하나 있으니' 하며 빙그레 웃고 눈을 감을
그 사람을 그대는 가졌는가.

온 세상의 '예'보다도
'아니오'라고 가만히 머리 흔들어
진실로 충언(忠言)해 주는
그 한 사람을 그대는 가졌는가.　　　　　　　　**함석헌**(咸錫憲)

물러나서 속세의 일을 돌아보니 마치 꿈속의 일만 같다.
却來觀世間(각래관세간) 猶如夢中事(유여몽중사)

　　　　　　　　　　　　　　　　　　　　공주 마곡사 주련(柱聯) **글귀**

청구단곡(靑丘短曲)

사람이 한평생 백 년을 산다 해도, 그 백 년은 바람속의 연기와도 같은 것. 질병과 근심 걱정 다 빼고 나면, 웃으며 사는 날이 얼마나 되랴. 백 년도 살기가 어려운 것이 우리네 일생, 즐겁게 살지 않고 어쩔 셈인가.
人生縱使百年 百年眞如風中煙 除却疾病與憂患 開口笑語能幾時 況復百年難 今我不樂何爲 (인생종사백년 백년진여풍중연 제각질병여우환 개구소어능기시 황부백년난 금아불락하위)　　　　　**홍양호**(洪良浩)

달팽이 뿔같이 좁은 데서 살면서 무엇 때문에 싸우느냐, 그것도 오래 사는 게 아니라 돌이 부딪쳐서 불이 번쩍하는 것 같은 세월에 몸을 의지해 살면서. 부자는 부자대로 가난한 사람은 가난한 대로 즐겁고 기쁘게 살아라. 입을 벌려 웃지 않는 사람은 바보이니라.
蝸牛角上爭何事 石火光中寄此身 隨富隨貧此歡樂 不開口笑是痴人
(와우각산쟁하사 석화광중기차신 수부수빈차환락 불개구소시치인)

　　　　　　　　　　　　　　　　　　　　　　　백락천(白樂天)

청산(靑山)도 절로 절로, 녹수(綠水)도 절로 절로,
산(山) 절로 수(水) 절로, 산수간(山水間)에 나도 절로,
그중에 절로 자란 몸이 늙기도 절로 절로   **송시열**(宋時烈)

천지는 몸을 갖게 하고,
삶으로 수고롭게 하고,
늙음으로 편안하게 하고,
죽음으로 쉬게 하는구나.   **위단**(于丹)

당신은 배에 탔습니다.
당신은 항해를 했습니다.
당신은 해변에 도착했습니다.
이제 내리십시오.   **마르크스 아우렐리우스**